Horst H. Geerken

Hitlers Griff nach Asien

Horst H. Geerken

Hitlers Griff nach Asien

Das Dritte Reich und Britisch- und Niederländisch-Indien.
Ergänzungen zu Band 1, 2 und 3 sowie neue Erkenntnisse.
Eine Dokumentation, Band 5

A BukitCinta Book

Bibliografische Information der Deutschen Bibliothek:
Die Deutsche Bibliothek verzeichnet diese Publikation in der
Deutschen Nationalbibliografie; detaillierte bibliografische
Daten sind im Internet über http://dnb.dbd.de abrufbar.

Umschlaggestaltung: Idee von Horst H. Geerken
Umsetzung: Sabine Berner, Barbara Bode
Foto Buchrückseite: Regina P. Tothill
Lektorat: Michaela Mattern, Barbara Bode
Layout und Design: Barbara Bode
Gesetzt in Adobe Garamond Pro

Verlag: BoD · Books on Demand GmbH, Überseering 33,
22297 Hamburg, bod@bod.de
Druck: Libri Plureos GmbH, Friedensallee 273, 22763 Hamburg
Printed in Germany
ISBN: 978-3-8192-9631-4

In Erinnerung an meine vielen indonesischen Freunde,
die als Freiheitskämpfer ihr Leben für die Unabhängigkeit
ihres Vaterlandes Indonesien von der niederländischen
Kolonialherrschaft riskierten.

Inhaltsverzeichnis

72. Dank

Ich danke allen Zeitzeugen und deren Verwandten, die mich nach dem Lesen der bisher veröffentlichten Bände dieser Dokumentation kontaktierten und die mir weitere und teilweise neue Informationen und Dokumente zukommen ließen. Dabei bedanke ich mich besonders bei Hans-Günther Bode, dessen Informationen und die seiner Mutter in diesen Band 5 mit den entsprechenden Dokumenten eingeflossen sind. Herrn Bode danke ich auch dafür, dass mit ihm ein Interview für eine in Vorbereitung befindlichen TV-Dokumentation verwirklicht werden konnte.

Bei dieser Gelegenheit bedanke ich mich auch sehr bei Dr. Rudolf Liesenfeld, der für ein Interview für die TV-Dokumentation in seinem Haus bereit war. Die Odyssee der Familie Liesenfeld habe ich bereits in Band 3 beschrieben. Dieser Band 5 enthält viele weitere Informationen über die in Indonesien tätige Firma Schlieper, bei der auch Rudolfs Vater tätig war.

Aufgrund des Berichts vom 27. August 2021 von Dr. Ludwig Witzani über die bisher veröffentlichten Bände der Dokumentation in einer Wochenzeitung kontaktierte mich der in Surabaya geborene Peter Schnatz. Sein Vater Wolfgang Schnatz war ab Ende der 1920er Jahre ebenfalls für die Firma Schlieper in Niederländisch-Indien. Kurz vor Kriegsbeginn gelang es ihm, noch zurück nach Deutschland auszureisen und dadurch einer Internierung von sich und seiner Familie durch die Niederländer zuvorzukommen. Peters Sohn, Dr. Jörg Schnatz, hat die umfangreiche Sammlung seines Großvaters Wolfgang Schnatz aufbewahrt und mir wichtiges Material zur Durchsicht und Veröffentlichung überlassen. Das Dokumentationsmaterial ist so umfangreich, da Wolfgang Schnatz mit dem Schiff zurück nach Deutschland reiste und alle seine Unterlagen mitnehmen konnte. Zum Glück wurden diese Unterlagen bei den Bombenangriffen im Zweiten Weltkrieg nicht vernichtet. Der Lebensweg von Wolfgang Schnatz konnte nun Dank der von Sohn und Enkel erhaltenen Informationen in diesem Band 5 niedergeschrieben werden. Dafür danke ich beiden sehr.

Abb. 72-1: Der Autor mit dem ausführlichen Artikel vom 27. August 2021 von Dr. Ludwig Witzani über die bisher veröffentlichten Bände der Dokumentation[1]

---

1   Bericht siehe Anlage, Kapitel 84.6

Für diesen Band 5 habe ich auch wieder einige Tage im Politischen Archiv des Auswärtigen Amts in Berlin recherchiert. Es gibt dort Unmengen von interessantem Material über den Zeitraum des Dritten Reichs. Ich habe wieder aufschlussreiche Dokumente gefunden, die in einige Kapitel dieses Bandes eingeflossen sind. Für die immer hilfreiche Betreuung durch das Personal im Archiv bedanke ich mich sehr.

Wie auch schon bei den vorhergehenden Bänden möchte ich mich bei meinen beiden Lektorinnen Michaela Mattern und Barbara Bode herzlich bedanken. Beide standen mir unentwegt mit guten Ratschlägen zur Seite. Barbara Bode erstellte wieder mit großer Sorgfalt den Buchblock. Auch dafür danke ich.

Frau Dr. Andrea Nicklisch, der Kuratorin der ethnologischen Sammlung des Roemer- und Pelizaeus-Museums in Hildesheim, danke ich für die Hilfe bei der Suche nach dem Interview von Frau Dr. Helga Stein mit Dr. Karl Helbig.

Auch danke ich Herrn Dr. Ludwig Witzani für sachkundige und tiefgehende Gespräche und die Veröffentlichung des in Abbildung 72-1 gezeigten Berichtes, sowie dem Dokumentarfilmer Alexander Dluzak und seinem Team für die Geduld bei der Schaffung einer TV-Dokumentation zu diesem Thema. Die TV-Dokumentation wird vermutlich in der ersten Hälfte von 2023 fertiggestellt sein.

Im Sommer 2022
Horst H. Geerken

73. Prolog

Angefangen hat es, als ich schon im Kindesalter von meiner Mutter, deren Verwandtschaft in Holland lebte, für Niederländisch-Indien sensibilisiert wurde. Meine niederländische Verwandtschaft – die wir ab und zu besuchten – war im Gewürzhandel tätig. Es gab somit immer viel Interessantes über Niederländisch-Indien zu erzählen. Meine Mutter beherrschte die holländische Sprache. Sie brachte von ihren Besuchen dort immer neue Bücher mit nach Hause. Schon als Kind – bevor ich lesen konnte – blätterte ich in diesen Büchern und war von den exotischen Bildern fasziniert.

Später, auf dem Gymnasium, legte mein Professor im Fach Geographie den Schwerpunkt seines Unterrichts auf Indonesien. Mein Interesse für das Inselreich war geweckt, weshalb ich auch sofort zuschlug, als mir Anfang der 1960er Jahre in den USA angeboten wurde, für einen deutschen Großkonzern eine Niederlassung in dem Archipel mit Sitz in Jakarta aufzubauen.

Direkt nach meinem Eintreffen in Jakarta im Jahr 1963 wurde ich durch die enge Zusammenarbeit mit zwei indonesischen Herren, die beide hohe Positionen im Kolonialkrieg des inzwischen unabhängigen Indonesiens gegen die zurückkehrenden Niederlande eingenommen hatten, über die Aktivitäten der deutschen Marine in Indonesien informiert. Die beiden Zeitzeugen erzählten mir während unserer langjährigen Kooperation Geschichten, die kaum glaubhaft waren, aber durch meine nachfolgenden Recherchen bestätigt wurden. Durch die beiden Herren wurde ich in die indonesischen Veteranenverbände eingeführt, deren Mitglieder mir immer wieder neue Informationen lieferten.

Als ich Anfang der 1970er Jahre drei Wochen in einem Heilbad in der Nähe von Heilbronn in Süddeutschland verbrachte, freundete ich mich mit einem ebenfalls dort kurenden Schiffsarzt an, der während des Zweiten Weltkriegs auf deutschen U-Booten im Atlantik eingesetzt war. Er konnte stundenlang über das Leben in den U-Booten und über die dort aufgetretenen medizinischen Probleme reden. Er wusste wohl, dass deutsche U-Boote auch im Indischen Ozean und in der Javasee operiert hatten, aber Details konnte er mir nicht nennen. Mein Interesse war für die Operationen deutscher U-Boote in den fernen Regionen von Süd- und Südost-Asien war nun ebenfalls geweckt. Ich recherchierte weiter und fand heraus, dass die deutschen Aktivitäten in diesem Raum viel größer waren, als ich erwartet hatte.

Von meiner langjährigen Lebensgefährtin Annette wurde ich immer wieder gedrängt, diese Geschichten aus Indonesien für die Nachwelt aufzuschreiben. 2015 wurde dann der erste Band dieser Dokumentation veröffentlicht und war gleich ein Erfolg, da dieses Thema in Deutschland bisher weitgehend unbekannt war.

Es war also eine Reihe von Zufällen – oder war es Schicksal? –, die mich wie auf einem vorgegebenen Weg dazu brachten, das erste Buch zu diesem Themenbereich zu schreiben. Natürlich dachte ich nicht einmal im Traum daran, dass es eine ganze Serie von bisher fünf Bänden werden könnte. Viele Rückmeldungen von deutschen und indonesischen Zeitzeugen brachten immer wieder neue Informationen und neue Dokumente zutage. Nun liegt hier Band 5 der Dokumentation vor und es sollte eigentlich der letzte sein. Aber zwischenzeitlich ist von den Nachkommen von Zeitzeugen so viel neues Material aufgetaucht, dass es vermutlich noch einen Band 6 geben wird. Es gibt noch viele weitere Dokumente in den Archiven zu sichten, aber das überlasse ich nun Jüngeren.

74. In Indonesien untergetauchte Nazis

Viele deutsche Staatsbürger, die nach dem Ende des Zweiten Weltkriegs aus verschiedenen Gründen in Indonesien blieben, konnte ich in den Jahren ab 1963 noch treffen. Darunter waren deutsche Offiziere, U-Boot Kommandanten und Mitglieder von U-Boot-Mannschaften. Viele hatten sich den Unabhängigkeitsbestrebungen von Sukarno und dem nachfolgenden Unabhängigkeitskampf der Indonesier gegen die wiederkehrende ehemalige Kolonialmacht der Niederlande angeschlossen. Darunter waren – wie erst nach ihrem Tod bekannt wurde – Kriegsverbrecher, aber zum allergrößten Teil waren es nur sogenannte ‚Mitläufer‘, die nicht in das darniederliegende Deutschland zurückwollten und ein weiteres Leben auf den tropischen Inseln fern der Heimat vorzogen. Ein Beispiel dafür ist der Lebensweg von Kapitän August F. H. Rosenow[2].

Ich traf auch einen Wissenschaftler, einen engen Mitarbeiter von Wernher von Braun, der aktiv an der Entwicklung der V1 und V2 in Peenemünde beteiligt war. Aus Angst vor einer Verurteilung in Deutschland war er nach 1945 in Bandung untergetaucht. Anfang der 1960er Jahren wurde er von den Vereinigten Staaten angeworben und er ist, ohne eine Anklage befürchten zu müssen, in die USA emigriert, um für die NASA zu arbeiten.

Über Heinrich Harrer, der aus dem Internierungslager Dehra Dun nach Tibet floh und sich dort mit dem Dalai Lama anfreundete, habe ich bereits kurz berichtet.[3] Über seine Aktivitäten in Tibet hat er in seinem Buch *Sieben Jahre in Tibet* berichtet. Das Buch wurde auch verfilmt, wodurch Harrer einen gewissen Bekanntheitsgrad erreichte. Weniger bekannt ist, dass Heinrich Harrer nach dem Zweiten Weltkrieg auch Indonesien besuchte und ein Buch über den damals noch von den Niederlanden besetzten Teil Neuguineas mit dem Titel *Ich komme aus der Steinzeit* veröffentlichte. Was wollte Harrer in Indonesien? Dieses Buch strotzt vor Ungereimtheiten und Fehlern. War dieses Buch als Alibi für seine Reise schnell hingeschmiert worden? War Harrer vielleicht in anderer Mission unterwegs? Neue Erkenntnisse dazu folgen in Kapitel 78 über das verschwundene Nazi-Gold. Suchte er danach? Dieser westliche Teil Neuguineas gehörte zu Niederländisch-Indien und war während des Zweiten Weltkriegs von Japan besetzt. Erst nach großem internationalem Druck ging die ehemalige Kolonie Niederländisch-Neuguinea am 1. Mai 1963 an Indonesien.

Wenn wir über in Indonesien untergetauchte Persönlichkeiten der Nazi-Zeit reden, dürfen wir eine der wichtigsten Personen, Dr. phil. Rudolf Oebsger-Röder[4], nicht vergessen. Am 9. März 1912 wurde er in Leipzig als Sohn eines Werkmeisters geboren. Er studierte Geschichte, Soziologie und Zeitungswissenschaft in Leipzig und promovierte 1936 mit einer Dissertation über den Bildungsstand der deutschen Journalisten. Während der Weimarer Republik wurde er wegen Körperverletzung und als Verfasser von politisch-ideologischen Schriften und Flugblättern verurteilt. Er trug den ‚Ehrenwinkel der Alten Kämpfer‘, das Ehrenzeichen der NSDAP.

Ende 1929 wurde er Mitglied der Hitlerjugend und 1931, im Alter von 19 Jahren, trat er mit der Mitgliedsnummer 475.061 in die NSDAP ein[5]. Oebsger-Röder machte im Dritten Reich eine steile SS-Karriere. Am 20. April 1936 war er SS-Untersturmführer, am 9. November 1937 SS-Obersturmführer, am 20. April 1938 SS-Hauptsturmführer und am 30. Januar 1939 SS-Sturmbannführer. Noch 1945 wurde er zum SS-Obersturmbannführer befördert. Er erhielt 1939 das Eiserne Kreuz 2. Klasse, später das Kriegsverdienstkreuz mit Schwertern und er besaß das Reichs-Sportabzeichen in Bronze, das SA-Sportabzeichen, den Ehrendegen des Reichsführers der SS, dem höchsten Dienstgrad der SS und den Totenkopfring der SS. Alleine diese Auszeichnungen zeigen schon, welch wichtigen Rang er im Dritten Reich und in der SS innehatte.

Oebsger-Röder soll im Dritten Reich einer der Hauptverantwortlichen für das Massaker an den Polen in Bromberg gewesen sein. Er hatte 1939 das SS-Einsatzkommando geleitet, das Vergeltung an den Polen üben sollte. Nach dem Versailler Vertrag musste der Landkreis Bromberg und die mehrheitlich von Deutschen bewohnte Stadt Bromberg nach dem Ersten Weltkrieg an Polen abgetreten werden. Dies führte immer wieder zu offenen Spannungen zwischen den dort lebenden Deutschen und der polnischen Minderheit. Kurz nach dem Einmarsch deutscher Truppen in Polen kam es am 3. und 4. September 1939 zu einem Massaker, bei dem etwa 1000 deutsche Siedler durch Polen ermordet wurden. Dieses Massaker ging als ‚Blutsonntag‘ in die Geschichte ein. Bei der Racheaktion durch den sogenannten ‚Volksdeutschen Selbstschutz‘ wurden daraufhin etwa 5000 polnische Bürger ermordet. Wer das Massaker begonnen hat und wieviel Menschen dabei wirklich umkamen, wird von beiden Seiten widersprüchlich beurteilt.

---

2   Horst H. Geerken, *Hitlers Griff nach Asien,* Band 2, S. 324ff
3   Band 1, S. 216 und Band 3, S. 296
4   1912-1992
5   Mitgliedsnummer 475.061

Abb. 74-1, Überschrift auf der Titelseite der Zeitung Der oberschlesische Wanderer vom 8. September 1939

In den mir vorliegenden Beurteilungen wird jedoch eine Beteiligung der SS von den meisten Historikern beider Seiten ausgeschlossen. Der Name Oebsger-Röder ist mir nun in einer anderen Angelegenheit aufgefallen. Am 21. Oktober 1939 meldete er, dass in den westpreußischen Städten von der Gestapo und vom Selbstschutz der Volksdeutschen polnische Lehrer verhaftet und in das Zuchthaus Krone transportiert worden seien. Es sei geplant, die radikalen polnischen Elemente zu liquidieren.[6] In einem Lagebericht für das Reichspropagandaministerium schreibt Oebsger-Röder im Herbst 1939:

‚Nach dem Willen des 'Führers' soll in kürzester Zeit aus den polnisch-bestimmten Pommerellen[7] ein deutsches Westpreußen entstehen. Zur Durchführung dieser Aufgaben machen sich nach übereinstimmender Ansicht aller zuständigen Stellen folgende Maßnahmen notwendig:

1. Physische Liquidierung aller derjenigen polnischen Elemente, die a) in der Vergangenheit auf polnischer Seite irgendwie führend hervorgetreten sind, oder b) in Zukunft Träger eines polnischen Widerstandes sein könnten. [...] Die angeführten Maßnahmen sind von Anfang an in Angriff genommen worden. Es erscheinen jedoch folgende Bemerkungen nötig, um die Notwendigkeit des Vorschlags zu erhärten.

6   Michael Wildt: *Generation des Unbedingten. Das Führungskorps des Reichssicherheitshauptamtes.* Hamburg 2002, S. 477
7   Pommerellen ist eine Verkleinerungsform von Pommern. Historisch bezeichnete man damit eine Reihe von Herzogtümern entlang der Ostseeküste im heutigen nördlichen Polen

2. *Zu 1.) Die Liquidierung wird nur noch kurze Zeit durchgeführt werden können. Dann werden die deutsche Verwaltung und andere außerhalb der NSDAP liegende Faktoren direkte Aktionen unmöglich machen. Auf jeden Fall wird am Ende trotz aller Härte nur ein Bruchteil der Polen in Westpreußen vernichtet sein (schätzungsweise 20.000). Gez. Rudolf Oebsger-Röder.[8]*

Wird Röder vielleicht heute als Verantwortlicher für das Massaker nach dem ‚Blutsonntag' zu Unrecht beschuldigt? Ich glaube nicht, denn er wird auf mehreren Dokumenten als *Führer des SD-Einsatzkommandos (EK) 16 in Bromberg[9]* genannt.

Es gibt noch viele weitere Beweise, die ihn als Täter entlarven, denn er hat in verschiedenen Archiven, im ‚Berlin Document Center', in den Stasi-Unterlagen und in der Kartei des CIA[10] von gesuchten Personen viele Spuren hinterlassen. Laut US-amerikanischen Quellen wird Oebsger-Röder sogar als eine der Schlüsselfiguren des Holocaust bezeichnet. In der Online-CIA-Library findet man viele Einträge, von denen ich hier nur zwei als Beispiele zeigen möchte. Viele Dokumente über ihn sind auch zu diesem Zeitpunkt noch nicht öffentlich zugänglich.

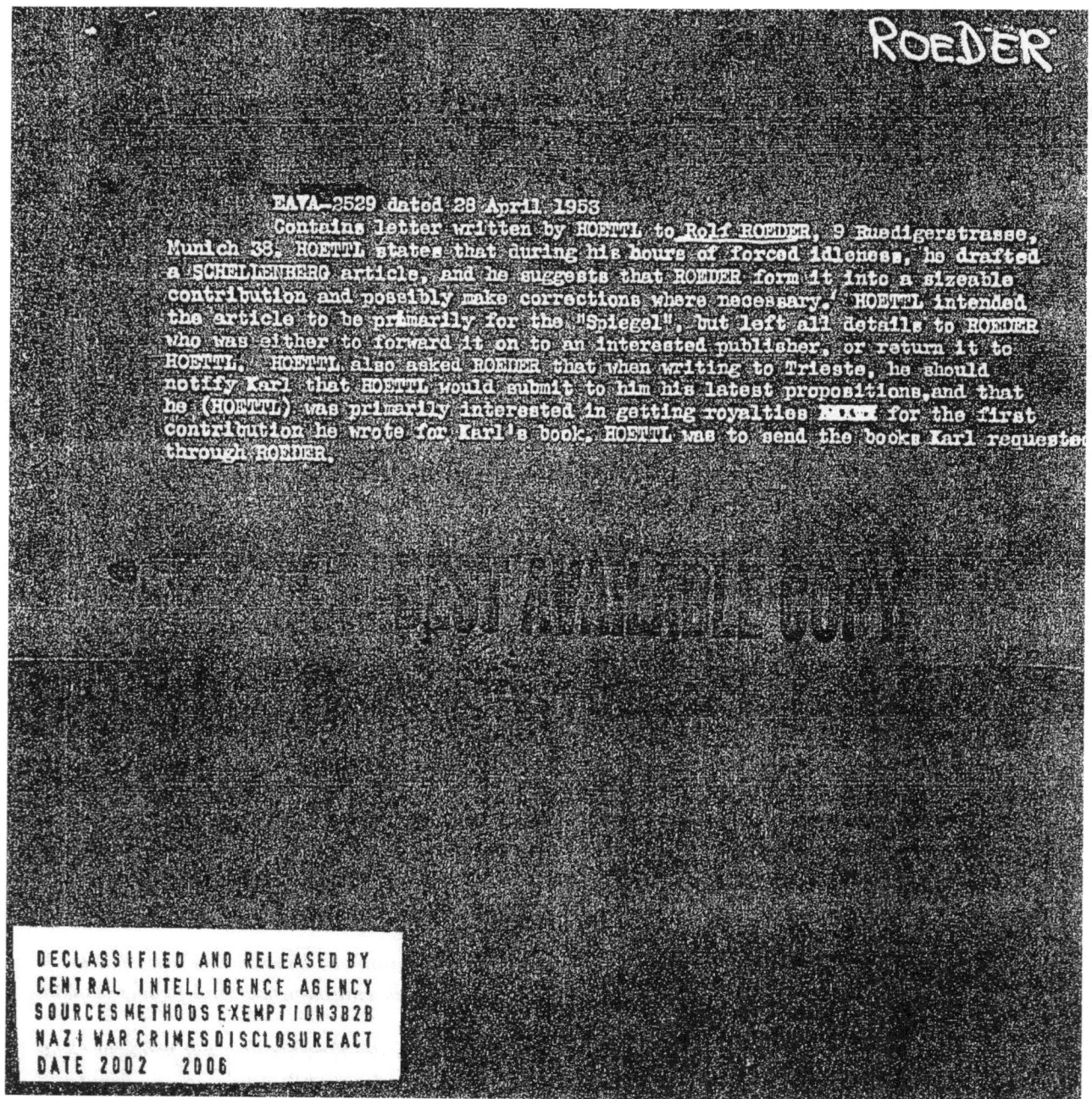

Abb. 74-2, Dokument Oebsger-Roeder, Rudolf_0007_0000 der CIA

---

8   Ibid. S. 477f

9   SD = Sicherheitsdienst des Reichsführers der SS, Heinrich Himmler. Ein Geheimdienst der SS

10   Central Intelligence Agency, der Auslandsgeheimdienst der Vereinigten Staaten von Amerika

SECRET
(When Filled In)

DOCUMENT TRANSFER AND CROSS REFERENCE

SUBJECT OF DOCUMENT	DOCUMENT IDENTIFICATION			
Operational/CALL Study of Blank Office Intelligence Service	2. RI FILE NO. 32	6	12	571X
	3. DISPATCH OR SOURCE DOC. SYMBOL NO. EGGW 18959		4. DATE 7 Oct 54	
	7. SOURCE CRYPTONYM	8. DATE OF INFO.	9. EVALUATION	
5. ANALYST	6. DATE PROCESSED	10. DISSEMINATED IN	11. DATE	

DOCUMENT DISPOSITION

12. CROSS REFERRED TO THIS FILE	13. TRANSFERRED TO RI FILE NO.

PERTINENT INFORMATION

14.

Forwarded preliminary study of intelligence Section of Blank Office which prepared by [redacted] while in Hqs from info available Hqs-info as of 1 March 54. Contained organizational details, personnel (bio data), security procedure, evaluation procedures, methods of liaison etc.

Attachment contained info on @ Karl-Heinz RAMM, @ of Dr. Rolf ROEDER aka Rudolph OEBSGER-ROEDER, with WOAR Blank office (attachment not w/dispatch)

15. FILE THIS FORM IN FILE NO. ➔

FORM #-57 867 USE PREVIOUS EDITIONS. SECRET (7-46)

Abb. 74-3, Dokument Oebsger-Roeder, Rudolf_0012_0000 der CIA

Rudolf Oebsger-Röder war auch Mitbegründer – in verschiedenen Dokumenten wird er sogar als Leiter bezeichnet – des ‚Sonderunternehmens Zeppelin' in Russland und der Ukraine. Im Reichssicherheitshauptamt, zuletzt geleitet von Ernst Kaltenbrunner, galt Oebsger-Röder als ‚DER' Russland-Spezialist! Wie ich bereits in Band 3, Kapitel 68, berichtete, gehörte auch der indonesische Pilot Willem de Graaff diesem Unternehmen an. Es war eine Kommandoeinheit der SS für Agenteneinsätze hinter den Linien der Roten Armee. Oft wurden dafür russische Kriegsgefangene, die sich freiwillig für eine Agententätigkeit meldeten, eingesetzt und hinter der sowjetischen Front mit Fallschirmen abgesetzt. Das war nicht nur ein ‚Himmelfahrtskommando' für die Piloten, auch für die Spione, die meist Stalin-Gegner waren. Wurde einer der zuvor indoktrinierten Spione hinter der Front erwischt, wurde er sofort – wie jeder Russe, der in Kriegsgefangenschaft geriet – als Überläufer erschossen. Die Chance mit dem Leben davonzukommen, war annähernd bei ‚Null'. Gelang ihnen mit Nachrichten aus dem Feindesland eine Rückkehr ins Deutsche Reich, wurden sie meist als Wissensträger beseitigt.

Ein Kollege von De Graaff war der deutsche Lothar Sieber[11]. Auch er war Pilot der deutschen Luftwaffe und flog wie De Graaff lebensgefährliche Einsätze mit erbeuteten sowjetischen und amerikanischen Flugzeugen hinter der russischen Front. Es gelang ihm sogar, 23 deutsche Soldaten, die von sowjetischen Truppen umzingelt waren, zu befreien und auszufliegen. Sieber führte bei einem Testflug im Februar 1945 den ersten bemannten Senkrechtstart mit einem Raketenflugzeug, einer Bachem Natter 349, durch, den er allerdings wegen eines Konstruktionsfehlers nicht lebend überstand.

Erste Hinweise auf das ‚Unternehmen Zeppelin' kamen erst nach der deutschen Wiedervereinigung ans Licht. Das DDR-Ministerium für Staatssicherheit hatte in dieser Richtung ermittelt. Es waren Hunderte dieser freiwilligen sowjetischen Spione und Partisanen, die hinter die Front gebracht wurden. Im Jargon der Nazis wurden sie ‚Aktivisten' genannt.[12]

Eine geheime Operation im Juli 1944, bei der Josef Stalin durch ein Attentat getötet werden sollte, misslang. Oebsger-Röder war auf der Halbinsel Krim in der damaligen Ukraine als Feldkommandant für das ‚Unternehmen Zeppelin' zuständig, dort, wo auch der indonesische Pilot De Graaff flog und abstürzte. De Graaff überlebte. Er flog die meisten dieser tollkühnen und überaus gefährlichen Einsätze. De Graaff, Siebert und Oebsger-Röder müssten sich gekannt haben, da Oebsger-Röder diese riskanten Aktionen plante. Hat Oebsger-Röder vielleicht aufgrund von Gesprächen mit dem Indonesier De Graaff Indonesien nach Kriegsende als Fluchtort gewählt? Er hätte dann sicherlich durch den Piloten Anlaufpunkte im Lande gehabt, was auch seine spätere gute Vernetzung mit indonesischen Politikern erklären könnte.

Auf der Website <http://www.tenhumbergreinhard.de/1933-1945-taeter-und-mitlaeufer/1933-1945-biografien-o/index.html> findet man folgenden Eintrag über Rudolf Oebsger-Röder. Hier wird auch ein bisher unbekannter ‚alias' genannt:

SS-Obersturmbannführer Oebsger-Röder, Rudolf (Alias Richard Rupp)
* 09.03.1912 Leipzig
+ 21.06.1992 München (Herzversagen)
Führer des SD-Einsatzkommandos (EK) 16 in Bromberg!
01.02.1940: Leiter im RSHA Amt II A (Grundlagenforschung)
07.1942-02.1943: Leiter im RSHA Amt VI Sonderreferat VI C/Z
04. oder 05.1944: Führer Einsatzkommando EK Cluj in Ungarn
nach 1945: Mitarbeiter des Bundesnachrichtendienstes in Djakarta (O. G. Roeder)
nach 1945: Korrespondent für die Süddeutsche Zeitung
nach 1945: Korrespondent für die Neue Zürcher Zeitung

Nach Kriegsende tauchte Oebsger-Röder zunächst als Landarbeiter mit dem Namen Walter (auch Richard) Rauff in Deutschland unter. Bereits ab 1948 arbeitete er für die ‚Organisation Gehlen', die Vorgängerorganisation des Bundesnachrichtendienstes BND. Als im Laufe der Jahre Informationen beim Bundesnachrichtendienst über seine dunkle Vergangenheit während des Zweiten Weltkriegs auftauchten, flüchtete er 1959 mit seiner Ehefrau nach Indonesien und tauchte dort unter dem Namen Dr. O. G. Roeder unter. Oder wurde er vom BND als Mitglied ihrer Organisation dorthin entsandt, um ihn zu schützen? Oebsger-Röder kannte Reinhard Gehlen aus dem Zweiten Weltkrieg; ich bin sicher, dass er von ihm gewarnt wurde. Gehlen verhalf nach dem Krieg vielen hochrangigen Nazis zur Flucht.

---

11   1922-1945
12   Siehe auch DER SPIEGEL 47/1992

,Die Stille Hilfe für Kriegsgefangene und Internierte', eine Organisation, die fast ausschließlich ehemalige SS-Angehörige finanziell und bei Gericht unterstützte, wurde 1946 gegründet. Die Hauptträger dieser Organisation waren die Prinzessin Helene Elisabeth von Isenburg und die Tochter von SS-Chef Heinrich Himmler, Gudrun Burwitz. Unterstützt wurden auch Nazis, die in Italien und Nordafrika untergetaucht waren. Neben dem Namen des Belgiers Léon Degrelle, dem SS-Standartenführer und Führer der belgischen Waffen-SS, der ,Wallonischen Legion', und Florentine Rost van Tonningen, der niederländischen rechtsextremen Nazi-Aktivistin, erscheint in diesem Zusammenhang unter den Unterstützten auch der Name Manfred Roeder. Ist es ,unser' Dr. Roeder, der hier nur mit einem anderen Vornamen genannt wird? Vielleicht ist Dr. Roeder – wie auch Dr. Poch – bis zu seiner Flucht nach Indonesien in Italien untergetaucht. Möglich ist alles, Dr. Roeder hatte schon viele Namen!

Als ich 1963 nach Indonesien kam, war Dr. Roeder in Jakarta bereits eine angesehene und sehr anerkannte Persönlichkeit.[13] Seine Ehefrau Dr. Ortrud Roeder war Vertrauensärztin der Deutschen Botschaft in Jakarta. Diese Position hatte sie inne, bis in den 1970er Jahren der indonesische Arzt Dr. Tjindarbumi den Posten als Vertrauensarzt von ihr übernahm.

Dr. O. G. Roeder schrieb für angesehene deutsche und internationale Medien, wie die ,Süddeutsche Zeitung', das ,Handelsblatt', die ,Neue Züricher Zeitung', die ,Deutsche Soldatenzeitung' oder die Zeitschrift ,Far Eastern Economic Review', die in ganz Südost-Asien gelesen wurde. Vom BND wurde er mehrmals als ,bestinformierter Journalist' in Indonesien bezeichnet. Die deutschen Diplomaten und Geschäftsleute in Indonesien suchten immer seinen Rat. Keiner hatte auch nur die geringste Ahnung bezüglich seiner dunklen Vergangenheit.

In der Deutschen Botschaft und der indonesischen Nachrichtenagentur ANTARA ging Dr. Roeder täglich ein und aus, so wie es auch der Spion Dr. Richard Sorge als Berater des Deutschen Botschafters in Tokyo tat.[14] Auch für die deutsche Kaufmannschaft und die deutschen Industrievertreter war er eine wichtige Quelle für die neueste politische Entwicklung im Lande. Damals, nahe dem Ende der Sukarno-Ära, herrschte schon ein gewisses Chaos und man war auf verlässliche Informationen angewiesen. Dr. Roeder und Ulrich Grudinski, der als freier Journalist für die ,Frankfurter Allgemeine Zeitung' FAZ und die ,Deutsche Presseagentur' DPA arbeitete, galten in Jakarta als die Personen, die am besten und präzisesten von allen in Indonesien ansässigen Journalisten – auch den ausländischen – informiert waren. Bei den vielen Gerüchten, die um 1964/65, am Ende der Sukarno-Ära, durch Jakarta schwirrten, war dies keine leichte Aufgabe. Auch ausländische Korrespondenten aus den USA, aus England und Australien suchten – bevor sie von Sukarno als ,persona non grata' ausgewiesen wurden – regelmäßig den Rat der beiden.

In meinen Unterlagen fand ich einen sechs Seiten langen Bericht von Dr. O. G. Roeder von Anfang September 1965, den er im Auftrag der Deutschen Botschaft, beziehungsweise der deutschen Bundesregierung, verfasste. Es war kurz vor dem Putsch vom 30. September. Die finanzielle Situation Indonesiens war bereits äußerst angespannt und verworren. Alle Vertreter der deutschen Industrie und der Kaufmannschaft waren verunsichert. Keiner wusste, wie es weitergehen würde. Ich erhielt vertraulich eine Kopie direkt von Dr. Roeder. Der sehr kompetente Bericht lautet wie folgt:

Zur Frage der Abwicklung deutscher Export-Geschäfte mit Indonesien
Von Dr. O. G. Roeder – Djakarta
Deutsche Exporte nach Indonesien begegnen zunehmend Schwierigkeiten, die vor allem auf der Devisenknappheit des Landes und den daraus erwachsenen Finanzierungs-Schwierigkeiten beruhen. Die Lieferungen der Bundesrepublik an Indonesien sind in den letzten Jahren zurückgegangen:

1961	*390,2 Mio. DM*
1962	*286,6 Mio. DM*
1963	*231,0 Mio. DM*
1964	*214,0 Mio. DM*

(Quelle: Bundesamt für Statistik, Wiesbaden)
Ein weiterer Rückgang konnte durch Zugeständnisse der deutschen Lieferfirmen, Übernahme größerer Risiken und elastisches Anpassen an eine wirtschaftlich und politisch immer kompliziertere Lage im Allgemeinen überwunden werden. Obwohl durch besondere Anstrengungen der deutschen Privatwirtschaft das Bild der ersten Monate des Jahres 1965 etwas freundlicher zu sein scheint, halten die Schwierigkeiten an und lassen einen absteigenden ,trend' in Zukunft erwarten. Dies gilt ganz besonders für traditionelle Ausfuhren auf dem Verbrauchsgüter-Sektor.

---

13 Es gibt im Internet Quellen, die fälschlicherweise behaupten, Roeder wäre erst 1964 nach Indonesien gekommen.
14 Horst H. Geerken, *Hitlers Griff nach Asien*, Band 1, S. 64, 132, 196, 288, 293, 314, 331, 337 und Band 2, S. 96-105

Dann folgen ausführlich die gegenwärtigen Möglichkeiten zur Abwicklung von Exportgeschäften und die dabei erwachsenen Schwierigkeiten. Mir liegt der gesamte sechsseitige Bericht vor. Ich werde hier jedoch nur die Überschriften der jeweiligen Kapitel aufführen:

A Gegenwärtiges Verfahren
Lieferung gegen Barzahlung
Lieferung gegen ,deferred payment'
Kreditgeschäfte mit Laufzeiten bis zu 5 Jahren
Kreditgeschäfte mit Laufzeiten über 5 Jahren
Lieferung mit Hilfe von Finanzkrediten der Bundesregierung
B Andere Länder als erfolgreiche Konkurrenten
C Auswirkungen/Rückschläge im deutschen Verbrauchsgüter-Export
D Folgerungen [mit dem Schlusssatz: Obgleich der Umfang der Indonesien-Geschäfte, bezogen auf das gesamte deutsche Außenhandelsvolumen, gering ist, zeigen die bisherigen Erfahrungen einen bemerkenswert ruhigen Verlauf mit für deutsche Firmen sehr zufriedenstellenden Ergebnissen, auch in preislicher Hinsicht. Ein Markt von über 100 Millionen Menschen, der erst teilerschlossen ist, verdient ein erhöhtes Interesse.]
[Diese Arbeit beruht auf zahlreichen Besprechungen mit deutschen Kaufleuten in Djakarta, mit der Bank Indonesia (Referent für ausländische Kredite) und indonesischen Wirtschaftsjournalisten, sowie auf eigenen mehrjährigen Erfahrungen und Beobachtungen am Platze.]
O. G. R.

Alleine die Überschriften des detaillierten Berichtes zeigen, dass Dr. Roeder auf dem wirtschaftlichen Sektor sehr kompetent war. Alle seine Voraussagen über die wirtschaftliche Entwicklung haben sich bewahrheitet. Den ungekürzten Bericht findet man in Anlage 84.5.

Das Hotel Indonesia war Anfang der 1960er Jahre das einzige Hotel mit internationalem Standard in ganz Indonesien. Hier gab es westliche Leckereien, die sonst nirgendwo in Jakarta zu bekommen waren. Internationale Journalisten und Geschäftsleute trafen sich täglich zum Sundowner und Gedankenaustausch um 17 Uhr in der dunklen Bar mit den roten Kerzenleuchtern neben dem Ramayana-Restaurant des Hotels. Das Ritual des Sundowners stammte noch aus der Kolonialzeit, als man sich kurz vor Sonnenuntergang in den Clubs traf. Dieser Brauch wurde allerdings von einigen Journalisten sehr flexibel ausgelegt. Für manche war der Sonnenuntergang schon um 15 Uhr, für andere war er direkt im Anschluss an das Mittagessen. Daher traf ich kurz nach 17 Uhr in der Bar oft schon Menschen mit roten Köpfen in angeregter Unterhaltung an. Dabei betonten die Journalisten immer lautstark, dass sie ihren Whisky nicht zum Vergnügen trinken würden. Das Trinken wäre ein Teil ihrer Arbeit! Indonesien war im Wandel, Jakarta war voller Gerüchte, aber man erfuhr hier trotz Whisky – oder gerade deshalb – immer etwas Neues! Dr. Roeder war hier immer eine gesuchte Persönlichkeit. Er war einer der Wenigen, die kaum Alkohol tranken. Wohl aus Vorsicht. Eine lockere Zunge hätte sein Ende bedeuten können.

Die deutschen Kaufleute und Industrievertreter trafen sich immer am Freitag um 12 Uhr mittags im Ramayana-Restaurant des Hotels Indonesia zum Smörrebröd, zu einem sogenannten ,Arbeitsessen'. Es war wieder einmal ein Freitag, diesmal der 1. Oktober 1965. Wir saßen wie üblich im Ramayana-Restaurant und luden uns die Teller voll. Es war eine gewisse Spannung zu spüren, irgendetwas war passiert. Aber keiner wusste genau, was. In der Nacht hatte ich in der Nachbarschaft Schüsse gehört, aber seit einigen Wochen gehörte das schon zur Normalität.

Ich hatte gerade mit Essen begonnen, da stürmte plötzlich Dr. Roeder ins Restaurant und informierte uns, dass in der Nacht zuvor ein Putsch stattgefunden hätte. Die Siliwangi Division unter General Suharto würde gerade in Jakarta einmarschieren und wir sollten so schnell wie möglich nach Hause fahren. Bald wäre das nicht mehr möglich. Die noch halbvollen Teller ließen alle stehen und hasteten heimwärts, gerade noch rechtzeitig, bevor eine totale Ausgangssperre verhängt wurde. Dies zeigte erneut, wie gut Dr. Roeder informiert war.

Wer nach Dr. Roeders Warnung nicht gleich nach Hause eilte, oder vielleicht zuvor noch sein Büro aufsuchte, hatte später riesige Probleme, zu Frau und Kindern zu kommen. Die gesamte Innenstadt wurde abgeriegelt und tausende Militärlastwagen, Panzer und Soldaten bevölkerten die Straßen. Die Nachzügler des Arbeitsessens der Deutschen mussten stundenlange Umwege außerhalb der Stadt in Kauf nehmen. Viele Ausländer kamen an diesem Tag nicht mehr nach Hause.

Wie ich erst einen Tag später erfuhr, wurde General Pandjaitan[15] mit den Schüssen getötet, die ich in der Nacht zuvor gehört hatte. Pandjaitan war von 1952 bis 1957 indonesischer Militärattaché in Bonn. Er erhielt seine erste Ausbildung an der Deutschen Schule in Sarangan in Ostjava, er sprach fließend Deutsch und war Christ. In Jakar-

---

15   Donald Isaac Pandjaitan, 1925-1965, siehe auch Horst H. Geerken, *Der Ruf des Geckos*, S. 265

ta war er mein Nachbar in der Jalan Sultan Hasanuddin im Stadtteil Kebayoran Baru. Bei fröhlichem Geplauder tranken wir manche Flasche deutschen Weins zusammen. Er war ein erfolgreicher Widerstandskämpfer gegen die nach der Unabhängigkeit wiederkehrenden Niederländer. Posthum wurde er zum Generalmayor befördert und erhielt die Auszeichnung *Hero of the Revolution*. 1966 wurde ihm eine 5 Rupiah Briefmarke gewidmet.

Dieser Putsch von General Suharto ging als G30S[16] in die Geschichte ein. Den indonesischen Kommunisten wurde der Putsch in die Schuhe geschoben. Es folgte ein beispielloses Massaker des Militärs, mit Hilfe der CIA und der US-Botschaft, an den Kommunisten, dem rund zwei Millionen Menschen zum Opfer fielen. Eine genauere Zahl kennt man bis heute nicht. Ich bin sicher, dass das auch nicht mehr aufzuklären ist.

Wenige Wochen nach dem Putsch übergab mir Dr. Roeder einen weiteren Bericht vom 30. Dezember 1965 über die politische Situation Indonesiens. Für wen er diesen Bericht anfertigte, kann ich heute nicht mehr sagen. Für die Deutsche Botschaft oder für eine Zeitung? Der Bericht ist zwei Seiten lang und ist wieder ein Beispiel seines großen Fachwissens. Auch hier werde ich nur die Einleitung und den letzten Absatz wiedergeben. Der Bericht ist ungekürzt in Anlage 84.5 zu finden.

Umstrittene Kredite für Indonesien
Kritische Frage: Hilfe mit Risiko – oder wirtschaftliches und politisches Chaos?
O. G. Roeder – Djakarta

Die Wirtschaftskrise Indonesiens nähert sich einem Höhepunkt, die Sünden der Vergangenheit treten jetzt klar zutage: systematische Missachtung wirtschaftlicher Notwendigkeiten, - Überspannung der Leistungsfähigkeit des Landes durch eine utopische, nach den Sternen greifende Außenpolitik, - dauernde Beunruhigung der Wirtschaft durch politischen Druck. Jahrelang haben sich Kommunisten, Nationalisten und die höchste Staats-Autorität in einem revolutionären Rausch zu überbieten versucht. [...]

[...] In der gegenwärtigen Zeit der Prüfung sind die Augen vieler Indonesier vor allem auf die Bundesrepublik gerichtet. Auch Holland, Frankreich und Italien sind im Gespräch. Schließlich liegen Anzeichen für eine Normalisierung des Verhältnisses zu den USA und Großbritannien vor, aber das braucht seine Zeit. Insofern fällt den westeuropäischen Ländern eine große Verantwortung zu, gegebenenfalls selbst unter Risiko zu handeln. Viele Beobachter in Djakarta plädieren dafür, den sich regenden Kräften eine Ermunterung zu geben, die auch den Prozess der Umstellung massenpsychologisch stärkt. Es wäre sonst durchaus möglich, dass durch ein wirtschaftliches Chaos schließlich doch noch ein neuer großer politischer Unruheherd in Südost-Asien entsteht. Diesen Krisenherd dann zu beseitigen, oder wenigstens unter Kontrolle zu bekommen, wie in Vietnam, würde manchen Tropfen Blut erfordern und mehr harte Dollars als jetzt, unter Risiko, zur Debatte stehen.

Dr. Roeder war der am besten informierte Deutsche in Jakarta. Kein Wunder, dass die Deutsche Botschaft sowie die deutschen Industrievertreter und Kaufleute wie auch die Leitung der Deutsch-Indonesischen Industrie- und Handelskammer, EKONID, immer wieder seinen Rat suchten. Als General Suharto der zweite Präsident Indonesiens wurde, gewann Dr. Roeder sein Vertrauen und wurde sein Berater und Biograph. Er veröffentlichte unter O. G. Roeder einige Bücher, zum Beispiel:
- *Vom Zeitungsschreiber zum Schriftsteller*, 1936
- *The Smiling General. Suharto of Indonesia*, 1969
- *Who's Who in Indonesia*, 1971
- *Smiles in Indonesia*, 1972
- Mais Weltführer N12, *Indonesien: Java, Bali, und die Tausend Inseln beiderseits des Äquators. Reiseführer und Landeskunde*, 5. Auflage, 1976
- *Southeast Asia and the Germans*, 1977 (Mitautor, Seiten 77-90)
- *Wirtschaftspartner Indonesien*, 1979 (Redaktion O. G. Roeder und Jörg Willecke, der damalige Leiter der Deutsch-Indonesischen Industrie- und Handelskammer Jakarta, in Zusammenarbeit mit dem Ostasiatischen Verein e.V. und HWWA-Institut für Wirtschaftsforschung Hamburg)
- *Indonesien: Geographie – Geschichte – Kultur – Religion – Staat – Gesellschaft – Bildungswesen – Politik – Wirtschaft*, 1979 (Dr. Roeder war Mitherausgeber)
- *Leben und leben lassen in Indonesien*, 1980
- *Indonesia, a personal introduction*, 1987
- *Indonesien: Reiseführer mit Landeskunde*, 1987

---

16   Gerakan September Tiga Puluh, auch GESTAPU genannt

Sein 1971 in Jakarta erschienenes Buch ‚*Who's Who in Indonesia*‘ wurde ein voller Erfolg. Es war das erste in Indonesien erschienene *Who's Who* mit einem Umfang von 545 Seiten und einem Abbild von allen aufgeführten Personen. Jeder Indonesier von Rang und Namen wollte das Buch haben, auch wenn er darin nicht genannt wurde.

Wie eng Dr. Roeder mit der Deutschen Botschaft, der Deutsch-Indonesischen Industrie- und Handelskammer (EKONID) in Jakarta und der deutschen Industrie verknüpft war, zeigt das Buch *Wirtschaftspartner Indonesien* von 1979. Das Vorwort dazu schrieb Dr. Peter von Siemens und die Autoren waren nicht nur O. G. Roeder und der Leiter der Deutsch-Indonesischen Industrie- und Handelskammer, sondern neben vielen anderen auch der damalige Botschafter der Bundesrepublik Deutschland, Günther Schödel, sowie der indonesische Staatsminister Professor Dr. Emil Salim. Es war ein Werk verschiedener deutscher und indonesischer Autoren.

In den 1960er und 1970er Jahren waren Dr. Roeder und seine Ehefrau immer gerne gesehene Gäste, bei jedem Empfang der Deutschen Botschaft, der Deutsch-Indonesischen Industrie- und Handelskammer oder der deutschen Großindustrie. Selbst eingeladen hatten die Roeders allerdings nur äußerst selten. Da ich bis zum Ende der Amtszeit von Präsident Sukarno, und darüber hinaus durch einen mit mir eng befreundeten General, einen direkten Draht in den Präsidentenpalast hatte, kamen wir uns beim Informationsaustausch näher und ich gehörte zu den ganz wenigen Auserwählten, die ab und zu bei ihm zu Hause waren. Er lebte mit seiner Ehefrau ziemlich bescheiden im Stadtteil Kebayoran Baru von Jakarta. Ich gehörte auch zu der verschwindend geringen Anzahl von jenen, denen er das ‚Du‘ anbot. Dann ließ er sich ‚Rolf‘ nennen, vermutlich in Anlehnung an seinen echten Vornamen Rudolf? Die Abkürzung ‚O.‘ in seinem Namen stand für den Vornamen Oebsger. Für was die Abkürzung ‚G.‘ stand, konnte ich nicht in Erfahrung bringen. Über das Dritte Reich oder seine Vergangenheit konnten wir nie reden. Da lenkte er das Gespräch immer sofort in eine andere Richtung.

Wie gesagt gehörte ich zu den ganz wenigen Privilegierten, denen Dr. Roeder das ‚Du‘ anbot. Jegliche Vertraulichkeit mit anderen lehnte er strikt ab. Wenn man ihn und Herrn Grudinski treffen wollte, fand man sie am ehesten in der Bar des Hotels Indonesia. Herr Grudinski war ein Freelance-Journalist, der für verschiedene deutsche und internationale Medien schrieb. Auch für mich war die Bar im Hotel Indonesia ein interessanter Platz. Man war immer auf dem neuesten Stand was Politik und Wirtschaft oder neue Gesetze betraf. Beide Herren, Roeder und Grudinski, mochten einander nicht besonders, oft wurden die Gespräche laut, aber zu einem Austausch von Informationen trafen sie sich trotzdem regelmäßig. Wenn man Dr. Roeder das ‚Du‘ anbot, lehnte er grundsätzlich ab. Einmal saßen wir zu fortgeschrittener Stunde noch an der Bar, da bot Herr Grudinski Herrn Dr. Roeder das ‚Du‘ an. Die schroffe Antwort von Roeder war: *Nicht mit Ihnen!*

Dr. O. G. Roeder war sehr fotoscheu. Wenn er merkte, dass er fotografiert wurde, drehte er meist sein Gesicht zur Seite. In Archiven und im Internet habe ich kein einziges Foto von ihm gefunden. Bei der Durchsicht meiner unzähligen Fotos jener Zeit habe ich doch noch einige Fotos entdeckt, auf denen er zu sehen ist. Es sind die ersten von ihm und seiner Frau, die ich nun in dieser Dokumentation öffentlich machte.

Von einem Empfang anlässlich des Besuches von Professor Dr. Karl Holzamer[17] im November 1967 in Jakarta habe ich zwei Aufnahmen gefunden, auf denen Dr. Roeder und seine Ehefrau Ortrud zu sehen sind. Professor Holzamer war zu jener Zeit (1962 bis 1977) Intendant des ZDF[18] und Dr. Roeder sein wichtigster Gesprächspartner. Der Empfang und das anschließende Essen mit einer ‚Indonesischen Reistafel‘ fand im Hause von General M. Ng. Soenarjo[19] statt. General Soenarjo wie auch der ebenfalls abgebildete Dr. Umar Kayam[20] gehörten bis zu ihrem Tode zu meinen engsten indonesischen Freunden.

General Soenarjo war unter Präsident Sukarno der Chef von KOTI[21], dem höchsten Entscheidungsgremium für Projekte. Mit ihm führte ich 1964 im Präsidentenpalast die Verhandlungen für den Großauftrag eines 100 Kilowatt Kurzwellensenders für Tjimanggis[22]. Es war die Periode ‚Ganyang Malaysia‘[23] und mit dem Sender sollten Propaganda- und Störsendungen nach Malaysia ausgestrahlt werden. Nach dem Putsch von 1965 gehörte General Soenarjo zum engsten Stab von Präsident Suharto.

Umar Kayam war Schriftsteller[24], Filmemacher und Medienmanager. Während meiner beruflichen Tätigkeit in Indonesien war er Staatssekretär und Generaldirektor für Radio, Fernsehen und Film im Informationsministerium in Jakarta, sowie Generaldirektor des staatlichen Rundfunks ‚Radio Republik Indonesia‘, RRI.

---

17   1906-2007
18   Dem Zweiten Deutschen Fernsehen
19   Siehe Horst H. Geerken, *Der Ruf des Geckos*, S. 125, 144, 178, 196, 217, 241, 261, 264, 266, 297
20   1932-2002
21   Komando Operasi Tertingi
22   Heute Cimanggis
23   Horst H. Geerken, *Der Ruf des Geckos*, S. 177-182, 205, 402 und *Das Gold der Bandas*, S. 213ff
24   Seine Werke: *The Soul of Indonesia*, 1985; *Para Priyadyi*, deutsche Übersetzung: *Ein Hauch von Macht*, Horlemann Verlag, 1999, englische Übersetzung: *Javanese Gentry*, 2013; *Fireflies in Manhattan*, 2012

Abb. 74-4, Im Hause von General M. Ng. Soenarjo in Jakarta, November 1967
(Dr. O. G. Roeder erster links oben; dritter von links oben Umar Kayam; vierter von links oben Dr. Siemes, Deutsche Botschaft; fünfter von links oben ist der Autor; daneben Frau Siemes, Frau Dr. Ortrud Roeder in der Mitte; rechts davon Prof. Dr. Karl Holzamer, dahinter meine Frau, Hannelore Geerken; rechts neben Prof. Holzamer ist General M. Ng. Soenarjo mit Ehefrau)

Abb. 74-5, Empfang im Hause von General M. Ng. Soenarjo anlässlich des Besuchs von Professor Dr. Karl Holzamer, Nov. 1967
(Von links: Frau Dr. Ortrud Roeder begrüßt die Leiterin der indonesischen Nachrichtenagentur ANTARA Ita Samsuddin; meine Ehefrau Hannelore Geerken, verdeckt dahinter der Autor, daneben Dr. O. G. Roeder, General M. Ng. Soenarjo und Umar Kayam von hinten)

21

Es war Ende der 1960er Jahre, als ich Dr. O.G. Roeder mit seiner Ehefrau in Bali traf. Zufällig stiegen wir im selben Hotel in Sanur ab, im Hotel von Frau Milly Gandanegara, die in Jakarta den damals bekannten ‚Banuwati Art Shop' besaß. In den 1960er Jahren gab es noch keine Luxushotels und das Hotel von Frau Milly Gandanegara galt zu jener Zeit als sehr sauber mit fairen Preisen. Wie man sieht, war die Hotelbar noch ziemlich rustikal, einfach dekoriert mit Kokosnüssen und Muscheln. Das Zusammentreffen auf Bali war – wie man auf dem Foto 74-6 sehen kann – zünftig und unbeschwert. Es wurde noch frei der späteren Erkenntnis gefeiert, Roeders Vergangenheit war mir zu dieser Zeit noch nicht bekannt.

Abb. 74-6, Der Autor mit Dr. O. G. Roeder und dessen Ehefrau Dr. Ortrud Roeder Anfang der 1970er Jahre auf Bali

Von einer Essenseinladung des Deutschen Botschafters Günther Schödel[25] in dessen Residenz anlässlich des Besuches von Senator Helmuth Kern[26] am 7. Oktober 1978 in Jakarta habe ich auch eine Aufnahme gefunden, auf der Dr. Roeder und ich nebeneinander sitzen. Abbildung 74-7 zeigt einen Ausschnitt dieses Bildes.

Abb. 74-7, Dr. O. G. Roeder links, meine Wenigkeit rechts, Jakarta, 7. Oktober 1978

---

25   Botschafter in Jakarta von 1977 bis 1980
26   Wirtschaftssenator der Freien und Hansestadt Hamburg

Trotz der Gefahr, erkannt zu werden, reiste Dr. Roeder ab Mitte der 1970er Jahre ab und zu nach Deutschland und bewegte sich frei, unbehelligt und unerkannt in München. In Deutschland wurde mehrfach gegen Oebsger-Röder wegen Kriegsverbrechen ermittelt, aber die Staatsanwaltschaften stellten die Ermittlungen immer wieder ein, da der Beschuldigte unauffindbar sei und im Ausland leben würde. Wurde der ‚indonesische‘ Dr. O. G. Roeder vom Bundesnachrichtendienst immer noch als ‚Quelle‘ verwendet und daher gedeckt?

Damals in Indonesien hatten wir deutschen Firmenvertreter, Kaufleute und selbst die Diplomaten der Deutschen Botschaft nicht die geringste Ahnung von Dr. Roeders Machenschaften im Dritten Reich. Anfang der 1980er Jahre ging er mit seiner Ehefrau zurück nach Deutschland. In München-Schwabing bezogen die beiden eine großzügige Wohnung in der Tengstraße, die übervoll mit asiatischen Antiquitäten möbliert war. Am 21. Juni 1992 brach Dr. Roeder plötzlich an einer Straßenbahnhaltestelle in München im Alter von 80 Jahren tot zusammen. Seine Aktentasche fiel zu Boden und alle darin enthaltenen Dokumente lagen auf der Straße. Wie mir seine Ehefrau sagte, waren später, als sie zur Unglücksstelle kam, alle Papiere aus seiner Aktentasche verschwunden und nicht mehr auffindbar, auch sein Adressbuch mit allen Telefonnummern und Adressen. Nur seine leere Aktentasche und seine Geldbörse mit dem Geld und den Ausweisen blieben zurück. Sie konnte daher – wie sie mir sagte – wegen des fehlenden Adressbuches niemand über seinen Tod informieren. War der Bundesnachrichtendienst schneller als Frau Dr. Roeder? Oder ließ sie die Papiere verschwinden? Dr. O. G. Roeder wurde heimlich, still und leise in München beigesetzt, ein weiteres Mysterium in seinem Leben.

Eigentlich hatte er als Nazi-Verbrecher noch ein schönes Leben und einen schönen Tod. Seine Ehefrau Ortrud lebte danach noch einige Jahre in der Wohnung in München, wo ich sie mehrmals besuchte. Ihre große Wohnung war noch überladen mit asiatischen Antiquitäten. Darin fühlte sie sich äußerst wohl. Es gab zu jener Zeit bereits Gerüchte über die Nazi-Vergangenheit ihres Ehemannes im Dritten Reich. Ich wollte mehr erfahren. Leider konnte – oder wollte – sie mir nichts sagen, sie wüsste nichts von seinen früheren Machenschaften im Dritten Reich.

Erst nach dem Tod der beiden Roeders wurde langsam bekannt, dass es sich bei dem Kriegsverbrecher Dr. phil. Rudolf Oebsger-Röder und dem in Indonesien lebenden Dr. O. G. Roeder (genannt Rolf) um ein und dieselbe Person handelt. Auch die Verbrechen, die er begangen haben soll, wurden erst im Nachhinein bekannt. Es war für mich – wie für alle, die ihn persönlich kannten – ein großer Schock, denn ich hatten viele vertrauliche Gespräche über politische und wirtschaftlich Themen mit ihm geführt. Keiner ahnte etwas von seiner anrüchigen Vergangenheit. Es ist für mich bis heute kaum verständlich, wie ein Mensch zwei so grundverschiedene Leben hat führen können.

Selbst nach seinem Tod lebt Dr. Roeder mit seinen Büchern in Indonesien weiter. Das hier gezeigte Buch ‚Indonesia‘ habe ich 2018 in einem GRAMEDIA-Buchladen auf Bali entdeckt und gekauft. Ich denke, es war sein letztes Werk.

Abb. 74-8, Das Buch ‚Indonesia, a personal introduction‘ von O. G. Roeder

President Soeharto with the Author

THE AUTHOR is a German socio-
logist with a Ph.D. degree who has
lived in Indonesia since 1959 except
for a two year's stay in Bangkok.
He is the Indonesian correspondent
for German and Swiss newspapers
and broadcasting companies, as well
as for a noted magazine in Hongkong.
Having travelled extensively through
the vast Indonesian archipelago from
Medan in North Sumatra to Merauke
in West Irian, he followed, on the
spot, the fateful events in the capital
during the fall of Sukarno and the
rise of Soeharto—not uncritically, but
with much sympathy for the people
and the country.

Abb. 74-9, Dr. Roeders Buch über Präsident Suharto, den zweiten Präsidenten Indonesiens

Abb. 74-10, Text auf dem Schutzumschlag mit dem
Foto des Autors mit Präsident Suharto

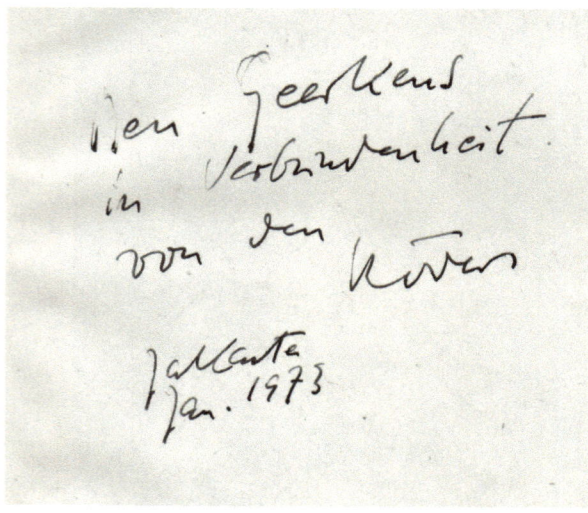

Dr.med.Ortrud Öbsger-Röder
Vertrauensärztin der Deutschen Botschaft
D j a k a r t a   ,den 27.5.1968

Ärztliche Bescheinigung

Herr Ing.Horst Geerken M.S. befindet sich seit dem 26.März 1968
in meiner ärztlichen Behandlung.Da nach seiner Erkrankung in Malaysia
ein ständiger Gewichtsverlust zu verzeichnen ist (bisher 8 kg),habe
ich Herrn Geerken dringend geraten,seinen Heimaturlaub vorzuverlegen
und sich in Deutschland in einem Tropeninstitut gründlich klinisch
durchuntersuchen zu lassen.

(Dr.Öbsger-Röder)

Abb. 74-11, Widmung Roeders in dem Buch
Smiles in Indonesia, das er mir im Januar 1973
überreichte

Abb. 74-12, Eine mir ausgestellte ‚Ärztliche Bescheinigung' von Dr. med. Ortrud
Roeder

Im Bundesarchiv in Koblenz liegen unzählige Dokumente über Dr. phil. Rudolf Oebsger-Röder aus dem Dritten Reich und über den in Indonesien lebenden Dr. O. G. (Rolf) Roeder aus der Zeit nach dem Zweiten Weltkrieg. Aber die Veröffentlichung all dieser Dokumente würde den Rahmen dieses Buches sprengen.

Ab den 1960er Jahren traf ich oft Herrn Schneider, über den ich schon zuvor berichtet habe.[27] Durch ihn bekam ich einen weiteren Hinweis über Deutsche in Indonesien. Er war Hilfskraft an der Deutschen Botschaft in Jakarta und wurde allgemein ‚Kumpel Schneider‘ genannt. Als er mir eines Tages erzählte, er wäre Sparringpartner von Max Schmeling[28] gewesen, dachte ich zunächst, das wäre in Deutschland gewesen. Zu einem späteren Zeitpunkt sagte er, Max Schmeling hätte in Indonesien geboxt. Er wäre nach dem Krieg für einige Zeit in Indonesien untergetaucht. Max Schmeling, der Schwergewicht-Boxweltmeister von 1930 bis 1932 und der Europameister von 1939, in Indonesien? Das konnte ich kaum glauben und damals fand ich auch in Indonesien keine weiteren Hinweise, die darauf hindeuteten. Bis heute gibt es im Internet keinen einzigen Treffer zu ‚Max Schmeling und Indonesien oder Java‘. Viele Jahre später erzählte mir der alte Oberkellner vom Hotel Savoy-Homan in Bandung, dass Max Schmeling Ende der 1940er oder Anfang der 1950er Jahre hier in dem damaligen Luxushotel gewohnt hätte. Eine Gästeliste jener Zeit konnte er allerdings nicht mehr finden. Nun wurde ich hellhörig: Stimmte es doch, was mir Herr Schneider gesagt hatte?

Schmeling wurde im Dritten Reich als international bekannter deutscher Sportler von Joseph Goebbels als Sprachrohr für die Nazi-Propaganda vereinnahmt. Nachdem Schmeling im Juni 1936 den bisher ungeschlagenen Joe Louis besiegte, war er weltberühmt. Millionen Menschen saßen in Deutschland mitten in der Nacht vor den Radios und lauschten der Live-Übertragung auf Kurzwelle aus dem New Yorker Yankee-Stadion. Auch mein Vater erzählte, dass er den Boxkampf mit seinem Volksempfänger aufgeregt verfolgt hätte. Durch Max Schmeling wurden die damals noch zurückhaltenden Vereinigten Staaten von Amerika überzeugt, die Olympischen Spiele von 1936 in Berlin nicht zu boykottieren. Max Schmeling traf mehrmals Joseph Goebbels und andere Größen des Dritten Reichs. Er war also ziemlich tief mit Nazi-Deutschland verstrickt. Er gehörte zu ‚Hitlers nützlichen Idolen‘.

Während des Zweiten Weltkriegs war Schmeling bei den Fallschirmjägern in Kreta eingesetzt. Nach einer Verletzung wurde er dem Aufsichtspersonal verschiedener Kriegsgefangenenlager zugeteilt.

Abb. 74-13, Bericht in der Zeitschrift ‚Der Adler‘ vom 18. März 1941, Heft 5

27 Siehe Kapitel 68 in Band 3
28 1905-2005

Abb. 74-14, Bericht in der Zeitschrift ‚Der Adler‘ vom 18. März 1941, Heft 5

Abb. 74-15, Bericht in der Zeitschrift ‚Der Adler‘ vom 18. März 1941, Heft 5

Der große Augenblick!
Max Schmeling „steigt
aus". Gleich wird sich der
Fallschirm öffnen

Während des Anflugs zum Übungssprung sitzt Max Schmeling inmitten seiner
Kameraden. Voll Spannung sind sie alle auf diese erste praktische Bewährung in
ihrer Ausbildungszeit eingestellt

Aufnahmen Bruno Wacke (10)

Rechts: Kameradschaft nach dem Sprung. Einer
hilft dem anderen beim Einrollen des Schirmes

Abb. 74-16, Bericht in der Zeitschrift ‚Der Adler' vom 18. März 1941, Heft 5

Nach Kriegsende wurde Schmeling 1946 zu drei Monaten Haft verurteilt, aber nach der Entnazifizierung wurde er als unbelastet entlassen. Aber warum sollte er in Indonesien untertauchen, wenn er als ,unbelastet' galt? War da noch ,Etwas', das er verheimlicht hatte?

Wann und wie Schmeling nach Java kam konnte ich nicht herausfinden. Von Dr. Rudolf Liesenfeld[29] erfuhr ich, dass ihm sein Vater erzählte, dass Schmeling kurz nach dem Ende des Unabhängigkeitskriegs ab Dezember 1949 in Java war. Wie ich zwischenzeitlich in Box-Clubs in Jakarta erfuhr, trainierte Herr Schneider, der schon vor dem Zweiten Weltkrieg als Boxer in Deutschland aktiv war, junge Indonesier im Boxsport. Als Max Schmeling nach Java kam, war Schneider sein Sparringpartner und sie führten auch Schaukämpfe durch. Schmeling boxte wohl auch selbst in verschiedenen Städten Javas, fungierte aber meist nur als Schiedsrichter.

Nun wurde zu meiner Überraschung in der Wochenzeitschrift DER SPIEGEL 7/20[30] ein Foto veröffentlicht, das Max Schmeling 1953 in Surabaya zeigt. Er legt seine schweren Boxer-Pranken auf die Schultern eines 13-jährigen Mädchen, der heute in Deutschland lebenden 80-jährigen Anneliese Ibbeken. Schmeling übernahm 1952 die Coca-Cola Vertretung für Deutschland und er war zu dieser Zeit bereits ein erfolgreicher Unternehmer. Warum sollte er dann untertauchen?

Max Schmeling scheute sein ganzes Leben lang den Medienrummel, der um seine Person gemacht wurde. Ist das der Grund, dass in Deutschland wie auch in Indonesien so gut wie nichts über seine Zeit auf Java zu erfahren ist? Es bleiben heute somit noch einige ungelöste Rätsel. Vielleicht finden sich in Zukunft weitere Einzelheiten, um die Lücken in seinem Lebenslauf zu füllen.

Auf einer kleinen Aru-Insel vor der Westküste Neuguineas, die auf keiner der üblichen Landkarten zu finden ist, trafen Anfang der 1970er Jahre meine abenteuerlustigen Freunde Renate und Bernd Pullig einen alten deutschen Militärarzt aus der Zeit des Zweiten Weltkriegs, der mit einer Einheimischen verheiratet war.[31] Es gab auf der Insel damals noch kein Telefon, kein Fernsehen, kein Postamt, aber eine kleine ,Klinik' des deutschen Arztes. Wie kam es, dass es einen deutschen Arzt auf dieses kleine Eiland am Ende der Welt verschlagen hatte? Folgte er dem Ruf von Präsident Sukarno, der nach dem Rausschmiss der Niederländer aus Indonesien ab 1950 deutsche Ärzte bat, nach Indonesien zu kommen? Mehrere Hundert deutsche Ärzte, die nach der Kriegsgefangenschaft in das zerstörte Deutschland zurückgekommen waren, folgten dem Ruf Sukarnos, des ersten Präsidenten Indonesiens, und sie waren meist in abgelegenen Gebieten Indonesiens tätig.[32] Manche blieben einige Jahre lang in Indonesien, andere ihr ganzes Leben. Nach Ablauf ihres normalerweise fünfjährigen Vertrage suchten viele sich schönere Orte im Archipel aus, um weiter tätig zu sein.

Ich hatte Anfang der 1960er Jahre noch Gelegenheit, einige dieser Ärzte zu treffen, in Jakarta, in Bandung, in Medan und auf Bali. Sie waren dem Ruf Sukarnos nicht aus Abenteuerlust oder aus humanitären Gründen, um den Menschen der Dritten Welt zu helfen, gefolgt. Nein, sie kamen meist aus der Kriegsgefangenschaft in das zerstörte Deutschland zurück und hätten nur eine unbezahlte Arbeit in deutschen Kliniken erhalten können. In Indonesien erhielten sie wenigstens ein Gehalt, von dem sie gut leben konnten. Allerdings war das Leben in den einsamen Gebieten des riesigen Archipels meist nicht einfach. Damals gab es noch keinen Strom, keine Straßen oder Flugverbindungen, keine europäischen Nachbarn und keine Schulen für die Kinder. Es gab nicht einmal ein veröffentlichtes deutsch-indonesisches Wörterbuch! Zwar hatte die Schulleiterin der Deutschen Schule in Sarangan, Frau Lydia Bode, ein Wörterbuch und eine Grammatik der Bahasa Indonesia zusammengestellt. Aber damals fehlte das Geld, um die Bücher zu veröffentlichen.[33]

Die deutschen Ärzte in Indonesien mussten täglich improvisieren, auch mit der Nahrung. Von Kartoffeln, Brot oder Milch konnte man nur träumen. Aber man hatte ein eigenes Haus, eine Köchin, ein Kindermädchen, einen Hausboy und so weiter.

War der Arzt, den Renate und Bernd auf einer kleinen Aru-Insel antrafen, einer der für Sukarno arbeitenden Ärzte, der in Indonesien geblieben war, oder ein Nazi, der sich durch eine Flucht auf dieses abgelegene Fleckchen Erde einer Verurteilung durch die Bundesrepublik Deutschland oder durch die Alliierten entzog? Ich denke, eher Letzteres! Sicherlich hat sich manch ein Verdächtiger unter die große Gruppe der nach Indonesien ausreisenden Ärzte gemischt. Außerdem gelang Tausenden einflussreicher Nazis mit Hilfe des Vatikans auf der sogenannten Rattenlinie mit gefälschten Papieren eine Ausreise nach Südamerika und Asien.[34] Sie versteckten sich meist auf solch abgelegenen Inseln. Dort waren sie sicher und konnten nicht aufgespürt werden.[35]

---

29 Siehe Kap. 64
30 Seite 54 unter ,Reporter'
31 Die ganze Geschichte siehe Horst H. Geerken, *Ein Bule in Indonesien*, Kapitel 11, 2021
32 Siehe Horst H. Geerken, *Der Ruf des Geckos*, S. 335ff und *Hitlers Griff nach Asien*, Band 2, S. 336ff
33 Mehr dazu in Band 6 (noch in Bearbeitung)
34 Siehe Horst H. Geerken, *Hitlers Griff nach Asien*, Band 2, S. 302ff
35 Siehe hierzu auch ibid., Dr. Poch/Hitler, S. 284ff und deutsche Ärzte in Indonesien, S. 336

75. Ergänzungen zu Präsident Sukarno

Beim Lesen des Buches *Treue bis zum Tod* von Marco Gasparini über die Mafia stieß ich auf Seite 165 auf eine sehr mysteriöse Geschichte. Da steht wörtlich:

[...] Jüngste Ereignisse machen deutlich, wie groß die Macht und der Aktionsradius dieser Organisationen im Bereich der Geldwäsche mittlerweile sind.

Am 29. September 2009 halten Beamte der italienischen Finanzpolizei in Kalabrien ein Fahrzeug mit hoher PS-Zahl im Rahmen ihrer normalen Kontrolltätigkeit an und stoßen auf einen kleinen Koffer mit Bankunterlagen und einen Depotschein im Gegenwert von 870 Millionen US-Dollar. Das im Jahr 1961 von einem Schweizer Bankinstitut ausgestellte Wertpapier ist auf einen gewissen Herrn Sukarno ausgestellt, den früheren Präsidenten von Indonesien. Der Diktator, der von 1945 bis 1967 an der Macht war, starb 1970. Danach führte sein Sohn die international verflochtenen Geschäfte seines Vaters weiter. Die Ermittler nehmen an, dass der auf Sukarno Senior ausgestellte und in die Hände der kalabrischen Mafia gefallene Depotschein möglicherweise gerade auf der Reise war, um jenseits der italienischen Grenze eingelöst zu werden. Dies ist ein eindeutiger Beweis für die direkten Verbindungen zwischen dem Big Business und der Fähigkeit der Clans, ‚schmutziges Geld‘ zu waschen, speziell solches, das aus dem Drogen- und Waffenhandel stammt.[36] [...]

Präsident Sukarno korrupt? Wenn das stimmen sollte, bräche für mich eine Welt zusammen! Sukarno galt bisher als der Saubermann, als der Held, der Indonesien die Unabhängigkeit gebracht hatte und nicht korrupt war. Die Korruption breitete sich doch erst unter Sukarnos Nachfolger, dem Präsidenten Suharto aus. Ich selbst hatte erlebt, das Sukarno sehr bescheiden lebte. Er liebte das einfache indonesische Essen der Bauern und er besaß bis zu seinem Lebensende kein eigenes Haus. Die Häuser, in denen er wohnte, waren alle Staatseigentum. Immer wieder betonte er ‚*Uang dari Rakyat harus kembali ke Rakyat*‘ – Das Geld des Volkes muss an das Volk zurückgegeben werden! So war es auch bei seinem Projekt des Internationalen Flughafens auf Bali[37], an dem ich einige Jahre beteiligt war. Es war ein durch und durch ‚sauberes‘ Projekt, bei dem keine Nebenabgaben[38] flossen. In Zusammenhang mit diesem Projekt traf ich mehrmals Präsident Sukarno persönlich. Nie äußerte er den Wunsch, irgendetwas abzuzweigen, auch nicht die Beamten und Militärs seiner näheren Umgebung.

Wie kam der Depotschein, 39 Jahre nach Sukarnos Tod (!), in die Hände der Mafia? Ein Depotschein ist die Bescheinigung einer Bank über in Verwahrung genommene Wertpapiere oder von Gold. War der Depotschein eine Fälschung? Waren es Staatsgelder? 870 Millionen US-Dollar sind ja eine ganze Menge Geld! Bei dieser hohen Summe kann es sich eigentlich nur um Staatsgelder gehandelt haben. Um Gelder welchen Staates? Aber weshalb ist der Depotschein auf Sukarnos Namen ausgestellt? Bei welcher Bank waren die Wertpapiere gebunkert? War der Depotschein nach so vielen Jahren überhaupt noch gültig? Es gibt noch viele offene Fragen, denen man nachgehen sollte. Aber in den Kreisen der Mafia herrscht Schweigen und es ist auch zu gefährlich, darin zu recherchieren. Leider nannte der Autor des Buches, Marco Gasparini, keine Quelle seiner Informationen. Er sagt auch nicht, ob der Betrag ausbezahlt wurde, welche Bank involviert war und wo und an wen.

Wie hätte Sukarno an das in Europa liegende Geld kommen können? 1956 war Sukarno zu einem Staatsbesuch in Deutschland. Im selben Jahr besuchte er auch die Vereinigten Staaten von Amerika und die Sowjetunion. Er wollte sich einen persönlichen Eindruck der beiden weltbestimmenden Machtblöcke, der USA und der UdSSR, verschaffen. Weitere Staatsbesuche in die USA folgten 1959 und in die UdSSR 1959, 1961 und 1964.

Sukarno litt permanent unter Nierensteinen. Der Leibarzt von Sukarno war der Chinese Dr. Lauw Ing Tjhong. Er behandelte ihn mit Akupunktur. Sukarno flog nochmals nach Europa zu einer Behandlung in Österreich, aber er verweigerte eine Operation seiner Niere durch die Wiener Professoren. In jungen Jahren hatte ihm ein Wahrsager gesagt, dass er einmal unter einem Messer sterben müsse. Da wollte er sicherheitshalber kein Risiko eingehen!

Der Depotschein war 1961 ausgestellt worden. 1963 bereitete sich Sukarno auf eine neue Auslandsreise vor. Über das Reiseziel und den Zeitpunkt der Abreise gab es damals noch keine Angaben. Auf Anraten seiner Ärzte sollte er sich im Ausland erholen. Er trat die Reise aber nicht mehr an. Ich traf ab 1963 Präsident Sukarno mehrmals persönlich. Eine Krankheit oder ein Verlust seiner großen Vitalität waren ihm nicht anzumerken.

In Deutschland machte man sich in Regierungskreisen allerdings bereits Gedanken, wie ein Besuch Sukarnos in Deutschland ablaufen könnte. Dazu schrieb die Deutsche Botschaft in Jakarta am 23. April 1963 den folgenden Bericht an das Auswärtige Amt in Berlin:

---

36 Marco Gasparini, *Treue bis zu Tod*, deutschsprachige Erstausgabe 2011 (ISBN 978-3-7658-1865-3)
37 Horst H. Geerken, *Der Ruf des Geckos*, S. 112ff
38 Die Umschreibung von Korruptionsgeldern, kurz ‚Na‘ genannt.

...v der
...epublik Deutschland

...arta

577/63
-81.00

1

Djakarta, den 23. April 1963

An das

Auswärtige Amt

B o n n

Betr.: Gesundheitszustand Sukarnos;
Möglichkeit einer neuen Auslandsreise

Bezug: Bericht Nr. 1191/61 VS-NfD - Az.: 709-82.21 -
vom 17. November 1961 und
Bericht Nr. 504/62 - Az.: 709-82.21 - vom 7. Mai 1962

Wie der indonesische Handelsminister, Dr. Suharto,
der frühere Leibarzt des Präsidenten Sukarno, in einem
Interview mitteilte, wird sich der indonesische Staats-
präsident auf Anraten seiner Ärzte in naher Zukunft zur
Erholung ins Ausland begeben. Suharto machte weder über
das Reiseziel noch über den Zeitpunkt der Abreise Angaben.

Die Meldung wird hier als eine gewisse Bestätigung der seit einiger Zeit in Djakarta umgehenden Gerüchte
über den verschlechterten Gesundheitszustand Sukarnos betrachtet. Vor allem soll sich das alte Nierenleiden wieder
bemerkbar machen, dessen Behebung durch rotchinesische
Ärzte mit Behandlungsweisen der traditionellen chinesischen Medizin (Akupunktur) im letzten Jahr gefeiert worden war. Einer chinesischen Gesundheitsdelegation unter
Führung des Stellv. Gesundheitsministers der Volksrepublik, die vor einigen Wochen in Indonesien weilte und
der auch der die vorjährige Behandlung leitende Arzt an-
gehört haben soll, wurde im Gegensatz zu ihrer Vorgän-
gerin kaum Publizität zuteil; soweit ihr Ziel gewesen
sein sollte, Sukarno weiterhin von der Wirksamkeit der

-2-

Abb. 75-1, Bericht der Deutschen Botschaft in Jakarta vom 23. April 1963, Seite 1

chinesischen Medizin zu überzeugen, dürfte ihre Mission nicht erfolgreich gewesen sein.

Die Frage des Gesundheitszustandes Sukarnos hat zwei politische Aspekte:

1.) - Sollte der Präsident mit der traditionellen chinesischen Medizin unzufrieden sein und sich wieder westlichen Behandlungsmethoden zuwenden, so würde dies seine Haltung gegenüber dem Westen auch im allgemeinen nicht unbeeinflußt lassen. Die Enttäuschung über eine Behandlung, die seinen mystisch bestimmten Vorstellungen über die Abhängigkeit seines Charismas von der Unverletztheit seines Körpers (daher Ablehnung einer Operation Genüge zu tun schien, hätte tiefere Wirkungen, als man sie bei einem Menschen westlicher Psyche erwarten würde.

2.) Sie stellt - und darin liegt ihre hauptsächliche politische Bedeutung - angesichts des Alters Sukarnos, der mit 63 Jahren nach indonesischen Maßstäben ein Greis ist, nicht nur die Frage nach der Nachfolge im Amt, sondern überhaupt die noch schwererwiegende nach der Zukunft eines indonesischen Staates ohne Sukarno. Diese Frage erfüllt auch die ganz überwiegende Mehrheit der nichtkommunistischen Oppositionellen, die in Sukarno zwar einen Gegner, aber auch den gegenwärtig nicht zu ersetzenden ausgleichenden und integrierenden Faktor in der labilen indonesischen Innenpolitik sehen, mit größter Sorge. Sie wird daher in den anhebenden innenpolitischen Auseinandersetzungen (wohl meist unausgesprochen) eine entscheidende Rolle spielen.

gez. Seeliger

Abb. 75-2, Seite 2

Es wäre interessant, mehr über den mysteriösen Depotschein zu erfahren, aber in den Kreisen der Mafia zu recherchieren, ist mir zu riskant. Darüber hinaus bin ich – so lange nicht das Gegenteil bewiesen ist – von der Unschuld Sukarnos überzeugt. Wenn man nach dem Tode Sukarnos und Suhartos einen Indonesier fragte: ‚Wer war der bessere Präsident?‘, erhielt man immer die Antwort: ‚Sukarno liebte die Frauen und Suharto das Geld!‘ Die Korruption in großem Stil begann mit dem zweiten Präsidenten Suharto. Suhartos Ehefrau hieß mit dem Vornamen ‚Tien‘. Auf Holländisch ist ‚tien‘ zehn. Schon bald nach Amtsantritt wurde Frau Suharto im Volksmund Nyonya tien Persen – ‚Frau zehn Prozent‘ genannt. Aber bei den zehn Prozent blieb es nicht lange. Man schätzt das Vermögen der Suharto-Familie, das ins Ausland transferiert wurde, auf 37 Milliarden US-Dollar!

76. Was suchte Himmler in Tibet?

Für die Deutschen übten Tibet und der Himalaya immer schon eine ganz besondere Faszination aus. Dazu beigetragen haben namentlich die Reisebücher von Alexandra David-Neel, Wilhelm Filchner und des schwedischen Nazi-Sympathisanten Sven Hedin. Alle schilderten eindrucksvoll ihre Erlebnisse auf dem ‚Dach der Welt'. Auch der Roman *Irgendwo in Tibet* von James Hilton fand große Beachtung.

Als Jugendliche lasen wir die Bücher dieser Autoren mit Begeisterung. Für uns waren die Schriftsteller damals Helden, die die hohen Berge bezwangen und uns ein ungewöhnliches, völlig fremdes Land näherbrachten. Das Dritten Reich wies einige Gemeinsamkeiten mit Tibet auf: Beide hatten das Symbol des Hakenkreuzes, und beide verehrten ihren ‚Führer' über alle Maßen – in Deutschland Hitler, dort ist es bis heute der Dalai Lama. Es gab aber auch Gegensätze. Das Deutsche Reich war Aggressor, um den Bolschewismus der Sowjetunion zu vernichten, und Tibet wehrte sich mit allen ihm zur Verfügung stehenden Mitteln gegen die Gebietsansprüche und Einmischungen Chinas.

In Tibet, hinter dem Himalaya, vermutete man schon immer eine alte mystische Rasse mit paranormalen Fähigkeiten. Es soll der Zufluchtsort der arischen Ur-Rasse gewesen sein. Die okkulte Tibet-Mythologie – die noch bis heute in gewissen neuheidnischen Kreisen vertreten wird – basierte auf der ‚Thule-Theorie'. Thule, eine Insel im hohen Norden, soll das sagenumwobene und untergegangene Reich Atlantis gewesen sein. Nur einer nordischen Einwanderergruppe von Ur-Ariern wäre es gelungen, auf die höchsten bewohnbaren Flächen Asiens zu gelangen, nach Tibet. Und nur ihr wäre es gelungen, hier zu überleben.

Schon vor unserer Zeitrechnung wurde Thule als eine große Insel im Norden Europas erwähnt. Aus den bruchstückhaften mittelalterlichen Überlieferungen schuf Goethe das Gedicht *Der König von Thule*. 1918 wurde in Deutschland die antisemitische ‚Thule-Gesellschaft' gegründet. Im Dritten Reich erreichte der Mythos seinen Höhepunkt, der bis heute im ‚Thule-Seminar' weiterlebt.

Eine andere Theorie ist die so genannte ‚Welteislehre'. Ein Eismond soll auf die Erde gestürzt sein und eine gewaltige Sintflut ausgelöst haben. Auch hier hätten es nur wenige Ur-Arier geschafft, auf den höchsten Gipfeln des Himalaya ein neues Leben aufzubauen.

Man vermutete, dass in Tibet die nordische Rasse mit ihren Pflanzen und Tieren überlebt hat. In Deutschland basierte diese Ansicht auch auf den Theorien der Philosophen Immanuel Kant[39] und Johann G. Herder[40].

Kant veröffentlichte 1802 in Königsberg sein Werk ‚Physische Geographie'. Darin schrieb er über Tibet (das er nie besucht hat): *Die genaue Kenntnis von Tibet in Asien wäre eine der wichtigsten. Durch sie [...] würden wir den Schlüssel zu aller Geschichte erhalten. Es ist dieses das höchste Land, wurde auch wahrscheinlich früher als irgendein anderes bewohnt und mag sogar der Stammsitz aller Cultur und Wissenschaften seyn. ... Ein solcher Urplatz der Künste und Wissenschaften, ich möchte sagen, der Menschheit, verdiente wohl die Mühe einer sorgfältigeren Untersuchung.*[41]

An anderer Stelle vermutete Immanuel Kant in Tibet den Ursprung menschlichen Lebens. 1816 schrieb er: *[...] Die Entstehung von Tybet, oder Tüb-eth, wäre wichtig. Denn alsdann hätten wir den Schlüssel zur alten Geschichte des menschlichen Geschlechts. Es ist das höchste Land, folglich wohl die erste Werkstätte der Natur, die Pflanzschule der Schöpfung, die Wiege des menschlichen Geschlechts.*[42] *[...]*

Kant behauptete sogar, dass das Blut der Tibeter mit Blut der Hunnen gemischt sei.[43] Tibet war für Kant die wichtigste Region in Ost-Asien, mit der er sich beschäftigte. Er vertrat die Ansicht, dass in Tibet der Ursprung von Kunst und Wissenschaft liege und dass die Region als erste von Menschen bevölkert wurde. Logischerweise war für ihn Tibet dann auch der Platz der Ur-Rasse und der Schlüssel zur Weltgeschichte. Diese Theorien erfuhren im Dritten Reich, besonders durch Heinrich Himmler und seine Umgebung, eine erhebliche Aufwertung. Selbst Adolf Hitler zeigte sich beeindruckt.[44]

Auch den Balinesen wurde schon Anfang des 20. Jahrhunderts in der Literatur eine arische Familienhistorie zugeschrieben: die Vorfahren der Balinesen kamen aus dem früher hinduistischen Java, und in Bali hat sich, anders als im später islamisierten Java, der Hinduismus und auch das Symbol des Hakenkreuzes erhalten.[45]

---

39   1724-1804

40   1744-1803

41   Immanuel Kant, *Physische Geographie*, § 36

42   Quelle: Immanuel Kant: *Physische Geographie*, Hamburg 1816, S. 176f. (Columbia University Library, New York, Special Fund 1898) oder in moderner Version in Englisch: Immanuel Kant: *Von den verschiedenen Rassen der Menschen*, [...] to which I add the Northern land of Tibet, perhaps the general retreat of the human race, and its flora after our earth's final revolution [...], Werke in 6 Bänden, Band. 6, 1966

43   Immanuel Kant, *Rassen der Menschen*, S. 433

44   Henry Picker, Hitlers Tischgespräche im Führerhauptquartier 1941/1942, 1963. S. 166 f.

45   z. B. Willy Seidel, *Schattenspiele*, 1927, S. 28

Heinrich Luitpold Himmler[46], Reichsführer der SS und Chef der Polizei, pflegte okkulte Aktivitäten und suchte Verbindungen zu alten Mythen. Er wurde zum zweitwichtigsten Mann nach Adolf Hitler im Dritten Reich. In seiner Jugend war er eng mit der katholischen Kirche verbunden, später beschäftigte er sich mehr und mehr mit germanischen Stämmen und wurde ein Verehrer Tibets und des Dalai Lama. Er glaubte an ‚Karma‘, ‚Reinkarnation‘ und übernatürliche Kräfte. Er vermischte Mystik und esoterische Ideen mit einem Ahnen- und Germanenkult.

1935 gründete Himmler die ‚Forschungseinrichtung deutsches Ahnenerbe‘, um der SS den Anschein einer ‚heiligen‘ Organisation zu verleihen. Es sollte der Geist des nordischen Indo-Germanentums erforscht werden. Himmler wollte der Macht der Jesuiten nacheifern und kopierte deren Struktur für die SS, um auch hier eine ideologische Geschlossenheit zu erreichen. Wie beim Jesuitenorden herrschte in der SS die Doktrin des absoluten Gehorsams und die Mitglieder des ‚Ahnenerbes‘ mussten – wie auch die Jesuiten – strenge Aufnahmebedingungen durchlaufen und Gelübde ablegen. Dazu schrieb der Ex-Priester der Römisch-Katholischen Kirche, Jeremiah J. Crowley[47]: *Der General [der Jesuiten] führt diese schwarze, schweigsame Miliz, deren Mitglieder als seine passiven Werkzeuge in ihrem Denken seinen Wünschen und seinem Handeln gehorchen. Ihr gesamtes Leben darf nur einem Zweck dienen, nämlich dem Vorteil des [Jesuiten-] Ordens, dem sie angehören.*[48]

Schon der Gründer des Jesuiten-Ordens, Ignatius von Loyola, sagte: *Schwarz ist, wenn die Hierarchie der Kirche es als Schwarz definiert.*[49] Selbst die schwarze Farbe der Kleidung des ‚Schwarzen Papstes‘, des Generalsuperiors der Jesuiten, wurde von Himmler übernommen, weshalb die SS auch ‚Das Schwarze Korps‘ genannt wurde. So hieß auch die NS-Zeitung der SS. Himmler wollte die ‚wahre deutsche Geschichte‘ wiederentdecken und damit die Überlegenheit der ‚deutschen Herrenrasse‘ belegen. Die Forschungseinrichtung wurde ein ideologisches und politisches Zentrum der Nationalsozialisten.

Himmler wollte im Rahmen der SS eine deutsche Tibet-Expedition durchführen lassen und suchte nach einem geeigneten Leiter. Sein besonderes Interesse lag auf der bisher unerforschten Region *Amnye Machen*. Nach dem tibetischen Buddhismus soll dort *Shambhala*, ein mystisches Königreich, verborgen sein. Nach dem Untergang von Atlantis, hätten sich die ‚Auserwählten‘, eine Gruppe einer arischen Superrasse, dorthin gerettet.

Auch der Geograf und Autor Karl Haushofer[50], der Hitler und Walther Hewel nahestand, vertrat diese esoterische Theorie. In neuerer Zeit wurde Shambhala durch das Buch *Der verlorene Horizont*[51] populär, in dem das verborgene Paradies *Shangri-La* genannt wurde.

Mittel, um die Expedition zu finanzieren, waren von der deutschen Industrie und privaten Geldgebern bereitgestellt worden. Von der ‚Forschungseinrichtung deutsches Ahnenerbe‘ hätten sogar unbegrenzt Mittel zur Verfügung gestellt werden können.

Durch die Publikationen und Reiseberichte von Ernst Schäfer wurde Heinrich Himmler auf diesen Mann aufmerksam. Dr. Ernst Schäfer[52] war Zoologe, ein berühmter Forscher und Mitglied der ‚Deutschen Ornithologen-Gesellschaft‘. In Deutschland und den USA studierte er Zoologie und Botanik neben Geologie, Mineralogie und Völkerkunde. 1931 und 1934/35 leitete er private US-amerikanische Expeditionen nach China und Ost-Tibet, die aber nicht bis nach Lhasa vordringen konnten. Aufgrund seiner umfangreichen Sammlungen und wissenschaftlichen Arbeiten wurde er Ehrenmitglied der ‚Academy of Natural Sciences‘ in Philadelphia und der ‚Deutschen Ornithologischen Gesellschaft‘. Schäfer war der geeignetste Kandidat, um die Expedition anzuführen. Himmler bot ihm 1936 die Leitung einer Expedition an, die unter dem Titel ‚Deutsche Tibet-Expedition Ernst Schäfer‘ und unter der Schirmherrschaft des Reichsführers der SS, in Verbindung mit dem Ahnenerbe e.V. Berlin‘, fungierte. Schäfer hatte jedoch wenig Interesse an Himmlers ‚Tibet-Mythos‘.

Ein Ziel der Expedition war, in alten tibetisch-buddhistischen Schriften Spuren einer arischen Urreligion zu finden, um nachzuweisen, dass dort in ‚Urzeiten‘ eine arische weiße Rasse geherrscht habe. Das Hakenkreuz, wie man es in Tibet als buddhistisches Symbol überall sieht, war für Himmler ein Indiz, dass Reste der Ur-Arier im Himalaya überlebt haben müssten. Schäfer wollte jedoch primär die gesamtbiologische Situation des tibetischen Hochlandes erfassen.

---

46   1900-1945

47   (1861-1927)

48   Crowley, Jeremiah J., Romanism: A Menace to the Nation, 1912, S. 196 (Übersetzung: https://www.worldslastchance.com/german/end-time-prophecy/streng-vertraulich-das-geheimnis-der-jesuiten.html)

49   Loyola, Ignatius, *The Spiritual Exercises of St. Ignatius*, 1989 (Übers. von Anthony Mottola, S. 139.141)

50   Siehe Horst H. Geerken, *Hitlers Griff nach Asien*, Band 1, S.7, 67f, 156; Band 2, S. 61

51   James Hilton, *Der verlorene Horizont*, 1975 (früherer Titel *Irgendwo in Tibet*). Zu James Hilton siehe auch Horst H. Geerken, *Der Karakorum Highway und das Hunzatal, 1998*, 2016, S. 9, 92, 192, 197f.

52   1910-1992

Abb. 76-1, Dr. Ernst Schäfer[53]   *Abb. 76-2, Dr. Ernst Schäfer[54]*

Der Forscher Schäfer konnte dem lukrativen Angebot Himmlers nicht widerstehen. Allerdings lehnte er alle von Himmler vorgeschlagenen Expeditionsteilnehmer ab. Sie wurden von Himmler primär nach dem nationalsozialistischen Parteibuch und nicht nach wissenschaftlicher Qualifikation ausgesucht. Schäfer schlug Himmler andere, qualifizierte Teilnehmer vor, die aber auch alle der SS angehören mussten. Der Wissenschaftler finanzierte die Expedition nun zum weitaus größten Teil über die deutsche Wirtschaft, um bei der Planung und Ausführung des Unternehmens vollkommen unabhängig zu sein. Der Beitrag von Himmler war nur gering, sodass Schäfer sein naturwissenschaftliches Interesse in den Vordergrund stellen konnte. Himmler bestand jedoch darauf, trotzdem als Schirmherr der Forschungsreise aufzutreten. Die Expeditionsteilnehmer neben Schäfer waren
- der Anthropologe und SS-Hauptsturmführer Dr. Bruno Beger,
- der Geophysiker und SS-Hauptsturmführer Dr. Karl Wienert,
- der Entomologe, Fotograf und Kameramann und SS-Untersturmführer Ernst Krause und
- der technische Leiter der Expedition und Karawanenführer, SS-Scharführer Edmund Geer.

Der einzige der Expeditionsteilnehmer, der sich intensiv mit dem ‚Tibet Mythos‘ im Sinne Himmlers befasste, war Bruno Beger, der Mitarbeiter des Rasse- und Siedlungshauptamtes war. Durch seine Nähe zu leitenden Persönlichkeiten des Ahnenerbes e.V. konnte er an der Expedition teilnehmen. Er wollte nach fossilen Menschenresten und Skelettresten früher Einwanderer der nordischen Rasse suchen und körperliche Merkmale erfassen. Heute wäre der Nachweis, ob Tibeter von einer nordischen Rasse abstammen, durch einen DNA-Test wesentlich einfacher zu erbringen.

Am 19. April 1938 brach die Expedition in Berlin auf. Sie schifften sich in dem italienischen Hafen Genua ein. Erstes Ziel war Indien. Die britisch-indische Kolonialregierung verweigerte jedoch der Expedition eine Aufenthaltsgenehmigung für Tibet. Sie vermuteten in den Expeditionsteilnehmern GESTAPO-Agenten, die das Land ausspionieren wollten, und standen dem deutschen Vorhaben äußerst ablehnend gegenüber. Die Expedition saß zunächst in Britisch-Indien fest und durfte nicht weiterreisen. Großbritannien hatte durch seine an Tibet angrenzende Kolonie Britisch-Indien und durch den in Lhasa sitzenden britischen Delegierten, Hugh Richardson, in diesem Raum große strategische Vorteile. Von Richardson gibt es viele Berichte, die im Archiv des ‚India Office‘ in London lagern. Bedingt durch die schon vor Kriegsbeginn herrschende Animosität zwischen der britischen Regierung und dem Deutschen Reich fiel seine Berichterstattung äußerst einseitig und negativ aus. Das mag auch der Grund sein, dass man dieser Expedition keine Beachtung schenkte und im Nachkriegsdeutschland einfach vergaß.

---

53 https://commons.wikimedia.org/w/index.php?curid=5338265, Bundesarchiv, Bild 135-KB-14-089 / CC-BY-SA 3.0, CC BY-SA 3.0 de
54 Bundesarchiv, Bild 135-KB-14-092_Tibetexpedition_Ernst_Schäfer

Abb. 73-3:
Die Expeditionsteilnehmer mit ihrer Ausrüs-
tung in Kalkutta.[55]
Von links:
Karl Wienert, Ernst Schäfer, Bruno Beger,
Ernst Krause, Edmund Geer

Abb. 73-4:
Die Expeditionsteilnehmer mit dem Chogyal
(König/Maharadscha) von Sikkim[56]
Von links: Bruno Beger, Ernst Schäfer, der
Chogyal, Edmund Geer, Ernst Krause, Karl
Wienert

Erst nachdem Heinrich Himmler bei dem damaligen Premierminister des Vereinigten Königreichs, Neville Chamberlain, intervenierte[57], durfte die Expedition wenigstens nach Sikkim einreisen. Hier, im Norden Indiens, forschten sie an der Grenze zu Tibet.

Bevor ich über die Aktivitäten der Expedition in Sikkim berichte, hier einige Informationen zu dem Lande. Als Dr. Schäfer in Sikkim forschte, war es noch teilweise unabhängig und lediglich ein Protektorat Großbritanniens.

Mehr als 300 Jahre regierte die Dynastie der Namgyals das kleine Königreich Sikkim im Himalaya. Während der Britisch-Indischen Kolonialzeit war Sikkim ein Protektorat der Briten. Nach der Unabhängigkeit Indiens wurde 1949 auch Sikkim unabhängig. Der König war Funkamateur mit dem Rufzeichen AC3PT. Am 9. April 1975 empfing ich den Notruf des Königs. Sein Königreich wurde an diesem Tag von Indien überfallen. Noch in derselben Nacht informierte ich per Funk die Presse in Jakarta, Singapur, Deutschland und Schweden. Bereits am nächsten Morgen erschienen ausführliche Leitartikel in den internationalen Medien und ein ausführlicher Bericht im Norddeutschen Rundfunk. Sehr zum Ärger der indischen Regierung war nun die Annexion durch meine Aktion international bekannt geworden. Dadurch wurde vermutlich das Leben von Chogyal Palden Thondup Namgyal gerettet. Nach der völkerrechtswidrigen Annexion wurde das Königreich Mitte Mai 1975 als 22. Bundesstaat von der Indischen-Union einverleibt. Ein kleines friedliches Königreich im Himalaya war plötzlich verschwunden. Und der ehemalige König war jahrelang unter Hausarrest.

Nachdem sich die Lage wieder einigermaßen beruhigt hatte, dankte mir der im Hausarrest lebende Chogyal in einem Brief vom 29. April 1977. Er lud mich ein, ihn in seinem Palast in Gangtok zu besuchen.

---

55 Bundesarchiv_Bild_135-KA-01-039 ☒
56 Bundesarchiv, Bild_135-KA-01-051
57 Laut anderen Quellen konnte Schäfer selbst die Einreise nach Sikkim durch persönliche Gespräche mit dem britischen Staatssekretär für Auswärtige Angelegenheiten, Sir Aubry Metcalfe und dem englischen Vizekönig Lord Linlithgow erreichen.

Diese Einladung wollte ich mir natürlich nicht entgehen lassen. Dreimal kam ich bis an die Grenze von Sikkim, aber jedes Mal wurde mir die Einreise ohne eine Begründung von den indischen Behörden verweigert. Vermutlich spielte dabei meine Aktivität von damals eine Rolle. Erst im Februar 2002, als der Chogyal schon verstorben war, durfte ich nach Sikkim einreisen. Wer mehr über die Annektierung von Sikkim und meine Reise in das wunderschöne Land mit den freundlichen Menschen erfahren möchte, dem empfehle ich mein Buch *Der Ruf des Geckos*.[58]

Für mich war dieses Erlebnis mit dem Chogyal von Sikkim ein ganz besonderer Moment. Ich durfte einmal – wenn auch nur ein ganz klein wenig – am Rad der Weltgeschichte drehen.

**THE PALACE,
GANGTOK.
SIKKIM.**
29th. April, 1977.

Dear OM Horst Geerken,

     Thank you for your QSL card and your great assistance and help when I was forced to make a distress call on April 9th. 1975.

     Please understand that I am not allowed to write to you about my delicate position and the event of 1975 since I am still under house arrest and observation. Unfortunately I can not contact you again by radio, because all my equipment has been taken away.

     Thank you again for your help to pass on my message to the world. I would like to meet you here in Sikkim in my palace, if the Indian Representatives in Sikkim will allow this.

     Thank you, warm regards and 73s.

              Yours sincerely,

              Chogyal Palden Thondup Namgyal.

Mr. Horst Geerken
YBØAAG
P.O.Box 2280
Jakarta/Indonesia

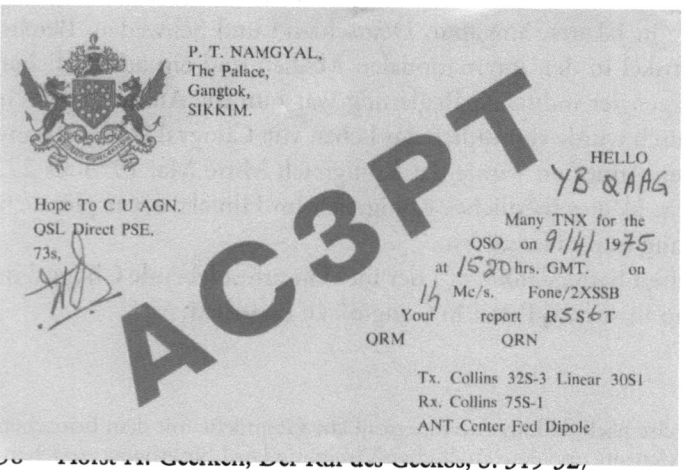

Abb. 76-5, Dankesschreiben von Chogyal Palden Thondup Mangyal vom 29. April 1977

Abb. 76-6, Eine sogenannte QSL-Karte des Königs an mich, als Bestätigung der Funkverbindung (mit den in internationalen Funkdiensten üblichen Abkürzungen)

Nach diesem Ausflug zurück zur ‚Deutschen Tibet-Expedition‘, die nun zunächst in Sikkim forschte. Schäfer knüpfte in Sikkim Kontakte mit einem hohen adeligen tibetischen Regierungsbeamten und gewann dessen Vertrauen. Durch ihn erhielten Schäfer und seine Mannschaft eine direkte Einladung der tibetischen Regierung aus Lhasa, womit sich Schäfer sehr zum Ärger der Briten über das Einreiseverbot nach Tibet hinwegsetzen konnte. Die ‚Deutsche Tibet-Expedition‘ war die erste deutsche Forschungsreise, die von der tibetischen Regierung eine offizielle Einladung für einen Besuch in Lhasa erhielt. Diese Einladung war sensationell, da zu jener Zeit Tibet noch total abgeschottet und ein Besuch von Ausländern strikt verboten war. Selbst den angesehenen Tibet-Forschern Sven Hedin und Wilhelm Filchner ist ein Vordringen bis Lhasa nicht gelungen. Nur Alexandra David-Neel konnte Lhasa, verkleidet als Bettlerin, vor den deutschen Expeditionsmitgliedern erreichen.

Schäfer stellte für den Transport der schweren Ausrüstung eine große Karawane aus Trägern, Maultieren und Yaks zusammen. Sie erklommen hohe Pässe bei Eis und Schnee. Nachdem sie die Grenze zu Tibet überschritten hatten, ging es vorbei an Dörfern mit Mani-Mauern und Gebetsfahnen. Sie passierten geheimnisvolle Ruinen mit Chörten. Mani-Mauern werden meist aus handtellergroßen Flusssteinen, in die das tibetische Mantra *Om mani padme hum* eingeritzt ist, von Pilgern aufgeschichtet. Chörten sind buddhistische Schreine. Mani-Mauern und Chörten darf man nur im Uhrzeigersinn umrunden.

Abb. 76-7, Die Teilnehmer der ‚Deutschen Tibet-Expedition‘ mit einem hohen Regierungsbeamten und dem Dolmetscher aus Sikkim vor dem Potala-Palast in Lhasa[59]

Abb. 76-8, Einer der Mani-Steine, mit denen vorbeiziehende Pilger im Laufe der Zeit eine Mauer aufschichten[50]

Abb. 76-9, Eine Chörte in Tibet[61]

59   https://commons.wikimedia.org/
60   Aufnahme: Horst H. Geerken
61   https://commons.wikimedia.org/w/index.php?curid=24359

Die Expeditionsteilnehmer waren mehr als überrascht, als ihnen mitten in der eisigen Einöde der tibetischen Hochebene Post aus Deutschland ausgehändigt wurde. Es war einer der berittenen tibetischen Postkuriere, die von der Grenze Indiens die Post in die südlichen Provinzen von Tibet brachten. Von dort ging dann die Post in Etappen und im Eiltempo mit Postreitern weiter bis Lhasa. Es ist überraschend, dass es damals schon einen zuverlässigen Postdienst in dieser abgelegenen Region der Erde gab. Über die ‚Buschtrommel‘ erfuhr der Postreiter, wo sich die Expedition gerade befand. Himmler verfolgte mit großem Interesse die Expedition. Schäfer und seine Mannen erhielten mehrere Briefe von ihm in Tibet. Zu Weihnachten und Neujahr 1938/39 wünschte Himmler der Expedition alles Gute über Kurzwellen-Rundfunk.

Am 19. Januar 1939 sahen Schäfer und seine Begleiter als erste deutsche Bürger Lhasa mit dem Potala-Palast, der Residenz und dem Regierungssitz des Dalai Lama. Die Einladung galt zunächst für einen Zeitraum von 20 Tagen, die aber vor Ort auf zwei Monate verlängert wurde. Schäfer und seinen Expeditionsmitgliedern gelang es, verschiedene Klöster in Tibet zu besuchen und an Festen wie dem großen Mönlam-Fest teilzunehmen. Schäfer beschrieb diese Feste und Maskentänze bis ins Detail. Seine Berichte sind auch heute noch eine wertvolle Informationsquelle.

Als erstem Ausländer überhaupt gelang es Schäfer, die Genehmigung für eine Reise in das Yarlung-Tal zu erhalten, das als Wiege der tibetischen Kultur bezeichnet wird. Ihm wurde von der Regierung sogar eine bewaffnete Leibgarde zugeteilt, die die Expedition vor fanatisch religiösen Lamas beschützen sollten. Damals gab es noch immer Lamas, die keine Ausländer in Tibet duldeten.

Dem von 1936 bis 1940 in Lhasa stationierten britischen Tibetologen und Diplomaten Hugh Edward Richardson passte die Nähe der Deutschen zu den Spitzen der tibetischen Regierung gar nicht. Er versuchte laufend, die Kontakte der Deutschen zu torpedieren und sie bei der tibetischen Regierung anzuschwärzen – ohne Erfolg. Den Neid des britischen Delegierten auf die Deutschen spürt man in jeder Zeile seiner Berichte. Nachdem er sich 1950 zur Ruhe gesetzt hatte, lehrte Richardson auch an der Universität in Bonn. Nach dem Einmarsch der Chinesen in Tibet sagte er, er wäre über die britische Regierung zutiefst enttäuscht, dass sie die Menschenrechtsverletzungen durch die Chinesen nicht verurteilen und Tibet und den 14. Dalai Lama unter keinen Umständen unterstützen wollten.

Vielleicht kamen die Deutschen, besonders der fröhliche Rheinländer Schäfer, besser bei den Tibetern an als der steife Brite, der die diplomatische Distanz einhalten musste. Die Deutschen tranken mit tibetischen Regierungsbeamten Bier und feierten gemeinsam Feste. Zum Beispiel wurde nach der Rückkehr der Expedition in Deutschland erzählt, dass die Deutschen untergehakt und schunkelnd mit tibetischen Würdenträgern In München steht ein Hofbräuhaus gesungen hätten. Als Heinrich Harrer nach seiner Flucht aus dem Internierungslager Dehra Dun in Nordindien einige Jahre später Lhasa erreichte, fand er noch viele Gegenstände vor, die Schäfer in Tibet als Geschenke hinterlassen hatte. Ihm wurde auch erzählt, dass die Deutschen sehr wohlwollend aufgenommen worden waren und – im Gegensatz zu den Berichten des britischen Delegierten in Lhasa – sehr beliebt waren.

Schäfer konnte sogar einen engen freundschaftlichen Kontakt zu dem jungen Regenten Reting Hutuktu Rinpoche aufnehmen, der zwischen dem Tod des 13. Dalai Lama 1935 und der Inthronisierung des damals noch jungen 14. Dalai Lama im Jahre 1950 die Amtsgeschäfte führte. Den Teilnehmern der Expedition gelang es, zwischen dem ‚westlichen und östlichen Hakenkreuz‘ politische Kontakte zu knüpfen. Es gab Spekulationen über geheime Absprachen. Spielte hier vielleicht auch Nazi-Gold eine Rolle?

Abb. 76-10, Ernst Schäfer und Reting Hutuku Rinpoche in freundschaftlicher Unterhaltung[62]

62   Bundesarchiv, Bild 135-S-13-11-15

Reting Hutuku Rinpoche übergab Schäfer einen Brief an den deutschen ,König Hitler'. Hier ist die deutsche Übersetzung[63] des Briefes:

To His Majesty Herr Hitler, Berlin, Germany
An den deutschen König, den erhabenen Herrn Hitler,
Vom Regenten von Tibet, Reting Hutuktu
am 18. Tag des ersten Monats im Erde-Hasen-Jahr abgesandt.
An Herrn Hitler, den deutschen König, der auf der breiten Erde Macht erlangt hat. Es freut mich, dass Ihr Euch wohl befindet und Eure guten Handlungen von Erfolg gekrönt sind. Auch ich befinde mich wohl und widme mich eifrig den Angelegenheiten der buddhistischen Religion und der Regierung. Ich habe nicht nur Sahib Schäfer und seine Begleiter, die jetzt als erste Deutsche nach Tibet gekommen sind, ohne Behinderung nach Tibet hineingelassen und bin ihnen im wahrsten Sinne des Wortes ein freundschaftlicher Helfer gewesen, vielmehr hege ich auch den Wunsch, die bisherigen freundschaftlichen Beziehungen zwischen unseren beiden Residenzen zu intensivieren. Ich glaube, dass Ihr, erhabener König, Herr Hitler, in dieser Angelegenheit mit mir übereinstimmend dies wie früher für wesentlich und nicht für gleichgültig erachtet. Widmet Eurem Befinden Sorgfalt und benachrichtigt mich von Euren Wünschen. Als Gabe sende ich in gesondertem Paket eine vorzügliche Seidenschärpe (Khatag) tibetischer Art, einen silbernen Tassendeckel und Untersatz samt der weiß-roten Teetasse selbst und einen tibetischen Apso Hund.
Von Reting Hutuktu, dem Regenten von Tibet, am 18. Tage des 1. tibetischen Monats im Erde-Hasen-Jahr abgesandt.

Aufgrund dieses Briefs wurde im Deutschen Reich den Menschen in Tibet eine nazifreundliche Gesinnung unterstellt. Allerdings wurde das Schreiben 1942 von dem Tibetologen Johannes Schubert parteipolitisch übersetzt, in dem er tibetische Sympathien für rassistische Ideen erwähnte. Davon war aber im Original des Schreibens nicht die Rede. Seine Übersetzung vom 12. Juli 1942 lautete wie folgt:

[...] Dem trefflichen Herrn Hitler, dem König der Deutschen,
der erlangt hat die Macht über die weite Erde! Möge Ihnen miteinander körperliches Wohlbefinden, friedliche Ruhe und gute Taten beschieden sein! Gegenwärtig bemühen Sie sich um das Werden eines dauerhaften Reiches in friedlicher Ruhe und Wohlstand, auf rassischer Grundlage. Deshalb erstrebt jetzt der Leiter der deutschen Tibet Expedition, der Sahib Schäfer (She-par), zumal keine Schwierigkeiten im Weg stehen, bis zu einem unmittelbaren Verkehr mit Tibet nicht nur das Ziel der Festigung der (persönlichen) freundschaftlichen Beziehungen, sondern hegt darüber hinaus auch den Wunsch einer künftigen Ausdehnung des vorgenannten gegenseitigen freundschaftlichen Verkehrs auf (unsere beiderseitigen) Regierungen. Nehmen Sie nun, Euer Exzellenz, Herr König Hitler, zu diesem Verlangen nach gegenseitiger Freundschaft, wie sie von ihrer Seite ausgesprochen wurde, unsere Zustimmung. Dies gestatte ich mir Ihnen zur Bestätigung mitzuteilen. Gegeben am 18. Tag des ersten tibetischen Monats, im Jahr Erde-Hasen (=1939) von Qutuqtu von Rava-sgren, dem Reichsverweser und Regenten von Tibet, mit
Einer silbernen, mit verziertem Fuß und Deckel versehene Teetasse mit rotem Edelsteinschmuck,
Einem tibetischen A-sob (=Lhasa Terrier) und
Einem A-she-Seidenstück als Kha-brags, wie es in Tibet Brauch ist [...]

Schäfer sollte im Rahmen dieser SS-Expedition auch nach neuen robusten Getreidearten und nach besonders winterharten und kräftigen Pferderassen suchen, sowie nach Siedlungsgebieten im Osten Tibets Ausschau halten. Weitere Mitglieder der Expedition – hauptsächlich der Anthropologe und SS-Hauptsturmführer Bruno Beger – vermaßen unentwegt Schädel und Körper von Tibetern, um den Ur-Arier zu finden. Mehrere hundert Gipsabdrücke von typisch tibetischen Gesichtern wurden hergestellt. Nach seiner Rassentheorie glaubte Himmler, noch Reste der Übermenschen aus dem sagenumwobenen versunkenen Kontinent Atlantis in Tibet zu finden, da diese extrem abgeschiedene Region im Himalaya durch die Höhe und das umgebende Gebirge eine natürliche Festung darstelle. Himmler war von der Einzigartigkeit der deutschen Rasse besessen und suchte nach Beweisen.

Abb. 76-11, Die anthropometrischen Vermessungen an Tibetern durch den Anthropologen und SS-Hauptsturmführer Bruno Beger[64]

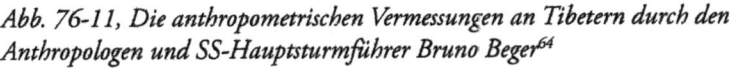

63   Übersetzung von dem Tibetologen Helmut Hoffmann,
     Quelle: https://www.info-buddhismus.de/Ernst-Schaefer-Tibetexpedition-Engelhardt.html
64   Bundesarchiv, Bild 135-KB-15-083, https://commons.wikimedia.org/w/index.php?curid=5338274

Die Gebrüder Adolf, Hermann und Robert Schlagintweit waren 1854 zu einer Expedition nach Nordindien, Zentralasien, Tibet und dem Himalaya aufgebrochen. Neben magnetischen Messungen, die Wilhelm Filchner von 1925-28 und nochmals Anfang der 1930er Jahre weiterführte, wurde von den drei Brüdern auch eine Typologie der dortigen Rassen zusammengestellt. Sie legten eine umfangreiche ethnographische Sammlung von markanten Köpfen an. Die drei Brüder gingen oft getrennte Wege, trafen sich aber immer wieder. Hermann und Robert kehrten mit dem Schiff und einer umfangreichen Sammlung von 40 000 Exponaten nach Deutschland zurück. Adolf Schlagintweit[65] wählte den Landweg. In Kashgar[66] wurde er der Spionage bezichtigt und enthauptet. Die ethnographische Sammlung der Köpfe ist bis heute verschollen. 1968 war ich zwei Wochen in Kashgar und habe – neben anderen Angelegenheiten – auch vergeblich nach dieser Sammlung und einer vermeintlichen Gedenktafel für Adolf Schlagintweit gesucht. Keiner der Angesprochenen kannte den Namen Schlagintweit und meine Suche blieb erfolglos.

Bruno Beger vermutete die Sammlung der Köpfe in Tibet. Sie wäre ein wichtiger Beitrag zu seinen Forschungen und Vermessungen gewesen. Trotz intensiver Suche hat er sie auch dort nicht gefunden.[67]

Da der baldige Ausbruch des Zweiten Weltkrieg im Raume stand und Schäfer fürchten musste, von den Briten festgenommen zu werden, verließ die ganze Expedition fluchtartig Tibet. Über Sikkim erreichten die fünf Männer mit einer Kolonne von Trägern und Maultieren wieder Indien. Von Karachi ging es mit einem Flugzeug der British Airways nach Athen. Hier wurden die fünf Männer und ihre Sammlung mit einem Sonderflugzeug der Reichsregierung abgeholt, deren Kosten der ‚Keppler-Kreis‘ übernommen hatte. Am 4. August 1939 – nur kurz vor dem Ausbruch des Zweiten Weltkriegs – kam Schäfer mit seiner Mannschaft wieder in Deutschland an. Himmler begrüßte ‚seine‘ SS-Expedition persönlich auf dem Flughafen von München. Schäfer wurde als ‚Erster Deutscher in Lhasa‘ gefeiert. Besonders hervorgehoben wurde, dass Schäfer sich mit seiner Expedition frei in Tibet bewegen konnte und überall von Fürsten und Priestern freundlich empfangen wurde. Er hatte den Briten durch die direkte Einladung der tibetischen Regierung nach Lhasa ein Schnippchen geschlagen. Die Briten – besonders der britische Delegierte in Lhasa – beobachteten Schäfers Aktivitäten ohnehin mit Argwohn. Für seine Verdienste wurde Schäfer in Deutschland der SS-Totenkopfring und der SS-Ehrendegen überreicht.

Himmler schlachtete den Erfolg Schäfers propagandawirksam aus. Er feierte Schäfer als Volkshelden nach dem Motto: *Seht her, wir sind unschlagbar!* An diesen ‚Typen‘ sollte sich jeder deutsche Mann orientieren!

Den Ur-Arier haben Schäfer und die anderen Expeditionsteilnehmer nicht gefunden, aber sie brachten eine große Anzahl von Geschenken, alten Schriften und unzähligen ethnologischen Objekten mit, neben fast zehntausend Samenproben von Getreide, Nutzpflanzen und wilden Blumen.

Nach ihrer Rückkehr wurde einige dieser Trophäen von der ‚Forschungseinrichtung deutsches Ahnenerbe‘ ausgestellt. Neben alten Schriften und vielen Fotos mit Hakenkreuzen – die man in Tibet auch heute noch, als buddhistische Glückssymbol, an jeden Tempel oder Heiligtum sieht – waren auch ausgestopfte, getrocknete Schafe und Schweine und mehrere Tausend Vogelbälge und Vogeleier dabei. Die Expedition hatte auch Unterlagen über viele Hundert erdmagnetische und meteorologische Messungen mitgebracht, sowie Tausende Schwarz-Weiß- und Farbfotos, Schmalfilme und Landkarten. Es war enorm, welch bemerkenswerten Schatz die Männer in der kurzen Zeit der Expedition in Sikkim und Tibet sammeln konnten.

Nachdem die Expedition zurück in Deutschland war, lud Heinrich Himmler den Expeditionsleiter Schäfer zu einem Gespräch ein. Himmler verband die Tibet-Expedition immer noch mit seinen okkult-rassistischen Interessen. Hier einige Auszüge aus Schäfers Protokoll der Unterredungen:
Ob ich in Tibet Menschen mit blonden Haaren und blauen Augen begegnet sei, wollte er [Himmler] wissen. Als ich dieses verneinte, fragte er mich, wie denn nach meiner Meinung der Mensch entstanden sei.‘ Schäfer skizzierte kurz seinen Erkenntnisstand zur humanen Evolutionsgeschichte. Himmler hörte ruhig zu. Dann schüttelte er den Kopf: ‚Akademische Lehrmeinungen, Schulweisheit, Arroganz der Universitätsprofessoren, die wie Päpste auf ihren Lehrstühlen sitzen [...] aber von den wirklichen Kräften, die die Welt bewegen, haben sie nicht die leiseste Ahnung [...] Nun ja, für die minderen Rassen mag das allenfalls zutreffen, aber der nordische Mensch ist beim letzten tertiären Mondeinbruch direkt vom Himmel gekommen.‘ Himmler hatte leise gesprochen, er sprach wie ein Priester. Seine engsten Mitarbeiter, die das Gespräch verfolgten, schwiegen, und auch ich war sprachlos. Ich glaubte mich in ein heidnisches Kloster versetzt [...] ‚Sie müssen noch viel lernen‘, fuhr Himmler schulmeisterlich fort, ‚vor allem die Runenschrift und

65   Siehe Horst H. Geerken und Annette Bräker, *Der Karakorum Highway und das Hunzatal, 1998*, S. 108, 139
66   Auch Kaxgar, im heutigen Gebiet Xinjang der Volksrepublik China
67   Thomas Hauschild, *Lebenslust und Fremdenfurcht. Ethnologie im Dritten Reich*, S. 190 (Brief Beger an Schubert v. 28.2.1942)

die Grundlagen der indo-arischen Sprachwissenschaften. Und natürlich müssen sie die Werke Hörbigers [Erfinder der ‚Welteislehre'] studieren. [....] Der Führer befasst sich seit langem mit der Welteislehre. Es gibt noch zahlreiche Reste der tertiären Mondmenschen, letzte Zeugen der verschollenen, ehemals weltumspannenden Atlantis-Kultur. In Peru zum Beispiel, auf der Osterinsel und, wie ich vermute, in Tibet.[68]

Himmler soll sich angeblich durch die Reiseberichte von Alexandra David-Neel, Ferdinand D. Lessing und Ferdinand Ossendowski über Tibet informiert haben.[69]

In den deutschen Medien erfuhr die Tibet-Expedition von Schäfer eine große Aufmerksamkeit. Die Schlagzeilen auf den Titelseiten der Zeitungen lauteten:

- *SS – Männer durchforschen Buddhas Reich* oder
- *Im Geiste der SS durchgeführt. Himalaya Expedition unter der Schirmherrschaft Himmlers*[70]

In der von Großbritannien gesteuerten Presse Indiens lauteten die Überschriften in den spaltenlangen Artikeln allerdings:

- *Nazispione in Tibet* und
- *Vertreter der Schwarzen Garde Hitlers in Tibet*,

die unter wissenschaftlichen Vorwänden nach Indien gekommen seien, um zu intrigieren und das britische Prestige zu unterminieren.[71]

Schäfer versuchte in einem Vortrag im ‚Himalaya Club' in Indien, dem zu widersprechen. Er sagte:

Ich erhielt ein Telegramm vom Reichsführer-SS Himmler, in dem er mich bat, ihn aufzusuchen und meine Ziele und Vorstellungen darzustellen. Da ich schon seit langer Zeit ein Mitglied des ‚Schwarzen Ordens[72] *war, bin ich nur zu froh gewesen, dass der höchste SS-Führer, selber ein sehr begabter Amateurwissenschaftler, an meiner Forschungsarbeit interessiert war. Es gab keine Notwendigkeit den Reichsführer-SS zu überzeugen, denn er hatte dieselben Ideen.*[73]

Bruno Beger setzte sein Projekt der anthropologischen Vermessungen auch während des Zweiten Weltkriegs fort. 1943 begann er sein Projekt ‚Mongolen-Forschung' im Konzentrationslager Auschwitz. Er fand vier Personen aus Innerasien, die er vermaß und die Köpfe mit Gips abformte.[74] 1943 konnte er in Deutschland einen Tibeter ausmachen, den Dolmetscher einer deutschen Tibet-Expedition von 1905 bis 1908, der nun schon seit über 30 Jahren bei Stuttgart lebte und arbeitete. Er weigerte sich jedoch, eine Vermessung an sich vornehmen zu lassen. Im Februar 1945, kurz vor Kriegsende, erhielt Beger den Auftrag, alle Unterlagen seiner Schädelsammlung zu vernichten.[75]

Schäfer, gefördert durch Himmler, hielt Vorträge über die ‚Dritte große Tibet-Expedition in das verbotene Land nach Lhasa'. Schäfer lobte die Unterstützung und Bereitstellung von Fördermitteln für die Expedition durch Himmler und durch private Spender. Später, im Januar 1943, stellte der SS-Sturmbannführer einen großen Bildbericht der ‚SS-Expedition' vor. Darin waren viele Hakenkreuze und ein Foto von Schäfer als Mönch verkleidet zu sehen.

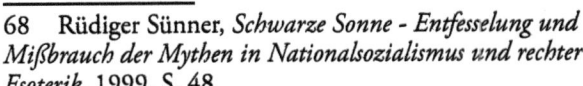

Abb. 76-12, Steinrelief mit Hakenkreuzen aus Lhasa[76]

68   Rüdiger Sünner, *Schwarze Sonne - Entfesselung und Mißbrauch der Mythen in Nationalsozialismus und rechter Esoterik,* 1999, S. 48
69   Reinhard Greve, *‚Das Tibet-Bild der Nationalsozialisten',* in Thierry Dodin und Heinz Räther, *Mythos Tibet – Wahrnehmungen, Projektionen Phantasien,* 1997, S. 104
70   Bundesarchiv Koblenz: NS 02/000168
71   Bundesarchiv Berlin: R 135 / 71 – 164933
72   In Großbritannien wurde die SS ‚Black Guard' genannt
73   Thierry Dodin und Heinz Räther, *Mythos Tibet – Wahrnehmungen, Projektionen Phantasien,* 1997, S. 172; Übersetzung: http://www.trimondi.de/Lamaismus/NS-Tibet-2-Schaefer.htm
74   Thomas Hauschild, *Lebenslust und Fremdenfurcht. Ethnologie im Dritten Reich,* S. 189
75   Ibid., S. 190f
76   Bundesarchiv, Bild 135-S-13-08-26

Anlässlich der Vorstellung des Bildberichts fand ein Vortrag mit Schäfer und dem schwedischen Tibet-Forscher Sven Hedin und seiner Ehefrau im ‚Haus der Natur‘ in Österreich statt. Durch die Anwesenheit von Hedin und seiner Ehefrau sollte das Ansehen der SS aufgewertet werden. Die Tibet-Euphorie wurde allerdings auch gedämpft indem fälschlicherweise erwähnt wurde, dass es in Tibet für eine Selbstversorgung nicht genügend Lebensmittel gäbe und auch keine Anzeichen für Erzlager gefunden worden seien. Nach einem anfänglichen Tibet-Rausch verschwand das Land langsam wieder aus der Nazi-Propaganda und verlor seine Wichtigkeit für den Krieg.

Zusammen mit der Vorstellung seines Bildbandes gründete Schäfer das ‚Sven Hedin Institut für Innerasien und Expeditionen‘, das in Schloss Mittersill bei Salzburg beheimatet war. Das Institut war dem SS-Ahnenerbe unterstellt und wurde durch Ernst Schäfer geleitet. Das Institut wurde zu Ehren des schwedischen Tibetforschers Sven Hedin gegründet. Sven Hedin war ein glühender Verehrer der Nazi-Ideologie von Hitler und blieb es bis zu seinem Lebensende. Selbst nachdem Hitler schon fünf Tage zuvor – laut offizieller Darstellung – ‚als Held im Straßenkampf gefallen war‘, schrieb er am 2. Mai 1945, fünf Tage vor der Kapitulation Deutschlands, in der größten schwedischen Tageszeitung ‚*Dagens Nyheter*‘ folgenden Beitrag:

Heute bewahre ich eine tiefe und unauslöschliche Erinnerung an Adolf Hitler und betrachte ihn als einen der größten Menschen, den die Weltgeschichte besessen hat. Nun ist er tot. Aber sein Werk wird weiterleben. Er verwandelte Deutschland in eine Weltmacht. Jetzt steht dieses Deutschland am Rande eines Abgrunds, da seine Widersacher seine anwachsende Stärke und Macht nicht ertragen konnten. Aber ein Volk von achtzig Millionen, das sechs Jahre lang gegen die ganze Welt mit Ausnahme Japans Stand gehalten hat, kann nie vernichtet werden. Die Erinnerung an den großen Führer wird im deutschen Volk Jahrtausende weiterleben.

Noch Anfang 1945 brachte Schäfer in Westsibirien beheimatete Pferde auf verschlungenen Wegen für Zuchtversuche nach Schloss Mittersill. Nach Kriegsende wurde das Schloss ein Sport-Club. Heute ist es ein Konferenzzentrum.

Schäfer fasste den Erfolg seiner Tibet-Expedition folgendermaßen zusammen:
Das Hauptziel meiner dritten Tibet-Expedition war es, ein im weitesten Sinne biologisches Bild dieses rätselhaften Landes in einer Gesamtschau zustande zu bringen. Es war in ihrem Wesen wohl eine uralte, in ihrer Durchführung jedoch durchaus neue Synthese aller naturwissenschaftlichen Gebiete untereinander. Diese Zusammenarbeit der biologischen Richtungen mit den ihnen verwandten geisteswissenschaftlichen Gebieten führte zu einem vollen Erfolg.[77]

Auch Schäfer bereute seine Zusammenarbeit mit dem Dritten Reich in keinster Weise. Die Fotos der Expedition von 1938 bis 1939 sind erhalten geblieben und werden im Bundesarchiv in Koblenz aufbewahrt. Es sind mehrere Tausend Fotos von buddhistischen Mönchen, von religiösen Festen, von Pilgern, von Maskentänzen und vom täglichen Leben der Tibeter. Viele der damals aufgenommenen historischen Gebäude und Festungen existieren heute nicht mehr. Sie wurden bei und nach dem Einmarsch von den chinesischen Truppen zerstört.

Es ist eine historisch-ethnologisch einmalige Sammlung von Fotos. Kostbare Objekte, die Schäfer aus Sikkim und Tibet mitgebracht hatte, werden im ‚Staatlichen Museum für Völkerkunde‘[78] in München aufbewahrt.

Abb. 76-13, Edmund Geer und Ernst Krause beim Filmen eines tibetischen Tanzes. Sogar auf dem Tropenhelm wurde das Emblem der SS-Schutzstaffel aufgebracht.[79]

77 Quelle: https://www.info-buddhismus.de/Ernst-Schaefer-Tibetexpedition-Engelhardt.html
78 2014 umbenannt in ‚Museum Fünf Kontinente‘
79 Bundesarchiv, Bild 135-S-05-03-36

*Abb. 76-14, Gemütliches Zusammensein unter dem Haken-
kreuz. Dr. Schäfer (Zweiter von links) und seine Männer
mit tibetischen Würdeträgern.*

Von den in Tibet gemachten Filmaufnahmen wurde
ein Dokumentarfilm von einer Stunde und 45 Mi-
nuten zusammengestellt. Der Film wurde ein durch-
schlagender Erfolg. Die Uraufführung mit dem Titel
*'Geheimnis Tibet: Die deutsche Tibet Expedition Ernst
Schäfer, 1938-1939'*, war im Januar 1943 im UfA-
Palast in München. Anwesend war auch Sven Hedin,
der von dem Film begeistert war und Schäfer über-
schwänglich danke. Er betrachtete Schäfer als seinen
würdigen Nachfolger.

Der Film löste mitten im Krieg an der Heimatfront große Begeisterung aus. Von Joseph Goebbels, dem Propagandaminister im Dritten Reich, wurde dem Film das Prädikat 'besonders staatspolitisch wertvoll' verliehen. Himmler wollte nochmals 30 Offiziere und Männer der SS unter der Leitung von Ernst Schäfer nach Tibet entsenden,
um dort Milizen gegen die Briten in Britisch-Indien auszubilden. Dazu kam es aber nicht mehr. Der Krieg neigte
sich bereits dem Ende zu.

Nach Ende des Zweiten Weltkriegs wurde bei der deutschen Jugend ein regelrechter Tibet-Rausch ausgelöst,
auch bei mir, nachdem ich den Film mit meiner Schulklasse während meiner Evakuierung in einem Kino in Gun-
delsheim gesehen hatte. Noch verstärkt hat diesen Rausch das Buch *Sieben Jahre in Tibet*[80] von Heinrich Harrer,
dessen erste Ausgabe 1952 veröffentlicht wurde. Mein Bruder und ich verschlangen dieses Buch.

China annektierte im März 1959 Tibet. Der Dalai Lama flüchtete und erreichte nach einem dreiwöchigen
Marsch über Sikkim das sichere Indien, wo er bis heute im Exil lebt. Schon zuvor gab es laufend Scharmützel an
der tibetisch-chinesischen Grenze. Mein Bruder und ich verfolgten täglich auf Kurzwellenrundfunk die Situation.
Wir wollten Tibet beistehen und von Tübingen mit einem Motorrad mit Beiwagen bis Lhasa fahren, um dem
Dalai Lama zu helfen, Tibets Unabhängigkeit zu verteidigen. Es muss Anfang bis Mitte der 1950er Jahre gewesen
sein, als wir uns zu der Reise entschlossen. Ich war damals Anfang 20 und mein Bruder fünf Jahre jünger. Der
Dalai Lama war im selben Alter wie wir. Wir schrieben einen Brief an den Dalai Lama, in dem wir unsere Söld-
nerdienste anboten. Der Brief per Einschreiben, den die Hauptpost in Tübingen, ohne mit der Wimper zu zucken
frankierte und annahm, war adressiert *To the honorable Dalai Lama, Potala, Lhasa, Tibet*. Eine Antwort bekamen
wir allerdings nie.

*Abb. 76-15.1 und 76-15.2, Plakate des
Dokumentarfilms Geheimnis Tibet*

---

80   Das Buch wurde vier Millionen Mal verkauft und in 48 Sprachen übersetzt

Abb. 76-16, Landkarte von Tibet[81]

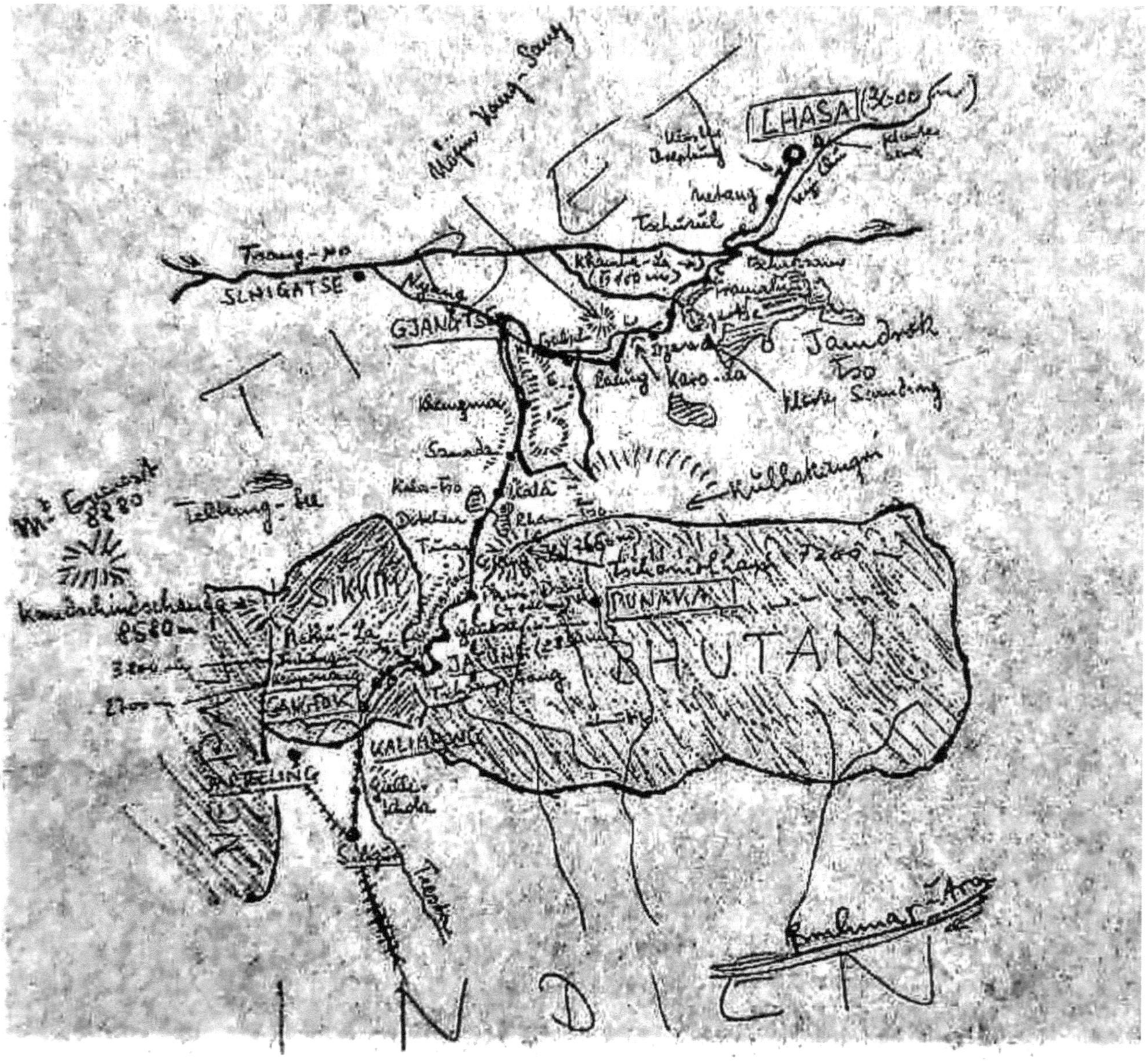

Abb. 76-17, Ausschnitt aus einer von uns gezeichneten Karte, auf der wir die geplante Route eintrugen

---

81   https://commons.wikimedia.org/w/index.php?curid=5534940

Mehrmals bereiste ich Indien, jeweils mehrere Monate lang. Ins Mutterland von Tibet kam ich nie, immer nur an die Grenze von Tibet: nach Ladakh, das auch als West-Tibet bezeichnet wird, nach Spiti und Lahul, nach Nepal und Sikkim. In Sikkim war ich auf den Spuren von Dr. Ernst Schäfer, der auch auf dieser Route bei seiner Expedition von 1938/39 nach Tibet einreiste. Schon einige Kilometer vor der tibetischen Grenze wurde mir allerdings mehrmals eine weitere Annäherung von indischen Soldaten verwehrt.

Als ich 1991 wieder einmal in Indien war, machte ich den Versuch, den Dalai Lama zu treffen. Ich bezog in Dharamsala, am Fuße des Himalayas, ein nettes Zimmer in einem Gästehaus an einem steilen Hang, an dem die Häuser wie an einer Bienenwabe klebten. Der Blick von meinem Zimmer über die schneebedeckten Berge des Himalaya war überwältigend. Ich besuchte den Sekretär des Dalai Lama in McLeod Ganj, einem Vorort von Dharamsala, wo der Dalai Lama im Exil lebte. Dem Sekretär teilte ich bei einem netten Gespräch mit, dass ich – wenn möglich – eine Audienz bei seiner Heiligkeit wünschte. Ich erzählte ihm, dass ich aus Tübingen käme, der Stadt in Deutschland, die der Dalai Lama ein Jahr zuvor besucht habe. Er notierte meinen Namen und die Anschrift des Gästehauses und sagte, ich solle auf eine Nachricht warten. Es dauerte nur wenige Tage, da kam ein tibetischer Kurier und teilte mir mit, dass mich der Dalai Lama am selben Tag um 14 Uhr zu einer Audienz empfangen könnte. Dass dies so schnell ging, hing sicherlich mit dem Zauberwort ‚Tübingen‘ zusammen. In der Universität von Tübingen war der Tibeter nämlich von Studenten und Bürgern frenetisch begrüßt worden. Andere Bittsteller, die ohne diesen Vorteil um eine Audienz baten, warteten schon lange auf eine Einladung.

Angetan mit meiner besten Kleidung erschien ich am Amtssitz des Dalai Lama. Von dem Sekretär wurde ich in den Hof der Residenz geleitet, wo mich der hohe Würdenträger freundlich lächelnd empfing. Da er kurz zuvor meine Heimatstadt Tübingen besucht hatte, gab es genügend Gesprächsstoff. Wir sprachen auch noch über Gott und die Welt. Er bedauerte, dass die westliche Welt ihm und seinem Tibet keinerlei Hilfe gegen den Aggressor China gewährt hätte. Er führte das darauf zurück, dass die Rohstoffvorkommen Tibets damals noch nicht bekannt waren. Inzwischen hat China das Rohstoffpotential Tibets entdeckt und betreibt dort Raubbau, besonders von Lithium für die Batterieherstellung.

Dann erwähnte ich auch das Vorhaben von meinem Bruder und mir, ihm in schwierigen Zeiten, vor seiner Flucht nach Indien, beizustehen. Auf meine Frage, ob er unseren Brief damals erhalten hätte, antwortete Seine Heiligkeit: *At those times I had more important things to do, than answering a letter oft two crazy Germans!* Da hatte er wohl recht, es war eine verrückte Idee!

Der Dalai Lama ist eine beeindruckende Persönlichkeit, die Ruhe, Zufriedenheit und Vertrauen ausstrahlt. Von diesem Treffen mit Seiner Heiligkeit, dem Dalai Lama, habe ich eine bleibende Erinnerung behalten.

Doch nun zurück zu dem Tibet-Film von Ernst Schäfer, der einst auslöste, dass zwei verrückte deutsche Kerle mit einem Motorrad auf das ‚Dach der Welt‘, wie Tibet damals genannt wurde, fahren wollten. Der Film ist – leider nur in schlechter Qualität – auf YouTube[82] zu sehen. Als Reaktion auf die zunehmende Aggressivität Chinas gegenüber Tibet veröffentlichte Schäfer 1950 eine aktualisierte Neufassung des Films. 1952 wurde eine in der Sowjetunion überarbeitete Version von Schäfers Film dort als ‚sowjetischer Dokumentarfilm‘ gezeigt.

Die Expeditionen des Schweden Sven Hedin und des Deutschen Wilhelm Filchner nach Tibet, der Film ‚*Sieben Jahre in Tibet*‘ und die Veröffentlichungen von Heinrich Harrer sind auch heute vielen noch in Erinnerung, ebenso wie die Bücher von Wilhelm Filchner[83], die ich als Junge mit größtem Interesse verschlungen hatte. Aber diese von Dr. Ernst Schäfer geleitete Expedition ist mittlerweile– trotz ungemein wichtiger neuer Erkenntnisse in der Tibet-Forschung – so gut wie vergessen. Und das, obwohl viele der Funde auch heute noch ungelöste Rätsel aufwerfen. Dazu zählt zum Beispiel die Skulptur *Der Buddha aus dem Weltall*. Es ist eine Buddha-Figur, die aus Meteoreisen hergestellt wurde und die vermutlich Ernst Schäfer aus Tibet mitbrachte. Alter und Herkunft dieser Skulptur sind nicht bekannt, obwohl Schäfer alle seiner anderen mitgebrachten Objekte akribisch genau beschrieben hat.

Was wurde aus den fünf Tibet-Forschern nach Ende des Zweiten Weltkrieges?
- Dr. Ernst Schäfer wurde im Zuge der Nürnberger Prozesse wiederholt als Zeuge vernommen. 1949 wurde er als Professor an die ‚Universidad Central de Venezuela‘ gerufen, wo er bis 1954 eine biologische Forschungsstation und ein Museum aufbaute. 1958 drehte er im Kongo zusammen mit Heinz Sielmann einen Tierfilm mit dem Titel Herrscher des Urwalds. Von 1960 bis 1970 war er Leiter der Abteilung Naturkunde im Niedersächsischen Landesmuseum. 1963 trat er eine mehrwöchige Indienreise an, die ihn auch zum im Exil in Dharamsala lebenden Dalai Lama führte. Er erneuerte alte Kontakte und konnte auch dieses Mal zahlreiche ethnographisch interessante Stücke mitbringen, die in einer Sonderausstellung in Deutschland gezeigt wurden. Seine wissenschaftlichen Arbeiten und Berichte werden bis heute in der Fachwelt hoch geschätzt.

---

82   https://www.youtube.com/watch?v=FtPzKhKamtg oder https://www.youtube.com/watch?v=2naDwp3ssyI
83   W. Filchner, *Bismillah. Vom Huang-ho zum Indus*, 1938, oder *Om mani padme hum*, 1928

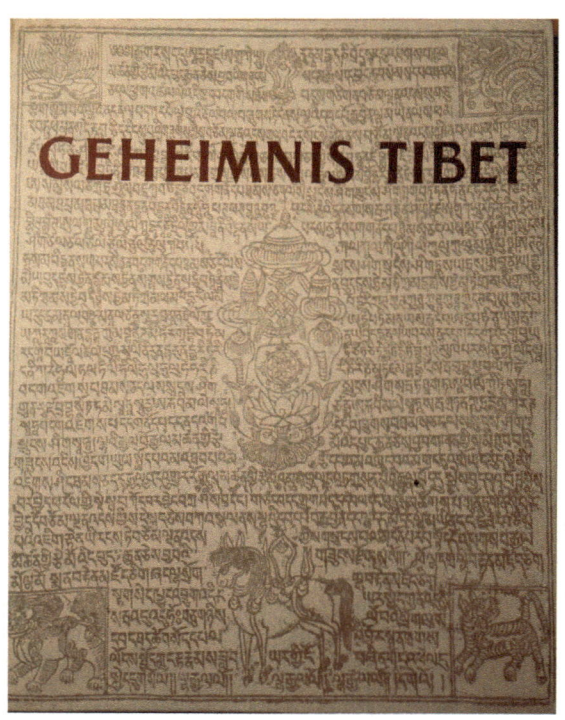

Schäfer veröffentlichte von 1933 bis 1996 mindestens 12 Bücher, darunter Unbekanntes Tibet, Unter Räubern in Tibet, Über den Himalaya ins Land der Götter oder Dach der Welt. 1992 verstarb er im Alter von 82 Jahren in Deutschland.

- Der Hauptsturmführer der SS, Dr. Bruno Beger, hatte Anthropologie, Geografie und Völkerkunde studiert. 1948 wurde er zunächst von einem Entnazifizierungskomitee als ‚minderbelastet‘ eingestuft. Da er aber neben der Vermessung von Häftlingen im Konzentrationslager Auschwitz auch für die Ermordung von einigen Dutzend Häftlingen für Forschungszwecke mitverantwortlich war, wurde er 1970 vom Landgericht Frankfurt am Main angeklagt. 1974 wurde er wegen Beihilfe zum Mord zu einer Freiheitsstrafe von drei Jahren verurteilt, die allerdings unter Anrechnung der Internierungszeit und der Untersuchungshaft erlassen wurde. Er starb 2009 im Alter von 98 Jahren.

Abb. 76-18, Das 1943 erschienene Buch Geheimnis Tibet von E. Schäfer

- Der Geophysiker Dr. Karl Wienert war zuvor Assistent von Wilhelm Filchner[84], der Tibet durch seine Expeditionen bereits kannte. Er blieb nach Ende der Expedition bei Ernst Schäfer als dessen Assistent beim SS-Ahnenerbe. Nach dem Krieg arbeitete er als Geophysiker in Pakistan und war 1954 Teilnehmer einer Himalaya-Karakorum-Expedition unter Leitung von Mathis Rebitsch. Danach leitete er das erdmagnetische Observatorium der Universität München. Sein Forschungsgebiet blieb sein ganzes Leben lang der Erdmagnetismus. Wienert starb 1992 im Alter von 79 Jahren.

- Der Entomologe[85], Fotograf und Kameramann Ernst Krause war der älteste Teilnehmer der Expedition. Über seine Tätigkeit nach Kriegsende habe ich keine Kenntnisse. Er starb 1988 im Alter von 88 Jahren.

- Der SS-Scharführer Edmund Geer war für die technische Leitung der Expedition zuständig. Bei Expeditionsbeginn war er erst 24 Jahre alt. Nach Kriegsende wirke er als Regieführer und Produzent an vielen Filmen mit, die sich hauptsächlich mit den Bergen und dem Klettern beschäftigten. Auch über ihn habe ich keine weiteren Informationen gefunden.

Die Expedition von Schäfer nach Tibet gibt immer noch Rätsel auf. Besonders in russischen Medien gibt es unzählige Verschwörungstheorien.[86] Nach russischen Angaben werden viele Dokumente der Expedition, die nach Kriegsende erbeutet wurden, in britischen und US-amerikanischen Archiven unter Verschluss aufbewahrt. Erst im Jahre 2044 dürfen sie öffentlich gemacht werden.

Laut russischen Quellen gab es vor Schäfer noch weitere Expeditionen der SS. Eine davon soll ein Wilhelm Bayer geleitet haben, der vom Kulu-Tal in Indien aus nach Tibet vordringen sollte, um die geheimnisvolle unterirdische Stadt Shambala zu suchen. Angeblich soll auch Heinrich Harrer von Himmler nach Tibet entsandt worden sein. Auch Karl Ernst Haushofer[87] soll nach russischen Medien in den Klöstern von Tibet eine spezielle Ausbildung erhalten haben, um sich hellseherische Fähigkeiten anzueignen. Die Handschriften und Texte, die Haushofer aus Tibet mitbrachte, sollen viele Informationen zur esoterischen und okkulten Kosmogenese[88] enthalten. Diese Informationen und eine Liste von heiligen Orten, die Hugo Weigold von seiner China- und Tibet-Expedition (1913-1919) mitgebracht hatte, sollen Himmler zur Ausrichtung der Expedition von Schäfer veranlasst haben.

Der tibetische Regent Reting Rinpoche soll nach russischen Informationen in einem geheimen Treffen mit Ernst Schäfer um deutsche Waffen für mehrere Tausend Soldaten gebeten haben. Dieses Treffen wird in russischen Medien als ‚Das Treffen der östlichen und westlichen Hakenkreuze‘ bezeichnet. Das Thema ‚Drittes Reich und Tibet‘ ist in Russland immer noch aktuell. Es gibt viele Spekulationen und nur wenig Beweise. Vielleicht wird man

---

84 Siehe hierzu auch Kap. 66, Dehra Dun
85 Insektenforscher
86 Siehe z.B. https://www.sunhome.ru/
87 Horst H. Geerken, *Hitlers Griff nach Asien*, Bd. 1, S. 67f, 156 und Bd. 2, S. 61
88 Forschungen über den Ursprung und die Entwicklung des Universums und der Menschheit

ab 2044 mehr erfahren. Nur eines ist sicher, Heinrich Himmler und die Expedition Schäfer haben die arischen Wurzeln in Tibet nicht gefunden.

Noch 1939, kurz vor Kriegsbeginn, wollte angeblich der tibetische Gesandte Karo Nichi mit einem kleinen Trupp zu einer SS-Expedition nach Tibet aufbrechen. Sie wollten dem Dalai Lama Kurzwellen-Funkgeräte bringen, um eine direkte Verbindung zwischen Lhasa und Berlin herzustellen. Belege, ob diese Expedition je aufbrach und erfolgreich war, sind nicht bekannt.[89]

Die Tibetologin Professorin Isrun Engelhardt aus Bonn zweifelt in ihrer Arbeit *Nazis of Tibet: A Twentieth Century Myth*[90] die Existenz eines Karo Nichi an, aber nicht die Expedition selbst. Allerdings hätte die Expedition keine Funkgeräte nach Tibet gebracht, sondern lediglich Grammophone und Radios als Gastgeschenke für den Dalai Lama. Aber rechtfertigt dies eine Expedition, die immer gut geplant werden muss und immer mit großen Schwierigkeiten verbunden ist? Keinesfalls! Es gibt also noch viele offene Fragen und der ‚Tibet-Mythos‘ lebt weiter.

Dr. Isrun Engelhardt arbeitete als wissenschaftliche Mitarbeiterin am Seminar für Sprach- und Kulturwissenschaft Zentralasiens der Universität Bonn. Ihr Hauptinteresse galt den wechselseitigen Begegnungen zwischen Tibetern und Europäern. Sie hat sich viele Jahre mit der Person Ernst Schäfers und der Tibet-Expedition von 1938/39 intensiv beschäftigt. Die genauesten Informationen stammen von ihren Recherchen.[91]
Wilhelm Filchner war 1938 von seiner dritten Tibet-Expedition zurückgekommen. Heinrich Himmler wollte ihn Anfang 1939 auch für eine weitere Forschungsreise gewinnen. Aber Filchner lehnte dankend ab[92] und forschte unabhängig auf eigene Kosten weiter.

Im Herbst 1939 – der Zweite Weltkrieg hatte vermutlich bereits begonnen – betraute Himmler und das SS-Ahnenerbe Dr. Ernst Schäfer erneut mit einer Expedition nach Tibet. Im Auftrag des Auswärtigen Amtes, des Geheimdienstes und der SS sollte er einen ‚Politischen Sonderauftrag‘ ausführen. Mit einer Mannschaft von mehreren Dutzend gut ausgebildeten Elite-SS-Männern sollte er Waffen und Munition für bis zu 2000 tibetische Soldaten über die Sowjetunion nach Tibet bringen. Zu diesem Zeitpunkt befand sich das Deutsche Reich noch nicht im Krieg gegen den Bolschewismus. Die mit den Waffen ausgerüsteten Tibeter sollten gegen die britisch-indischen Truppen aufgewiegelt werden[93] und Unruhen an der britisch-indischen Grenze auslösen. Auch britische Stützpunkte in Tibet sollten in Kampfhandlungen verwickelt werden. Man hatte den Tibetern ‚Freiheit von den britischen Ausbeutern‘ versprochen.[94]

Gleichzeitig plante Himmlers Rivale Alfred Rosenberg, Rassenideologe und Reichsminister für die Ostgebiete, eine ähnliche Aktion. Seine Expedition sollte mit afghanischen Freiwilligen im Nordwesten Indiens einfallen und dort Unruhe stiften. Durch die Rivalität der beiden Nazigrößen wurden diese zwei Expeditionen während des Zweiten Weltkriegs nicht mehr realisiert.[95] Es gibt aber auch Hinweise, dass Schäfer unvorsichtigerweise über die geheime Operation plauderte, so dass Himmler verärgert die Planung abbrechen ließ.

89   Friedrich W. Doucet, *Im Banne des Mythos. Die Psychologie des 3. Reichs*, 1979. S. 81ff
90   https://info-buddhism.com/Nazis-of-Tibet-A-Twentieth-Century-Myth_Engelhardt.html
91   https://www.info-buddhismus.de/Ernst-Schaefer-Tibetexpedition-Engelhardt.html
92   Wilhelm Filchner, *Ein Forscherleben*, S. 353ff
93   Michael H. Kater, *Das Ahnenerbe der SS 1935-1945 - Ein Beitrag zur Kulturpolitik des Dritten Reiches*, 1997, S. 212
94   Thomas Hauschield, *Lebenslust und Fremdenfurcht. Ethnologie im Dritten Reich*, 1995, S. 177
95   Michael H. Kater, *Das Ahnenerbe. Die Forschungs- und Lehrgemeinschaft in der SS*, 1966, S. 211ff

77. Ergänzungen zu den Internierungslagern für die deutschen Zivilinternierten in Niederländisch- und Britisch-Indien

Nachdem deutsche Truppen am 10. Mai 1940 in die Niederlande einfielen, änderte sich auch schlagartig das Leben der deutschen Zivilisten in Niederländisch-Indien. Zu der Zeit lebten mehrere Tausend Deutsche mit ihren Familien in der niederländischen Kolonie. Meist waren sie in Diensten der niederländischen Kolonialregierung, als Beamte, Handwerker, Ärzte oder Wissenschaftler tätig. Nach dem Überfall auf die Niederlande wurden sofort alle deutschen Männer, Frauen und Kinder mit vorgehaltenen Pistolen von ihrer Arbeitsstätte oder von zu Hause abgeholt und interniert. Männer wurden von den Frauen und Kindern getrennt und die Familien mussten nun verschiedene Wege gehen, bis sie endlich nach vielen Jahren wieder in Deutschland vereint waren.

Die deutschen Männer durchliefen verschiedene Lager auf Java und Sumatra, bis sie – bevor die einmarschierenden japanischen Truppen sie befreien konnten – in Internierungslager nach Britisch-Indien transportiert wurden. Dort erlebten sie das Kriegsende. Bei der Versenkung des Internierten-Transporters *Van Imhoff* kamen allerdings über 400 deutsche Zivilinternierte – darunter viele Missionare, Künstler und Wissenschaftler –auf Grund von unterlassener Hilfeleistung der Niederländer ums Leben.[96] Es war ein Kriegsverbrechen der Niederländer an den Deutschen.

Die internierten deutschen Frauen und Kindern wurden in verschiedenen Lagern im Archipel festgehalten, die meisten auf Java. Bei ihnen gab es zwei Wege, bis sie nach Ende des Zweiten Weltkriegs wieder nach Deutschland zurückkamen:
- Die eine Gruppe hatte die Gelegenheit mit dem vom Deutschen Reich gecharterten japanischen Passagierschiff *Asama Maru* am 4. Juli 1941 nach Shanghai, National-China oder Japan in die Freiheit zu entkommen. Schon Monate zuvor ist es einigen Frauen und Kindern über verschlungene Wege gelungen nach Japan und von dort über die Transsibirische Eisenbahn nach Deutschland zurückzukehren. Nachdem deutsche Truppen am 22. Juni 1941 in Russland einmarschiert waren, war dieser Weg den mehr als 500 deutschen Frauen und Kindern, die mit der *Asama Maru* am 14. Juli 1941 in Japan ankamen, nun nicht mehr möglich. Sie waren jedoch beim Bündnispartner Japan freie Bürger und gut aufgehoben. Sie wurden bis zur Kapitulation vom Deutschen Reich finanziell unterstützt, hatten eigene Schulen für die deutschen Kinder, eigene Freizeiteinrichtungen, usw.[97] Der Großteil der deutschen Frauen und Kinder wurde im Februar 1947 auf dem amerikanischen Truppentransporter *Marine Jumper* nach Deutschland zurückgebracht, ein zweiter Transport mit dem Schiff *General Black* folgte im August 1947 mit fast 1400 deutsche Passagieren aus Japan, China und der Mandschurei.
- Es gab noch eine weitere Gruppe von deutschen Frauen und Kindern, die in Niederländisch-Indien bleiben wollten oder nicht mit der *Asama Maru* mitgenommen werden konnten. Sie hofften, dass der Zweite Weltkrieg schnell beendet sein würde. Sie kamen vom Regen in die Traufe. Sie wurden im Dezember 1948 – fast vier Jahre nach Kriegsende (!) – von den Niederländern erneut gefangen genommen und interniert. Sie erreichten Deutschland erst wieder 1949.[98]

Im Politischen Archiv des Auswärtigen Amtes in Berlin und in den Bundesarchiven in Koblenz und Berlin liegen über den Zeitraum von 1939 bis 1945 unzählige Dokumente der deutschen Reichsregierung, vom Internationalen Roten Kreuz und der Schweizer Schutzmachtvertretung über die Situation der deutschen Internierten während des Zweiten Weltkriegs. Außerdem sind dort zahlreiche Briefe von Privatpersonen, Suchmeldungen, Namenslisten und vieles mehr aufbewahrt. Auch bisher noch unveröffentlichte Fotos aus den Lagern finden sich dort, die nur zum Teil in dieser Dokumentation veröffentlicht werden. Die Menge an historischem Material könnte Bücher füllen. Mich wundert, dass all diese Unterlagen die Wirren des Zweiten Weltkriegs überdauert haben. Bei meinen Besuchen in diesen Archiven habe ich wochenlang die wichtigsten Dokumente durchgesehen und dabei noch Einiges entdeckt, das sich lohnt, allgemein zugänglich gemacht zu werden. Bei Abbildungen von Dokumenten bitte ich allerdings um Nachsicht. Die Dokumente – besonders diejenigen im Archiv des Auswärtigen Amtes – sind alle in Ordnern geheftet, die man nicht öffnen kann. Man kann sie somit nicht flach zum Kopieren oder Fotografieren auflegen. Daher fehlen an der Bindeseite immer etwa zwei Zentimeter. Seiten, bei denen ein Teil des Textes fehlen würde, oder bei denen ich nur Ausschnitte einer Seite zitiere, habe ich im Buch in kursiver Schrift wiedergegeben.

---

96   Siehe Horst H. Geerken, *Hitlers Griff nach Asien*, Bd. 3, Kapitel 62
97   Siehe ibid, Kapitel 64
98   Siehe hierzu Horst H. Geerken, *Hitlers Griff nach Asien*, Bd. 3, Kapitel 65 und Bd. 5, Kapitel 80

Nicht bei jedem Dokument habe ich aus Gründen der Übersichtlichkeit die Suchnummer des Archivs hinzugefügt. Die in diesem Kapitel des Buches erwähnten Dokumente sind jedoch alle unter dem Bestand PA AA RZ 512 und den folgenden Suchnummern des Politischen Archivs des Auswärtigen Amts in Berlin zugänglich: R 127692, R 127678, R 145464, R 145671, R 145694, 127837, R 146238, R 127709, R 146233, R 146234, R 127691, R 145723, R 145724, R 145725, R 146200, R 146207, R 146219 und R 145671, sowie in den ‚Findmitteln' RZ 512 und RZ 514.

Wie die meisten Niederländisch-Indien betreffenden Vorgänge über den Schreibtisch von Walther Hewel gingen, so landeten fast alle Britisch-Indien betreffenden Vorgänge auf dem Schreibtisch von Legationsrat Dr. Ernst Kundt im Reichsaußenministerium. In den 1960er Jahren war es Dr. Kundt, der zusammen mit anderen Mitarbeitern seine und Akten anderer Beteiligter aus dem Dritten Reich sortierte und dem Politischen Archiv des Auswärtigen Amtes zugänglich machte. Ihm habe ich es zu verdanken, dass ich heute aus einem großen Fundus schöpfen kann.

Wie man aus den umfangreichen Akten ersehen kann, wurde alles Menschenmögliche versucht, über das Internationale Rote Kreuz und die Schweizer Schutzmachtvertretung Informationen über den Aufenthaltsort oder den Gesundheitszustand der deutschen Internierten zu erhalten und die Lage in den Lagern zu verbessern. Die Anfragen und Suchmeldungen von Angehörigen in Deutschland wurden vom Reichsaußenministerium schnellstmöglich bearbeitet, obwohl es über die Umwege und eingeschränkten Postverbindungen oft Monate dauerte, bis eine Antwort vorlag. Der Legationsrat Erich Kundt war bei der Suche nach Angehörigen in Niederländisch- und Britisch-Indien besonders hilfreich.

77.1 Niederländisch-Indien

In den Berichten des Internationalen Roten Kreuzes und der Schweizer Schutzmachtvertretung wird immer wieder auf große Mängel in den Lagern für deutsche Zivilinternierte in Niederländisch-Indien auf Java, Sumatra und Borneo[99] hingewiesen.[100] In manchen Lagern der Niederländer wäre die Versorgung sogar katastrophal, unhygienisch und menschenunwürdig. Es gab nicht genügend Trink- und Waschwasser, oft gab es keine Beleuchtung, Moskitonetze waren alt und löchrig, dringend benötigte Medikamente wurden nicht beigebracht oder verweigert, Fäkalienkanäle waren teilweise offen, was nicht nur die Luft verpestete. Die Fliegenplage wurde dadurch unerträglich. Bei den regelmäßigen Inspektionen durch das Internationale Rote Kreuz und die Schweizer Schutzmachtvertretung wurden die niederländischen Verantwortlichen regelmäßig auf diese Mängel hingewiesen. Zum Beispiel wird über das Essgeschirr berichtet:

Das Essgeschirr befindet sich immer noch in trostlosem Zustand. Messer sind immer noch nicht erlaubt, Gabeln nur gegen Bezahlung zu haben, während die Schöpfgeräte [Anm. d. A.: Löffel] noch stets aus Büchsendeckeln gemacht werden müssen. Das Essen muss immer noch in Petroleumkanistern in die Essbaracken gebracht werden. Schon aus hygienischen Gründen allein, wäre hier dringend Abhilfe nötig.

Für die Reinigung des Geschirrs wurde ein Waschplatz mit nur zwei Wasserhähnen geschaffen. Dieser Platz ist jedoch für die große Belegschaft der Blöcke viel zu klein, sodass auch hier eine Vergrößerung dringend nötig ist.

Meist erfolgte keine Reaktion der Niederländer auf die Klagen und wenn, dann sehr verspätet und widerwillig. Bei den Angehörigen in Deutschland und Niederländisch-Indien entstand der Eindruck, dass die Schweizer Schutzmachtvertretung gegenüber den Niederländern nicht genügend Druck machen würde. Die Niederländer in den Kolonien waren vom Mutterland abgeschnitten und machten, was sie wollten.

Auch in den Lagern in Niederländisch-Westindien war die Lage nicht besser. Besonders katastrophal war die Situation im Lager ‚Joden-Savanne' in Niederländisch-Guyana.[101] Bessere Verhältnisse herrschten in den Lager auf den niederländischen Inseln Bonaire und Aruba.

Bei der Durchsicht der Berichte und der Privatbriefe, die die deutschen Internierten in Niederländisch-Indien verfasst hatten fällt auf, dass die Schreiber sich durchweg über die menschenunwürdige Behandlung durch die Niederländer beklagten. Die Konfiszierung ihres Privateigentums wird immer wieder als Diebstahl und Freibeuterei beschrieben. Es wurde nicht nur das Privateigentum aus den Häusern beschlagnahmt, auch alle finanziellen Mittel wurden konfiziert. Selbst den Frauen und Kindern in den Internierungslager auf Java wurden Schmuck, Uhren, Bargeld, private Fotos und sogar noch die goldenen Eheringe abgenommen, die sie nie wieder zurückerhielten.[102] Eine Bescheinigung über die entwendeten Wertsachen gab es nur selten.

---

99 Heute Kalimantan
100 z.B. Akte R 127709 und R 146233
101 Heute Surinam. Siehe hierzu auch Horst H. Geerken, *Hitlers Griff nach Asien*, Band 1, S. 128f
102 Siehe auch Horst H. Geerken, *Hitlers Griff nach Asien*, Band 1, S. 123-128

Frau Liesel Liesenfeld ist es gelungen, vom Lagerkommandanten des Lagers Banjoe-Biroe auf Java eine Empfangsbestätigung für ein Erbstück ihrer Mutter, einen Weißgoldring mit zwei Brillanten, zu erhalten. Spätere Bemühungen, dieses Erbstück oder eine Entschädigung nach Kriegsende von der niederländischen Regierung zu erhalten, blieben trotz der immer noch bis heute vorhandenen Empfangsbestätigung ohne Erfolg.[103] Viele der niederländischen Beamten hatten sich persönlich bereichert.

Als chinesische Truppen 1951 Tibet besetzten und radikale kommunistische Truppen die dort tätigen Briten verhafteten, wurden ihnen nach Jahren im Gefängnis ihr kompletter Besitz zurückgegeben. Zum Beispiel schreibt Robert Ford anerkennend, dass ihm selbst sein goldener Ring nach mehrjähriger Gefangenschaft in China wieder ausgehändigt wurde![104] Und das von den kommunistischen Horden, die damals in China wüteten!

Der Ehemann von Liesel Liesenfeld, Willi Liesenfeld, war – wie bereits früher berichtet – für die Firma Schlieper in Surabaya tätig.[105] Wie auch andere Firmen war Schlieper sehr beunruhigt über den Verbleib ihrer deutschen Angestellten in den niederländischen Lagern. Viele Unternehmen betrieben einen regen Briefaustausch mit dem Reichsaußenministerium. Zum Beispiel schrieb die Firma Schlieper am 29. August 1940 an das Auswärtige Amt den folgenden Brief:

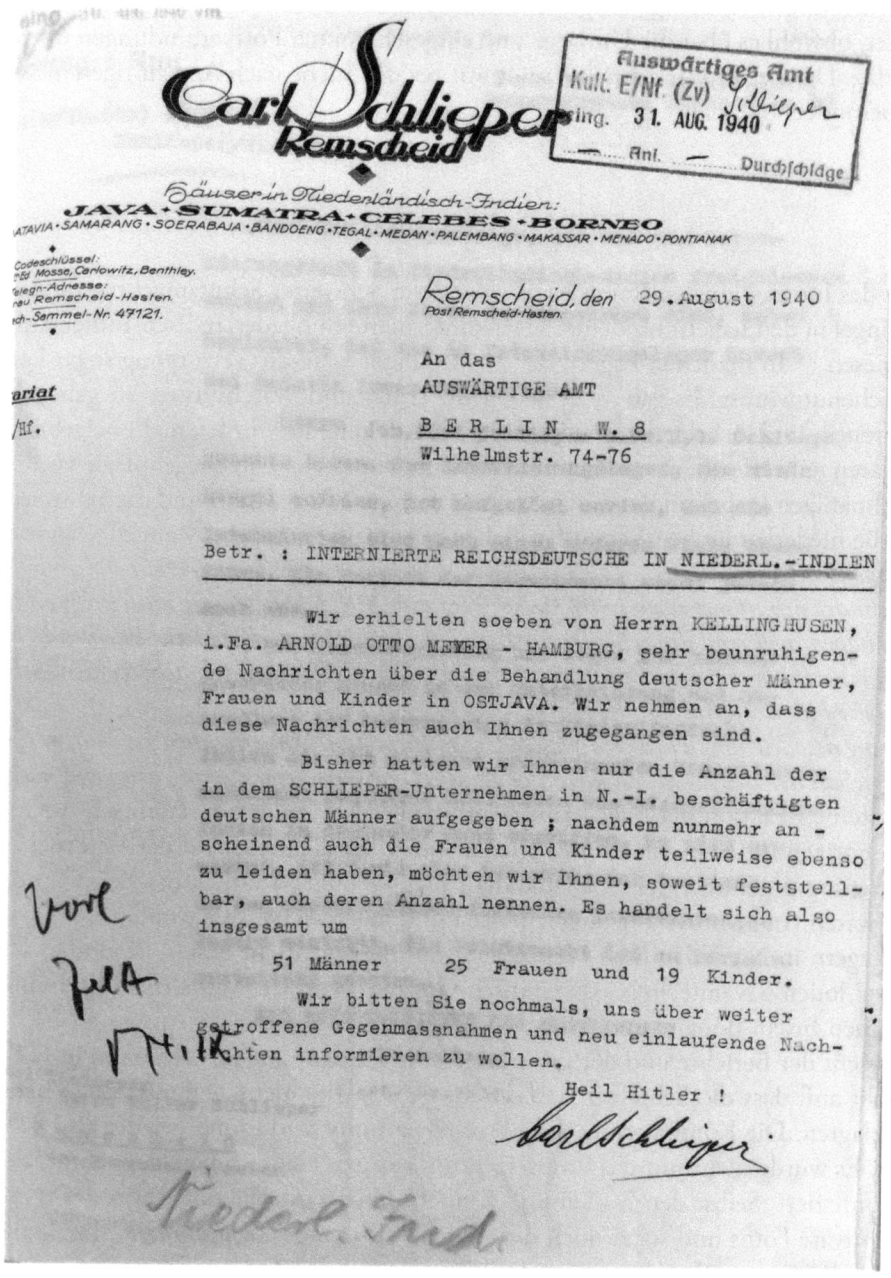

Abb. 77.1-1, Brief an Dr. E. Kundt vom 29. August 1940

---

103 Siehe Horst H. Geerken, *Hitlers Griff nach Asien*, Band 3, S. 231f
104 Robert Ford, *Gefangen in Tibet*, S. 264
105 Siehe dazu Horst H. Geerken, *Hitlers Griff nach Asien*, Band 3, Kap. 64

Bei den Frauen und Kindern, die in Niederländisch-Indien interniert waren, gab es zwei grundsätzlich verschiedene Verläufe der Schicksale. Die einen – wie die Mutter Liesel Liesenfeld mit ihren beiden Kindern – wurden mit der *Asama Maru* nach Japan gebracht. Erst Jahre später kamen sie zurück nach Deutschland. Andere Frauen mit Kindern blieben in den niederländischen Internierungslagern, in der Hoffnung, dass der Krieg schnell beendet sein würde. Diese Frauen und Kinder wurden nach der Kapitulation Niederländisch-Indiens vom 8. März 1942 von den Japanern befreit. Diese letztere Gruppe wurde nach der Befreiung in Sarangan zusammengeführt, wo dann in Zusammenarbeit mit Japan die Deutsche Schule Sarangan gegründet wurde. Hier mussten sie während des Unabhängigkeitskampfes der Indonesier gegen die zurückkehrenden Kolonialherren der Niederlande in Unsicherheit ausharren.

Die Frauen und Kinder, die nach Japan gebracht wurden, mussten sich vor ihrer Abreise mit dem vom Deutschen Reich gecharterten Passagierschiff *Asama Maru* noch eine weitere schikanöse Kontrolle durch die Niederländer gefallen lassen. Jede Person durfte nur ein Gepäckstück von 20 Kilogramm Gewicht mitnehmen. Alles wurde wiederholt durchwühlt und wieder wurde vieles entwendet. Aus reiner Schikane wurde den Frauen aus dem Gepäck nur ein einzelner Schuh von einem Paar weggenommen. Manche Frau musste sogar ohne ihr Gepäckstück abreisen. Dazu schreibt der Blockleiter F. Helfferich von Block ‚D‘ des Lagers Alas Vallei[106] an die niederländische Lagerleitung:

Bei der Abreise mit der ‚Asama Maru‘ hat sich erwiesen, dass die zuständigen Behörde die Kontrolle der Koffer nicht rechtzeitig hat beenden können, sodass ein großer Teil des Eigentums unserer Ehefrauen zurückbleiben musste. Wo befindet sich dieses; wird dasselbe nach Japan nachgesandt und welche Gegenstände werden regierungsseitig zurückgehalten?

Darauf gab es von den Niederländern – wie bereits gewohnt – keine Reaktion. Das Eigentum der Frauen und Kinder blieb verschwunden! Eine Entschädigung durch die niederländische Regierung erfolgte nie!

Die Odyssee der Familie Liesenfeld habe ich bereits in Band 3, Kapitel 64 beschrieben. Der Ehemann Willi war nach Internierungslagern in Niederländisch-Indien zuletzt im Lager Dehra Dun in Britisch-Indien interniert und die Ehefrau Liesel mit ihren zwei Kindern Ulrike und Rudolf kam über Japan zurück nach Deutschland. Nach sieben Jahren Trennung war die Familie 1947 endlich wieder glücklich vereint.

Im Politischen Archiv der Auswärtigen Amts habe ich weitere Unterlagen über die Familie Liesenfeld und den Arbeitgeber von Willi Liesenfeld, die Firma Schlieper, gefunden. Da sich Schlieper – wie schon bei der Schiffsreise von Familie Liesenfeld nach Niederländisch-Indien – in besonders bemerkenswertem Maße für seine Mitarbeiter eingesetzt hat, sind hier außergewöhnlich viele Dokumente erhalten geblieben. Wie man aus nachfolgenden Briefen ersieht, hat sich auch die Reichsregierung in beachtenswerter Weise dafür eingesetzt, dass den Angehörigen in Deutschland Nachrichten zukommen konnten. Hier sollen nur einige Dokumente gezeigt werden:

Abb. 77.1-2, Schreiben des Bruders von Liesel Liesenfeld in Deutschland vom 16. September 1940 mit einer Suchanfrage nach Willi Liesenfeld an das Auswärtige Amt, Seite 1

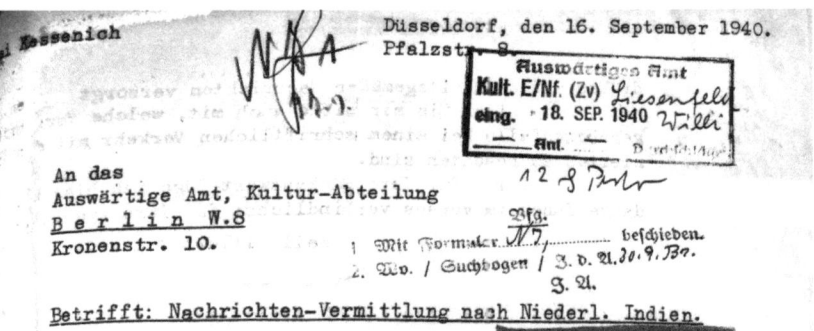

106 Manchmal auch Alias oder Valley

Auswärtiges Amt

NIEDERL.-INDIEN Berlin W.8, den **22.Okt.1940**
Kronenstr.10

Gesuchte Person.
De persoon, wiens opsporing wordt verzocht.

Name und Vorname:
Naam en voornamen: Liesenfeld,Willi u.Liesel geb.Kessenich,2 Kin-
                                                                der

Alter:
Leeftijd: 23.3.1902,Düsseldorf 27.2.1905,Düsseldorf

Beruf:
Beroep: Prokurist   Ehefrau

Letzte Adresse:
Laatste adres: Soerabaja/Java, Carpentierstr.65

Bemerkungen:
Opmerkingen:

> Auswärtiges Amt
> Kult.E/Nf.(Zv)
> eing. 27.Sep.1941
> Ref.   Durchschläge

Mitgeteilt 27.9.1941 durch
Originalsuchbogen

Antragsteller:
Aanvrager: Toni Kessenich,

Adresse:
Adres: Düsseldorf,Pfalzstr.8

Auskunft über die gesuchte Person,möglichst von ihr selbst geschrieben, mit Adresse und Datum:
Bijzonderheden over de gezochte persoon, zoo mogelijk door hem
zelf geschreven, met adres en datum: haar

Bin gesund, befinde mich im Central Interneeringskamp
Alas-Vallei, Koetatjane,Sumatra

xMeine Frau Liesel und Kinder befinden sich nach letzter
Post gesund im Interneeringskamp Berg & Dal, Soekaboemi auf Java

W. Liesenfeld

Alas Vellei, den 18. Mai 1941.

Consulat de Suisse, Batavia.

xAbgereist "Asama Maru" 4.7.41

Kult.E/Nf(Zv) 4196

Abb. 77.1-3, Antwort des Auswärtigen Amts vom 22. Oktober 1940 auf eine Suchanzeige für Willi und Liesel Liesenfeld über die Schweizer Schutzmachtvertretung

den 5.Februar 1941
———————————— Kronenstr.10

Kult E/Nf (Zv)Liesenfeld/Nd.Indien

Von einer aus Niederländisch Indien zu-
rückgekehrten Dame ist über Ihre Angehörigen
Fam.Willi LIESENFELD
.... nachstehende erschöp-
fende Auskunft eingegangen. Namen und Adresse
der Rückkehrerin aus Niederländisch Indien
können nicht bekannt gegeben werden, sodaß
Rückfragen leider zwecklos sind.

Ihr Schwager und Ihre Schwester
mit den Kindern wurden auf Java interniert. Der Mann befindet sich auf
der Insel SUMATRA. Ihre Schwester mit
den Kindern in dem Frauenlager BANJOE
BIROE bei Semarang. Gesundheitlich ging
es der Familie sehr gut. Sie waren sehr
viel mit der Familie Theodor Kempen
zusammen. Die Kinder besuchen die Schule, haben auch deutschen Unterricht bei
einer internierten deutschen Lehrerin.
Von ihrem Mann erhielt Frau Liesenfeld
regelmässig gute Nachrichten.
Leider kann ich nichts über die
weiteren Pläne Ihrer Schwester sagen.
Die meisten deutschen Frauen hatten die
Absicht, auf die Freilassung ihrer Männer zu warten. Falls Ihre Schwester
sich entschliessen wird, in die Heimat
zurückzukehren, wird sie von der Schutz-
macht mit genügend Mitteln versorgt.
Und in Kobe werden die Flüchtlinge aus
Java durch die A.D.F.Xbetreut.

DER REICHSMINISTER DES AUSWÄRTIGEN

Im Auftrag

Frau

Toni KESSENICH

D ü s s e l d o r f
————————————————
Pfalzstraße 8

X A.D.F. =Arbeitsgemein-
......haft deutscher Frauen

Abb. 77.1-4, Eine weitere Nachricht des Auswärtigen Amts vom 5. Februar 1941 an die Familie Liesenfeld in Düsseldorf

rtiges Amt

t.B/Nf.(Zv) Liesenfeld . / Nied.Ind.

Berlin W 8, den 8.Februar 1941.
Kronenstr.10

Durch das Internationale Komitee vom Roten
Kreuz und das Deutsche Rote Kreuz ist von Ihrem in
Niederländisch-Indien internierten Angehörigen
nachstehende persönliche Nachricht eingegangen:

Die Reichsregierung hat geeignete Massnahmen
ergriffen, um den unmittelbaren Postverkehr zwischen den hiesigen Angehörigen und den Internierten wie umgekehrt endlich in Gang zu bringen.
Eine Nachrichtenübermittlung nach Niederländisch-Indien auf dem Wege über das Rote Kreuz an
Internierte ist, um eine Störung der Massnahmen
der Reichsregierung zu vermeiden, nicht möglich.
Sie wollen deshalb Ihre Nachrichten an Ihren internierten Angehörigen mit folgender Adresse durch
den Postkasten einliefern:

"Interniertensendung, gebührenfrei."
Frau Liesel Liesenfeld
Interneeringskamp Banjoe Biroe
bei Ambarawa / Java.

DER REICHSMINISTER DES AUSWÄRTIGEN
Im Auftrag

amilie
essenich - Liesenfeld,
üsseldorf
falzstraße 8

Abb. 77.1-5, Nachricht des Auswärtigen Amts vom 8. Februar 1941 betreffend Postverbindung ins Frauenlager Banjoe Biroe auf Java, in dem Frau Liesel Liesenfeld mit ihren Kindern interniert war

T e l e g r a m m
(geh.Ch.V.)

Tokio, den 11. August 1941 - 11.30 Uhr S
Ankunft: 11. "   "   - 23.30 "

Nr. 495 vom 11.8.

Nach Mitteilung mit Dampfer Macassar
Maru aus Niederländisch Indien in Kobe ein-
getroffener Frau Margret Dannert, die von
anderer Frau bestätigt, sollen etwa 25
Deutsche im Lager Kota Tjane in einer Isolierbaracke, genannt"Block G", gefangen gehalten
werden. Namentlich bekannt sind hiervon 19
Reichsdeutsche. Namen folgen offen. Perso-
nalien bezw. Dienstgrad bei Auslandsorganisation bekannt.

Jaissle, Groth, Wahlen, Wiese, Voigt
aus Batavia,Ihne,Delius, Grabe, Wagner aus
Medan, Fiand Liesenfeld aus Soerabaia, Huber,
Hecht aus Semarang, Lefken,Bali,Schuhr
Macassar,Benthien,Siantar, Dannert,Silindung,
Gothein, Buitenzorg, Neuffer, Borneo. Die
in Block G Internierten sollen in einer
sehr schlechten Baracke untergebracht und von
ihrer Umgebung streng abgeschlossen sein. Sie
erhielten keinerlei Nachrichten und hätten
so gut wie keine Bewegungsmöglichkeit. Verpflegung
sei schlechter als die der übrigen Internierten.
Baracke sei von Maschinengewehren umgeben,
die einzige zu ihr führende Strasse soll
unterminiert sein. Isolierung sei von Holländern als Gegenmassnahme gegen angebliche Er-
schiessung von 18 Holländern am 14. März 1941
durch deutsche Besatzungsbehörden bezeichnet
worden.

Landesgruppe bittet,Chef der Auslandsorganisation zu unterrichten.

O t t .

Abb. 77.1-6, Telegramm von Botschafter Ott in Tokyo vom 11. August 1941, dass Willi Liesenfeld mit 24 weiteren Deutschen im Lager Kota Tjane in einer Isolierbaracke bei schlechten Bedingungen festgehalten wird. In der Namensliste des Lagers wird Liesenfeld auf Seite 25 unter der Nummer 690 aufgeführt.

10.8.41.

1) Am 14.3.1941 sind in derselben Nacht, in der in Amsterdam 16 Holländer wegen Sabotage erschossen wurden, 16 Parteigenossen vor den Augen ihrer Kameraden, die in dem Glauben gelassen wurden, daß man diese 16 unschuldigen deutschen Männer erschießen wolle, abgeführt worden. Hierzu gehörte auch mein Mann, Dr.F.Hecht, vor der Internierung Erdölgeologe bei der Bataafsche Petroleum Maatschappij.- Später erhöhte sich die Zahl der isolierten Männer auf 25.

2) Die Holländer machen aus der "Isolierbaracke" den neuen Block G. Er unterscheidet sich aber in allem von den anderen 4 Blöcken. Seitdem die Karten der Männer nach dem Ausland gehen, wird auf den Absendern das Wort "Isolierbaracke" ausradiert. Der Schweizer Konsul verweigerte über die Isolierbaracke jede Auskunft.

3) Durch einen Code, den ich meinem Mann unter Briefmarken zukommen ließ, erfuhr ich folgendes:

    a) Essen ungenügend und ohne Vitamine
    b) Trinkwasser nicht genug und verschmutzt
    c) besondere Medikamente werden verweigert.

Unter diesen Umständen bitte ich die Deutsche Regierung dringend, Gegenmaßnahmen zu ergreifen zur Erleichterung des Loses dieser 25 Männer, die von den anderen unter vollkommener Isolierung leben und denen man niemals einen Grund für diese Isolierung angegeben hat.

Heil Hitler !

gez. Frau Christa Hecht.

Niederl.Listen Band 5

Abb. 77.1-7, Bericht einer Frau Hecht vom 10. August 1941 mit einer Darstellung der Gründe der Isolierhaft

Wie Frau Hecht berichtet, wurden aus dem Lager Nachrichten heraus- und hineingeschmuggelt, die in einem Code unter den Briefmarken versteckt waren. Mit Hilfe dieser Codes konnten die Internierten Dannert und Thomsen in Block C des Lagers Alas Vallei in Sumatra heimlich einen Kurzwellenempfänger bauen, mit dem sie täglich Deutschland hörten. In einem Bericht steht:

Diese Tatsache ist aber nur einem kleinen Kreis der Internierten bekannt, da früher in einem Durchgangslager schon einmal ein Radioapparat von Internierten verraten worden sein soll. Auch vor den Frauen sind diese Mitteilungen bisher geheim gehalten worden.

In Band 3, Kapitel 66 dieser Dokumentation habe ich berichtet, wie die deutschen Internierten auf dem Weg vom Lager Alas Vallei in die Hafenstadt Sibolga in Käfigen aus Stacheldraht den Einheimischen vorgeführt wurden. Sie wurden bei diesem Transport entlang der Westküste Sumatras nicht nur zur Schau gestellt, sie wurden auch von holländischen Frauen mit faulem Obst beworfen. Dazu ein Ausschnitt aus einem Bericht, der dem AA vorliegt. Hier heißt es wörtlich:

Bei der Reise durch das Batakland [Anm. d. A.: Hier waren seit über 100 Jahren besonders viele deutsche christliche Missionare tätig] *waren an vielen Stellen bataksche Christen versammelt, um die deutschen Missionare noch einmal zu sehen; in Posea konnte die Polizei die Bataker nicht zurückhalten, die den Missionaren noch Grüße und Lebensmittel in die Autos zuwarfen (Bericht Frau de Kleine). Uns wurde nachher von holländischen Beamten erzählt, man habe die Deutschen vor der Wut der Bataker schützen müssen!*

In Kabandjane allerdings wurden die durchfahrenden Autos von holländischen *Damen mit faulen Äpfeln und dergleichen bombardiert, sodass beim nächsten Transport abgesperrt werden musste.*

In Neuguinea wurden die internierten Männer, Frauen und Kinder zusammen mit eingeborenen Kommunisten über den Marktplatz herüber abgeführt. Transport nach Java auf Schiff ,Albatros'; die Männer schloss man im Laderaum, teilweise im Kohlenraum ein (bei maximal heißem tropischen Klima), sie durften täglich nur ½ Stunde an Deck. Die Frauen wurden bei verschlossenen Fenstern in die Kabinen eingesperrt, mit Wachen vor der Tür. ... Und so weiter.

Auch der damals sehr renommierte Sprachwissenschaftler Professor Hans Kähler befand sich während des Dritten Reichs zu Studien in Indonesien. Im Auswärtigen Amt liegt eine Suchanfrage seines Bruders zu ihm sowie seiner Antwort vom 20. Mai 1041 vor.

Während seiner Internierung erforschte Kähler die Sprachen Niederländisch-Indiens und entdeckte dabei die Sprache Enggano, eine austronesische Sprache. 1975 veröffentlichte er dazu seine Arbeit *Texte von der Insel Enggano*. Die Insel liegt an der südlichen Westküste Sumatras im Indischen Ozean.[107]

Erstmals wurde mir der Name des Sprachforschers Hans Kähler Anfang der 1960er Jahre genannt. Bevor ich 1963 nach Indonesien ausreiste, absolvierte ich bei Frau Irene Hilgers-Hesse im ,Haus Rissen'[108] in Hamburg einen mehrwöchigen Sprachkurs in den Grundlagen der Bahasa Indonesia. Frau Hilgers-Hesse lehrte Malaiisch und Bahasa Indonesia an der Universität in Köln. Bei dem Sprachkurs empfahl sie uns Schülern besonders das 1956 erschienene Buch *Die Grammatik der Bahasa Indonesia* von Dr. Hans Kähler, um die Struktur dieser Sprache zu durchschauen. Es war die weltweit erste veröffentlichte Ausgabe einer Grammatik der Bahasa Indonesia. Bis heute wurde das Buch auch in einige andere Sprachen übersetzt und es folgten weitere Auflagen.

Nach Ende des Zweiten Weltkriegs reiste Professor Kähler noch mehrmals nach Indonesien, wo ich ihn Mitte der 1960er Jahren persönlich kennenlernen durfte. Er liebte Indonesien und genoss jeden Aufenthalt. Wenn ich mich recht an seine Worte erinnere, sprach er fünfundzwanzig Sprachen aus dem indonesischen und pazifischen Raum. Er sagte, mit indonesischen Sprachen, auch mit der Bahasa Indonesia, wäre es zum Verzweifeln. Bei jeder Sprache, die er bisher kannte, sei es wie bei einer Pyramide, zuerst lernte man viel und je weiter man nach oben komme, desto weniger werde es, bis man schließlich die Spitze erreiche. Bei der Bahasa Indonesia wäre es genau umgekehrt. Die sei wie ein Brei, der, je mehr man dazulernen würde, immer weiter auseinanderlaufen würde. Je besser man die Bahasa Indonesia beherrsche, desto mehr Ausnahmen lerne man kennen. Es würden immer mehr!

---

107 Mehr Einzelheiten zur Insel Enggano in meinem Buch *Geschichten aus Indonesien, Kapitel 2*
108 Heute: Haus Rissen – Institut für Internationale Politik und Wirtschaft

pärtiges Amt

Niederl. Indien

Berlin W 8
Kronenstr.10   2 0. Juli 1940

Gesuchte Person.
De persoon, wiens opsporing wordt verzocht.

Name und Vorname:
Naam en voornamen: K ä h l e r , Hans

Alter:
Leeftijk: 16. Februar 1912 Utersen Holstein

Beruf:
Beroep: Sprachenforscher

Letzte Adresse:
Laatste adres: bei Dr. Mengert, Menteng 9 Batavia

Bemerkungen:
Opmerkingen:

> Auswärtiges Amt
> Kult. E/Nf.(Zv)
> eing.   27. SEP 1941
> Anl. .... Durchschläge

Mitgeteilt 27. 9. 1941 durc
Originalsuchbogen

Antragsteller:
Aanvrager: Johannes Kähler   Reichsangestellter

Adresse:
Adres: Pardubitz, Böhmen

Auskunft über die gesuchte Person, möglichst von ihr selbst geschrieben, mit Adresse und Datum:
Bijzonderheden over de gezochte persoon, zoo mogelijk door hem haar zelf geschreven, met adres en datum:

        Geht mit den Verhältnissen entsprechend, befinde mich im Centr. Int. Kamp Alasvallei, Koetatjane / Atjeh, Sumatra.

                                        Hans

Koetatjane, den 20.5.41.

Abb. 77.1-8, Suchbogen für den Sprachforscher Hans Kähler

Eine weitere deutsche Koryphäe, diesmal auf dem Gebiet der Tropenmedizin und Augenheilkunde, wurde in Niederländisch-Indien und später in Britisch-Indien interniert. Es war der damals berühmte Professor Dr. Alfred Leber.[109] Auch über ihn und seine Ehefrau Charlotte Mathilde gibt es eine Suchanfrage über das AA. Die Antwort ist vom 18. Mai 1941 aus dem Lager Alas Vallei. Später wurde Professor Leber auch nach Britisch-Indien überführt, wo er in der Lageruniversität von Dehra Dun eine federführende Position innehatte.

Abb. 77.1-9, Suchanfrage nach Professor Alfred Leber und seiner Ehefrau

109 Siehe auch Horst H. Geerken, *Hitlers Griff nach Asien*, Band 1, S. 114ff, 216; Band 3, S. 305; Band 4, S. 7

In Band 3, Kapitel 58, habe ich über den Abenteurer Oskar Speck berichtet, der 1932 seine Reise mit einem Falt-
boot in Ulm an der Donau antrat. Besonders lange hielt er sich in Niederländisch-Indien auf. Seine letzte Nachricht nach Deutschland stammte aus dem noch von den Niederlanden besetzten Teil Neuguineas. Nach Ausbruch
des Zweiten Weltkriegs machte sich seine Familie in Hamburg natürlich Sorgen und bat das Auswärtige Amt in
Berlin um ein Lebenszeichen. Zwischenzeitlich war Speck in Australien eingetroffen und dort interniert worden.
Die Familie wurde mit Scheiben des AA vom 30. Oktober 1940 informiert.

Doppel

Speck
Oskar

Auswärtiges Amt

Berlin W.8, den 30. Oktober 1940.
Kronenstr. 10

Kult.E/Nf.(Zv) Speck/Austr.

Von Ihrem Angehörigen

Herrn Oskar Speck
Intern.Nr. 64

ist folgende Nachricht für Sie eingegangen:

"Brief Grete erhalten. Hoffentlich alles noch
gesund bei Euch. Mir geht es gut. Gesundheitlich
leidlich. Leider keine Gelegenheit erhalten
um Reise auszuarbeiten. Herzlichen Gruß,
Oskar."

Ein Merkblatt über die Form der Nachrichtenübermittlung an Internierte ist beigefügt. Die
Adresse des Internierungslagers in Australien
lautet:

German Internment Camp
T a t u r a / Victoria .

DER REICHSMINISTER DES AUSWÄRTIGEN

Im Auftrag

gez. Dr.Kundt.

Familie
L. Speck

Hamburg-Altona
Roonstr. 45

Australie

Abb. 77.1-10, Suchmeldung betreffend Oskar Speck und seine Antwort an die Familie

Über den Solo-Tanzkünstler Alexander von Swaine habe ich in Band 3 der Dokumentation bereits an mehreren Stellen berichtet.[110] Sein Vater, Karl Alexander Richard Freiherr von Swaine, gab eine Suchmeldung auf, die beim AA am 31. August 1940 einging. Mit Schreiben vom 6. März 1941 erhielt der Vater eine ausführliche Information über seinen Sohn, mitgebracht von einer Dame, die vermutlich noch mit der Transsibirischen Eisenbahn nach Deutschland zurückkehren konnte.

Wie man sieht war Alexander von Swaine bis zu seiner Verhaftung und Internierung sehr aktiv. Beim letzten Konzertabend der deutschen Kolonie in Batavia führte er mit viel Erfolg einige Solotänze vor. Sein letzter Wohnsitz in Batavia war von 1939 bis 1940 in der *Jalan Tanah Abang Barat* No. 32. Die *Tanah Abang* ist heute im Zentrum von Jakarta eine viel befahrene Straße. Sein Wohnhaus habe ich nicht mehr gefunden. Es musste vermutlich einem der vielen Hochhäuser weichen.

Abb. 77.1-11, Suchmeldung für Alexander von Swaine

---

110 Siehe Horst H. Geerken, *Hitlers Griff nach Asien*, Band 3, S. 292, 302f, 417

Kult E/Nf (Zv) v.Swaine.Nd.Indien.   Berlin den 6.März 1941
                                                       Kronenstrasse 10

Von einer aus Niederländisch Indien zu-
rückgekehrten Dame ist über Ihre Angehörigen

von Swaine............. nachstehende erschöp-

fende Auskunft eingegangen. Namen und Adresse

der Rückkehrerin aus Niederländisch Indien

können nicht bekannt gegeben werden, sodaß

Rückfragen leider zwecklos sind.
                  Herr v.Swaine wurde am 10.Mai 1940 in
Batavia verhaftet und auf der Insel "Onrust" inter-
niert. Herr Markoff befindet sich in Freiheit. Ende
Juni wurden alle deutschen Maenner nach dem Central
Interneerungs-Kamp Alas Vallei,Atjeh.Sumatra N.O.I.
gebracht. Postkarten koennen geschrieben werden. Die
Nachrichten duerfen nur persoenlichen Inhalts sein.
Die Sendung ist mit der deutlichen Aufschrift:
            "Interniertensendung,gebuehrenfrei"
zu versehen. Ihrem Sohn ging es in der Internierung
gut. Auch dort hatte er unter der Jugend eine grosse
Anzahl Schueler gefunden. Er sah sonnenverbrannt aus
und hat auch etwas zugenommen.
                  Ihr Sohn hatte die Absicht gehabt nach
Japan zu reisen. Durch den Japan-China Krieg hat sich
die Abreise damals verzoegert, und die Herren musste
mit einem laengeren Aufenthalt in Java rechnen. Herr
und Frau Dr. Mengert haben sich die groesste Muehe
gegeben Ihrem Sohn zu helfen. In Batavia Tanah Abang
wurde eine sehr versprechende Tanzschule eroeffnet.
Sie erfreuten sich einer zahlreichen Schuelerschaft,
trotz der starken Konkurrenz der hollaendischen
Kollegen. Ihr Sohn hatte im April 1940, zusammen mit
Frau Dr.Mengrt und einer italienischen Saengerin,Fra
Alfes, einen Deutsch-Italienischen Abend arrangiert.
Dieser Abend, der letzte der deutschen Kolonie in
Batavia, stand unter dem Protectorat von Herrn
Brandenburg van Oltsend, dem Vorsitzenden der Deuts
Italienischen Gesellschaft in Batavia. An diesem
Abend hat Ihr Sohn mit viel Erfolg einige Solotaenz
vorgefuehrt.

                    DER REICHSMINISTER DES AUSWAERTIGEN

                         Im Auftrag

An Karl Alex Frhr.von Swaine
   Zermuetzel
   "Birkenhorst"Post Neuruppin.   7/2. 41

Abb. 77.1-12, Antwort des AA an Karl Alexander Freiherr von Swaine

Eine Frau Minna Springer aus Potsdam startete am 18. März 1942 eine erneute Suchanfrage an das Auswärtige Amt in Berlin. Im Juni 1942 erhielt sie einen ausführlichen Bericht mit der Mitteilung, dass Alexander von Swaine bereits nach Britisch-Indien überführt wurde.

Potsdam, 18. März 1942
Zeppelinstrasse 85

Auswärtiges Amt

Berlin W 8
- - - - - - - - - - - - - - - -
Kronenstrasse 10

Mein Pflegesohn, Alexander Freiherr von S w a i n e, befindet sich seit dem 10. Mai 1940 als Zivilinternierter in Gefangenschaft in Niderlän- disch-Ostindien. Sein letzter Brief durch das Rote Kreuz ist vom 15. Sep- tember 1941 datiert, seine Anschrift lautete bis dahin:

Alexander von S w a i n e
Central-Interneerungs Kamp
Block D, Bar. 7
A l a s V a l l e i (Sumatra-Atjeh) Niederländisch-Ostindien

Ich habe die Befürchtung, dass infolge der Kriegsereignisse in Ost- asien die deutschen Zivilinternierten noch vor der Besetzung durch Japan abtransportiert wurden und bitte um Nachricht, ob über ihren Verbleib und ihr Befinden, insbesondere natürlich über das von Alexander von Swaine, etwas bei Ihnen bekannt geworden ist.

Da der Vater meines Pflegesohnes, Baron Carl von Swaine, Zermützel bei Neuruppin, im Herbst vorigen Jahres verstorben ist und nähere Ange- hörige nicht vorhanden sind, bitte ich Sie, alle etwa eingehenden Nach- richten an mich zu senden.

Mit bestem Dank im Voraus

Heil Hitler !

Frau Minna Springer

Freiumschlag

Abb. 77.1-13, Suchmeldung von Frau Minna Springer vom 18. März 1942

Berlin W 8, den 23. Juni 1942.
Kronenstr. 10.

~~tiges Amt~~

~~.5/Hr.(Zv) v.Swaine,A.~~ (Brit.Ind.)

Auf der dem Auswärtigen Amt durch Vermittlung
der Schweizerischen Schutzmachtvertretung erst jetzt
übermittelten Namensliste der von Niederländisch-
Indien im Januar ds.Js. nach Britisch-Indien über-
führten reichsdeutschen Zivilinternierten, ist auch
Ihr Angehöriger,

Herr Alexander von Swaine,
verzeichnet.

Die Internierten befinden sich jetzt im Camp 17
Aus einem gleichzeitig eingegangenen Bericht der
Schutzmachtvertretung geht hervor, dass der Schweizerische Generalkonsul in Bombay das Camp 17 am
20. und 21.Mai 1942 besucht hat. Die Internierten
sind in geräumigen Steinbaracken mit grossen Veran-
den davor untergebracht. Über die Verpflegung sind
keine Klagen vorgebracht worden, nur Frischgemüse
ist zurzeit knapp. Die ärztliche Versorgung der
Internierten wird als gut bezeichnet. Jede Baracke
hat ein Untersuchungszimmer für einen deutschen
mitinternierten Arzt. Das Lagerhospital kann 100
Kranke aufnehmen und wird von einem englischen Arzt
geleitet, dem 2 deutsche Ärzte assistieren. Der Gesundheitszustand der Internierten wird als sehr gut
bezeichnet. Auch die allgemeine Stimmung ist gut,

jedoch

Abb. 77.1-14, Bericht des AA vom 23. Juni 1942, Seite 1

jedoch leiden die Internierten unter dem Fehlen von Nachrichten über ihre Familien in Niederländisch-Indien und Japan. Jeder Internierte kann wöchentlich 1 Brief und 1 Postkarte schreiben.

Die Internierten können sich den ganzen Tag draussen aufhalten und Sport treiben. Ein- mal wöchentlich können je 75 Internierte ausser- halb des Lagers weite Spaziergänge unternehmen. Die Internierten können das Lagerkino besuchen, in dem englische und amerikanische Filme vorge- führt werden. Der Schutzmachtvertreter berich- tet, dass die Internierten den Wunsch nach Büchern ausgesprochen haben, dem durch Sendungen über das Deutsche Rote Kreuz, Präsidium, Potsdam-Ba- belsberg 2, abgeholfen werden kann.

Aus den hier eingegangenen Briefen der Inter- nierten ist im allgemeinen eine Bestätigung der Berichtsangaben der Schutzmachtvertretung über Unterbringung, Verpflegung und Behandlung zu ent- nehmen. Die Internierten äussern sich im allge- meinen lobend, besonders im Vergleich zu den Ver- hältnissen in Niederländisch-Indien. Die anfäng- lichen Klagen der Internierten über das Fehlen warmer Kleidungsstücke, da das Klima in dem Lager 17 wesentlich kühler ist als in Niederländisch- Indien, sind in letzter Zeit durch die Mitteilun- gen abgelöst worden, dass in der Zwischenzeit von den britisch-indischen Behörden warme Klei- dung und Wolldecken geliefert worden sind.

Diejenigen Internierten, die ohne jegliches Gepäck in Britisch-Indien angekommen sind, haben von dem Schweizerischen Schutzmachtvertreter aus Reichsmitteln einen einmaligen Betrag von 50 Ru- pies ausgezahlt erhalten. Alle Internierten erhal- ten von den britisch-indischen Behörden ein monat- liches Taschengeld von 20 Rupies zur Anschaffung

von

Abb. 77.1-15, Seite 2

von Kleidungsstücken und kleineren Bedarfsartikeln.

Das Lager 17 ist nur ein Durchgangslager, in dem die Internierten bis zur Fertigstellung des neuen Lagers untergebracht sind. Ein grösserer Teil der Internierten ist bereits in das Zentrallager Dehra Dun am Fusse des Himalaya überführt worden. Das Auswärtige Amt hofft, dass dorthin alle Internierten verbracht werden, da über dieses Lager recht günstige Berichte der Schutzmachtvertretung und auch der dort Internierten vorliegen.

Das Auswärtige Amt empfiehlt Ihnen, Postsendungen an Ihren Angehörigen mit folgender Anschrift durch den Postkasten einzuliefern:

> Interniertensendung
> Internee Mail
>
> Name, Vorname
> Internment Camp 17
> c/o G.P.O. B o m b a y
> Britisch-Indien

Gebührenfrei
Postage free.

Nach Britisch-Indien sind auch Luftpostsendungen zulässig. Die Sendungen sind mit dem zusätzlichen Vermerk "Mit Luftpost ab Bagdad" zu versehen. Luftpostbriefe sind bei dem Postschalter aufzugeben, wobei sich der Auflieferer auszuweisen hat. Der Luftpostzuschlag ist vom Absender bar am Schalter zu entrichten. Aufkleben von Freimarken oder des Luftpostklebezettels ist nicht statthaft.

Sollten die Internierten in der Zwischenzeit in das endgültige Lager überführt worden sein, so erreichen die Internierten Briefe, die an das Lager 17 adressiert sind, da alle Postsendungen nach Britisch-Indien über den Hauptzensor in Bombay gehen.

DER REICHSMINISTER DES AUSWÄRTIGEN
Im Auftrag

Abb. 77.1-16, Seite 3

Alexander von Swaine erbte von seinem 1941 verstorben Vater das ‚Gut Birkenhorst' bei Neu-Ruppin. Daraufhin entwickelte sich ein reger Briefverkehr des Auswärtigen Amts über die Schweizer Schutzmachtvertretung mit ihm. Zwischenzeitlich wurde er nach Britisch-Indien überführt. Obwohl er dort zunächst nur in Durchgangslagern war, riss der Kontakt nie ab. Selbst eine Vollmacht konnte aus den Internierungslager an den Testamentsvollstrecker übermittelt werden. Hierzu der Schriftverkehr:

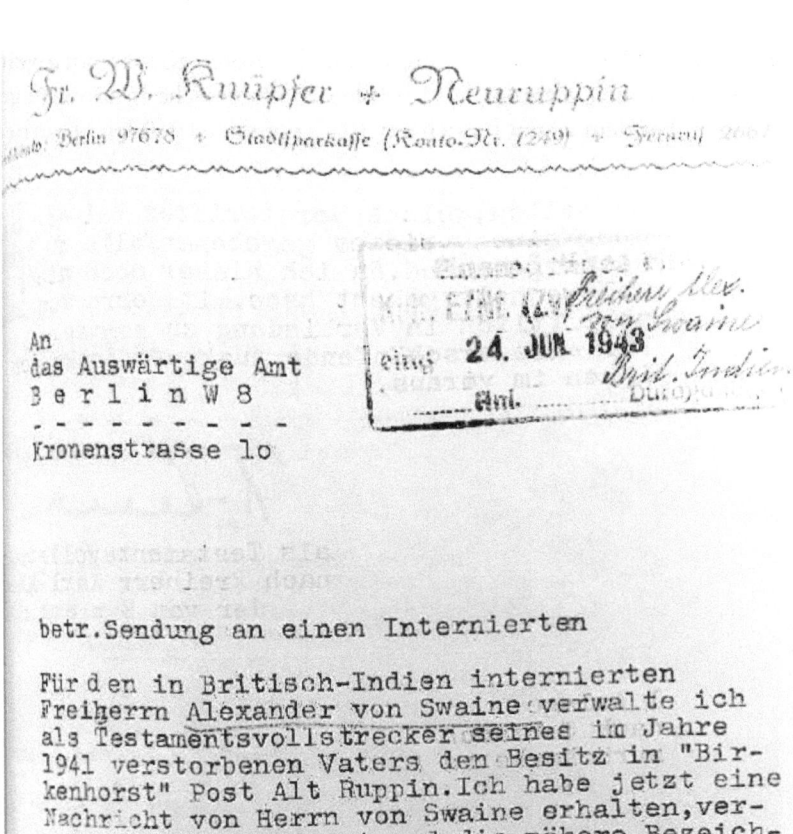

Abb. 77.1-17, Brief des Testamentsvollstreckers vom 22. Juni 1943

Abb. 77.1-18, Antwort des AA an den Testamentsvollstrecker vom 5. Juli 1943

Im Bericht des Delegierten vom Internationalen Roten Kreuz vom zweiten Besuch im Lager Alas-Vallei in Nordsumatra vom 1. Februar 1941 werden 2330 deutsche Internierte genannt. Laut dem Bericht hat sich die Lage gegenüber dem ersten Besuch am 19. September 1940 leicht verbessert.

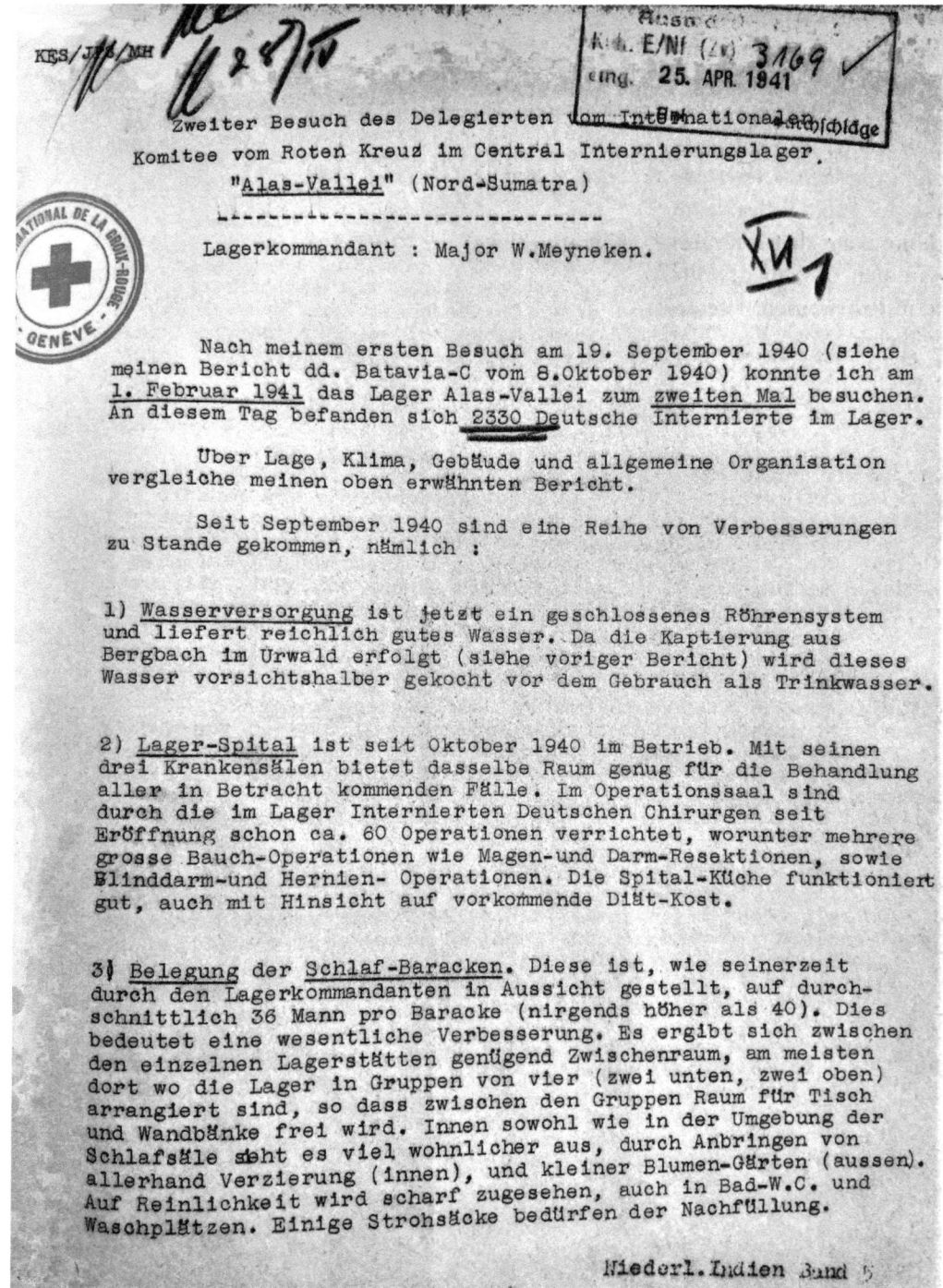

Abb. 77.1-19, Bericht über den zweiten Kontrollbesuch von Lager Alas-Vallei durch das Internationale Rote Kreuz, Seite 1

Für die deutschen Zivilinternierten, die aus Niederländisch-Indien nach Britisch-Indien verlegt wurden, war es ein Segen, endlich zu den Briten zu kommen. Leider schafften es nicht alle. Das Schiff *Van Imhoff* der niederländischen Schifffahrtsgesellschaft KPM wurde versehentlich von der Bombe eines japanischen Aufklärungsflugzeugs versenkt, da die Niederländer das Schiff nicht nach der Genfer Konvention als Kriegsgefangenentransporter markiert hatten. Völkerrechtswidrig ließ der niederländische Kapitän H. J. Hoeksema die deutschen Zivilinternierten auf dem sinkenden Schiff zurück. Er und die Mannschaft verließen das Schiff und zerstörten die verbleibenden Rettungsboote. Über 400 Deutsche ertranken.[111]

111 Siehe hierzu Horst H. Geerken, *Der Ruf des Geckos*, S. 153ff, und *Hitlers Griff nach Asien*, Band 1, Kapitel 16; Band 2, S. 16, 128, 202, 205ff, 236, 265 und Band 3, S. 7, 9, 13, 147-170 249, 390f, 394-405

Ernst Wilhelm Bohle[112], der Leiter der Auslandsorganisation der NSDAP, hat mit persönlichen Briefen vom 5. März 1942 den Angehörigen der ertrunkenen Zivilinternierten seine herzliche Anteilnahme ausgesprochen.[113] Interessant ist noch ein telegraphischer Geheimbericht des Deutschen Botschafters in Tokyo, Heinrich Georg Stahmer[114], vom 29. Oktober 1943, der die Lage nach seinem Besuch in Niederländisch-Indien während der japanischen Besetzung ausführlich beschreibt. Er schreibt, dass sich die Übermittlung von Nachrichten an die von den Japanern internierten Volksdeutschen[115] schwierig gestalte. Die japanischen Behörden in Niederländisch-Indien würden nicht voll kooperieren. Auch hätten einige Reichsdeutsche mit Duldung der Japaner wieder Besitz von ihren Häusern genommen.

Abb. 77.1-20, Geheimbericht von Botschafter Stahmer vom 29. Oktober 1943, nach seinem Besuch im von Japan besetzten Niederländisch-Indien, Seite 1[116]

112 Siehe Horst H. Geerken, *Hitlers Griff nach Asien*, Band 1, S. 7, 48, 58f, 113, 213; Band 3, 169, 343
113 Akte R 146233
114 Siehe Horst H. Geerken, *Hitlers Griff nach Asien*, Band 1, S. 127f, 130f, 256f, 171, 180, 271, 283f, 314, 317f; Band 2, S. 79, 81, 83, 97f, 101f, 106, 132, 192, 369
115 Deutsche, die die niederländische Staatsangehörigkeit angenommen hatten
116 Akten R 146233 und R 146234 im Politischen Archiv des AA

Japanische Beamte im besetzten Südraum geniessen wesentlich
grössere Selbständigkeit als als im japanischem Mutterland. Weisungen der entralstellen eintreffen häufig erst, nachdem betref-
fende Fragen gegenstandslos geworden. Durchführung fast ausschließlich abhängt von gutem Willen örtlicherInstanzen, deren
Kontrolle mangels ausreichender Verkehrsverbindungen erschwert.

II. 5.

Aussichten auf Gewährung von Arbeits- und Verdienstmöglich-
keiten an die wenigen arbeitsfähigen Deutschen in Niederländisch-
Indien sehr gering (vergl. I. 2 b und c) Japaner anbieten Ausländern entweder Arbeit zu unwürdigen Bedingungen oder entschuldigen
sich damit, dass für Fähigkeiten des Arbeitsuchenden im Einzel-
fall keine Verwendung.

Während Reise war es vollständig unmöglich, auch nur ungefähre
Bild über deutsche Vermögenslage im ehemaligen Niederländische
Indien nach Stand vom 10. Mai 1940 zu erhalten. Zur Zeit besitzen
Deutsche auf Java und Sumatra überhaupt kein Nennenswertes Vermögen. Männer, die vielleicht Auskunft erteilen könnten, sind
in Britisch-Indien interniert. Die Frauen befinden sich nur in
den wenigsten Fällen an ihren früheren Wohnsitzen und sind im
allgemeinen zu wenig unterrichtet, um sachliche Angaben machen
zu können.

II. 5 a.

Hinsichtlich Möglichkeit, Stand deutscher Vermögenswerte
im Südostraum zu untersuchen, wird auf Drahtbericht Nr. 317[o]
vom 20. Oktober verwiesen.

II. 6

Japanische Besatzungsbehörde steht Zulassung von Konsuln
in Südgebieten ablehnend gegenüber, da ausländische Beobachter,
auf die gewisse Rücksichten genommen werden müssen, örtlichen
Befehlshabern unbequem. In Manila fungiert spanischer Konsul
lediglich als Leiter 4000 Köpfe starker spanischer Kolonie,
Mitteilungen an spanische Gesandtschaft in Tokio müssen über
japanische Stellen weitergeleitet werden, da benötigtes Chiffrier-
verfahren untersagt.

II. 9

Abb. 77.1-21, Bericht Stahmer, Seite 2

II. 9

Deutsches Vermögen ist von Holländern grundsätzlich liquidiert worden. Lediglich in einzelnen Fällen konnten Deutsche ihre Häuser vor Beschlagnahme retten. Soweit Deutsche sich wieder in tatsächlichem Besitz ihres Eigentums gesetzt haben, ist dies mehr oder weniger eigenmächtig, sozusagen unter stillschweigender Duldung japanischer Behörden geschehen.

II. 10 und 11

Listen Reichs- und Volksdeutscher werden weisungsgemäß auch mit Schriftberichten übersandt werden. Liste Hongkongdeutscher, die von Botschaft Nanking nachgeprüft wurde, ist bereits mit Schriftbericht D Pol 1/4 b vom 27. Juli 1943 abgegangen.

II. 12

In Sumatra haben Japaner Deutschgebürtige holländischer Staatsangehörigkeit grundsätzlich interniert, während in Java noch größere Anzahl in Freiheit. Da in letzter Zeit wirtschaftliche Lage dieser Personen sich verschlechtert, wird ohne Unterstützung durch Reich in vielen Fällen Internierung nicht vermieden werden können. Vertrauensmann in Java ist daher angewiesen worden, einigen einwandfreien Volksdeutschen mit mit nachgewiesener Loyalität Reichsunterstützung zu gewähren. (Vergl. Drahtbericht Nr. 31 20 vom 13. Oktober 1943.)

Stahmer

Abb. 77.1-22, Bericht Stahmer, Seite 3

VÖLKISCHER BEOBACHTER *Novi 5. /9. 40*

Sadismus in Niederländisch-Indien

Deutscher im Konzentrationslager erschossen

Berlin, 4. September.

Die Erschießung eines deutschen Staatsangehörigen namens Frühstück, der in einem Internierungslager in Niederländisch-Indien untergebracht war, gibt einen neuen Beweis von dem unerhörten und brutalen Vorgehen der holländischen Behörden in Niederländisch-Indien gegen Deutsche.

Frühstück wurde, wie alle anderen Deutschen in Niederländisch-Indien, am 10. Mai verhaftet und in eines der berüchtigten niederländisch-indischen Internierungslager verschleppt. Hier ist er, wie jetzt bekannt wird, am 15. Mai völlig grundlos erschossen worden. Frühstück ging im Lager spazieren und wurde hierbei von einem Posten ohne Anruf hinterrücks erschossen.

Wie amtliche Nachforschungen ergeben haben, ist nicht festgestellt worden, daß Frühstück etwa einen Fluchtversuch machen wollte. Seine Erschießung ist nichts anderes als der Beweis für die Brutalität der holländischen Organe gegen alle internierten Deutschen. Es ist deutscherseits immer wieder auf die unerhörte Behandlung der deutschen Staatsangehörigen in niederländisch-indischen Internierungslagern hingewiesen worden, daß die holländischen Kolonialbehörden sich nicht davor gescheut haben, selbst Frauen und Kinder unmenschlichster Behandlung auszusetzen.

Die holländischen Machthaber in Niederländisch-Indien mögen jedoch gewiß sein, daß sie alle Folgen für ihr verbrecherisches Vorgehen gegen wehrlose Deutsche zu tragen haben werden.

Abb. 77.1-23, Hier noch ein Zeitungsausschnitt aus dem Völkischen Beobachter vom 4. September 1940 über die Ermordung des Internierten Frühstück[117]

---

117 Siehe hierzu Horst H. Geerken, *Hitlers Griff nach Asien*, Band 3, S. 145f

77.2 Britisch-Indien

Wie in Band 3[118] berichtet, waren im Lager Deolali[119], etwa 150 Kilometer mordöstlich von Bombay, über 600 deutsche Zivilisten interniert, die alle in Indien gelebt und gearbeitet hatten. Der Lagerführer von Deolali war ab Anfang 1941 der Österreicher Dr. Oswald Urchs. Ab Ende des Jahres 1941 wurde er Lagerleiter von Dehra Dun, des größten Internierungslagers in Britisch-Indien. Er war der ehemalige NSDAP Landesgruppenleiter in Britisch-Indien und wurde von den dort lebenden Deutschen Reichsbürgern ‚Gauleiter von Indien' genannt.

Dr. Oswald Urchs war Mediziner. Er befasste sich hauptsächlich mit der Behandlung der Malaria und anderen Tropenkrankheiten. Ab 1927 leitete er die Firma IG-Farben in Britisch-Indien, die dort viele Niederlassungen hatte. Als Leiter der NSDAP Landesgruppe betreute er die Deutschen in Britisch-Indien nach dem Muster der NSDAP im Heimatland. Unter seiner Ägide wurde die NS-Zeitschrift *Der Deutsche in Indien* herausgebracht. Immer wieder fanden geheime Kontakte zwischen ihm und dem indischen Freiheitskämpfer Subhas Chandra Bose statt. Es überrascht, dass die Briten in den Internierungslagern überall ehemalige hochrangige Nationalsozialisten, wie Dr. Oswald Urchs, in die leitenden Positionen einsetzten.

In einem Telegramm vom 21. September 1941 schrieb der Deutsche Gesandte und bevollmächtigte Minister in Kabul (von 1937 bis 1945), der Vortragende Legationsrat Hans Pilger[120], an das Auswärtige Amt in Berlin: *Geheime Reichssache!*

[…] Gemäß seiner [Anm. d. A.: Boses] Weisung hat Organisation Verbindung mit deutschen Internierten in Deolali hergestellt. […] Organisation will speziell Geeigneten zur Flucht verhelfen und verbergen. Diese sollen wegen Sabotageeinsatzes beraten. […][121]

Wie man sieht, war der indische Freiheitskämpfer Subhas Chandra Bose schon früh in Aktionen des Deutschen Reichs gegen die Briten verstrickt. Ob mit Hilfe seiner Organisation die Flucht von einigen Deutschen aus dem Lager Deolali gelang, ist nicht belegt.

Später im Internierungslager Dehra Dun gelang auch einigen Insassen die Flucht, wie Heinrich Harrer und Peter Aufschnaiter, oder auch Dr. Rolf Magener mit seinem Freund Have, über die ich bereits berichtet habe.[122] Ob dabei die Organisation von Subhas Chandra Bose die Finger mit im Spiel hatte, oder – wie wir noch sehen werden – vielleicht sogar die CIA? Wie bereits erwähnt, war dort ab Ende 1941 Dr. Oswald Urchs der Lagerführer.

Abb. 77.2-1, Einer der Speisesäle in Dehra Dun[123]

---

118 S. 292 und 319
119 Von den Deutschen fälschlicherweise auch oft kurz Deoli genannt. Deoli war jedoch ein Lager in Rajasthan, in dem nach dem Zweiten Weltkrieg chinesische Kriegsgefangene interniert waren.
120 1888-1953
121 Reimund Schnabel, *Tiger und Schakal*, Dok. 14 (Geh. Ch. V. Bundesarchiv)
122 Horst H. Geerken, *Hitlers Griff nach Asien*, Band 1, S. 216f und Band 3, S. 296, 306
123 Fotos Abb. 77.2-1 bis 77.2-4: Internationales Rotes Kreuz im Bestand des Politischen Archivs des AA in Berlin

Im Gegensatz zu den Zustanden in den niederländischen Lagern wurden die Deutschen in den Britisch-Indischen Lagern endlich menschenwürdig behandelt. Es gab keinerlei Klagen. In den regelmäßigen Berichten von Besuchern des Internationalen Roten Kreuzes in Genf und der Schweizer Schutzmachtvertretung werden keine Mängel genannt.

1944 inspizierte das Internationale Rote Kreuz das Zentrallager Dehra Dun und fügte dem Bericht auch Fotos bei. Wie man sieht, machte das gesamte Lager einen sehr ordentlichen Eindruck:

Abb. 77.2-2, Teil der Bibliothek

Abb. 77.2-3, Eine von mehreren Kapellen

Abb. 77.2-4, Eine von mehreren Werkstätten

Abb. 77.2-5, Einer von mehreren Sportplätzen

Abb. 77.2-6, Innenansicht einer Baracke in Dehra Dun.

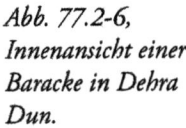

Nach einem Bericht des Schweizerischen Schutzmachtvertreters von Ende Oktober 1942 befanden sich nach seinen Besuchen in den Internierungslagern in Britisch-Indien:
- rund 600 in Britisch-Indien ansässig gewesene reichsdeutsche Männer
- rund 1300 von Niederländisch Indien nach Britisch-Indien verbrachte Männer [Anm. d. A.: Diese genannte Zahl ist gegenüber anderen Angaben zu niedrig, da sie vermutlich die ebenso internierten Volksdeutschen nicht enthält. Zwischenzeitlich wurden auch mehrere hundert deutsche Seeleute nach Kanada verschifft]
- rund 150 Frauen und Kinder im Familien- bzw. Parole-Lager.

Die Schweizerische Schutzmachtvertretung berichtete, dass die Lage der deutschen Internierten in Britisch-Indien im Allgemeinen angemessen und befriedigend sei.

Beim Untergang der *Van Imhoff* sind auch ein Herr Ullrich der Firma Schlieper und einige lokal eingestellte – also nicht aus Deutschland entsandte – deutsche Mitarbeiter der Firma ertrunken. Wie aus den Briefen zu ersehen ist, waren auch Angehörige des Firmeneigentümers Carl Schlieper in Niederländisch-Indien tätig. Diese erreichten jedoch sicher Britisch-Indien.

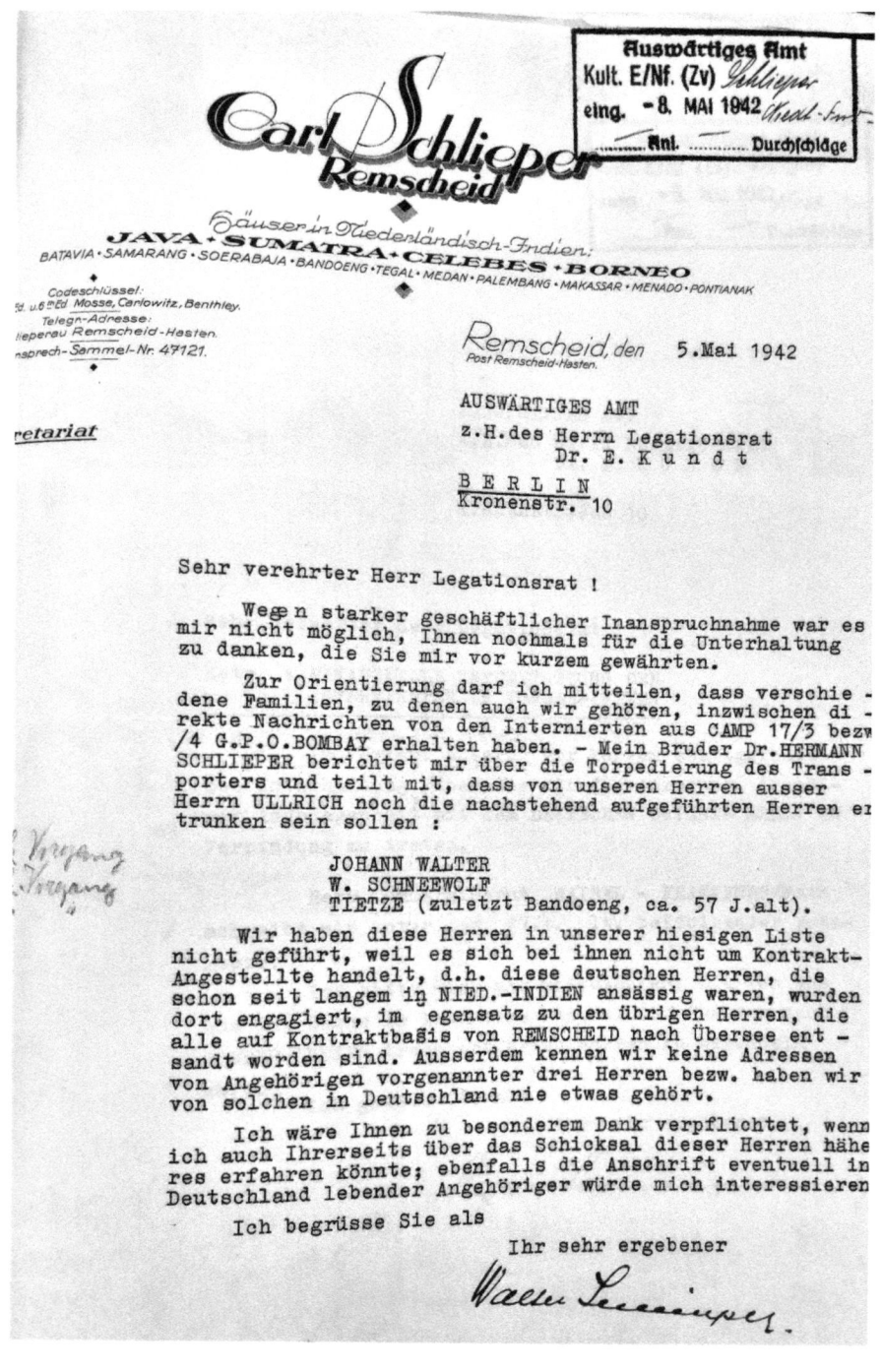

Abb. 77.2-7, Brief der Firma Schlieper vom 5. Mai 1942 an das Auswärtige Amt in Berlin

urchdr. als Konzept (Ho)
A.A.

Abb. 77.2-8,
Antwort des AA
vom 31. August
1942

Berlin W.8, den 31. August 1942.
Kronenstr.10

Kult E/Nf(Zv)Schlieper,H.J.C./Brit.Ind. (6015)

Durch Vermittlung der Schweizerischen Schutzmachtvertretung ist folgende Nachricht Ihres Angehörigen
H.J.C. S c h l i e p e r für Sie eingegangen:

LR Dr.Kundt

"The signer of this, managing director of
Messrs. Carl Schlieper Handel Maatschappij, Batavia,
and partner of Messrs. Carl Schlieper, Remscheid,
Germany, asks you kindly to help him to communi-
cate with the home office of Messrs. Carl Schlieper
in Remscheid and to inform them that all German
employees soundly arrived in the internment camp
British India with the exception of Ullrich,
Schneewolf, and Walther, who have not yet arrived."

DER REICHSMINISTER DES AUSWÄRTIGEN

Im Auftrag
gez.Kundt

Pa.
Carl Schlieper   8. Sep. 1942
Remscheid - Hasten

Abb. 77.2-9. Brief des Auswärtigen Amts vom 22. Juni 1942
an die Familie in Deutschland,
dass Wilhelm Liesenfeld gut in
Britisch-Indien angekommen
ist. Seite 1

Auswärtiges Amt   Juni 1942.
                                Kronenstr. 10.

Kult.E/Nf.(Zv)Liesenfeld,W.(Brit.Ind.)

Auf der dem Auswärtigen Amt durch Vermittlung
der Schweizerischen Schutzmachtvertretung erst jetzt
übermittelten Namensliste der von Niederländisch-
Indien im Januar ds.Js. nach Britisch-Indien über-
führten reichsdeutschen Zivilinternierten, ist auch
Ihr Angehöriger,
          Herr Wilhelm L i e s e n f e l d
verzeichnet.
          Die Internierten befinden sich jetzt im Camp 17.
Aus einem gleichzeitig eingegangenen Bericht der
Schutzmachtvertretung geht hervor, dass der Schweizerische Generalkonsul in Bombay das Camp 17 am
20. und 21.Mai 1942 besucht hat. Die Internierten
sind in geräumigen Steinbaracken mit grossen Veran-
den davor untergebracht. Über die Verpflegung sind
keine Klagen vorgebracht worden, nur Frischgemüse
ist zurzeit knapp. Die ärztliche Versorgung der
Internierten wird als gut bezeichnet. Jede Baracke
hat ein Untersuchungszimmer für einen deutschen
mitinternierten Arzt. Das Lagerhospital kann 100
Kranke aufnehmen und wird von einem englischen Arzt
geleitet, dem 2 deutsche Ärzte assistieren. Der Gesundheitszustand der Internierten wird als sehr gut
bezeichnet. Auch die allgemeine Stimmung ist gut,
                                             jedoch

Familie
Kessenich-Liesenfeld
Düsseldorf
Pfalzstr. 8

von Kleidungsstücken und kleineren Bedarfsartikeln.

Das Lager 17 ist nur ein Durchgangslager, in dem die Internierten bis zur Fertigstellung des neuen Lagers untergebracht sind. Ein grösserer Teil der Internierten ist bereits in das Zentrallager Dehra Dun am Fusse des Himalaya überführt worden. Das Auswärtige Amt hofft, dass dorthin alle Internierten verbracht werden, da über dieses Lager recht günstige Berichte der Schutzmachtvertretung und auch der dort Internierten vorliegen.

Das Auswärtige Amt empfiehlt Ihnen, Postsendungen an Ihren Angehörigen mit folgender Anschrift durch den Postkasten einzuliefern:

Interniertensendung
Internee Mail

Name, Vorname
Internment Camp 17
c/o G.P.O. B o m b a y
Britisch-Indien

Gebührenfrei
Postage free.

Nach Britisch-Indien sind auch Luftpostsendungen zulässig. Die Sendungen sind mit dem zusätzlichen Vermerk "Mit Luftpost ab Bagdad" zu versehen. Luftpostbriefe sind bei dem Postschalter aufzugeben, wobei sich der Auflieferer auszuweisen hat. Der Luftpostzuschlag ist vom Absender bar am Schalter zu entrichten. Aufkleben von Freimarken oder des Luftpostklebezettels ist nicht statthaft.

Sollten die Internierten in der Zwischenzeit in das endgültige Lager überführt worden sein, so erreichen die Internierten Briefe, die an das Lager 17 adressiert sind, da alle Postsendungen nach Britisch-Indien über den Hauptzensor in Bombay gehen.

DER REICHSMINISTER DES AUSWÄRTIGEN
Im Auftrag

Abb. 77.2-10, Seite 3

Der damalige Legationsrat Hilmar C. Bassler von Abteilung P VIII im Reichsaußenministerium war zuständig für die Propaganda der NSDAP in Ostasien.[124] In der Bundesrepublik war er von 1968 bis 1970 Deutscher Botschafter in Jakarta. Dort spielte er eine ziemlich unrühmliche Rolle und wurde vorzeitig abgelöst.[125] In seinem Bericht vom 27. April 1942 zitiert er aus Briefen von Internierten in Dehra Dun. Es gab keine Klagen, man war mit den Bedingungen im Lager sehr zufrieden.

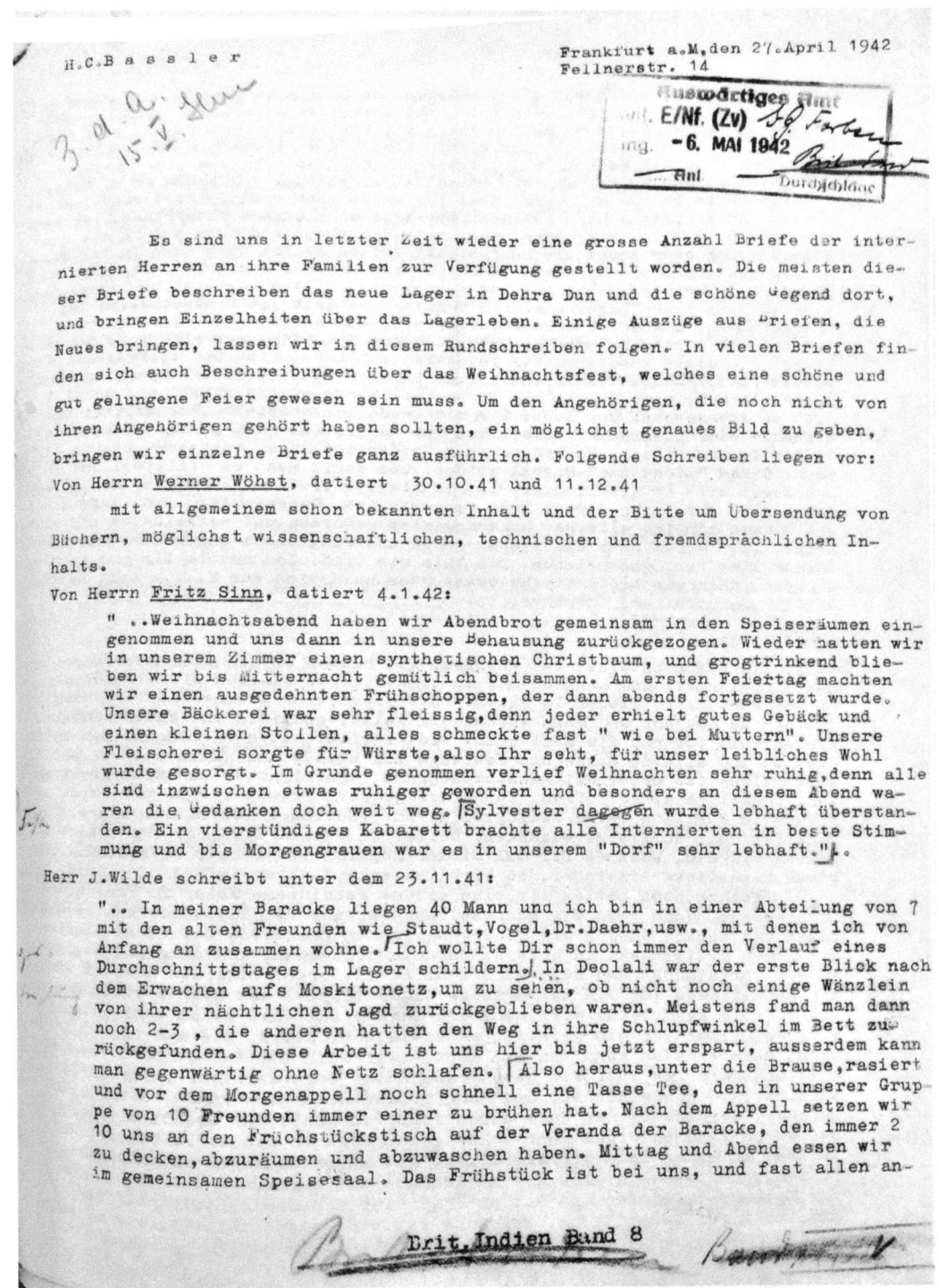

Abb. 77.2-11, Bericht von Legationsrat Hilmar Bassler vom 27. April 1942, Seite 1

---

124 Nach dem Krieg Deutscher Botschafter in Indonesien. Siehe Horst H. Geerken, *Der Ruf des Geckos*, S. 309, 311ff, 399 (versehentlich wurde der Name mit nur einem ‚s' geschrieben) und *Hitlers Griff nach Asien*, Band 1, S. 65, 201
125 Siehe Horst H. Geerken, *Der Ruf des Geckos*, S. 309, 311ff, 399. Versehentlich wurde in diesem Buch sein Name mit nur einem ‚s' geschrieben.

In einem Bericht des Internationalen Roten Kreuzes wird über die Verpflegung informiert. Hier sind die Mahlzeiten von vier Tagen erwähnt. Jeder Internierte bekam noch finanzielle Zuwendungen der Briten, um zusätzliche Nahrungsmittel einkaufen zu können.

17. Die Internierten erhalten in Quantität und Qualität dieselben Lebensmittelrationen wie die englischen Truppen in Indien. Dagegen erhalten sie pro Kopf und Tag lediglich 3½ Annas "Messing allowance" für den Ankauf von Zusatznahrungsmitteln, während der englische Soldat 6 Annas bezieht. Die Differenz wird damit erklärt, dass der englische Soldat harte körperliche Arbeit leiste, während von den Internierten keine Arbeit gefordert werde. Immerhin baten uns die Internierten bei den zuständigen Behörden in Delhi vorstellig zu werden, um eine Erhöhung der Messing allowance" zu erwirken, dies mit Rücksicht auf die gesteigerten Lebensmittelpreise.

18. Folgende Mahlzeiten waren für die ersten 4 Tage der Besuchswoche vorgesehen:

	Frühstück	Mittag	Thee	Abend
16.11	Semolina Thee, Brot	Irish Stew, Thee, Brot	Thee, Brot	Suppe, Fleisch
17.11	Reis, Thee, Brot	Gulasch, Spätzle, Thee, Brot	Thee, Brot	Suppe, Gehacktes Fleisch, Gemüse, Kartoffeln
18.11	Mehlsuppe, Thee, Brot	Dicke Linsensuppe, Thee, Brot	Thee, Brot	Suppe, Nudeln, Fleischvögel, Thee, Brot
19.11	Semolina Thee, Brot	Curry und Reis, Dhal, Thee, Brot	Thee Brot	Suppe, Rindsbraten, gebratene Kartoffeln, Thee, Brot

19. Der Interniertenausschuss erklärte uns in Gegenwart des Lagerkommandanten, dass über die Verpflegung keinerlei Beschwerden vorzubringen seien. Es bestehe lediglich, so erklärte der Leiter der Küche, zur Zeit eine saisonbedingte Knappheit an gewissen Gemüsen, dagegen aber sei die Qualität des Fleisches bedeutend besser als in Deolali und Ahmednagar.

Abb. 77.2-12, Bericht über die Verpflegung im Lager Dehra Dun, Seite 2

Wie man aus einem weiteren Bericht des Internationalen Roten Kreuzes ersehen kann, bestand das Lager-Sinfonieorchester unter Leitung von Herrn Richard Schmidberger aus insgesamt 50 Männern. Das war schon beachtlich! Kein Wunder, dass auch die britischen Liebhaber von klassischer Musik, hoch bis zum Lagerkommandanten, von den Konzerten sehr begeistert waren.

In den Berichten wird auch die Vielseitigkeit der Angebote für Freizeitaktivitäten aufgeführt. Es gab nicht nur mehrere Orchester und Kapellen, es gab auch Theatergruppen, alle Arten von Sport, Gruppen für Schach und vieles mehr. In allen Abteilungen herrschte eine rege Aktivität.[126]

- 8 -

zur Probe. An diesem Lager-Sinfonieorchester beteiligen sich 17 Mann aus Abteilung 1, 20 aus Abteilung 6 und 13 aus Abteilung 7. Die ersten Lager-Sinfoniekonzerte, unter der Leitung von Herrn Richard Schmidberger aus Wien, fanden in der Zeit vom 16- 18. Februar statt, wobei die Lagerverwaltung in freundlicher Weise das Kinotheater zur Verfügung gestellt hatte. Das Programm, das von über 1000 Internierten gehört wurde, umfasste:

1. Mozart: Ouvertüre z. Oper "Cosi fan tutte",
2. Hayden: Militär Sinfonie,
3. Beethoven: Romanze F-Dur,
4. Graener: Die Flöte von Sanssouci,
5. Brahms: Akademische Festouvertüre.

c) Schach: Die Schachspieler aus Abteilung 1 und 7 besuchen sich gegenseitig jeden Freitag Morgen.

d) Theater: Die Theatergruppe aus Abteilung 1 führte Dr. Curt Götz's "Dr. Hiob Prätorius" vor Gästen aus der Abteilung 6 auf.

Neben diesem "Inter-Wing"- Betrieb herrscht selbstverständlich auch in den einzelnen Abteilungen rege Aktivität in Bezug auf die Freizeitgestaltung:

a) Sport: Der Sportsbetrieb jeder Abteilung steht unter der Leitung eines Sportfachmannes und alle Abteilungen verfügen über ausgezeichnete Sportplätze. In diesem Zusammenhang mag erwähnt sein, dass z.Zt. in Abteilung 6 ein Tennisplatz gebaut wird. Ankauf und Unterhalt des Sportgerätes wird aus den Abteilungskassen bestritten, wobei jedoch die Lagerwerwaltung jeder Abteilung Rs. 30/-- pro Monat zuschiesst.

Die Zahl der aktiven Sportsleute ist wie folgt:

	Abtlg. 1	Abtlg. 6	Abtlg. 7
Fussball:	60	60	60
Handball:	40	70	40
Hockey:			

Abb. 77.2-13, Bericht, Seite 8, über das Sinfonieorchester und die Sportaktivitäten im Lager

126 Ibid. Band 3, Kapitel 66

Zuvor hatte ich schon mehrfach berichtet, dass die Lager-Bibliotheken für die deutschen Internierten sehr umfangreich waren und laufend aus Europa Nachschub kam. Wie ich erst jetzt erfuhr, ließ die britische Regierung in London sogar Bücher für die Kriegsgefangenen in deutscher Sprache drucken. Zum Beispiel wurde das Buch *Atlantische Fahrten* von Ernst Jünger für die deutschen Kriegsgefangenen in Britisch-Indien erstmals 1947 in London gedruckt und veröffentlicht.[127] Erst die 1948 in der Schweiz erschienene zweite Auflage war auch für die Bürger im zerstörten Deutschland verfügbar.

Über das Hospital im Lager Dehra Dun, in dem auch Professor Leber eine herausragende Rolle spielte, habe ich bereits an mehreren Stellen berichtet. Das Hospital war hervorragend ausgerüstet und die britischen und deutschen Ärzte führten auch komplizierte Operationen durch. Es liegt ein Bericht des ‚Central Internment Camp Hospital‘ vor, dass alleine von Januar bis November 1943 insgesamt 146 Operationen, von Blinddarm- und Nasenoperationen bis zur Prostataektomie, durchgeführt wurden. Vermutlich war die Anzahl der Behandlungen nach Ankunft der Internierten aus Niederländisch-Indien wesentlich höher, da die Gesundheitsversorgung in den niederländischen Lagern zum überwiegenden Teil katastrophal war.

Auf dem überlieferten Plan des C.I.C. Hospitals[128] kann man ersehen, wie hervorragend das Krankenhaus für alle Fachbereiche der Medizin ausgerüstet war.

STATEMENT OF OPERATIONS HELD IN THE C.I.C. HOSPITAL
DEHRA DUN DURING THE YEAR 1943.
(January - November only).

Nature of Operation	Number
Circumcision	4
Hydrocele	5
Appendicectomy	26
Laparotomy for rupture of Jejunum (Sport accident)	1
Explorative Laparotomy	1
Ureteretomy	1
Retroperitoneal Abscess	1
Excision of Thyroglossal Cyst	1
Tonsillectomy	15
Prostatectomy	1
Epigastric hernia	1
Hernietomy	42
Hammertoe operated (Halux valgus)	7
Haemorrhoidectomy	12
Suture of Median Nerve	1
Ligature of sapheneus vein	1
Fistula in ano	4
Spermatocele	1
Variocole op.	3
Removal of Nasal Septum	1
Antretomy	1
Choledochoenterestomy	1
Pilos	15
	146

Dehra Dun, Camp Hospital, 11th. December 1943.
M.v.B.

(S)
Lt: Col. I.A.M.C.
O.C. Central Internment Camp Hospital

Abb. 77.2-14, Bericht vom 11. Dezember 1943 über die Anzahl und Art der vom Januar bis November durchgeführten Operationen.

127 Durch die ‚Kriegsgefangenenhilfe des Weltbundes der Christlichen Vereine Junger Männer in England‘
128 Central Internment Camp Hospital

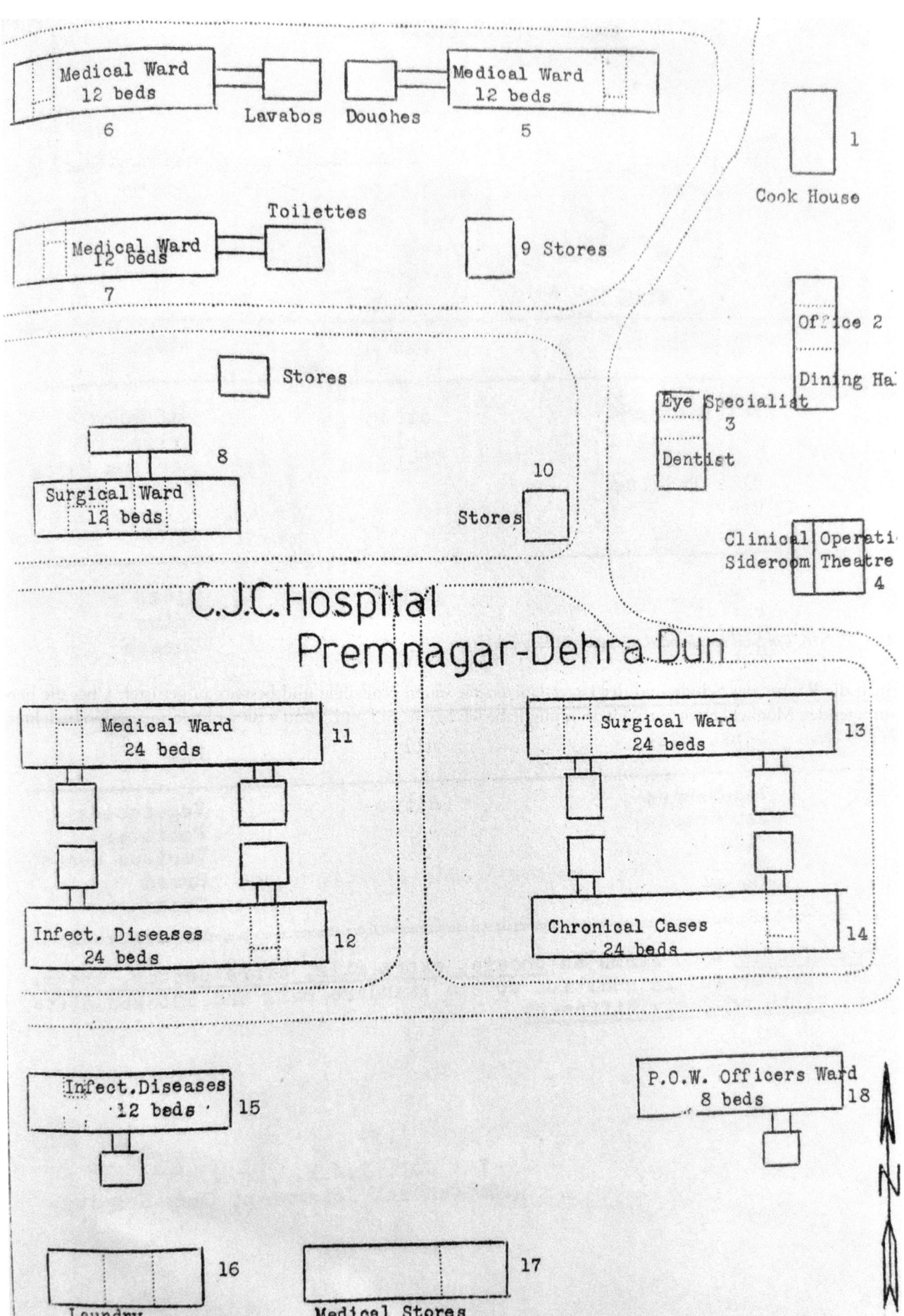

Abb. 77.2-15, Plan des Hospitals in Dehra Dun

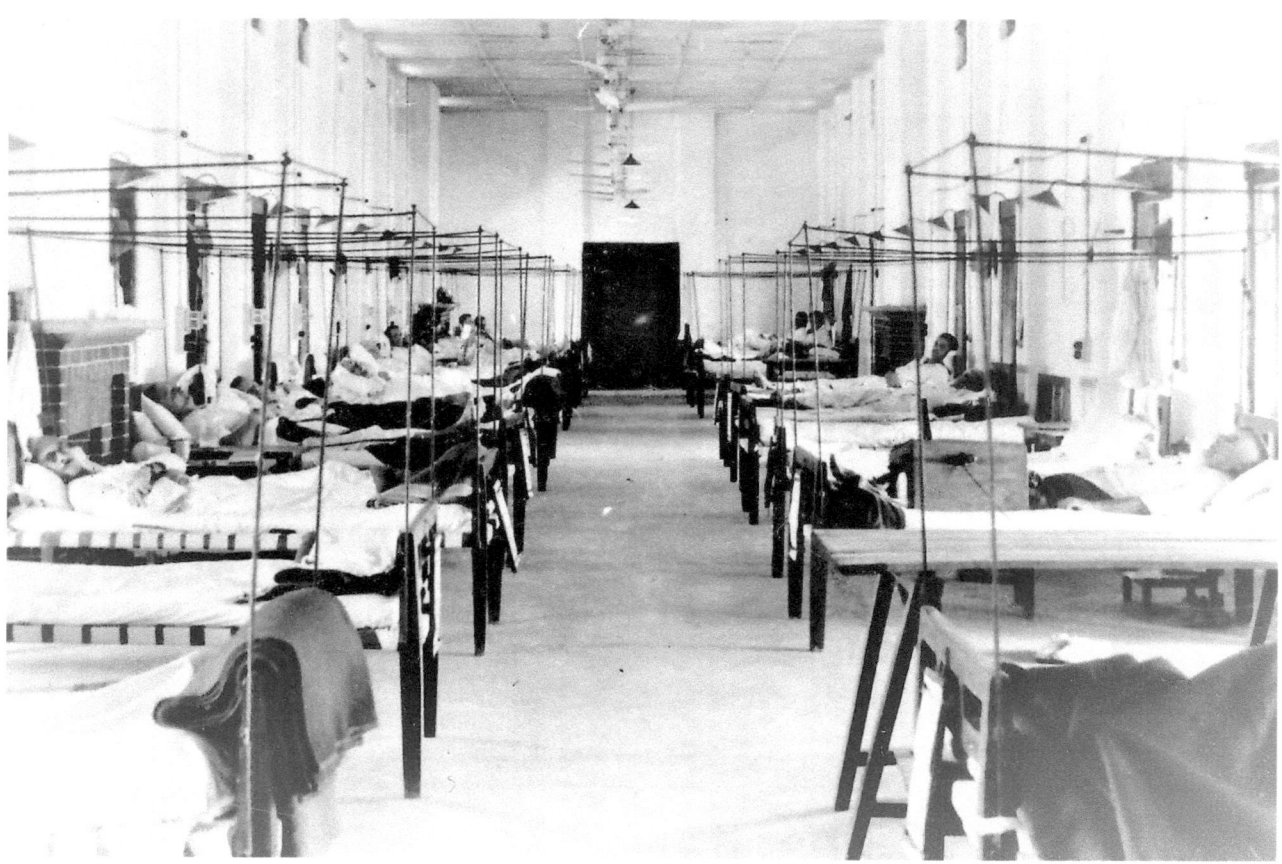

Abb. 77.2-16, Ein Saal im Hospital mit etwa 20 Krankenbetten

Auch die Räume der Schule und der Lager-Universität waren großzügig und bestens ausgerüstet. Über die hervorragenden Möglichkeiten zur Weiterbildung habe ich bereits in Band 3 und 4 dieser Dokumentation berichtet.

Abb. 77.2-17, Die Unterrichtsräume von außen

Abb. 77.2-18, Einer der Unterrichtsräume

Abb. 77.2-19, Ein Aufenthaltsraum der Lageruniversität, 1944

Wilhelm Filchner[129] war ein weltweit geschätzter Kenner Tibets, Geophysiker, Reiseschriftsteller, Himalaya- und Antarktisforscher, über den bereits in Kapitel 76 berichtet wurde. In meiner Jugend las ich – wie die meisten Jungen jener Zeit – alle seine Bücher mit seinen Erlebnissen mit großer Begeisterung. Da er meist auf eigene Faust mit geringen finanziellen Mitteln unterwegs war, wurde er auch von französischen und britischen Expeditionsgruppen unterstützt. Er arbeitete zum Beispiel eng mit den englischen Antarktisforschern Ernest Shackleton und Robert Falcon Scott zusammen.

Seit 1926 erforschte er Tibet. Bei seiner dritten Tibet-Expedition von 1934 bis 1937, diesmal mit Unterstützung des Deutschen Reichs, führte er unzählige geophysikalische und magnetische Messungen auf dem tibetischen Hochplateau durch. Vom Ausbruch des Zweiten Weltkriegs wurde er zusammen mit seiner Tochter, Erika Schneider-Filchner, in Nepal überrascht. Mehrmals forderte der englische Gesandte in Britisch-Indien die Auslieferung der beiden, aber der Maharadscha von Nepal lehnte immer ab.

Filchner hatte schon längere Zeit Nierenprobleme, aber im Laufe der Zeit wurden seine Schmerzen unerträglich und ließen ihn keinen Tag mehr in Ruhe. Er musste nach Indien in ein Krankenhaus und sich in britische Gefangenschaft begeben. Er wurde mit seiner Tochter an der Grenze zu Britisch-Indien festgenommen und ins Lager Satara, südlich von Poona gebracht. Hier waren außer Deutschen viele Männer und Frauen mit Kindern aus anderen Staaten, die den Alliierten den Krieg erklärt hatten, interniert. Auch sein Schwiegersohn, Dr. R. C. Schneider-Filchner, war bei Kriegsbeginn in Britisch-Indien. Er war der Vertreter der Firma AEG in Indien. Er wurde zunächst auch im Lager Satara interniert.

Filchner wurde in einem Krankenhaus in Patna durch den indischen Arzt Dr. Moolgavkar erfolgreich an der Niere operiert. Es wurde ein großer Nierenstein entfernt. Während dieser Zeit war ihm seine Tochter eine große Hilfe. Nach seiner Genesung erfuhr Filchner durch die Briten eine Sonderbehandlung. Englische Forscherkollegen hatten sich für ihn eingesetzt. Filchner konnte sich in ganz Britisch-Indien frei bewegen und durfte wohnen, wo es ihm beliebte. Aber Filchner erklärte, er wolle es nicht besser haben als seine deutschen Landsleute und blieb im Lager Satara, vier Jahre lang.

Abb. 77.2-20, Brief der Filchner-Stiftung vom 5. Februar 1942 mit einem Brief Filchners, den er vor seiner Nierenoperation geschrieben hatte

129 1877-1957

An anderer Stelle schrieb Filchner über Satara:

Das Lager ist von der Garnisonstadt Poona mit dem Postauto in anderthalb Stunden zu erreichen und liegt auf der Terrasse eines inselartig gestalteten, steilgeböschten Bergrückens, der sich etwa 500 Meter über die Ebene erhebt. Ein paar lange, hohe Baracken, in Zimmerchen unterteilt, und viele Häuschen und Villen bilden das Kamp. Sie alle waren von Leuten gemischter Nationalität und beiderlei Geschlechts, darunter auch Ehepaaren, bewohnt.[130]

Hier wurden nur Deutsche untergebracht, von denen man keine subversiven Tätigkeiten erwartete. Bei Kriegsende waren noch die folgenden Personen im Lager:

116 Deutsche mit 45 Kindern (darunter 19 deutsche Missionare)

26 Italiener mit 5 Kindern

68 andere Staatsangehörige mit 11 Kindern.

Die bessere Behandlung Filchners war nicht nur auf seinen großen Bekanntheitsgrad in Großbritannien zurückzuführen, auch die deutsche Filchner-Stiftung, die IG-Farbenwerke, die AEG und das Internationale Rote Kreuz haben sich für ihn und seine Freilassung eingesetzt.

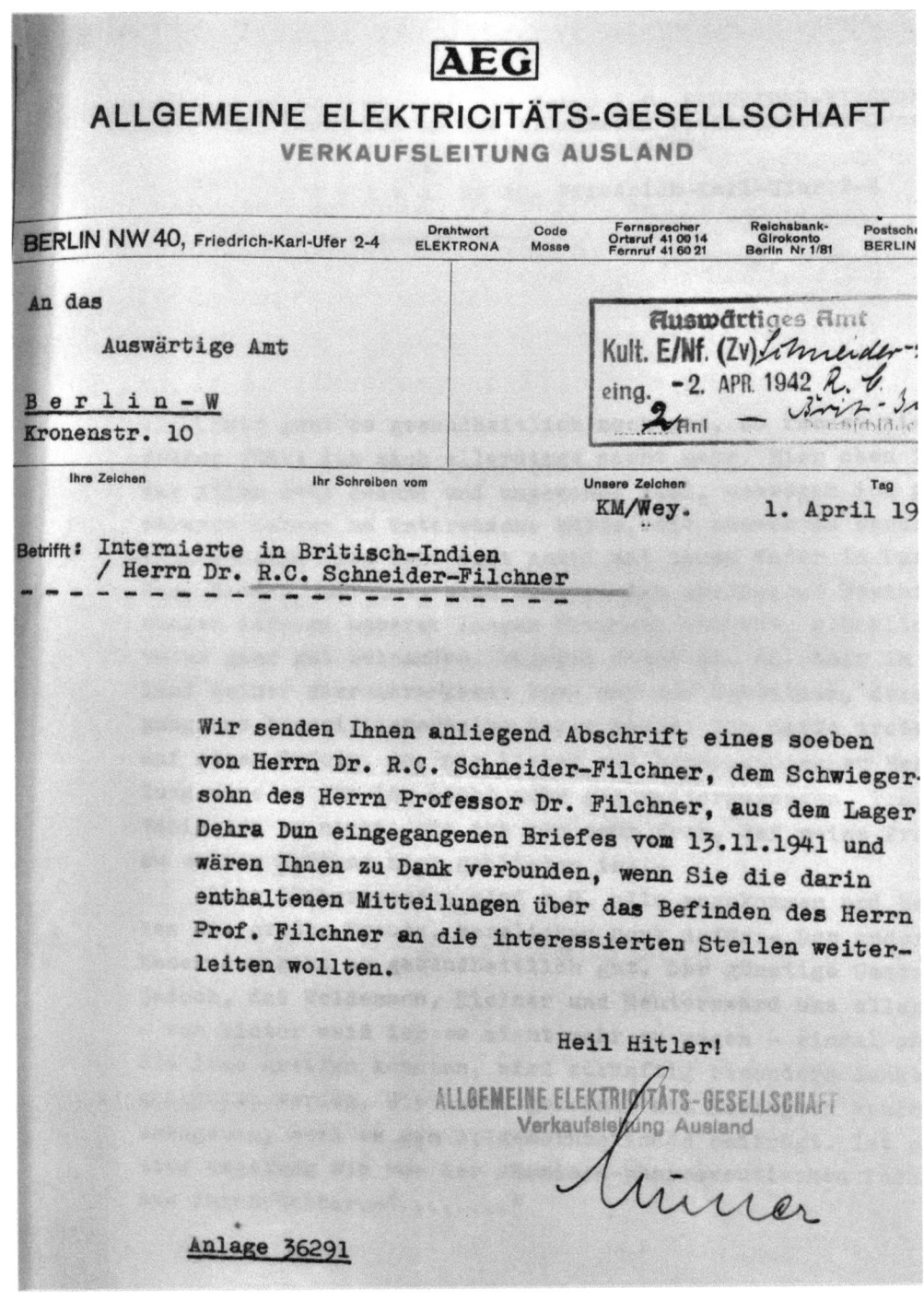

Abb. 77.2-21,
Schreiben der AEG
vom 1. April 1942

130 Wilhelm Filchner:
Ein Forscherleben,
1950, S. 372

Auszug aus einem Schreiben des Herrn R.C. SCHNEIDER-FILCHNER,
Ser.No.2106, Dehra Dun an die Allgemeine Elektricitäts-Gesell-
schaft, Verkaufsleitung Ausland
in
B e r l i n NW 40, Friedrich-Karl-Ufer 2-4

.....ʺMir geht es gesundheitlich noch gut, so robust wie
früher fühle ich mich allerdings nicht mehr. Hier oben ist
das Klima sehr gesund und ungewohnt kühl, weswegen ich gerne
wärmere Sachen an Unterwäsche hätte, die schwer zu beschaffen
sind.- Meine Frau lebt seit April mit ihrem Vater in Parole
Camp Satara. Sie ist, wenn man von den seelischen Beeinflus-
sungen infolge unserer langen Trennung absieht, glücklicher-
weise ganz gut beisammen. Dagegen steht Dr. Filchner im Verlauf seiner Nierenkrankheit kurz vor der Operation, deren Aus-
gang uns begreiflicherweise Sorge macht. Ich hoffe trotzdem
auf einen Erfolg, so, wie bisher mit homöopathischer Behandlung wäre es für ihn nicht mehr gut weitergegangen. Transport-
fähig ist er nicht, und ich bin sehr froh, daß meine Frau
zu seiner Wartung hier geblieben ist.-

Ihre Bücherspenden sind m.W. alle angekommen und bereiten die größte Freude, herzlichen Dank dafür.- Den anderen
Kameraden geht es gesundheitlich gut. Der günstige Umstand
jedoch, daß Weidemann, Kleiner und Reuterswärd uns allen
- von Victor weiß ich es nicht mehr zu sagen - einmal unter
die Arme greifen konnten, wird zukünftig besonders dankbar
geschätzt werden. Wir haben gelernt, mit Kleingeld sparsam
umzugehen, weil es zum Allgemeinbefinden beiträgt. Ist nicht
eine Regelung wie von der chemisch-pharmazeutischen Industrie
aus durchführbar.-? ....ʺ

Abb. 77.2-22, Die Anlage enthält ein Schreiben von Dr. Schreiber-Filchner, in dem er über den Gesundheitszustand von sich sowie seiner Ehefrau Erika und den seines Schwiegervaters, Wilhelm Filchner, berichtet.

I. G. FARBENINDUSTRIE AKTIENGESELLSCHAFT

Vorstand: Hermann Schmitz, Vorsitzer
Fritz Gajewski, Heinrich Hörlein, August v. Knieriem, Carl Krauch, Fritz ter Meer, Christian Schneider, Georg v. Schnitzler   Vorsitzer des Aufsichtsrats: Carl Bosch
Otto Ambros, Max Brüggemann, Ernst Bürgin, Heinrich Bütefisch, Bernhard Buhl, Paul Haefliger, Max Jlgner, Constantin Jacobi, Friedrich Jähne, Hans Kühne, Carl L. Lautenschläger, Wilhelm R. Mann,
Heinrich Oster, Wilhelm Otto, Otto Scharf, Hermann Waibel, Hans Walther, Eduard Weber-Andreae, Carl Wurster.

POSTANSCHRIFT I.G. Farbenindustrie Aktiengesellschaft
Wirtschaftspolitische Abteilung, Berlin NW 7, Unter den Linden 82

DRAHTWORT
Igesekretariat Berlin

FERNRUF
Ortsverkehr 120021
Fernverkehr 126401

KONTEN
Reichsbank-Giro-Konto Nr 8201 Berlin
Postscheck-Konto 104 56 Berlin

An das
Auswärtige Amt
z.Hd. Herrn Legationsrat Kundt

B e r l i n W.8
Kronenstr. 10

> **Auswärtiges Amt**
> R - E/Nf. (Zv) *Filchner-*
> eing. 30. SEP. 1943
> Anl.   Durchschläge

Ihre Zeichen	Ihre Nachricht vom	Unsere Zeichen (bei Antwort anzugeben) 6/g1/sw Wirtschaftspolitische Abteilung	BERLIN NW 7 den 25. IX. 1943

Betreff Wilhelm Filchner und Ehepaar Schneider-Filchner, interniert
in Britisch-Indien.

Sehr geehrter Herr Legationsrat,

wie Ihnen vielleicht bekannt ist, sind der Forschungsreisende
Prof. Wilhelm Filchner, sowie seine Tochter und deren Ehemann,
Herr Schneider, früher A.E.G.-Vertreter in Bombay, seit Kriegs-
beginn in Britisch-Indien interniert.

Es dürfte Ihnen möglicherweise auch nicht unbekannt sein, dass
es dem Mitglied unseres Vorstandes, Herrn Dr. Max Jlgner, im
Jahre 1938 vergönnt war, sich wesentlich an der Befreiung von
Professor Filchner aus der Gefangenschaft in Chinesisch-Turkestan
zu beteiligen.

Daraus hat sich eine Freundschaft zwischen den beiden Herren
entwickelt, die uns, besonders im Hinblick auf die Bedeutung der
Persönlichkeit des Forschers dazu legitimieren dürfte, bei Ihnen
im Auftrag von Herrn Dr. Jlgner anzufragen, ob nicht eine Möglichkeit besteht, die Genannten im Wege eines Austausches aus der
Internierung frei zu bekommen. Was Prof. Filchner betrifft, so
stellt u.E. bereits sein Alter einen hinreichenden Grund für
seine Entlassung aus der Internierung dar. Über das Ehepaar Schneider wurde Herrn Dr. Jlgner mitgeteilt, dass es gesundheitlich
stark gelitten hat. Herr Schneider hatte bereits zweimal eine
Lungenentzündung.

Wir wären Ihnen, sehr geehrter Herr Legationsrat, sehr verbunden,
wenn Sie sich der Angelegenheit in der Ihnen geeignet erscheinen-
den Weise annehmen würden.

H e i l H i t l e r !
I.G. FARBENINDUSTRIE AKTIENGESELLSCHAFT

Vorgang:
Karteimeldung

Abb. 77.2-23, Schreiben der IG-Farben vom 25. September 1943

Selbst der Reichminister und Chef der Reichskanzlei, Hans Heinrich Lammers, schaltete sich ein und genehmigte mit Schreiben vom 2. Februar 1941 Geldzuwendungen an Wilhelm Filchner. Zum Beispiel erfolgte am 3. Juni 1943 eine Geldzuwendung in Höhe von 10 000 Reichsmark an ihn, für die Fortführung seiner Arbeit.[131] Eine gewaltige Summe bei der Devisenknappheit während des Krieges. Es ist überraschend, dass sich das Reichs-Außenministerium noch so intensiv um Einzelpersonen kümmern konnte.

```
chdruck als Konzept/Hm.                Berlin W 8, den 3. Juni 1943.
        A.A.                           Kronenstrasse 10.
ult.E/Nf.(Zv) Filchner-Expedition
            (Britisch-Indien)
das dort.Schrb.v.17.ds.Mts.
    - U/e -


    LR.Dr.Kundt.


            Professor Dr. Wilhelm  F i l c h n e r  befindet
            sich nicht in dem Zentralinternierungslager Dehra Dun,
            sondern ist zusammen mit seiner Tochter in dem Parole.
            lager SATARA (Provinz Bombay), 100 km südlich von
            Poona entfernt, 600 m hoch, untergebracht.
                Herr Professor Dr.  F i l c h n e r  hat durch
            Vermittlung des Schweizerischen Schutzmachtvertreters
            in Britisch-Indien gebeten, ihm einen Betrag von
            10 000.- RM zur Fortführung seiner wissenschaftlichen
            Arbeiten zur Verfügung zu stellen. Das Auswärtige Amt
            hat in Verhandlungen mit dem Reichswirtschaftsmini-
            sterium von diesem entgegenkommenderweise eine Devi-
            sengenehmigung in Höhe von 10 000.- RM erreicht. Der
            Schweizerische Schutzmachtvertreter ist bereits ange-
            wiesen worden, an Herrn Prof.Dr.  F i l c h n e r  den
            Gegenwert von 10 000.- RM zu überweisen.

                    DER REICHSMINISTER DES AUSWÄRTIGEN
                        Im Auftrag
                        gez. Dr.Kundt.


Firma F.A. Bockhaus,
    L e i p z i g - C. 1
    ================================
        Querstraße 16.
```

Abb. 77.2-24, Schreiben von Legationsrat Dr. Kundt vom 3. Juni 1943 über die Geldzuwendung in Höhe von 10 000 Reichsmark an Wilhelm Filchner

---

131 Unterlagen Filchner im Politischen Archiv des AA, Berlin, Akte R145723

Im Lager Satara gab es auch eine deutsche Schule mit deutschen Lehrerinnen und Lehrern für rund 50 Mädchen und Jungen, die bis zum Abitur führte. Filchner half beratend mit, die mathematischen Aufgaben für die Abiturprüfungen zu erstellen.

Abb. 77.2-25, Lehrer mit Schülerinnen und Schülern der Lagerschule Satara, 1946[132]

Nach Kriegsende wurde das Internierungslager Satara aufgelöst. Mit nur wenigen Ausnahmen wurden nun alle Ausländer aus Britisch-Indien ausgewiesen. Filchner und seine Tochter durften jedoch bleiben, da sich Mahatma Gandhi persönlich für die beiden eingesetzt hatte. Nach Kriegsende lebte Filchner frei in Poona und arbeitete an einer Reihe von neuen Büchern. Im Frühjahr 1950[133] verließ er Indien und kehrte mit seiner Tochter nach Europa zurück. Er lebte und arbeitete bis zu seinem Tode am 7. Mai 1957 in einem Züricher Pflegeheim. Er wurde 79 Jahre alt. Wilhelm Filchner schrieb über 20 Werke, Fach- und Reiseliteratur. Er hat das Antlitz unserer Welt entscheidend mitgeprägt.

Wie schwierig es für die Heimkehrer aus Dehra Dun war, in dem zerstörten Deutschland wieder Fuß zu fassen, soll der Fahrschein von Willi Liesenfeld[134] zeigen. Nach Ende der Verhöre und Befragungen im Auffanglager Ludwigsburg wollte Willi Liesenfeld natürlich so schnell wie möglich zurück in seine Heimatstadt Düsseldorf. Wie man an den unzähligen Stempeln des Fahrscheins sieht, war das gar nicht so einfach. Man benötigte eine Genehmigung des Ernährungsamtes, des Wirtschaftsamtes, die Erlaubnis für einen Durchreisenden, Stempel des Ernährungsamtes Düsseldorf, der Hansestadt Hamburg und so weiter. Vielen Mitgliedern der NSDAP wurde vorläufig eine Anstellung in deutschen Behörden und Regierungsorganisationen untersagt.

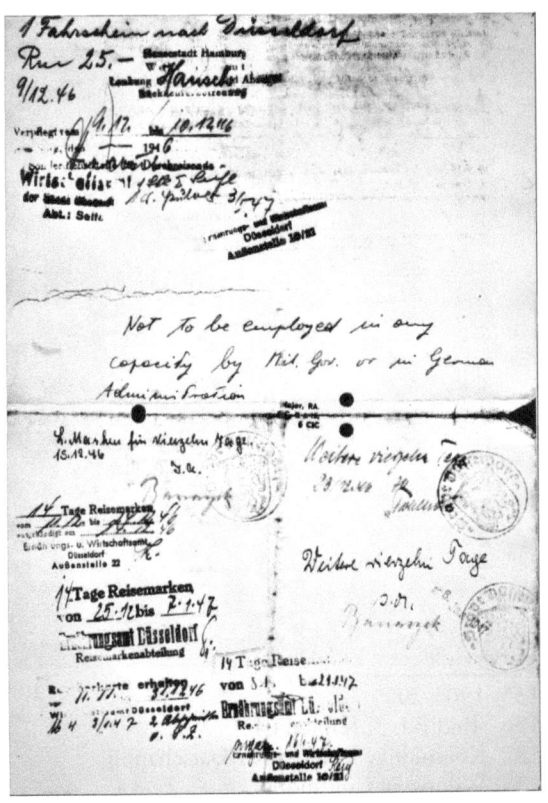

Abb. 77.2-26, Fahrschein von Willi Liesenfeld nach Düsseldorf

---

132 https://de.wikipedia.org/wiki/Internierungslager_in_Indien
und www.gaebler.info › india › meyer
133 Dies ist die korrekte Jahreszahl seiner Rückkehr. Im verschiedenen Quellen werden Jahreszahlen von 1948 bis 1951 genannt.
134 Siehe Band 3, Kapitel 64

77.3 Deutsche Zivilisten, die einer Internierung gerade noch entgehen konnten

Nun kommen wir zu der Gruppe von deutschen Familien, die noch vor Kriegsausbruch Niederländisch-Indien verlassen konnten und nach Deutschland gelangten. Über diese Gruppe habe ich bisher noch nicht berichtet. Auch von diesen Zeitzeugen oder deren Verwandten erhielt ich – aufgrund der bisher erschienenen Bände dieser Dokumentation – viele interessante Anrufe und Briefe. Ich möchte von diesen eine Familie herausgreifen, in der mir ein Familienmitglied, der in Semarang geborene Herr Peter Schnatz, noch vom Leben seines Vaters Wolfgang Schnatz[135] berichtete, der ab 1928 in Niederländisch-Indien lebte und arbeitete, und dem es noch kurz vor Ausbruch des Zweiten Weltkriegs gelang, nach Deutschland zurückkommen. Von ihm sind viele interessante Unterlagen und Fotos erhalten geblieben. Besonders dankbar bin ich dafür, dass der Enkel von Wolfgang und Sohn von Peter Schnatz, Herr Dr. Jörg Schnatz, viele Dokumente und historische Aufnahmen seines Großvaters gesammelt und mir diese zur Auswertung überlassen hat.

Interessant ist, wie mein Kontakt mit dieser Familie zustande kam. Jörg Schnatz las in einer deutschen Wochenzeitung einen Bericht über meine Buchreihe ‚Hitlers Griff nach Asien‘ und informierte darüber seinen Vater. Nachdem dieser den ersten Band gelesen hatte, kontaktierte er mich. Inzwischen sind wir in einem regen Gedankenaustausch.

Die Geschichte von Wolfgang Schnatz ist auch deshalb interessant, da er – wie auch der Vater von Dr. Rudolf Liesenfeld – während des Dritten Reichs für die deutsche Firma Carl Schlieper in Niederländisch-Indien tätig war.[136] Da auch zuvor schon über Schlieper berichtet wurde, habe ich weitere Informationen über diese Firma hier eingefügt. Die meisten Fotos in diesem Kapitel sind Aufnahmen von Wolfgang Schnatz, die sein Enkel Dr. Jörg Schatz verwahrt und die ich mit seiner Genehmigung hier erstmals öffentlich zeigen kann. Die teilweise schlechte Qualität der Fotos ist auf die damals üblichen kleinen Abzüge und das Alter von fast 100 Jahren zurückzuführen.

Die 1754 in Remscheid gegründete Firma Carl Schlieper war bereits im 19. Jahrhundert in Niederländisch-Indien aktiv und hatte Niederlassungen auf allen größeren Inseln. Sie exportierte alles Technische, von Messern über Werkzeuge, Werkzeugmaschinen und Brücken bis zu kompletten Zuckerfabriken, Maschinen des tropischen Landbaubedarfs und Schiffsaggregaten. In Semarang, wo Wolfgang Schnatz in den 1930er Jahren tätig war, wurde bereits vom 13. August bis zum 15. November 1914 eine große, damals ‚Kolonial-Ausstellung‘ genannte, Veranstaltung abgehalten. Es war eigentlich eine internationale Ausstellung von Handelsgütern mit Pavillons aus China, Taiwan, Japan und anderen Ländern. Auch große Unternehmen wie Nestlé, die niederländische Schifffahrtsgesellschaft KPM[137] und die Firma Carl Schlieper nahmen mit eigenen Pavillons teil.

Abb. 77.3-1: Ausstellungsplakat der Kolonial-Ausstellung in Semarang[138]

---

135 1905-2000
136 Ibid Bd. 3, Kapitel 64
137 Koninklijke Paketvaart Maatschappij
138 Wikipedia Commons

Abb. 77.3-2: Der Carl Schlieper-Pavillon während dieser Messe[139]

In Batavia befand sich ein größeres Werk, in dem Stahlwaren aller Art hergestellt wurden. Interessant ist auch, dass Schlieper dort unter anderem einen Ventilator mit Petroleumantrieb in Lizenz von Hubertus Friedrich Raab herstellte. Der Ventilator war für Gebiete ohne Elektrizitätsversorgung gedacht und war auch auf den Außeninseln sehr gefragt. Der Ventilator wurde von 1853 bis 1922 produziert. In einer Lagerhalle in Batavia wurden Importgüter, vorwiegend aus Deutschland, aufbewahrt.

Abb. 77.3-3, Hauptsitz der Fa. Schlieper in Batavia, 1931[140]

Abb. 77.3-4, Das Fabrikgebäude in Batavia, um 1930[141]

Abb. 77.3-5, Die Lagerhalle der Firma Schlieper, um 1930[142]

Abb. 77.3-6, Das Firmenschild auf dem mit Petroleum betriebenen Ventilator[143]

139 Sammlung Tropenmuseum Amsterdam Nr. 60039518

140 Aus dem Bestand © Dr. Rudolf Liesenfeld, Politisches Archiv des AA, Berlin, Liste No. 690

141 Foto COLLECTIE TROPENMUSEUM Stoomtram in Batavia bij het gebouw van de ijzerwarenfabriek van Carl Schlieper TMnr 10014232 via Wikipedia Commons

142 Foto COLLECTIE TROPENMUSEUM, via Wikipedia Commons

143 Quelle: Udaipur City Palace Museum, Indien

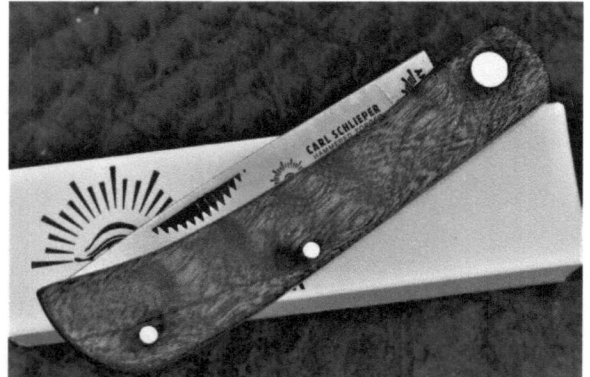

Abb. 77.3-7, Eine Schlieper-Taschensäge

Fragte man in den 1920er und 30er Jahren einen einfachen indonesischen Landarbeiter oder Handwerker, was er über Deutschland wisse, kam als erste Antwort entweder Solingen, Tjap Mata[144] oder Schlieper. Schlieper war auf vielen Inseln des riesigen Archipels vertreten und für ein gutes Messer war die Firma in ganz Südost-Asien bekannt. Selbst heute noch genießt jedes aus Deutschland kommende Medikament oder technisches Gerät hohes Ansehen.

Ein altes Foto zeigt den Eingang zum Pasar Baru in Batavia, ebenfalls in den 1930er Jahren. Selbst hier flatterte die Hakenkreuzflagge im Winde.

Im Vordergrund von Abbildung 77.1-28 sieht man eine Straßenbahn. Bereits Ende des 19. Jahrhunderts wurde in Batavia eine dampfbetriebene Straßenbahn der Firma Hohenzollern Lokomotiven AG mit Stammsitz in Grafenburg bei Düsseldorf eingesetzt. Der Antrieb aus einem Dampfkessel erfolgte ohne Befeuerung. Der Dampfkessel musste stündlich neu gefüllt werden. 1929 ging die Firma in der Maschinenfabrik Esslingen auf.

Ende der 1920er Jahre wurden die Strecken elektrifiziert. In den Archiven der AEG fand ich heraus, dass das Material für die Elektrifizierung und die dazu gehörigen Straßenbahnen von der AEG geliefert wurden. Die Abbildung zeigt eine Straßenbahn während der Unabhängigkeitskampfes von 1945 bis Dezember 1949. Man sieht die Aufschrift *Merdeka* für ,Freiheit, Unabhängigkeit'!

Abb. 77.3-8, Eingang zum Pasar Baru in Batavia in den 1930er Jahren[145]

Abb. 77.3-9 Straßenbahn in Batavia um 1940 mit der Parole Merdeka[146]

1927, im Alter von 22 Jahren, reiste Wolfgang Schnatz als Kaufmann für die Firma Carl Schlieper aus Solingen und Remscheid mit dem Schiff nach Niederländisch-Indien. Zunächst war er im Büro der Firma in Surabaya tätig. Dort traf er mit Sicherheit Willi Liesenfeld, über den ich bereits ausführlich in Band 3, Kapitel 64, berichtet habe. Es muss Wolfgang Schnatz in Niederländisch-Indien von Anfang an gut gefallen haben, denn er wollte seinen Freund Thomas bei sich haben. Schon kurz nach seiner Ankunft schrieb er ihm:

---

144 Das Markenzeichen von Schlieper
145 Foto aus dem Magazin TEMPO vom 16. Mai 2021
146 Ibid.

[...] Suche auf beiliegendem Fahrplan den erstbesten Dampfer aus und mach Dich auf die Socken. Fahrgeld nebst Reisespesen pumpe Dir von Deinem Vater. In Batavia musst Du umsteigen. Ich erwarte Dich im Hafen von Surabaya, mit Strohhut, blauroter Fliege und unter dem linken Arm die Kölnische Zeitung. Ich denke das genügt! [...]

In Surabaya gab es ein Cabaret mit dem hochtrabenden Namen ‚Moulin Rouge‘. Wolfgang Schnatz schreibt darüber kurz nach seiner Ankunft in Surabaya:

[...] Die Damen der Schauspielertruppe in kurzen Röcken. Abends spät kann man da teuren Anschluss finden. Du siehst, man kann sich auch hier amüsieren. [...]

Die Firma Schlieper war sehr sozial eingestellt. In Surabaya stiftete sie Ende der 1920er Jahre eine Schule für Jungen, die ‚Gouvernements-Ambachts-Jongenschool‘.

Anbei auch ein altes Foto vom Oranje Hotel in Surabaya, in welchem während der Besetzung Niederländisch-Indiens durch die japanischen Streitkräfte die Offiziere der Deutschen Kriegsmarine untergebracht waren. In Band 2, Seite 139, findet sich ein neueres Foto aus dem Jahr 2014.

Abb. 77.3-10: Eine Abteilung im Büro der Firma Carl Schlieper in Surabaya

Abb. 77.3-11: Ein Ausflug von Surabaya zum Tempel Borobudur bei Yogyakarta

Abb. 77.3-12, Die von der Firma Schlieper gestiftete Schule für Jungen in Surabaya[147]

Abb. 77.3-13, Das Oranje-Hotel in Surabaya von 1930[148]

147 Foto aus dem Buch von G. H. von Faber, *Oud Soerabaia*, 1931, S. 251
148 Foto aus dem Buch von G. H. von Faber, *Oud Soerabaia*, 1931, S. 220

Abb. 77.3-14, Das Büro der Firma Schlieper in Makassar[149]

Schon nach wenigen Monaten wurde Wolfgang Schnatz in das Büro der Firma Carl Schlieper in Makassar, in der Passerstraat gelegen, versetzt. Makassar ist heute die Hauptstadt der Provinz Süd-Sulawesi und liegt an der Südwestküste der Insel, die früher Celebes hieß. Hier begann für ihn eine rege Reisetätigkeit.

In einem Brief vom 1. August 1930 an Bord der *Van Hoorn* auf dem Weg nach Sumbawa, Flores, Timor und andere Inseln schrieb Wolfgang Schnatz an seine spätere Ehefrau Wilhelmine über seine Touren:

[...] Auf meinen Reisen muss ich natürlich immer verkaufen. Während in Makassar meine Tätigkeit allein auf den Verkauf von Werkzeugen und Kleineisenwaren an die Chinesen beschränkt bleibt, muss ich auf den Reisen auch Regierungsstellen, die Gemeinden und Geschäftsleute aufsuchen, die Maschinen, Dampfwalzen, Brücken und sonstigen Kram gebrauchen können. Nachdem jetzt ein Herr von Schlieper fortgegangen ist, der früher viel auf Reisen war, werde ich in Zukunft wohl das Vergnügen haben, alle Augenblicke auf dem Koffer zu sitzen. Vor zwei Wochen habe ich auch nochmal eine 400 Kilometer lange Autotour ins Landesinnere gemacht. [...]

Die ganze Reise, 12 Tage, bleibe ich an Bord, und jeden Tag laufen wir einen kleinen Platz an, wo ich aussteige und die Kunden aufsuche. Ich bekomme natürlich viel zu sehen und mein Fotoapparat ist immer aufnahmebereit. [...] Heute morgen, wir zählen inzwischen schon den 2. August, liefen wir gegen 7 Uhr in die Bucht von Bima ein. Bima liegt auf Sumbawa. Der Eingang zu der Bucht ist so eng, dass gerade ein Schiff hindurchfahren kann, dann wird die Bai wieder weiter und in einer der vielen kleinen Nebenbuchten liegt Bima. [...]

Um fünf Uhr am nächsten Morgen legte das Schiff in Aimere auf Flores an.

[...] Du wirst natürlich fragen, warum halten die Schiffe an so einem Nest? Erstens sind hier im Lande überall Chinesen, die einige Kisten mit Waren bekommen, zweitens wird die Ausfuhr von Landesprodukten an solchen Plätzen gesammelt und drittens müssen die Leute, die in einer solche wilden Gegend sitzen, doch auch Post haben. [...]

Von seinem Besuch auf der Insel Ambon schreibt er am 21. April 1930:

[...] Unterwegs begegneten uns Inländer, die aus der Kirche kamen, die Männer in schwarzen Anzügen mit weißer Weste, ohne Kragen und barfuß, die Frauen ebenfalls in schwarzen Kleidern. Die Ambonesen sind alle Christen. [...] Ich habe noch nie so viele Kirchen auf einem Haufen gesehen wie in Ambon. [...]

Auf seinen vielen Reisen beschrieb Wolfgang Schnatz eindrucksvoll, wie er jede freie Minute zu Wanderungen und Besuchen bei Freunden nutzte. Er bestieg viele Berge und Vulkane im Archipel. Er war auch ein begeisterter Fotograf, der Hunderte Fotos von seinen Reisen und Vulkanbesteigungen machte. Die Beschreibungen und die vielen historischen Fotos seiner Ausflüge passen allerdings nicht in den Kontext dieses Buches.

Abb. 77.3-15: Von Carl Schlieper gelieferte und aufgebaute Brücke in der Nähe von Makassar

---

149 Postkarte aus den 1920er Jahren

Abb. 77.3-16: Von Carl Schlieper gelieferte Brücke in Sulawesi

An anderer Stelle des obigen Briefes berichtet Wolfgang Schnatz, dass er in Makassar über die damaligen Verhältnisse in Europa gut informiert wurde:

[...] Wenn Du denkst, dass man hier kein Radio aus Europa hören könne, bist Du im Irrtum. Wenn man einen geeigneten Apparat hat, kann man Eindhoven (Holland) gut hören. Leider sind sehr viele Störungen in der Luft. Bei Papa Ludwig habe ich mal deutsche Volkslieder aus Sibirien gehört. Am besten ist Manila zu bekommen, ferner Surabaya und einige Stationen aus Australien. Die Apparate sind natürlich schweinemäßig teuer, zudem bin ich aber auch so stark beschäftigt, dass ich für den Radiokram keine Zeit übrig habe. [...]

Die Weltwirtschaftskrise von Ende der 1920er und Anfang der 1930er Jahre hatte natürlich auch Auswirkungen bis nach Niederländisch-Indien. Der Welthandel und die Industrieproduktion gingen zurück. Die Folge waren Massenarbeitslosigkeit und Zahlungsunfähigkeit der Betriebe. In einem Brief vom 22. Oktober 1931 an seine spätere Ehefrau beschrieb Wolfgang Schnatz die Situation in Makassar:

[...] Wirtschaftlich sieht es hier sehr traurig aus. Die Exportwaren wie Kobra, Rattan, Kopal (Anm. d. A.: ein Baumharz, das für hochwertige Farben und Lacke verwendet wird) *usw. sind bis zu 70% im Preis gefallen und die Folge davon ist eine vollständig verarmte Bevölkerung. Äußerlich macht sich das nicht so bemerkbar, da der Inländer immer etwas zum Essen hat. Der Import ist auch sehr zurückgegangen, alle Warengattungen zusammen gerechnet schätze ich um 40 bis 50%. [...]*

Und in einem Brief vom 29. Oktober 1930:

[...] Die schlechten Zeiten machen sich auch hier immer mehr bemerkbar. Es ist trostlos schlecht, und einige Leute sind schon das Opfer der Malaise geworden. Mein Freund Brambach [...] ist wegen Arbeitsmangel entlassen worden und sitzt nun schon einen Monat in Deutschland. Auch in Java haben einige Leute dran glauben müssen. Für uns Zurückbleibende ist es natürlich wenig ermutigend, wenn die Zeiten so schlecht bleiben, und vor allem, wenn wir uns hier so sicher wie in Abrahams Schoß glaubten. [...]

Der Lebensstandard sank in allen Schichten der Bevölkerung Niederländisch-Indiens. Die Kaufkraft sank erheblich, was eine allgemeine Verarmung besonders der indonesischen Bevölkerung zur Folge hatte. Zum Beispiel ging die Geldzirkulation Ende 1935 gegenüber 1929 um mehr als die Hälfte zurück. Die Zahl der arbeitslosen Europäer stieg von 3500 im Jahr 1932 auf fast 10 000 im Jahr 1936. Arbeitslose Indonesier, deren Zahl in die Millionen ging, wurden nicht erfasst. Durch die soziale Einrichtung *Centraal Steuncomité* wurden nur Europäer unterstützt. Das Überleben der einheimischen Bevölkerung war nur durch deren starke Anpassungsfähigkeit möglich. Arbeitslose Indonesier wurden in der Familie oder im Dorfverband aufgefangen, wo sie immer Unterkunft und Nahrung erhielten. Fehlbeträge in dem immer weiter ausufernden Staatshaushalt Niederländisch-Indiens wurden durch das Mutterland ausgeglichen.[150]

Trotz Wirtschaftskrise wurden Anfang der 1930er Jahre in Makassar Partys gefeiert und Tanzveranstaltungen abgehalten. Es ist erstaunlich, dass bereits zu jener Zeit deutsche Kinofilme mit Starbesetzungen im fernen Niederländisch-Indien gezeigt wurden. Es wurden für die Deutschen in den Vereinen immer die neuesten deutschen Filme gezeigt. Über die Kinobesuche schreibt Wolfgang Schnatz an seine Brieffreundin und spätere Ehefrau Wilhelmine:

---

150 Die Angaben in diesem Absatz aus: Irmgard Loeber, *Das niederländische Kolonialreich*, Reihe Weltgeschehen, 1939

[...] Harry Liedke[151] ist nicht der einzige bekannte Stern am Filmhimmel. Es erscheinen ferner Emil Jannings[152], Conrad Veidt[153], Henny Porten[154], Gräfin Esterházy[155] usw. ‚Der Student von Prag' ist gezeigt worden, auch ‚Varieté mit Jannings, ‚An der schönen blauen Donau' und die ‚Geschiedene Frau'. In Kürze kommt ‚Metropolis'[156] und ‚Der Rosenkavalier'. Damit Du mir glaubst, werde ich in Zukunft die Zeitungsreklame ausschneiden und Dir schicken.

Natürlich gibt es hier auch ‚klassische' Sachen, aufgeführt von der berühmten indischen Schauspielertruppe der Miss Riboet[157]. Vor einiger Zeit habe ich mir ‚Elsa von Brabant' angesehen. ‚Elsa von Brabant' spielt im Mittelalter. Bühne und Kostüme waren dem Jahrhundert angepasst.

Ende 1934 trat Wolfgang Schnatz seinen ersten Heimaturlaub an. Am 15. Januar 1935 heiratete er seine Brieffreundin Wilhelmine[158] Tesche. Im Februar 1935 reiste er mit dem Kombischiff MS Duisburg der HAPAG[159] zurück nach Niederländisch-Indien. Nun begleitete ihn seine junge Ehefrau.

Abb. 77.3-17, Anzeige für eine Aufführung am 7. und 8. September 1927 von Miss Riboet

Abb. 77.3-18, Kino-Anzeigen aus der Tageszeitung ‚De Locomotief' vom 4. Juli 1938 aus Semarang

151 1882-1945, deutscher Schauspieler, im Dritten Reich fühlte er sich dem Nationalsozialismus verpflichtet.
152 1882-1945, deutscher Schauspieler, im Dritten Reich wirkte er in NS-Propagandafilmen mit. Nach Kriegsende wurde er von den Alliierten mi einem lebenslangen Auftrittsverbot belegt.
153 1893-1943, deutscher Schauspieler. Als Gegner des Nationalsozialismus verließ er Deutschland. In Hollywood arbeitete er weiter. Ein großer Erfolg war sein Auftritt im Film ‚Casablanca'.
154 1890-1960, Schauspielerin und Star des deutschen Stummfilms
155 ?-1959, deutsche Opern- und Konzertsängerin
156 Ein monumentaler Stummfilm von Fritz Lang
157 Damals auch bekannt unter dem Namen ‚Orion Opera'. Die Theater-Truppe bereiste Niederländisch-Indien in den 1920er und 30er Jahren.
158 In seinen Briefen nannte er sie nur kurz ‚Helmi'.
159 Das Schiff wurde 1941 an der Küste vor Libyen versenkt.

Abb. 77.3-19: *Das Privathaus von Wolfgang Schnatz und Familie in Semarang, Soenarioweg 14 (Aquarell, Künstler unbekannt)*

Abb. 77.3-20: *Plan des Hauses*

Wolfgang Schnatz wurde als Leiter des Carl Schlieper-Büros in Semarang verpflichtet. Semarang liegt an der Nordküste von Java.

Mit der privaten Wohnung war das Ehepaar Schnatz sehr zufrieden. Am 5. Mai 1935 schrieb Wolfgang Schnatz nach Hause:

[...] Ihr könnt Euch gar nicht vorstellen, wie schön wir hier wohnen. Ich kenne in Deutschland keine Stadt, die so schön auf den Hügeln angelegt ist, wie Semarang. Auch für Helmi ist es hier viel schöner als direkt in der Stadt. Helmi kommt noch weniger in die Stadt als früher in Elberfeld. Es wird einem hier ja alles so bequem gemacht.

Unser Haus gehört der Stadt. Vergangenen Samstag rief ich an, dass der Lokus repariert werden müsse, da er gesprungen sei. ,Da rufen sie aber unglücklich an' sagte der Mann, ,morgen ist Sonntag und am Dienstag ist Feiertag. Da kann ich das nicht sofort machen.' Am Montag kam jemand, lief mit einem Notizbuch durchs Haus und fragte: ,Was wollen Sie gemacht haben?'

,Ein neuer Lokus, eine neue Brause, denn die alte war nicht mehr schön, neue Handtuchhalter an der Wand anbringen und die quietschenden Türen und Schlösser nachsehen.'

,Haben sie auch bestimmt nichts vergessen?', fragte er.

Als ich am Mittwochmittag nach Hause kam, war schon alles in Ordnung. Ist das nicht fabelhaft? [...]

Bei manchen Akquisitionsreisen wurde Wolfgang Schnatz von seiner Ehefrau begleitet. Zum Beispiel war sie dabei, als er bei einer Reise nach Yogyakarta und Solo von seinem Vorgänger bei den Kunden eingeführt wurde. Sie beschreibt dies in einem Brief vom 8. April 1935 wie folgt:

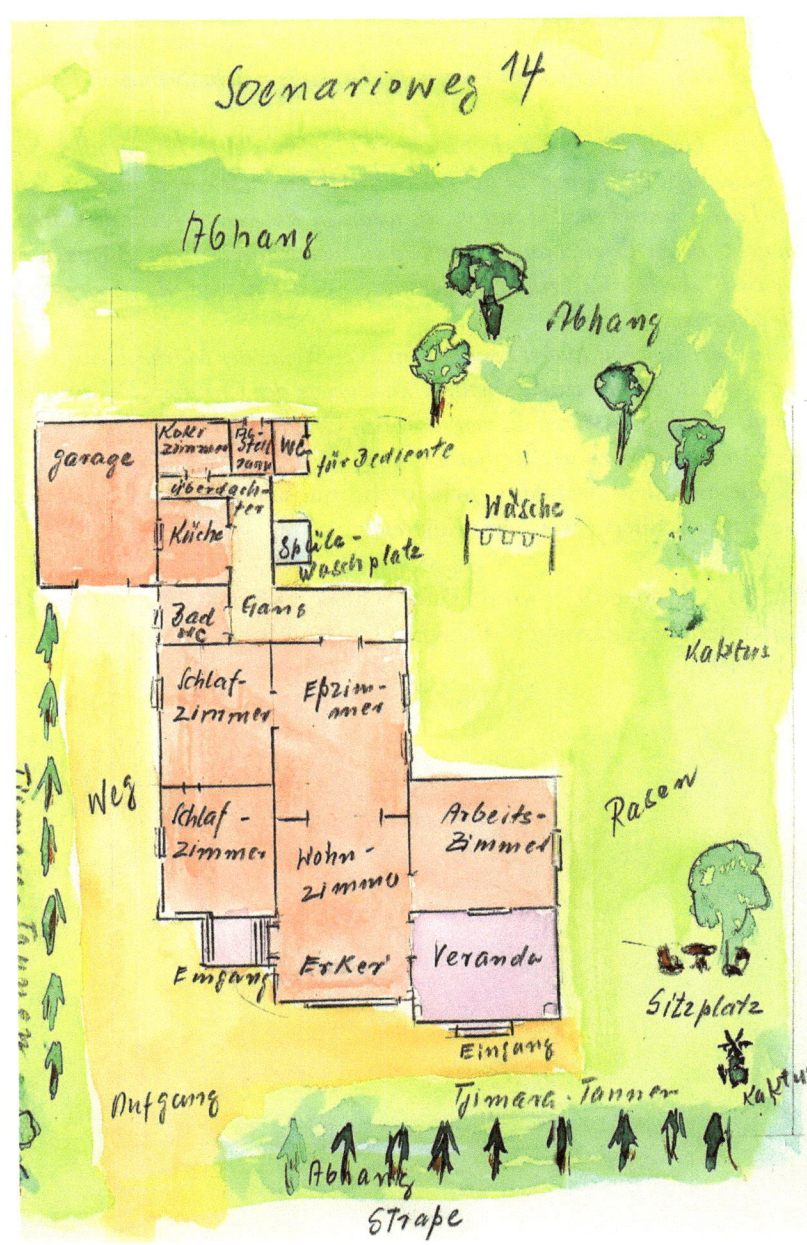

Abb. 77.3-21: Das Carl Schlieper-Büro in Semarang. An der Vorderfront steht ‚Carl Schlieper & Co.‘, an der Seitenfront ist das Markenzeichen ‚Tjap Mata‘, das Auge zu sehen

[…] *Yogyakarta und Solo sind große Städte mit viel Verkehr. Wolfgang und Herr Krey besuchten dort Läden, ähnlichen Stils wie Eisenwarenläden zu Hause. Nur, dass die Läden kleiner und kurmeliger [sic!] sind, aber dafür hat man zehnmal so viel Auswahl. Der halbe Laden ist noch auf der Straße aufgebaut. Schruppeimer, Marmeladeeimerchen bis zur großen Tonne, Alexanderwerk-Fleischmühlen in allen Größen und Schlösser in allen Ausführungen kann man da kaufen, und auf allem steht ‚Schlieper, Remscheid‘. Das mutet einem hier im Fernen Osten am komischsten an.*

Diese Geschäftsinhaber sind immer Chinesen, das ist hier in allen Städten so, und es gibt fast mehr Chinesen wie Malaien. Ich bin immer in die Läden mitgegangen, denn es ist zum Schreien, wie Wolfgang und Herr Krey mit diesen Leuten umgehen. Sie tun so, als wenn sie die besten Freunde wären, dann grinsen die Chinesen über das ganze Gesicht, holen Erfrischungsgetränke und bieten ihre ‚besten‘ Zigarren an. Wolfgang und Herr Krey sagen dann auf Deutsch, die seien ‚Marke Handgranate‘ – kurz ziehen, dann wegwerfen. Aber gegenüber den Chinesen lobten sie die Zigarren.

In einem solchen Laden konnte man auch Weine der Marke ‚Ürziger Würzgarten‘ bekommen. Als die beiden fragten, wer denn den Wein trinken würde, antwortete der Chinese: ‚Die Franziskaner Nonnen!‘ Übrigens sind auch hier im Lande die Klöster überall an den schönsten Orten. Am meisten habe ich mich über die Straßen durchs Land gewundert, die hier überall glatt und asphaltiert sind.

Wie man sieht, war das Geschäft sehr mühsam. Einzelne kleine Geschäfte mussten abgeklappert werden. Aber die Firma Schlieper war sehr erfolgreich.

Am 13. Oktober 1935 wurde Peter Schnatz in Semarang geboren. Zu diesem freudigen Ereignis gratulierte der Leiter der Niederlassung in Batavia, Herr Paul Schlieper, mit einem von Hand geschriebenen Brief vom 25. Oktober 1935.

In Semarang gab es einen Deutschen Verein, in dem sich die Deutschen bei gesellschaftlichen Anlässen und zu Filmabenden trafen. Wolfgang Schnatz schrieb: *Am Sonntag war deutscher Filmabend. Es wurden Filme über Danzig und Horst Wessel gezeigt. Anschließend gab es ein Eintopfessen.*

Abb. 77.3-22: Das Haus des Deutschen Vereins in Semarang

Abb. 77.3-23: Zusammenkunft bei einem sogenannten 'Eintopfessen' in Semarang

Hitler empfahl an mehreren Sonntagen im Jahr einen einfachen Sonntagseintopf zu essen. Das Geld, das man gegenüber dem üblichen Sonntagsbraten sparte, sollte dem Winterhilfswerk gestiftet werden. Ich erinnere mich gerne an den Sonntagseintopf, den ich als Kind sehr gemocht habe. Meine Eltern hielten sich immer strikt an Hitlers Empfehlung und zu meiner Freude war dieser Sonntagseintopf immer mit einem Ausflug nach Gaisburg, einem Stadtteil von Stuttgart, verbunden. In der Nähe des 100 Meter hohen Gaskessels waren an diesen Sonntagen mehrere Feldküchen – sogenannte Gulaschkanonen – aufgebaut, die alle ein typisch schwäbisches Eintopfgericht anboten, den ‚Gaisburger Marsch'[160]. Dieser Sonntagseintopf aus meiner Jugendzeit gehört bis heute zu meinen Leibspeisen.

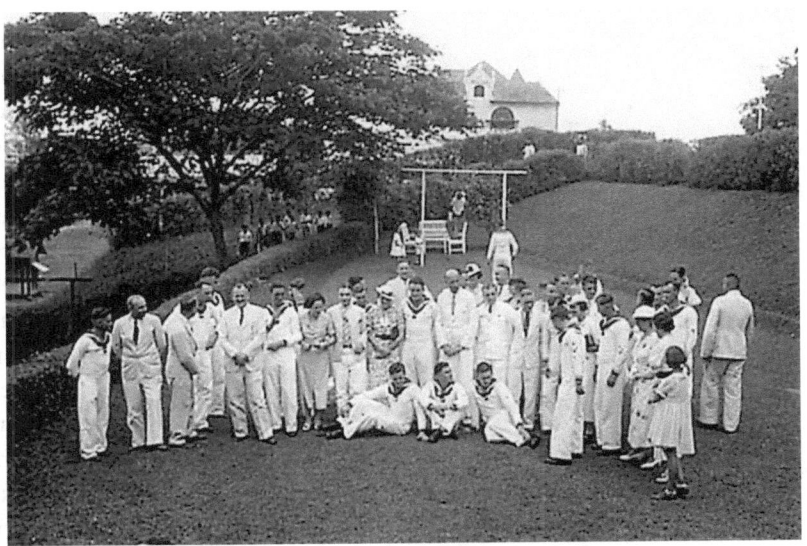

Es gab viele Anlässe zum Feiern. Auf vielen Fotos von Wolfgang Schnatz sieht man ‚Männergesellschaften'. Das hängt sicherlich auch damit zusammen, dass deutsche Handelshäuser aus Kostengründen vorzugsweise Junggesellen nach Niederländische-Indien entsandten. Meist sieht man die Männer mit Jackett, Krawatte oder Fliege, selbst bei Ausflügen ‚hoch zu Ross' in die nähere Umgebung. Nur ein wenig südlich von Semarang begann eine herrliche Berglandschaft, bis hin zu dem bis heute beliebten Luftkurort Salatiga, in dem es ziemlich kühl werden kann.

Beim Zusammentreffen mit Freunden wurde natürlich auch die politische Lage in Deutschland besprochen und Rundfunk gehört. Hierzu schreibt Wolfgang Schnatz in einem Brief vom 15. September 1935 an seine Mutter:
[...] Am Freitag haben wir bei Bekannten Radio aus Nürnberg gehört. Erst den Aufmarsch des Arbeitsdienstes auf der Zeppelin-Wiese und anschließend die Tagung der Auslandsorganisation[161] im Apollo-Theater. Es war fabelhaft! [...]

Abb. 77.3-24: Mitglieder des Deutschen Vereins (im Hintergrund das Vereinshaus)

Abb. 77.3-25: Die Herren waren immer gut angezogen, selbst in den Tropen

160 Beschreibung und Rezept siehe Horst H. Geerken, *Missbrauchte Kindheit*, S. 58 und 223
161 Leiter der AO war der Brite Ernst Wilhelm Bohle. Siehe Horst H. Geerken, *Hitlers Griff nach Asien*, Band 1, S. 7, 48, 58f, 113, 213 und Band 3, S. 169, 343

Abb. 77.3-26: Eine fröhliche Runde

Abb. 77.3-27: Ein Kaffeeklatsch

Abb. 77.3-28: Silvesterball

Wie man durchgehend in dieser Dokumentation sah, war die NSDAP im ganzen Archipel präsent. Walther Hewel[162] spielte eine herausragende Rolle bei der Gründung von NSDAP-Ortsgruppen. Hewel war ab 1933 Pressereferent der Landesgruppe Niederländisch-Indien und Wirtschaftsstellenleiter der Ortgruppe Bandung. Die ‚NSDAP Niederländisch-Indien' war nach der in China die zweitgrößte Organisation in der Region Asien-Pazifik.

Das Deutsche Generalkonsulat in Batavia war die zentrale Leitstelle, um das nationalsozialistische Gedankengut in Niederländisch-Indien zu verbreiten. In allen größeren Orten Niederländisch-Indiens gab es NSDAP-Ortsgruppen, die von der Auslandsorganisation unter Ernst Wilhelm Bohle[163] finanziell unterstützt wurden. Die Hakenkreuzfahnen wehten im ganzen Archipel. Das Ziel der Auslandsorganisation war, die rund 30 Millionen Auslandsdeutschen in aller Welt, für die Zwecke der NAZI-Bewegung zu gewinnen. Nicht nur die Ortgruppen wurden im Dritten Reich finanziell unterstützt, auch deutsche Schulen, Kirchen und deutsche Zeitungen.

Auf der Insel Java gab es Ortsgruppen in Batavia, Bandung, Yogyakarta, Surabaya und auch in Semarang. Es könnte somit sein, dass Walter Hewel während der Tätigkeit von Wolfgang Schnatz in Semarang die dortige Ortgruppe besuchte. In den vielen Hundert Briefen, die Wolfgang Schnatz und seine Ehefrau nach Deutschland an die Eltern, Geschwister und Verwandten schrieben, fand ich kaum etwas über die Aktivitäten der NSDAP in Semarang. Die Namen Adolf Hitler oder Walther Hewel wurden kein einziges Mal erwähnt.

Wie üblich in einer Diaspora, waren die Deutschen in Niederländisch-Indien sehr national eingestellt. In den Briefen von Wolfgang Schnatz fand ich darüber überraschenderweise nur sehr wenig. An Freitagen war in Semarang der wöchentliche NSDAP-Parteiabend. Meist nahmen daran nur die Männer teil. Wenn aber eine Parteigröße einen Vortrag hielt, waren auch die Damen anwesend. Leider nannte Wolfgang Schnatz nicht die Namen der Parteigrößen. War es Walther Hewel aus Bandung? Auf der nachfolgenden Abbildung ist er es jedenfalls nicht.

---

162 Siehe Band 1, Kap. 5
163 Ibid.

Abb. 77.3-29: Es wurden aber auch Reden gehalten ...
Abb. 77.3-30: ... und die ‚heilige' Fahne bewacht!

Neben den Deutschen und Indonesiern waren es nicht wenige Niederländer, die Hitler und die nationalsozialistische Bewegung in ihrem Heimatland und in ihren Kolonien unterstützten – es waren Hunderttausende, die begeistert den rechten Arm zum Hitlergruß erhoben. Aber in der Kolonie Niederländisch-Indien waren die Nazis in der Minderheit. Die niederländischen Kolonialherren dort waren schon immer aus Gründen der Konkurrenz gegen die erfolgreichen deutschen Kaufleute. Der größere Erfolg der deutschen Kaufleute ist vermutlich darauf zurückzuführen, weil sie zum überwiegenden Teil den indonesischen und chinesischen Geschäftsleuten auf Augenhöhe begegneten. Die Niederländer dagegen behandelten diese immer als minderwertige Rassen, mit Arroganz, von oben herab.

Interessant ist, was Wolfgang Schnatz am 8. April 1935 über eine Flugverbindung mit dem Verkehrsluftschiff Zeppelin von Deutschland nach Batavia an seine Eltern schrieb. Es war eine Flugverbindung mit dem Luftschiff vom Typ LZ127 geplant, dass eine Reisegeschwindigkeit von 115 Kilometern pro Stunde und eine Reichweite von über 12 000 Kilometern hatte. Es hatte Platz für 25 Passagiere und Fracht. Die Flugzeuge der KLM benötigten damals noch 10 Tage für diese Strecke, da nur bei Tag geflogen werden konnte und viele Zwischenlandungen zum Betanken eingelegt werden mussten. Der Zeppelin hätte diese Strecke nonstop in der Hälfte der Zeit zurücklegen können. Als aber die KLM mit einem neuen Flugdienst die Strecke Amsterdam-Batavia auf fünfeinhalb Tage reduzieren konnte, wurde das Projekt nicht weiterverfolgt.

Es war geplant, dass Wolfgang Schnatz nach Ablauf seines Vertrages im Jahre 1938 nochmals für vier Jahre an eine andere Filiale von Carl Schlieper versetzt werden sollte. Im Gespräch war eine Filiale außerhalb Javas. In Semarang war noch ein zweiter Sohn angekommen. Das wollte Wolfgang Schnatz sich, seiner Ehefrau und den beiden kleinen Kindern einen weiteren Aufenthalt in den Tropen nicht mehr zumuten und bat um die Zurückversetzung nach Deutschland. Es war eine kluge Entscheidung, denn beim Verbleib in Niederländisch-Indien hätten er und die Familie schlimme Jahre in getrennten Internierungslagern verbringen müssen. Vor der Abreise musste noch der gesamte Hausstand verkauft werden. Wie die Seite 1 der Aufstellung zeigt, hat Wolfgang Schnatz alles an einen noch im Hotel Central in Semarang wohnenden Herrn Kerkhoven verkauft.

Abb. 77.3-31: Seite 1 des verkauften Hausstandes.

```
                                        Herrn
                                        Kerkhoven
                                        pa. Hotel Centraal

                                        S e m a r a n g
                                        _____

Sehr geehrter Herr Kerkhoven,
        Ich beziehe mich auf die heute mit Ihnen geführte Unter-
redung und bestaetige hiermit Ihnen meinen gesamten Hausrat
verkauft zu haben, bestehend aus:
        1 Kinderbett mit Klamboe und Matratze
        1 grosses Bett "      "    "     "
        1 Regal mit Vorhang
        1 Lampenschirm aus Papier
        1 Rottan Garnitur bestehend aus: 4 Stuehlen und 1 Tisch
        1 Aquarium mit Gestell
        1 Lampenkappe aus Papier
          Blumentoepfe ca. 25 Stck.
        2 Palmen in Kuebeln
        2 Sessel
        1 Bank
        1 Tisch
        1 Teppich
        1 Stehlampe
        1 Buecherschrank 2 teilig
        1 Schreibtisch mit Stuhl
        1 Papierkorb
        1 Zeitungsmappe
        3 Kinderstuehle mit Tisch
        1 Esszimmertisch, ausziehbar
        6 Esszimmerstuehle
        1 Glasschrank
        1 Buffet
        1 Kuehlschrank, Marke Elektrolux
        1 Teewagen
        1 Lampe mit 3 Glocken
        1 Babywickeltisch
        1 Waescheschrank 2 teilig
        2 Schlafzimmerstuehle
        1 Behalter fuer Waesche
        1 Lampenschirm aus Papier
        1 Waeschestaender
        2 Betten mit Klamboe und Matratze
        2 Nachttische
                                                      - 2 -
```

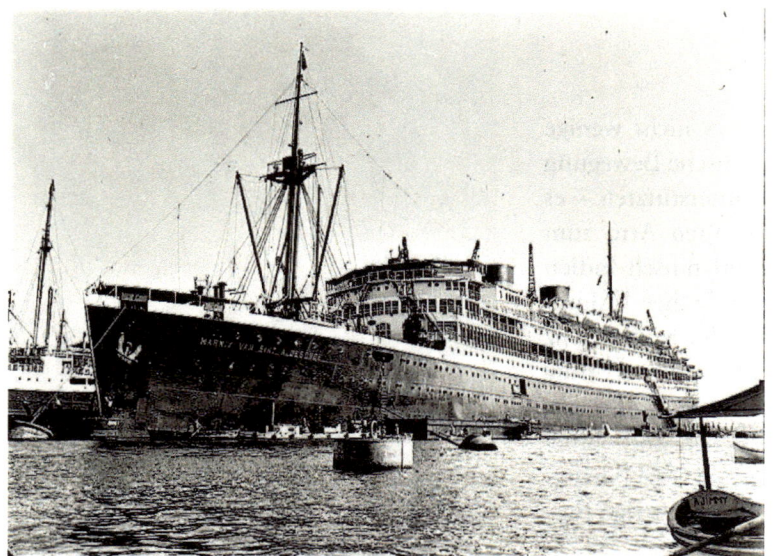

Abb. 77.3-32: M. S. Marnix van Sint Aldegonde[164]

Die Rückreise nach Europa erfolgte mit dem 1930 erbauten niederländischen Schiff *M. S. Marnix van Sint Aldegonde* am 5. Oktober 1938.

Die Familie Schnatz verließ das Schiff in Genua und reiste mit dem Zug weiter nach Deutschland. Während und nach dem Krieg arbeitete Wolfgang Schnatz weiterhin bei der Firma Carl Schlieper in Remscheid.

NEDERLANDSCHE TELEGRAAF-MAATSCHAPPIJ
„RADIO—HOLLAND" N.V.
KEIZERSGRACHT 562, AMSTERDAM
ZUIDERBOORDWEG 17, TANDJONG PRIOK

Dit schip is dagelijks in radio-telegrafische verbinding met den wal en daardoor steeds aan het wereldtelegraafnet aangesloten. Inlichtingen omtrent radio-telegrammen worden aan boord verstrekt door het personeel van het draadlooze station.
Aan den wal wende men zich daartoe tot de telegraafkantoren of tot „Radio-Holland" te Amsterdam, Rotterdam en Tandjong Priok.
Radio telegrammen naar Nederland en Nederlandsch O.-Indië kunnen nagenoeg de geheele reis worden aangenomen tegen onderstaande tarieven:
naar Nederland . . . . 30 cent per woord. | zonder
naar Nederlandsch O.-Indië 60 cent per woord. | minimum.

SCHEEPS-BRIEF-TELEGRAMMEN.

Scheepsbrieftelegrammen worden rechtstreeks naar een kuststation in het land van bestemming overgeseind en vandaar dit laatste per post verzonden.
De taksen voor scheepsbrieftelegrammen bedragen naar Nederland f 3.15 voor een minimum van 20 woorden; elk volgend woord 16 cent. Het totaal bedrag wordt op een veelvoud van 5 cent naar boven afgerond.
Scheepsbrieftelegrammen kunnen niet naar Ned. O.-Indië verzonden worden.

This ship is daily in radio-telegraphic communication with the shore and thus continuously connected with the world system of telegraphy.
For all information about radio-telegrams apply to the wireless station on board and when on shore, to the telegraph-offices or to "Radio-Holland" at Amsterdam, Rotterdam and Tandjong Priok.

SHIP-LETTER-TELEGRAMS.

Ship-letter-telegrams are transmitted to a coaststation in the country of destination and forwarded from there by post.
The charges for ship-letter telegrams are: to Holland f 3.15 for a minimum of 20 words. Each additional word 16 cents. The total charges are rounded up to a multiple of 5 cents. Ship-letter-telegrams cannot be forwarded to the Netherlands Indies.

M.S.
„Marnix van Sint Aldegonde"
van BATAVIA naar AMSTERDAM
5 October 1938.

Gezagvoerder: J. G. H. LEFFERS.

Hoofdmachinist: C. A. J. VAN DEN BERG.	*1e Officier:* W. PERSSON.

1e Administrateur:
A. J. SMITH.

2e Administrateur: H. J. OCHSENDORF.	*Dokter:* F. E. van der GUCHTEN.
Adj.-Administrateur: F. F. RÖELL.	*Marconist:* A. M. BEERMAN.
Maitre d'Hôtel: B. PESCH.	*Inrigtleider:* F. VAN DEN HEUVEL-KIJNDERS.

Ass. Maître d'Hôtel:
I. VAN DER VORST.

10

Mejuffrouw I. G. MINDERMAN
Prof. Mr. A. N. MOLENAAR
Mevrouw MOLENAAR
A. TH. E. MOREL
Mevrouw MOREL
Mevrouw H. J. G. MIJS en kind
Mevrouw E. MC. NEILL-VAN REES
Mr. H. W. VAN NIEUWENHUIZEN
Mevrouw VAN NIEUWENHUIZEN
M. NOORLAND
H. P. OLNEY
J. VAN OORT
Mevrouw VAN OORT en 2 kinderen
J. W. OOSTERBROEK
Mevrouw OOSTERBROEK
G. OTERDOOM
Mevrouw OTERDOOM
Prof. Dr. S. PAWLOWSKI
Jongeh. PLAATSMAN
J. W. PLATTE
Mevrouw E. M. POLAK-SILLEVOLDE en 2 kinderen
R. W. POOLEY
Mejuffrouw E. L. PREYER
Dr. C. VAN PROOSDIJ
Mevrouw VAN PROOSDIJ
Mejuffrouw A. PROPP
H. QUENTEMEIJER
W. F. D. VAN RAALTEN
F. J. C. REDEKER
Mevrouw REDEKER en kind
Mevrouw E. VAN REES-PRUYS VAN DER HOEVEN
D. REUSCHE
L. G. ROETERT STEENBRUGGEN

11

Mevrouw ROETERT STEENBRUGGEN en 3 kinderen
Mejuffrouw E. J. ROETERT STEENBRUGGEN
Mevrouw M. G. ROODENBURG-WEDDELING
Mejuffrouw J. P. R. ROODENBURG
H. C. ROOS
Mevrouw ROOS en kind
Capt. G. ROSS THOMPSON
Mevrouw ROSS THOMPSON
Mevrouw A. R. ROS-VRUGGINK en kind
Mevrouw J. F. DE RUYTER-VAN DEVENTER
C. L. SAMUELS
J. A. SANDERS
Mevrouw DE DOUAIRIÈRE E. P. DE SAVORNIN LOHMAN-HOVY
Mevrouw H. SCHAPIRO
G. T. SCHEFFER
Mejuffrouw Y. SCHEFFER
H. A. SCHEIJBELER
A. J. SCHILTMEIJER
Mevrouw SCHILTMEIJER
W. SCHNATZ
Mevrouw SCHNATZ en 2 kinderen
B. V. D. SCHOUW
Mejuffrouw A. M. B. J. E. SEEBASS
Mejuffrouw M. SMIT
U. SONNEMANN
A. SOSSAN
J. A. VAN STAVEREN
G. L. E. STEELEY
E. STRECKEISEN
Mevrouw STRECKEISEN
Mr. W. A. STRUYK
Mevrouw STRUYK en kind

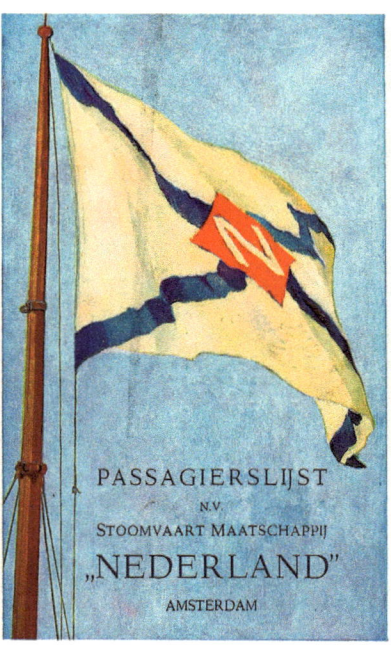

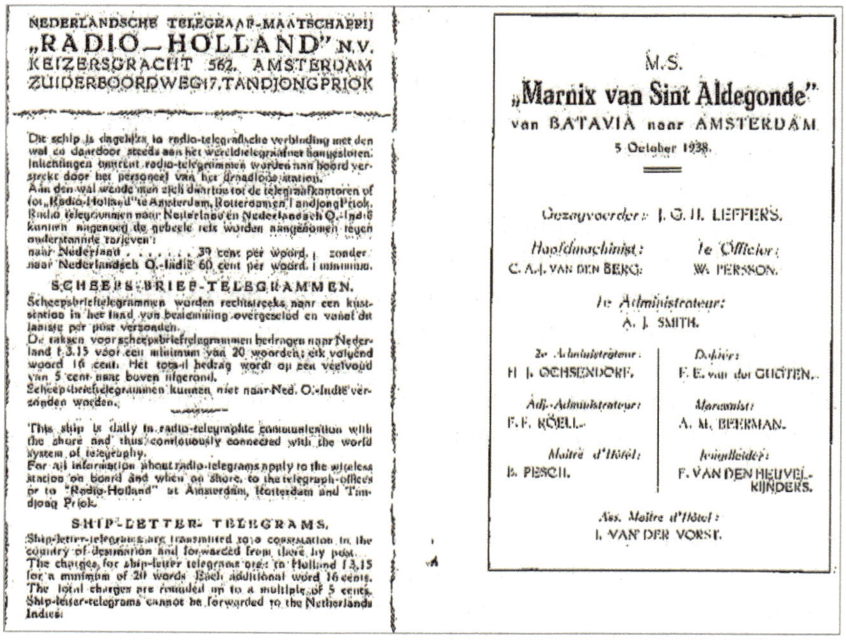

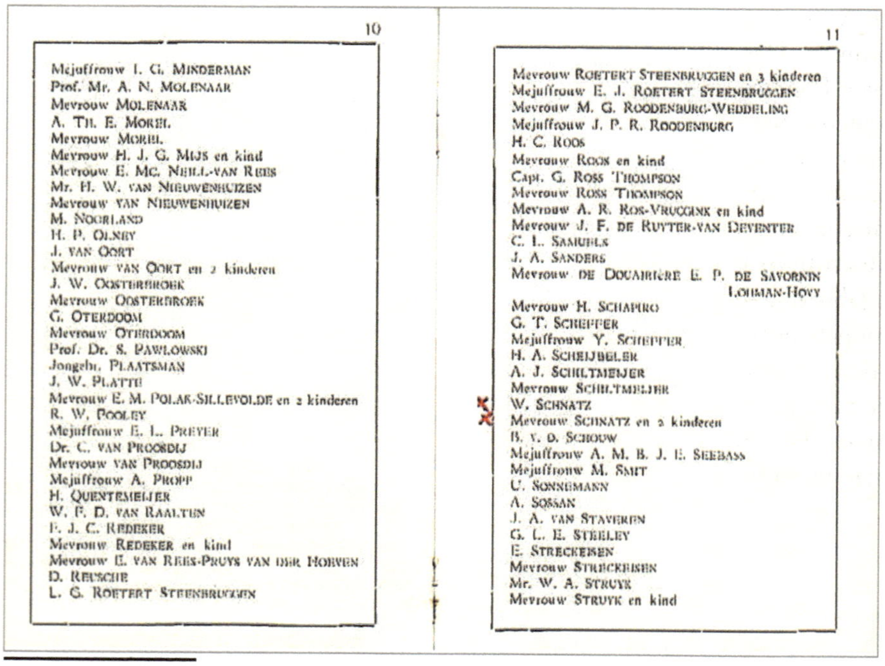

Abb. 77.3-33: Passagierliste der M. S. Marnix van Sint Aldegonde

Abb. 77.3-34: Passagierliste, Seiten 2 und 3

Abb. 77.3-35: Passagierliste. Seiten 10 und 11, mit den Namen der Familie Schnatz

164 Wikipedia Commons

Abb. 77.3-36: Ticket für Wolf-gang Schnatz und Familie von Batavia nach Genua

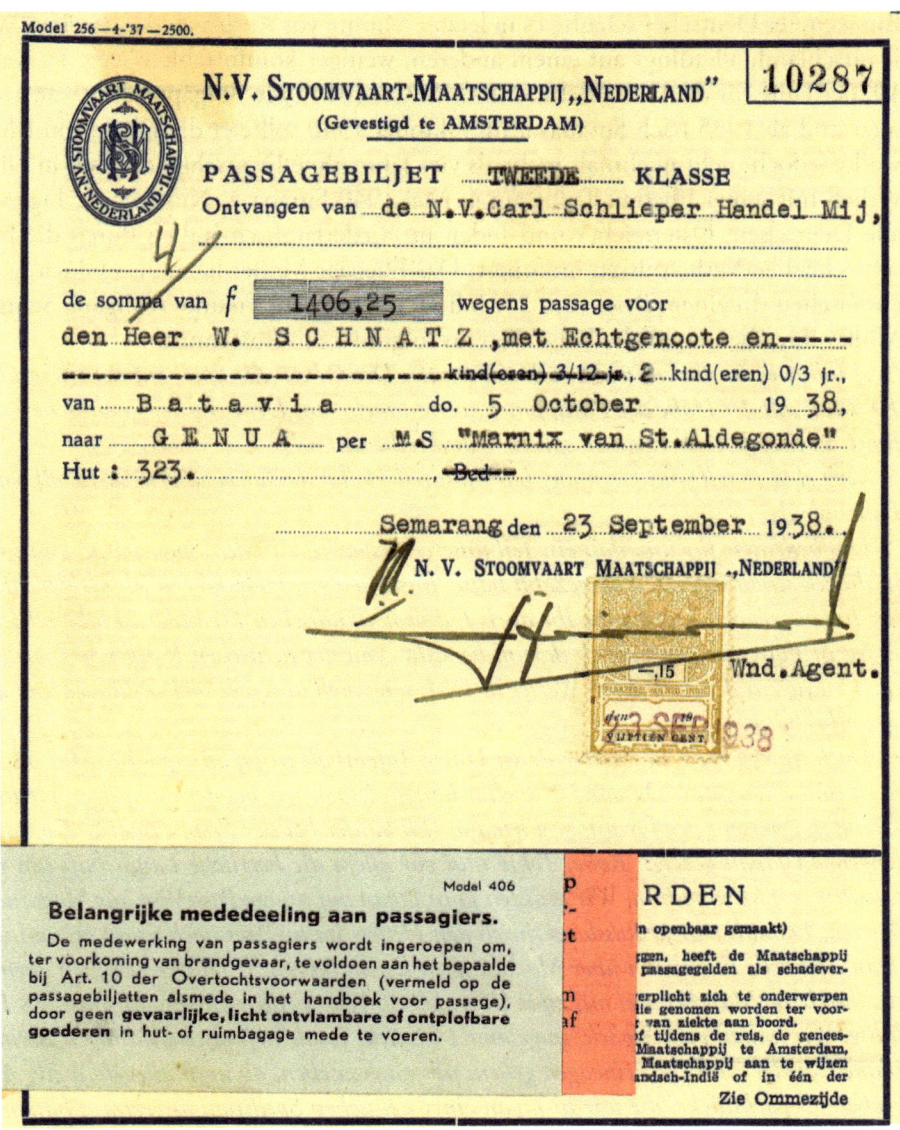

Abb. 77.3-37: Route der M. S. Marnix van Sint Aldegonde von Surabaya nach Amsterdam

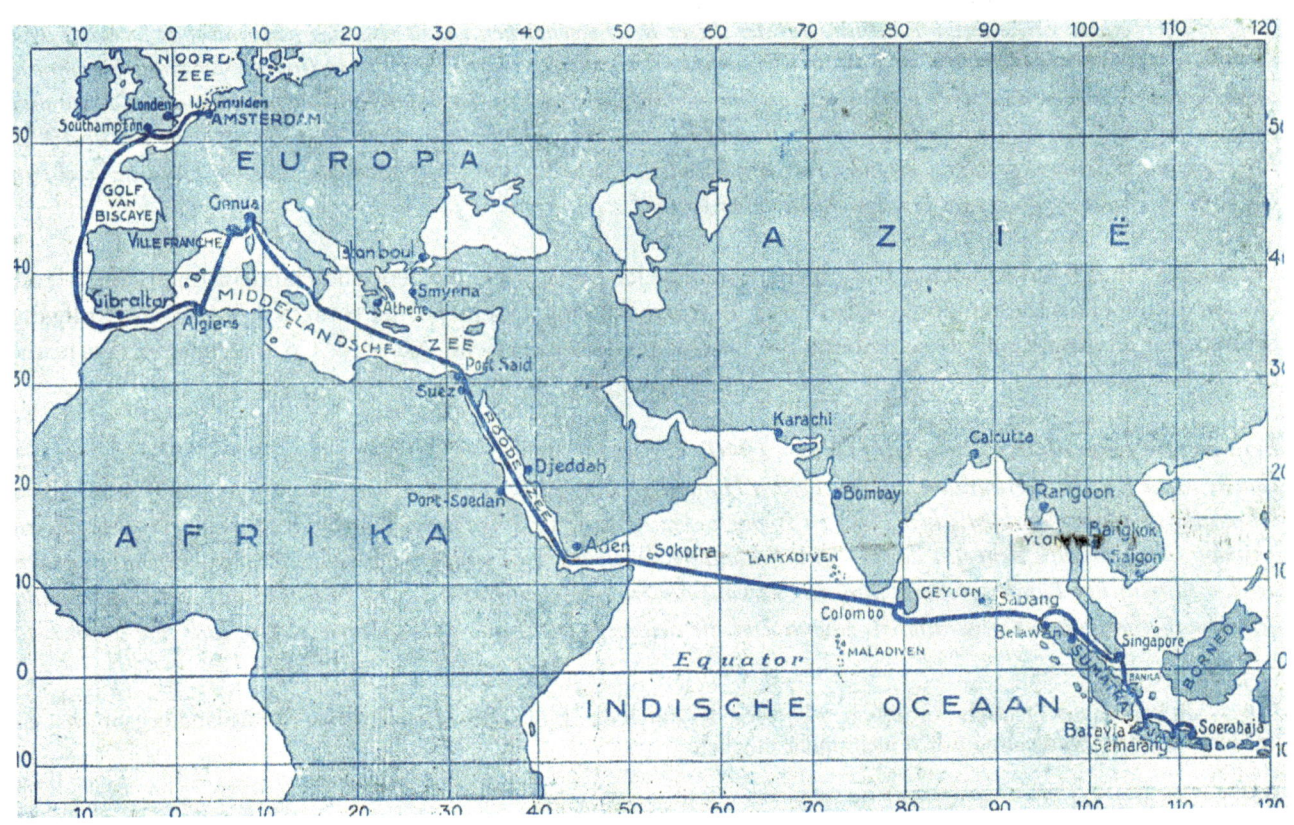

Ein weiterer Deutscher schaffte es in letzter Minute vor Ausbruch des Zweiten Weltkriegs auch noch zurück nach Deutschland, allerdings auf einem anderen, weniger komfortablen Weg. Es war Hans Müller, der ab Mitte der 1920er Jahre für die Firma Behn, Meyer & Co. (BMC) in Singapur tätig war. 1932 wurde er nach Semarang versetzt und ab 1935 nach Surabaya. Im Oktober 1940 sollte er die Filiale von BMC in Medan[165] übernehmen. Er wollte jedoch nicht nochmals mehr als vier Jahre ohne Deutschlandurlaub in Niederländisch-Indien bleiben und verließ mit seiner Ehefrau Trude am 4. Mai 1940 Surabaya. Nur wenige Tage später, am 10. Mai 1940 wurden alle Deutschen, Österreicher und Juden in Niederländisch-Indien durch die Niederländer verhaftet und unter schrecklichen Verhältnissen interniert. Das Ehepaar Müller hatte also Glück, gerade noch einer Internierung zu entwischen. In einem Brief vom 25. Juli 1997 an seinen Freund Wolfgang Schnatz beschreiben Hans und Trude Müller ihre abenteuerliche Reise. Daraus folgt hier ein Ausschnitt:

[...] Ohne es zu ahnen, waren wir die letzten Deutschen, die noch auf dem Weg über Japan nach Hause kamen. Am 10. Mai, auf der Höhe der Philippinen, versammelte uns Deutsche der japanische Zahlmeister – der einzige Japaner an Bord des Schiffes, der Englisch sprach – und teilte uns mit:

Very glad to tell you, Germany has captured Holland. But very, very sorry, all your friends in Java also captured by Dutchmen!

Das bedeutete für uns, dass ein Teil unserer Ersparnisse in der ‚Spaarbank' und unsere beiden Lebensversicherungen, in die ich schon seit 1926 eingezahlt hatte, futsch waren. Holland hat die Gelder, die sie an sich nahmen, niemals wieder herausgerückt. Das könnt Ihr auch Euren holländischen Freunden erzählen!! Ich hatte mich persönlich nach dem Krieg in Rotterdam vergeblich darum bemüht. Von der deutschen Regierung erhielt ich 1949 als Lastenausgleich nur ca. 15 Prozent des damaligen Wertes in DM, wie auch übrigens viele Pflanzer und andere Deutsche, deren Besitz man ‚geraubt' hatte.

Doch nun zurück zu unserer Reise: Unser Aufenthalt in Japan vom 14. Mai bis zum 18. Juni 1940 war sehr lehrreich und interessant. Da wir US-Dollar hatten, lebten wir bei der damaligen japanischen Inflation jeden Tag billiger! Dietmar Petersen, der für unsere Firma als Einkäufer bei der Firma Iwai & Co. saß und nichts zu tun hatte, hat uns eingehend Japan gezeigt: Kobe, Tokio und vor allem die herrliche Landschaft um und am Fujiyama und die heißen Quellen von Miyanoshita. Wir mussten ja in Japan auf unsere Pass-Visa aus Moskau, Korea, Mandschurei und Litauen warten. Damals war ja Russland durch den Hitler-Stalin-Pakt noch unser Freund und man konnte weiterhin mit der Transsibirische Eisenbahn über Moskau nach Berlin fahren.[166] Unsere ziemlich abenteuerliche Reise führte uns via Korea durch die Mandschurei mit zwei Übernachtungen in guten Hotels, alles mit US-Dollar bezahlt und daher sagenhaft billig. Wir hatten viel Gepäck, insgesamt 14 Stück. Trude ließ mich bei langen Bahnreisen und längeren Aufenthalten, immer wieder zum Gepäckwagen gehen, um nachzusehen, ob noch alles da wäre. Außerdem kamen dann noch einige größere Gepäckstücke, die wir in Japan einer deutschen Spedition anvertraut hatten. Diese Kisten mit Geschirr, Bestecke, Büchern usw. kamen drei Monate später in Königsberg an.

Und noch etwas: Die Schreibmaschine, auf der dieser Brief geschrieben ist, ist eine ‚Continental' aus Dresden, von denselben Wanderer-Werken, die auch Autos gebaut haben. Hergestellt wurde sie 1930 in tropenfester Vollverchromung und dunkelrot lackiert. Sie sieht heute noch aus wie neu, obwohl sie mit dem Handgepäck durch Russland reiste und vom russischen Zoll versiegelt wurde, damit ich unterwegs darauf keine Spionage schrieb. Gekauft habe ich sie 1932, bevor ich nach Semarang kam, bei einem meiner Kunden, Liong Hu Ging, der auch mit Farben handelte und sein Geschäft in Probolinggo, an der Nordost-Küste Javas hatte. [...]

In Band 2[167] und Band 3[168] dieser Dokumentation habe ich bereits über die deutsche Handelsfirma Behn, Meyer & Co., für die Hans Müller tätig war, berichtet. In einem Anhang an seinen Brief vom 25. Juli 1997 an Wolfgang Schnatz war die Kopie einer Beschreibung der Geschichte der Firma Behn, Meyer & Co. in Singapur. Aus historischen Gründen werde ich seine interessante Aufzeichnung hier wiedergeben:

Erinnerung eines alten Ostasiaten (1926 – 1940)

Es war Mitte des 19. Jahrhunderts, als die beiden Hamburger August Behn und Arnold Otto Meyer nach Südost-Asien fuhren, um für den Norddeutschen Lloyd in Bremen eine Agentur in Singapur einzurichten und ein Handelshaus zu gründen, das sich außerdem mit der Be- und Entladung der deutschen Dampfschiffe befassen sollte. Außerdem sollten sie den Ankauf der Landesprodukte und den Verkauf der europäischen Importwaren in den ‚Straits Settlements' und den Malaiischen Staaten organisieren. Es entstand die deutsche Asienfirma Behn, Meyer & Co. Ltd., die schon bald

---

165 Nord-Sumatra
166 Nach Beginn des Deutsch-Sowjetischen-Krieges, der durch den Einfall deutscher Truppen in Russland begann, war eine Heimreise über Moskau natürlich nicht mehr möglich
167 S. 25
168 S. 148 und 271

danach weitere Niederlassungen zum Beispiel in Bangkok, Pulau Penang, Birma und später in dem gewaltig großen Niederländisch-Indien und den Süd-Philippinen gründete. Man befasste sich auch mit dem Opiumhandel, der jedoch von Europäern mehr und mehr verpönt wurde.

Herr Behn trennte sich von der Firma so um 1880, da sie nun nicht mehr mit Opium handeln wollte. Man weiß nicht, was aus Herrn Behn geworden ist. Herr Meyer besetzte nach und nach die leitenden Posten mit jungen Deutschen aus Hamburg und Bremen. Er gründete eine neue Küsten-Schifffahrtslinie um die Malaiische Halbinsel herum nach Bangkok und Britisch-Indien unter der Flagge des Norddeutschen Lloyds. Danach ging er nach Hamburg zurück, um dort das Handelshaus ‚Arnold Otto Meyer‘ (AOM) zu gründen.

Als ich mich im Winter 1922-23 um eine Lehrstelle bewarb, bestand AOM aus einem Bürohaus an der Ecke Glockengießerwall und Alsterdamm (später Ballindamm genannt). Es gab noch Niederlassungen in Amsterdam in der Heerengracht 256 und in einem Finanzierungshaus in London, wo man mit den Bankhäusern ‚J. Henry Schroeder‘ und der ‚London Merchant Bank‘ zusammenarbeitete.

Bei Ausbruch des Ersten Weltkriegs gingen alle auf britischem Gebiet liegenden Niederlassungen verloren und seitdem übernahm die englische Reederei ‚Blue Funnel-Line‘ die Küstenschifffahrt als ‚Straits-Steamship Co.‘. Durch den Krieg waren aber auch die auf holländischem Gebiet liegenden Filialen von der Heimat abgeschnitten und durch den Seekrieg zur Untätigkeit verurteilt. Viele deutsche Flüchtlinge aus britischen Gebieten saßen damals auf Sumatra, Java und Borneo fest. Holland blieb neutral. Regelmäßigen Flugverkehr nach Südost-Asien gab es damals noch nicht. Der kam erst langsam von 1938 an in Gang.

Nach dem Krieg beeilte man sich, das Verlorene neu aufzubauen. Deutsche durften erst wieder ab 1925 in britischen Gebieten arbeiten. Also gründete man einfach holländische Firmen mit leitenden englischen oder holländischen Angestellten. [...]

Nach Beginn des Zweiten Weltkriegs gingen – wie im Ersten Weltkrieg – wieder alle Besitzungen der Firma verloren, auch in Singapur. Die deutschen Mitarbeiter wurden interniert. Nach Kriegsende durften aufgrund einer Anordnung aus Großbritannien deutsche Firmen in Malaya und Singapur zehn Jahre lang nicht mehr tätig werden. Man fürchtete die deutsche Konkurrenz. 1953 konnte Behn, Meyer & Co. wieder eine erste Niederlassung in Jakarta gründen. 1955 folgten Singapur und 1958 Kuala Lumpur und Penang.

1963 wurde ich von meinem Stammhaus als Resident Engineer nach Indonesien entsandt. Da dieses in Singapur und Malaysia durch Behn, Meyer & Co. vertreten wurde, besuchte ich ab diesem Zeitpunkt regelmäßig diese Niederlassungen. Behn, Meyer & Co. war wieder das führende deutsche Handelshaus in Südost-Asien geworden.

77.4 Die Odyssee eines schwäbischen Kochs

Als ich 1963 nach Indonesien kam, waren in Jakarta Lebensmittel nach westlichem Geschmack kaum zu bekommen. Beruflich musste ich immer wieder nach Bandung fahren, da dort die Hauptbüros der indonesischen Post-, Telefon- und Telegrafenverwaltung (PTT) sowie der Eisenbahn waren. Damals gab es noch keine Schnellstraße, sodass ich für die 250 Kilometer lange Strecke über Cimanggis, durch Bogor und den Puncak-Pass auf schlechten Straßen über vier Stunden benötigte.[169]

Bei einem meiner Besuche in Bandung lernte ich einen liebenswürdigen Landsmann kennen, der dort eine Metzgerei für einen Eigentümer mit chinesischen Wurzeln leitete. Sein Name war Viktor, an seinen Nachnamen kann ich mich leider nicht mehr erinnern. Ich weiß nur noch, dass er mit der im Schwabenland weit verbreiteten Verniedlichungsform ‚le‘ endete. Auf vorherige Bestellung konnte ich bei ihm Leberkäse, Würstchen und sogar schwäbische Maultaschen erhalten, damals Raritäten in Indonesien, über die sich jeder Deutsche in Jakarta freute. Leider wurde die Metzgerei schon wenige Monate nach meiner Ankunft – es war Mitte 1964 – geschlossen. Sofort danach erhielt er eine Anstellung als Sous Chef unter dem damaligen französischen *Maître de Cuisine* im Hotel Indonesia in Jakarta. Schon 1970 oder kurz danach musste er aus Altersgründen – er war nun schon über 70 Jahre alt – seinen Job aufgeben. Kochen war seine Leidenschaft und auch sein Hobby, weshalb ihm der eigentlich verdiente Ruhestand nicht leichtfiel. Er liebte Indonesien und zog zurück nach Bandung, wo er auch kurz danach verstarb.

Bei mehreren Gesprächen und manchem gemeinsamen Glas Bier erfuhr ich Viktors außergewöhnliche und ereignisreiche Lebensgeschichte, die ich nun hier – soweit ich mich noch erinnern kann – nacherzählen möchte. Er hat im letzten Jahrhundert in seiner Wahlheimat alle Phasen von der Kolonialzeit über die Internierungslager der Niederländer und Briten bis zu der noch jungen Republik Indonesien erlebt:

---

169 Die Fahrt auf dieser Strecke habe ich in meinem Buch *Der Ruf des Geckos*, Seite 72ff, beschrieben

Viktor wurde um das Jahr 1900 geboren und begann bereits im Alter von 14 Jahren eine Lehre als Koch. Gegen Ende des Ersten Weltkriegs wurde er noch zur Armee eingezogen und musste für den Kaiser Kopf und Kragen riskieren. Zum Glück kam er unverletzt aus dem Krieg und konnte seine Ausbildung erfolgreich beenden. 1921 reiste er nach Niederländisch-Indien und fand eine Anstellung als Koch in dem damaligen Luxushotel Preanger in Bandung.[170] Einige Jahre später wurde er dort Küchenchef.

Mehrmals erzählte mir Viktor von der Anmaßung und der Arroganz der niederländischen Pflanzer gegenüber den einheimischen Indonesiern im Hotel Preanger. Der Gipfel war, als zwei Pflanzer von Teeplantagen aus der Gegend um Bandung ein Separee mit einer aus 27 Gerichten bestehenden indonesischen Reistafel bestellten. Sie verlangten, dass die 27 Gerichte von 27 verschiedenen Bedienungen serviert wurden. 27 Bedienungen – damals wurden sie *Bung* gerufen – für nur zwei Kolonialherren! Viktor konnte sich noch Jahrzehnte danach über diese Überheblichkeit gegenüber der einheimischen Bevölkerung aufregen.

In Bandung heiratete er Alwine, eine von drei Schwestern, die gemeinsam aus Deutschland nach Niederländisch-Indien ausgewandert waren. Der Trauzeuge war ein deutscher Braumeister aus Singapur. Von den drei Schwestern war eine Handschuhmacherin, eine Schneiderin und Alwine war eine Modistin, eine Hutmacherin. Sie betrieben ein florierendes Geschäft in Batavia. Man fragt sich heute, was wollten eine Handschuhmacherin und eine Modistin in den heißen Tropen? Aber die niederländischen kolonialen Damen zeigten sich damals gerne in der neuesten europäischen Mode und schwitzten beim Gesellschaftstanz mit Handschuhen und Hut!

Die beiden lebten glücklich zusammen, bis am 10. Mai 1940 deutsche Truppen in die Niederlande einmarschierten und alle Deutschen in Niederländisch-Indien verhaftet wurden. Viktor wurde vom Kochtopf weg abgeführt und in Lagern auf Java und Sumatra unter menschenunwürdigen Bedingungen interniert. Auch seine geliebte Alwine wurde durch die Niederländer auf Java gefangen genommen und später mit über 500 deutschen Frauen und Kindern nach Japan verfrachtet. Sechs Jahre sahen sich die beiden nicht mehr! Und das ganze Vermögen, das sie sich angespart hatten, war futsch – von den Niederländern konfisziert, oder besser gesagt: geraubt!

Viktor wurde im Januar 1942 auf der *Plantius* oder der *Ophir* nach Britisch-Indien transportiert. Über den Untergang des dritten Schiffes mit deutschen Zivilinternierten, der *Van Imhoff,* habe ich ja bereits berichtet. Bis 1946 war Viktor im britischen Internierungslager Dehra Dun am Fuße des Himalayas im Norden Indiens. Er erzählte wie alle dort internierten Deutschen, dass sie, anders als von den Niederländern, von den Briten menschlich und fair behandelt worden seien. An der Eröffnung einer Metzgerei im Lager war Viktor maßgeblich beteiligt. Wie er mir erzählte, gab es für geringes Geld alles, was das Herz begehrte, von Schinken über Wienerle bis zu Landjägern. Viktor stellte den Proviant zusammen, den Heinrich Harrer und Peter Aufschnaiter für ihre Flucht aus dem Lager nach Tibet benötigten.

Im Februar 1946 kam Viktor endlich in seine schwäbische Heimat zurück, aber schon wenige Jahre später, nach der Unabhängigkeit Indonesiens, zog es ihn mit seiner Alwine wieder nach Indonesien. Wie bereits anfangs erzählt, übernahm er zunächst die Leitung einer Metzgerei in Bandung und wurde kurz danach Sous Chef in dem mit japanischen Reparationsgeldern erbauten und 1963 eröffneten Hotel Indonesia in Jakarta. Nach dem Ausscheiden aus dem Berufsleben sah ich Viktor nicht mehr. Er war ein sympathischer Mensch, der Indonesien mit seiner Kultur und seinen Menschen über alles liebte.

---

170 Siehe Horst H. Geerken, *Ein ,Bule' in Indonesien,* Kapitel 15

78. Die Rolle des Nazi-Goldes

78.1: Das Nazi-Gold und der Traum vom 4. Reich

Seit den 1960er Jahren beschäftige ich mich intensiv mit dem Einfluss des Dritten Reichs in Südost-Asien, mit Schwerpunkt auf Indonesien und Indien. Wenn ich bei meinen Recherchen in den entsprechenden Kreisen forsche, höre ich immer wieder, dass ein großer Teil des Goldschatzes der Nazis in Indonesien lagern soll, ja, er wäre sogar dem ersten Präsidenten Sukarno anvertraut worden. Was kann daran wahr sein?

Sicher ist, dass gegen Kriegsende das Dritte Reich einen überaus großen Goldschatz hatte, der zum größten Teil bis heute nicht gefunden wurde. Niemand scheint zu wissen, was mit dem Edelmetall geschehen ist. Er hat sich anscheinend in Luft aufgelöst.

Es wurde nie deklariert, welche Mengen des deutschen Goldschatzes versteckt wurden, und noch geheimer war, wohin er gegangen ist. Im Walchensee bei Bad Tölz und im österreichischen Toplitzsee soll Gold versenkt worden sein. Die letzte Suchaktion von US-Tauchern in den beiden Seen wurde jedoch 2013 ergebnislos abgebrochen. In Polen suchen Schatzsucher bis heute den legendären Goldzug von Walbrzych, bisher ohne Erfolg. Angeblich sind noch irgendwo in Schlesien 28 Tonnen Gold der Deutschen Reichsbank versteckt.

Ein Teil des Nazi-Goldes wurde bereits gefunden, zum Beispiel in einem Stollen bei Salzburg. US-Truppen erbeuteten Anfang April 1945 die unglaubliche Menge von 220 Tonnen Gold, die im thüringischen Bergwerk Merkers versteckt waren. Weiteres Gold fanden US-Truppen in Bayern, zum Beispiel 700 Goldbarren in der Nähe des Walchensees, und in Österreich, wie auf Schloss Fuschl und in Bad Gastein. Kurz vor Kriegsende ließ Hitler den Goldschatz der Reichsbank von Berlin in die Alpenregion bringen. Die Hauptspur des Nazi-Goldes führt jedoch in die Schweiz. Wo der größte Teil des Nazi-Goldes nach dem Zweiten Weltkrieg verblieb, ist bis heute dennoch weitgehend ungeklärt.

Führt eine Spur auch zum indonesischen Präsident Sukarno, der eine große Affinität zur deutschen Kultur, deutschen Sprache und deutschen Geschichte hatte? Ich weiß aus eigener Erfahrung, dass der Präsident mit Hilfe deutscher Industrievertreter – sehr zum Ärger der Briten und US-Amerikaner – die ‚Deutsche Industrie Norm' (DIN) einführte und Anfang der 1960er Jahre Aufträge für Industrieprodukte nur noch an deutsche Firmen vergab.

Sicher ist, dass während des Zweiten Weltkriegs in Indonesien eingekaufte Rohstoffe wie Kautschuk und Mangan, die zunächst mit Hilfskreuzern und später mit U-Booten nach Deutschland transportiert wurden, mit Goldbarren bezahlt wurden. Gold als Zahlungsmittel war in Kriegszeiten nichts Außergewöhnliches.

Auch deutsche und japanische U-Boote hatten Gold an Bord, wie wir in Band 1 und 2 dieser Dokumentation gesehen haben. Erwiesen ist, dass die deutschen Boote U 180 und U 196 für die Fahrt nach Indonesien Goldbarren geladen hatten. Das japanische U-Boot I-29 brachte neben anderen Rohstoffen zwei Tonnen Gold für Deutschland nach Lorient an der Westküste Frankreichs. Das japanische Gold war als Zahlung an Deutschland für optische Geräte und anderes Kriegsmaterial vorgesehen, das schon zuvor mit Blockadebrechern, mit U-Booten und über die Transsibirische Eisenbahn nach Japan geliefert worden war. I-52 hatte ebenfalls zwei Tonnen Gold für Deutschland an Bord, wurde aber im Atlantik von den Alliierten versenkt. Bis heute liegt diese wertvolle Fracht in 5000 Metern Tiefe auf dem Grund des Meeres. In Kriegszeiten herrscht immer ein reger Handel mit Gold.

Mit Gold fand ein reger Austausch zwischen Deutschland und Japan sowie dem von Japan besetzten Indonesien statt. Diese Missionen der deutschen Hilfskreuzer und U-Boote hatten alle die höchste Geheimnisstufe, weshalb darüber auch kaum Unterlagen zu finden sind. Auch andere Länder erhielten Zahlungen in Gold vom Deutschen Reich. Beispielsweise erhielt Portugal 43,5 Tonnen, zum Teil als Bezahlung für Wolfram-Lieferungen. Davon sollen zehn Tonnen in Macao gelagert und weitere 10 Tonnen nach China weitertransportiert worden sein. 20 Tonnen in Goldbarren sollen nach Indonesien gegangen sein.[171] Aber wohin und an wen?

Nach Kriegsende liefen noch rund zehn deutsche Unterseeboote aus Häfen in Norwegen mit unbekanntem Ziel und unbekannter Ladung aus. Einige erreichten Südamerika. Es wäre durchaus möglich, dass deutsche U-Boote mit einer Goldfracht auch nach Indonesien reisten, denn Indonesien war einige Monate nach der Kapitulation Deutschlands immer noch in Händen des während des Kriegs mit Deutschland alliierten Japan.

Deutschland pflegte während des Dritten Reichs enge Kontakte mit den Regierungen von Franco in Spanien und Salazar in Portugal. Beide waren – wie Hitler – Nationalisten und in ihren Ansichten und gesetzten Zielen auf Hitlers Seite. Franco half Hitler bereitwillig bei der Logistik. So konnten zum Beispiel deutsche U-Boote während des Krieges ohne Problem in Spanien ihre Tanks mit Treibstoff auffüllen. Gegen Ende des Krieges konnten die

171 Peter Levenda, *The Hitler Legacy*, S. 81, 131

Nazis ihr Gold über Spanien und Portugal in alle Welt versenden, um es dem Zugriff der Alliierten zu entziehen. Alleine in das neutrale Portugal sollen 400 Tonnen Gold verbracht worden sein!

Auch in den Niederlanden gab es während der deutschen Besatzung einen größeren Goldschatz, der zum großen Teil von den von dort vertriebenen und in die Konzentrationslager verbrachten Juden stammte.

Meinoud Marinus Rost van Tonningen[172] war Niederländer und ein Führer der niederländischen Nazi-Partei NSB. Er wurde in Surabaya in Niederländisch-Indien geboren und war während der Besetzung der Niederlande durch das Deutsche Reich der Gouverneur der niederländischen Staatsbank. Das gesamte niederländische Finanzwesen war somit in seiner Hand. Er verwaltete auch das dort gelagerte Gold. Noch vor Kriegsende wurden aus den Niederlanden hohe Geldbeträge und das Gold verschoben. Vielleicht war er der Einzige, der wusste wohin. 1940 heiratete er seine zweite Ehefrau Florentine, in Anwesenheit von Heinrich Himmler als Trauzeuge.

Bei Kriegsende wurde van Tonningen von den Alliierten verhaftet und in Scheveningen inhaftiert. Nach Recherchen des ,Niederländischen Instituts für Kriegsdokumentation‘[173] wurde er dort so schweren Folterungen durch die Binnenlandse Strijdkrachten (inländischen Streitkräfte) unterzogen, dass er zum Selbstmord getrieben worden sei. Hat man aus ihm durch die Folterungen herausgequetscht, wohin der Goldschatz ging?

Seine niederländische Witwe Florentine, die bis zu ihrem Tode eine stramme Nationalsozialistin war, war sich bis zu ihrem Lebensende sicher, dass ihr Ehemann durch die Alliierten ermordet worden sei. Eine riesige Sammlung von van Tonningens Unterlagen, Tagebüchern und dienstlicher Korrespondenz befindet sich im ,Institut für Kriegs-, Holocaust- und Genozidstudien‘ in Amsterdam.

Im Dezember 1944 wurde das britisch-amerikanische Programm ,Operation Safehaven‘ ins Leben gerufen. Man identifizierte möglichst viele deutsche Vermögenswerte im neutralen Ausland. Auch nach Ende des Zweiten Weltkriegs machten die USA Jagd auf das versteckte Gold und die Milliarden des Dritten Reichs. Nach Kriegsende wurden die gefundenen Werte beschlagnahmt und an die West-Alliierten verteilt.[174] Aber Vieles blieb unentdeckt!

Zehntausenden Nazis war die Flucht gelungen, in alle Welt, etwa nach Argentinien und Chile, aber auch bis nach Indonesien. Allein nach Argentinien wanderten in den Jahren von 1947 bis 1951 rund 60 000 Deutsche aus. Wieviel Prozent davon hochrangige Nazis, Militär- oder SS-Angehörige waren, ist natürlich nicht bekannt. Wenn wir nur fünf Prozent annehmen, wären das bereits 3000 Personen. Eine erschreckend große Zahl! In Argentinien, wie in fast allen südamerikanischen Staaten, waren Nazis willkommen. Für diese Anhänger von Hitler war der Krieg noch nicht zu Ende. Sie verlegten nur ihr Operationsgebiet ins Ausland. Sicherlich gelang ein großer Teil des Goldschatzes mit diesen geflüchteten Nazis ins Ausland und diente der Finanzierung der weltweiten Aktivitäten. Die Nazi-Ideologie konnte man nicht mit Bomben ausradieren, sie war eine Ideologie, die von Hitler wie ein Virus in der ganzen Welt verbreitet wurde, von Südamerika bis Südost-Asien.

In diesem Zusammenhang ist der ,Red House Report‘ vom November 1944 von Interesse, den ein französischer Spion an die USA[175] und Großbritannien weitergeleitet hat. Demnach trafen sich auf Veranlassung von Martin Bormann, Reichsminister und Vertrauter Hitlers, am 10. August 1944 Dr. Scheid, ein Industrieführer und SS-Obergruppenführer[176], mit leitenden Herren der Firmen Krupp, Messerschmidt, Volkswagen, IG-Farben, Zeiss, der Hamburg-Amerika Linie, Rheinmetall, weiteren Industrievertretern sowie Vertretern der Streitkräfte im Hotel ,Maison Rouge‘ in Straßburg. Kurz vorher waren die Alliierten in der Normandie gelandet. Übereinstimmend wurde von den Teilnehmern des geheimen Treffens erkannt, dass der Krieg nicht mehr gewonnen werden konnte. Es wurde diskutiert, wie und wohin Nazi-Pfründe ins neutrale Ausland geschafft werden konnten. Die Nazi-Ideologie sollte im Untergrund weiter ausgeweitet werden, um nach dem Krieg ein noch stärkeres ,Viertes Reich‘ zu schaffen.[177] Sogenannte ,Schläfer‘ sollten in neutralen Ländern untertauchen und auf den richtigen Zeitpunkt einer Rückkehr warten. Für die Transaktionen von gewaltigen Mengen Geld waren die Schweizerische Basler Handelsbank, die Schweizerische Kreditanstalt in Zürich und andere verantwortlich. Große Mengen von Gold wurden vorwiegend über die Swiss National Bank verschoben. Für eine Kommission von fünf Prozent wurden über Mittelsmänner noch teure Grundstücke und Immobilien in der Schweiz erworben und die deutsche Industrie gründete in neutralen Staaten rund um die Welt ein Netzwerk von Niederlassungen. Um für die Nachkriegszeit gerüstet zu sein, flossen noch Unsummen von Reichsmark vor Kriegsende ins Ausland ab.

---

172 1894-1945
173 NIOD
174 Richard Breitman, *Review of Safehaven: The Allied Pursuit of Nazi Assets Abroad*, 2008, S. 164ff
175 US Military Intelligence Report EW-Pa 128
176 Entsprechend einem Leutnant General
177 Vielleicht sollte dies kein militärisches, sondern ein ökonomisches ,Viertes Reich‘ werden.

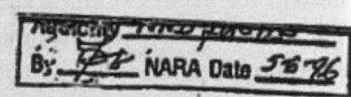

Enclosure No. 1 to despatch No. 19,489 of
Nov. 27, 1944, from the Embassy at London,
England.

S E C R E T

SUPREME HEADQUARTERS
ALLIED EXPEDITIONARY FORCE
Office of Assistant Chief of Staff, G-2

7 November 1944

INTELLIGENCE REPORT NO. EW-Pa 128

SUBJECT: Plans of German industrialists to engage in
underground activity after Germany's defeat;
flow of capital to neutral countries.

Abb. 78.1-1, Ausschnitt aus dem ‚Red House Report'[178]

Wie konnten die Nazi-Operationen im Untergrund und im Ausland finanziert werden? Dafür waren viele Millionen von Dollars erforderlich! Bereits vor Kriegsende schafften hohe SS-Offiziere Geld und Gold ins Ausland. Im Zusammenhang mit dem Nazi-Goldschatz erscheint oft der Name von Martin Bormann, dem Leiter der Reichskanzlei und Privatsekretär Hitlers. Das Gerücht, dass ihm die Flucht ins Ausland gelungen sei, hielt sich Jahrzehnte lang. Hinweise von Journalisten der CBS[179], dem größten Hörfunk- und Fernseh-Netzwerk der USA, die seinen Aufenthalt im Ausland bestätigten, wurden ignoriert. Nach deutschen Recherchen wurde seine Leiche angeblich in Berlin gefunden und auch identifiziert.

Hunderte hochrangige Nazis waren in Ägypten in der Regierung Gamal Abdel Nassers tätig. Viele waren zum Islam übergetreten und hatten arabische Namen angenommen. Zum Beispiel wurde der Vertreter von Goebbels, der Jurist, NS-Publizist und SS-Führer beim Stab des Rasse- und Siedlungshauptamtes, Johann von Leers, unter dem Namen Omar Amin Leiter und Organisator der Anti-Israelischen Propaganda. Er konnte – wie Dr. Poch – fünf Jahre lang in Italien untertauchen, bevor er zunächst nach Buenos Aires floh, wo er für eine Zeitung der deutschen Nationalsozialisten in Argentinien, ‚Der Weg‘, arbeitete. In Deutschland und Europa publizierte er in rechten Zeitungen unter verschiedenen Namen weiter. Nach dem Sturz Perons ging er 1955 nach Ägypten, wo er in Kairo von Mufti Mohammed Amin al-Husseini persönlich begrüßt wurde. Neben anderen verhalf Leers auch dem KZ-Arzt Dr. Hans Eisele zur Flucht, um ihn dem Zugriff der deutschen Justiz zu entziehen. Johann von Leers starb im März 1965 in Kairo. Auf Kosten des ägyptischen Staates wurde er nach Deutschland überführt und in Baden-Württemberg beigesetzt.

Es waren meist Mitglieder der SS, die in Ägypten tätig wurden, wie der SS-Standartenführer Leopold Gleim, der in der Gestapo für jüdische Angelegenheiten in Polen verantwortlich war. Er konnte 1945 nach Ägypten fliehen, konvertierte zum Islam, nahm den arabischen Namen Ali al-Nasher an und war für den ägyptischen Staatssicherheitsdienst verantwortlich.

Aus dem Gestapo-Offizier Erwin Fleiss wurde Achmet Sadat. Er war Berater der ägyptischen Polizei im Hauptquartier in Port Said. Ein weiterer Gestapo-Offizier, Joachim Dämling alias Ibrahim Mustafa, arbeitete für Radio Cairo. Der SS-Untersturmführer Wilhelm Boerner war Leiter der Wachmannschaft im KZ Mauthausen. Er tauchte als Ali Ben Keshi in Ägypten unter und beriet das Innenministerium. Später war er Berater der PFLP, der Volksfront zur Befreiung Palästinas. Im Informationsministerium in Kairo waren auch der SS-Mann Albert Thiemann alias Amman Qader und der Gestapo-Offizier Heinrich Sellmann Alas Hasan Suleyman tätig. General der Artillerie und Ritterkreuzträger Wilhelm Fahrmbacher wurde militärischer Berater von Nasser und so weiter. Die Liste könnte man noch lange fortsetzen.

Eine wichtige Geldquelle für die Finanzierung der Fluchthilfe für Nazi-Verbrecher war in der Schweiz. Es war der in Lausanne geborene Bankier François Genoud, der schon 1932 mit Hitler im Hotel Dreesen in Bad Godesberg zusammengetroffen war. Er war eng mit dem zuvor schon genannten General der Waffen-SS, Karl Friedrich Otto Wolff, befreundet und war bis zu seinem Tode der Vertraute von Großmufti Hadsch Amin Effendi el

---

178 Quelle: https://i.dailymail.co.uk/i/pix/2009/05/09/article-1179902-04DF5AB3000005DC-154_468x202_popup.jpg
179 Columbia Broadcasting System

Husseini[180]. Er war ein glühender Verehrer des Nationalsozialismus und Mitglied der ‚National Front', einer Pro-Nazi Organisation in der Schweiz. Nach dem Krieg finanzierte er die Fluchthilfe von NS-Verbrechern, auch im Rahmen von ODESSA. 1958 gründete er zusammen mit dem ehemaligen Reichsbankpräsidenten Hjalmar Schacht die ‚Arab Commercial Bank' in der Schweiz, um Geld für die Unabhängigkeitsbewegungen in Palästina, Algerien, Tunesien und Marokko zu waschen. In den 1990er Jahren ergaben Untersuchungen von schweizerischen und amerikanischen Behörden, dass Genoud vom Dritten Reich die Verwaltung eines Teils des Nazi-Golds übertragen worden sei. Kein Wunder, dass er aus einer fast unerschöpflichen Quelle die zwielichtigen Vorhaben der Nazis finanzieren konnte.

Im Zusammenhang mit der Flucht von Nazis fallen immer wieder die Namen des österreichischen Offiziers der Waffen-SS Otto Skorzeny und des deutschen Schlachtfliegers und Träger des Ritterkreuzes Hans-Ulrich Rudel.

Rudel flüchtete über die vom Vatikan eingerichtete sogenannte Rattenlinie nach Argentinien, wo er die Hilfseinrichtung ‚Kameradenwerk' gründete, das Nazis in Not und bei Gerichtsverfahren unterstützte. Er wurde Militärberater verschiedener südamerikanischer Diktatoren.

SS-Obersturmbandführer und Ritterkreuzträgers Otto Skorzeny[181] hatte durch die Befreiung des italienischen Diktators Benito Mussolini einen großen Bekanntheitsgrad erreicht. Als ‚the most dangerous man in Europe' wurde er in Dachau gefangen gehalten. Nur einen Tag, bevor er als Kriegsverbrecher im Rahmen der ‚Nürnberger Prozesse' vorgeladen wurde, gelang ihm am 27. Juli 1948 auf bis heute ungeklärte Weise die Flucht. Der britische Geheimdienst und der deutsche Bundesnachrichtendienst BND waren überzeugt, dass seine Flucht nur mit Hilfe der amerikanischen CIA gelungen sein konnte. Aber nichts ist bewiesen. Über seine Flucht kursieren verschiedene Theorien. Er tauchte zunächst auf dem Bauernhof von Baronin Ilse Finck von Finkenstein[182], der Nichte von Reichsbankpräsident Hjalmar Schacht, in Bayern unter. Hier hatte er intensiven Kontakt mit Reinhard Gehlen, der seit 1946 für den amerikanischen Geheimdienst arbeitete. Gehlen warnte Skorzeny, dass die Russen versuchen würden, ihn nach Russland zu entführen. Er flüchtete nach Südamerika und wurde Berater des argentinischen Präsidenten Juan Peron. Es wird vermutet, dass er bereits hier für das Untergrund-Netzwerk ODESSA, eine Organisation von ehemaligen SS-Angehörigen, engagiert tätig war. 1954 siedelte er nach Madrid um, wo er unter dem Schutz des Diktators Francisco Franco stand. Hier heiratete er 1954 unter falschem Namen[183] in dritter Ehe Ilse Finck von Finkenstein. Er betrieb in Madrid sehr erfolgreich ein Ingenieurbüro.

Skorzeny und Rudel starben sehr vermögend. Immer wieder tauchen dieselben Namen auf und irgendwie schein alles zusammen zu hängen. Es war wie in einer großen Familie. Nichts drang nach außen. Ob dieses Puzzle wohl eines Tages zusammengefügt werden kann? Ich habe da meine Zweifel!

Über in Indonesien untergetauchte Nazis habe ich bereits in Kapitel 74 berichtet. Ich bin sicher, es gab noch wesentlich mehr.

Mit Hilfe des Vatikans konnten über die sogenannte „Rattenlinie"[184] Tausende Nazis ins Ausland flüchten. Es war der kroatische Priester Monsignore Krunoslav Draganovic, der unzählige gefälschte Dokumente und falsche Pässe beschaffte, damit eine Flucht gelingen konnte. Auch in den Unterlagen des nach Indonesien geflüchteten Dr. Georg Anton Poch[185] taucht der Name Monsignore Krunoslav Draganovic auf, der von den nach Südamerika geflüchteten Nazis ‚Der Goldene Priester' genannt wurde.

Es waren aber nicht nur deutsche Nazis, die über die Rattenlinie ins sichere Ausland entkommen konnten, es waren auch viele niederländische Nazis. Darunter war zum Beispiel der niederländische fanatische Nationalsozialist, NS-Propagandist und SS-Kriegsberichterstatters Willem Sassen, der später durch seine Interviews mit Adolf Eichmann bekannt wurde. Bei Kriegsende war er mit seinem Bruder bei der Einheit Werwolf in Utrecht.

Willem Sassen wurde nach Kriegsende von den Briten gefangen genommen und interniert. Er konnte jedoch fliehen und erhielt von der ‚Katholischen Runde', einer Gruppe von fanatischen Nazi-Priestern, eine falsche Identität. Im Mai 1947 konnte er als Jack Jansen mit Frau und Tochter nach Irland entkommen und von dort mit dem Schiff *Der Adler* nach Argentinien. An Bord waren noch weitere niederländische NS-Kollaborateure, SS-Leute und ein ehemaliger U-Boot-Kommandant. Der Bruder von Willem Sassen floh über Spanien nach Ecuador. In Argentinien arbeitete Willem Sassen als Journalist mit dem Niederländer Wilfried von Oven zusammen, der ein wichtiger Mitarbeiter von Josef Goebbels war.

---

180 Siehe Horst H. Geerken, *Hitlers Griff nach Asien*, Band 3, Kapitel 67.4. Der Großmufti Hadsch Amin Effendi el Husseini war auch mit Präsident Sukarno befreundet. Er war auch Teilnehmer der Asia-Afrika-Konferenz (auch Bandung-Konferenz) 1955 in Bandung.
181 1908-1975
182 1918-2001
183 Rolf O. S. Steinbauer, Journalist aus Breslau
184 Siehe Band 2, S. 302
185 Siehe Horst H. Geerken, *Hitlers Griff nach Asien*, Band 2, Kapitel 49

Wie bereits erwähnt, wurde Willem Sassen durch seine Interviews mit dem Kriegsverbrecher Adolf Eichmann in Argentinien bekannt, bevor dieser vom israelischen Geheimdienst nach Israel entführt wurde. Seine Interviews mit Eichmann füllten 73 Tonbänder. Auf diesen Tonbändern basiert der deutsche Film ‚Eichmanns Ende – Liebe, Verrat, Tod‘ von Raymond Ley aus dem Jahr 2010. Unter einem Pseudonym – teilweise auch unter seinem echten Namen – schrieb Sassen für das Time/Life Magazin, den Stern und andere Medien.

In den 1970er Jahren war er Berater des chilenischen Präsidenten Augusto Pinochet und des Diktators von Paraguay, Alfredo Stroessner. Ohne dass er jemals verfolgt oder verhaftet wurde, verstarb er 2001 friedlich in Chile. Seine Tochter Saskia ist heute eine bekannte amerikanische Wirtschaftswissenschaftlerin und Professorin an der Columbia Universität in New York und der ‚London School of Economics‘.

So wie der Trumpismus mit seinen republikanischen Waffennarren nach der Präsidentenwahl 2020 in den USA kein Ende fand, so ging die Verbreitung der Nazi-Ideologie Hitlers nach Ende des Zweiten Weltkriegs rund um die Welt weiter und nimmt heute von West bis Ost gefährliche Ausmaße an. Rund um die Welt bestand – und besteht heute noch – ein Netzwerk zur Verbreitung der Nazi-Ideologie. Sie ist ein Kult, eine Religion – wie selbst Josef Goebbels sagte – und nicht eine politische Partei, die nach einer Wahlniederlage oder einem verlorenen Krieg einfach nicht mehr existiert. Dieser Nazi-Kult fiel besonders bei anti-kolonialen und islamisch-nationalistischen Elementen auf fruchtbaren Boden, der in den nun vom Kolonialismus befreiten Ländern – besonders in Asien – bis heute vorhanden ist. Die Verherrlichung der Nazi-Ideologie ist besonders stark in Indonesien[186] und dem damaligen britischen Malaya, aber auch in Indien zu finden.

Der spätere CIA-Direktor Allen Dulles schrieb ein Memorandum über ein Gespräch, das er im März 1945 mit Emil Puhl hatte. Emil Puhl war Direktor der Reichsbank wie auch der Bank for International Settlement (siehe Kap. 78-2). Ein Ausschnitt des Memorandums lautet:

[…] Nazism would not end with military defeat, as HITLER and his fanatical followers would no more change their philosophy than would Socrates or Mohammed. […] He emphasized that Nazism was like a religion and not merely a political regime. […][187]

Wie wird die Verbreitung der Nazi-Ideologie bis heute finanziert? Spielt hier das Nazi-Gold eine Rolle? Wieviel von den verschobenen Milliarden floss wieder zurück in das Nachkriegs-Deutschland? Es müssen große Summen gewesen sein, denn der wirtschaftliche Erfolg und die Stabilität der Deutschen Mark nach so kurzer Zeit waren bisher einmalig und riefen erneut den Neid unserer Nachbarn, besonders der Briten und Franzosen, hervor. Deutschland wurde wohl militärisch besiegt, aber viele ehemalige Nazigrößen, wie Alfred Krupp, Friedrich Flick, Hermann Abs oder Hjalmar Schacht, erschufen als Bankiers, Kaufleute und Industriebosse ein neues und wohlhabendes Westdeutschland – nun als frisch gebackene ‚Demokraten‘!

78.2: Die „Bank for International Settlements" (BIS)

Eine herausragende – vielleicht die größte – Rolle, wenn Vermögen des Dritten Reichs ins Ausland gebracht wurde, spielt eine weitere Bank in der Schweiz. Es war die ‚Bank for International Settlements‘, kurz BIS genannt, in Bern, die 1930 auf Initiative von Reichsbankpräsident Hjalmar Schacht und dem mit ihm eng befreundeten Vorsitzenden der ‚Bank of England‘, Montagu Norman[188], ins Leben gerufen wurde. Die Bank war anfangs hauptsächlich mit der Abwicklung von Reparationszahlungen aus dem Ersten Weltkrieg an die Siegermächte betraut. Im Dritten Reich und besonders während der Zweiten Weltkrieges fungierte die BIS quasi als eine Bank der Nazis, als Auslandsbank der Reichsbank, durch die sicher und geheim große Transaktionen durchgeführt werden konnten.

Es war eine Bank ohne Schalterhalle, ohne Publikumsverkehr, ohne Sekretärinnen, die eifrig auf Rechenmaschinen tippten, es war eine Bank mit einigen Büros, die in einem ehemaligen Hotel untergebracht war. Sie schwebte irgendwie im virtuellen Raum, aber mit ihr wurden für eine kleine Kommission viele Milliarden, ungeheure Summen, in der ganzen Welt hin und her geschoben. Die BIS war eine Bank, die bis Kriegsende aktiv Gelder und Vermögenswerte – auch Gold – verschob. Gold wurde in andere Währungen transferiert, damit dringend benötigtes Kriegsmaterial beschafft werden konnte.

Zwischen 1933 und 1945 war die BIS ausgesprochen nazifreundlich. Von 14 BIS-Direktoren waren zeitweise 12 vom Deutschen Reich! Man weiß bis heute nicht, wer die Pfründe der BIS verwaltete, verteilte oder anderweitig reinvestierte. In diesem Zusammenhang fallen immer wieder die Namen des österreichischen Offiziers der

---

186 Horst H. Geerken, *Hitlers Griff nach Asien*, Band 3, S. 335-342
187 Adam Lebor, *The Tower of Basel: The Shadowy History of the Secret Bank that Runs the World*, 2013, S. 108
188 Siehe Horst H. Geerken, *Hitlers Griff nach Asien*, Band 1, S. 236; Band 2, S. 328

Waffen-SS Otto Skorzeny und des deutschen Schlachtfliegers und Träger des Ritterkreuzes Hans-Ulrich Rudel. Beide müssen eine zentrale Rolle gespielt haben, den sie traten ja auch immer wieder bei der Fluchthilfe für Nazis in Erscheinung.

1944, kurz vor Kriegsende, fanden bei BIS nach Recherchen von Peter Levenda in Bern sogar viele Gespräche mit einschlägigen Vertretern der Länder statt, die mit dem Deutschen Reich noch im Krieg waren. Dabei soll besprochen worden sein, wie und wo das Nazi-Gold in sicheren Verstecken aufbewahrt werden könnte, um den Wiederaufbau nach einem absehbaren verlorenen Krieg wieder sicherzustellen. In den Räumen der BIS soll sogar noch vor Kriegsende der ‚International Monetary Fund' gegründet worden sein. Auch die Gebrüder Helfferich und Walther Hewel sollen bei den Abmachungen involviert gewesen sein. Wie wir schon ab Band 1 gesehen haben, waren die Gebrüder Helfferich und Hewel eng mit Indonesien verbunden.

Beteiligt an der BIS war auch ein Konsortium von US-amerikanischen Banken. Der Leiter der Bank war der Amerikaner Thomas H. McKittrick, der in Personalunion auch die beteiligten amerikanischen Banken vertrat. McKittrick ermöglichte es, dass das Deutsche Reich noch während des Krieges mit US-Firmen wie IBM, ITT, Standard Oil und anderen Geschäfte machen konnte. Wie man sieht, haben die USA am Zweiten Weltkrieg kräftig mitgemischt und mitverdient. Gäbe es nicht weitere, eindeutige Beweise dafür, könnte man dies kaum glauben!

In den späten 1990er Jahren etablierte Präsident Bill Clinton ein sogenanntes ‚Gold Team'. Das Team sollte Goldschätze des Dritten Reichs im Ausland aufspüren. Sie fanden heraus, dass die BIS unter dem US-amerikanischen Bank-Präsidenten Thomas McKittrick im März 1945 noch die unglaubliche Menge von 500 Tonnen Feingold der Deutschen Reichsbank an die ‚Bank of Brazil' transferierte. War dabei der Vatikan involviert? Das Dokument über den Transfer liegt in der Clinton Library, in einer Box, die als ‚Correspondence Vatican City' markiert ist.[189] Die Clinton Library befindet sich in der ‚University of Arkansas' in Little Rock. Und das war sicherlich nicht das einzige Gold, das noch kurz vor Kriegsende über die BIS ins Ausland transferiert wurde, um es dem Zugriff der Alliierten zu entziehen.

Interessant ist auch, dass der damalige BIS-Präsident Thomas H. McKittrick mit dem Anwalt Allen Dulles[190], dem Gründer und von 1953 bis 1961 Leiter der CIA und seinem Bruder John Foster Dulles, der von 1953 bis 1959 unter US-Präsident Eisenhower amerikanischer Außenminister war, eng befreundet war.[191] Es ist somit anzunehmen, dass auch die höchsten Kreise der USA über die Geschäfte der BIS informiert waren. Allen Dulles war ein fanatischer Anti-Kommunist und unterstützte Hitlers Krieg gegen die Sowjetunion. Er wollte auch in einem Nachkriegsdeutschland mit den verbliebenen Nationalsozialisten kooperieren.

In einer geheimen, ‚Operation Sunrise' genannten Aktion fanden in Bern in der Schweiz von Februar bis Mai 1945 – also bis kurz vor der Kapitulation Deutschlands – hinter dem Rücken der Sowjetunion Geheimverhandlungen von Vertretern des Deutschen Reichs mit Vertretern der USA über eine Teilkapitulation der in Italien kämpfenden deutschen Truppen statt. Verhandlungsführer auf deutscher Seite war der General der Waffen-SS Karl Friedrich Otto Wolff[192], ein Vertrauter Himmlers, und auf der Seite der USA der zuvor genannte Allen Dulles. Wolff war zu jener Zeit Chef der Polizei und ranghöchster SS-Offizier in Italien. Allen Dulles war seit 1942 Leiter des ‚Office of Strategic Services', kurz OSS, in Bern, dessen Geschäftsräume in der Botschaft der USA in Bern untergebracht waren. Die OSS war eine Abteilung für nachrichtendienstliche Tätigkeiten, eine Vorläuferorganisation der CIA.

Der fanatisch antikommunistisch eingestellte Allen Dulles befürwortete eine Teilkapitulation, damit die in Italien frei gewordenen 800 000 deutschen Streitkräfte an der Ostfront gegen die kommunistische Sowjetarmee eingesetzt werden konnten.[193] Auch der Britische Premierminister Winston Churchill ließ noch im März 1945 vom ‚British Armed Forces Joint Planning Staff' einen ‚Operation Unthinkable' genannten Plan ausarbeiten, um mit einem Blitzangriff die Rote Armee zu vernichten. Über die ‚Operation Sunrise' und ‚Operation Unthinkable' wurden erste Einzelheiten erst 1998 durch den britischen Spion Guy Burgess bekannt. Die USA waren nach der Kapitulation des Deutschen Reichs noch im Krieg mit Japan im Pazifik gebunden, was den Beginn der Operationen verzögerte. Als die Sowjetunion von den gegen sie geplanten Aktionen erfuhr, zogen sie ihre Truppen in Polen zusammen. Das Überraschungsmoment war verpasst und die beiden geheimen Operationen wurden ad acta gelegt.

---

189 Preliminary Report, *Bank of International Settlements 1938-1948* vom 16. Mai 2000. Peter Levenda, *The Hitler Legacy*, S. 198
190 1893-1969
191 Peter Levenda, *The Hitler Legacy*, S. 131
192 1900-1984
193 Bradley Smith, Aga Rossi, *Operation Sunrise: The Secret Surrender*, 1979

Noch 1949 vertrat Winston Churchill im britischen Parlament die Meinung, dass es ein Fehler war, nicht gegen die Rote Armee vorgegangen zu sein. Im Zusammenhang mit Adolf Hitler sagte er:

[...] Ich glaube, dass der Tag kommen wird, an dem alle zweifelsfrei erkennen werden – und nicht nur die eine Seite dieses Hauses – sondern die gesamte zivilisierte Welt, dass es eine unermessliche Segnung für die Menschheit gewesen wäre, den Bolschewismus schon bei seiner Geburt erdrosselt zu haben ... [das] hätte den Krieg verhindert.[194] [...]

Wenn ich hier schon Allen Dulles, erwähnt habe, muss ich kurz einen Ausflug in die Nachkriegszeit machen. Von 1953 bis 1961 war Dulles Leiter der CIA. Besonders in diesen Jahren befürchteten die USA, dass Indonesien in kommunistische Hände fallen könnte. Aber warum lag der Fokus gerade auf Indonesien? Der Hauptgrund lag in der ‚Asia-Africa Conference‘, auch ‚Bandung Conference‘ genannt. In Bandung versammelten sich 1955 unter dem Vorsitz von Präsident Sukarno die ‚New Emerging Forces‘. Es waren die ‚Non Aligned Forces‘, die damals ‚Dritte-Welt-Länder‘ genannt wurden. Alle diese Länder hatten das Joch der Kolonialherrschaft abgeworfen und waren nun frei in ihren Entscheidungen. Durch diesen Block sahen die USA die Balance zwischen ihnen und der Sowjetunion gestört. Außerdem war Indonesien noch suspekt, weil es das Land mit der weltweit größten islamischen Bevölkerung war.

Präsident Eisenhower und sein Außenminister John Foster Dulles wollten Sukarno aus dem Amt jagen. Dafür war ihnen jedes Mittel recht. Es gab Aufklärungsflüge mit U2 Flugzeugen, Lieferung von Waffen an die Rebellen und vieles mehr[195].

Auf Veranlassung von Allen Dulles, nun dem Chef der CIA, wurden im Juni 1958 insgesamt 42 000 amerikanische Truppen in die Philippinen verlegt, um schnellstmöglich in Indonesien eingreifen zu können. Darunter war ein CIA-Experte für verdeckte Operationen, der Präsident Sukarno liquidieren sollte. Es soll Lee Harvey Oswald gewesen sein, der auf der US-Air Base Atsugi auf den Philippinen stationiert war. Er operierte bereits Ende der 1950er Jahre in Indonesien. Möglicherweise war er auch an dem schrecklichen Attentat auf Sukarno von Ende 1957 beteiligt, bei welchem unschuldige Schulkinder getötet wurden.[196] Präsident Sukarno überlebte einige Attentate auf ihn unverletzt. Sukarno war kein Kommunist, er war jedoch ein überzeugter Nationalist, der für sein Land nur das Beste wollte. Sukarno stand auch kritisch dem fanatischen Islam gegenüber. Bei mancher Gelegenheit erwähnte er, dass der fanatische Islam den Fortschritt und die Modernisierung hemmen würde. Warum wollte man Sukarno töten? Gegenüber anderen Staatslenkern in Südost-Asien war er doch sehr moderat. War es die Kommunisten-Phobie, die zu jener Zeit die USA umtrieb? Es gibt wohl Hinweise, dass Lee Harvey Oswald bei diesem Komplott involviert war, aber mir scheint sehr viel wahrscheinlicher, dass Oswald als Sündenbock benutzt wurde. Zum Glück war das Attentat auf Sukarno nicht erfolgreich! Das auf Präsident Kennedy leider schon!

Dieser kurze Abriss soll zeigen, welch große Angst vor dem Kommunismus jener Zeit in den USA herrschte und leitende Politiker auch nach Ende des Zweiten Weltkriegs radikal antisowjetisch und antikommunistisch eingestellt waren. Dies erklärt auch, weshalb Allen Dulles in der BIS half, deutsche Goldschätze und andere Werte ins neutrale Ausland zu bringen. Dulles wie Hitler hatten das gleiche Ziel – der Bolschewismus musste vernichtet werden. Durch die USA, oder durch ein ‚Viertes Reich‘?

78.3: Dr. Poch, Sukarno und der Nazi-Schatz

In Band 2 und 3 wie auch im folgenden Kap. 79 dieser Dokumentation berichte ich über Gerüchte, wonach Adolf Hitler nach Kriegsende in Indonesien untergetaucht und dort auch gestorben sei. Ein Dr. Sosro Husodo berichtete 1983 erstmals in einer Tageszeitung, dass er mit Hitler in einem Hospital auf der Insel Sumbawa zusammengearbeitet habe. Hitler hätte unter dem Namen Dr. Anton Georg Poch das Hospital geleitet. Das Thema ist bis heute aktuell und erregt in Indonesien immer noch große Aufmerksamkeit.[197] Bekannt wurde die Theorie vor allem durch das Buch *‚Hitler starb in Indonesien. Das Geheimnis ist aufgedeckt‘[198]* von Ir. KGPH Soeryo Goeritno, das auf den Berichten von Dr. Sosro Husodo aufbaut (siehe auch Kap. 79).

Aber weshalb komme ich hier nochmals auf die Geschichte von Dr. Georg Anton Poch alias Hitler zurück? Der Grund dafür ist, dass der Name Poch auch im Zusammenhang mit dem Nazi-Goldschatz auftaucht. Der US-

---

194 Parlaments-Debatten, Hansard, HOUSE OF COMMONS, Protokoll, London, His Majesty's Stationery Office, Teil 460, Nr. 46 – Mittwoch, 26. Januar 1949, Mr. Churchill-950

195 Siehe Horst H. Geerken, *Der Ruf des Geckos*, Seite 264f

196 Einzelheiten dazu siehe Horst H. Geerken, *Der Ruf des Geckos*, S. 203

197 Siehe Band 2, S. 299ff

198 Ir. KGPH. Soeryo Goeritno, M. Sc, *Hitler mati di Indonesia: Rahasia yang Terkuak*, Herausgeber: Titik Media Publisher, 2010, 121 Seiten

amerikanische Autor Peter Levenda recherchiert schon seit vielen Jahren über Dr. Poch und hochrangige Nazis, die mit Hilfe des Vatikans in für sie sichere Länder über die sogenannte Rattenlinie[199] fliehen konnten.

Aber war Dr. Poch wirklich ein Dr. Poch? In Indonesien ist man sich sicher, dass sich hinter diesem Namen Adolf Hitler verbarg. Ich habe da meine Zweifel. Einen Dr. Anton Georg Poch gab es jedoch wirklich. Aber ob die nach Indonesien ausgereiste Person nur dessen Namen und Papiere benutzte, ist bis jetzt nicht bekannt.

Arbeitete Dr. Poch in Indonesien mit der CIA oder der ‚International Cooperation Administration' ICA[200] zusammen? Bei meinen Recherchen treffe ich in Zusammenhang mit der Kooperation mit Nazis oder den verschobenen und versteckten Werten der Nazis immer wieder auf einen der beiden Brüder Dulles. Gab es auch eine Zusammenarbeit der Organisation mit Dr. Anton Georg Poch? John Foster Dulles, der unter Präsident Eisenhower US-Außenminister war, gründete im Juni 1955 die ICA. Es war eine Organisation, um Entwicklungsländer – auch Indonesien – zu unterstützen, wobei unter diesem neutralen Deckmantel Operationen der CIA durchgeführt wurden. Die Finanzierung der ICA erfolgte durch das ‚State Department'.

Nun taucht in den Unterlagen von einem Fletcher Prouty auch der Name Dr. Anton Georg Poch auf. Danach wurde Dr. Poch von der ICA auf Sumbawa besucht.[201] Fletcher Prouty war ‚Chief of Special Operations' und Verbindungsmann zwischen der CIA und dem Militär. Nach seiner Pensionierung betätigte er sich als Autor. Er kritisierte die CIA und bezeichnete den Mord an Präsident Kennedy durch Lee Harvey Oswald als ‚Putsch der CIA'.[202]

Im Zusammenhang mit dem Nazi-Goldschatz erscheint auch der Name Dr. Sosro Husodo erneut. Nach der Veröffentlichung seines Berichtes über den Tod Hitlers in Indonesien wurde er anscheinend von ausländischen Mächten bedroht und die Veröffentlichung eines weiteren Berichtes über diese mysteriösen Mächte wurde vom indonesischen Innenministerium verhindert. Es scheint, dass mehr als nur Gerüchte hinter der Geschichte von Dr. Sosro Husodo stecken würden.

Dafür werfe ich zunächst einen Blick auf Indonesiens Nachbarland, die Philippinen. Im Januar 1971 entdeckte der Schlosser, Soldat und Amateur-Schatzsucher Rogelio Roxas in der Stadt Baguio, in den Bergen im Norden der philippinischen Hauptinsel Luzón, einen gigantischen Goldschatz. Baguio war während des Zweiten Weltkriegs

das Hauptquartier des japanischen Generals Yamashita Tomoyuki. Es waren große Buddha-Figuren aus massivem Gold und über 10 000 Goldbarren mit einem Gewicht von etwa 800 Tonnen! Eine der Buddha-Figuren soll mit ungeschliffenen Diamanten gefüllt gewesen sein. Der Gesamtwert des Schatzes überstieg alle Vorstellungen. Rogelio Roxas und sein Freund Albert Fuchigarni, der Sohn eines japanischen Offiziers und einer philippinischen Mutter, entdeckten ein in den Felsen geschlagenes Tunnelsystem mit dem Goldschatz, in dem auch unzählige menschliche Gerippe lagen.

Es wird bis heute erzählt, dass Prinz Takeda von der kaiserlichen Familie und General Yamashita Arbeiter angeheuert hätten, um das Tunnelsystem in den Felsen zu schlagen und den Schatz darin zu verstecken. Als die Arbeit beendet war, sollen sie im Stollen ein großes Fest mit viel Alkohol gefeiert haben. Als die Arbeiter durch den Alkohol benebelt waren, sollen sich die beiden davongestohlen und den Eingang gesprengt und verschüttet haben. Damit wurden alle eventuellen Verräter des Verstecks ausgeschaltet. General Yamashita hatte im Zweiten Weltkrieg die britischen Kolonien Malaya und Singapur erobert. Dabei sollen ihm Werte in Höhe von Milliarden US-Dollar in die Hände gefallen sein.

Abb. 78.3-1, General Yamashita Tomoyuki

199 Siehe Band 2, S. 302
200 Die Nachfolgeorganisation ist bis heute die ‚U.S. Agency for International Development'
201 Peter Levenda, *The Hitler Legacy,* 2014, S. 230
202 Fletcher Prouty, *JFK: The CIA, Vietnam and the Plot to Assassinate John F. Kennedy*

Abb. 78.3-2: Rogelio Roxas mit einer der goldenen Buddha Figuren, bevor sie vom Marcos Regime konfisziert wurde

Abb. 78.3-3, Roxas mit seinem Freund Albert Fuchigarni

Es war während der Herrschaft von Präsident Ferdinand Marcos, als der Fund bekannt wurde. Roxas machte den Fehler, einige Goldbarren in Manila zu verkaufen und Lastwagen für den Abtransport des Goldes zu mieten. Durch den plötzlichen Reichtum wurden Gerüchte gestreut, die auch Ferdinand Marcos zu Ohren kamen. Roxas wurde verhaftet und gefoltert, bis er das Versteck preisgab. Mitglieder von Präsident Marcos Leibgarde durchsuchten das Haus von Rogelio Roxas auf dem Aurora Hill in Baguio und konfiszierten die Buddha-Statuen und dort lagernde Goldbarren. Roxas wurde inhaftiert und verbrachte mehrere Jahre im Gefängnis. Durch fortwährende Folter durch die Vertrauten von Marcos, wurde Roxas physisch und psychisch gebrochen. Er starb 1993. Der plötzliche Reichtum wurde ihm zum Verhängnis.

Nachdem das Regime von Diktator Ferdinand Marcos 1986 gestürzt wurde und er mit seiner Familie nach Hawaii fliehen musste, wurde eine demokratische Regierung eingesetzt. Nun klagte die Familie von Rogelio Roxas gegen Ferdinand Marcos und seine Ehefrau Imelda, die beide in Hawaii im Exil lebten. Mit einem Streitwert von US-Dollar 43 Milliarden (!) war es die höchste Zivilklage, die es je in Amerika gab. Dem Gericht in Honolulu lagen so viele Dokumente, Fotos und Zeugenaussagen vor, dass das Vorhandensein des Goldschatzes und die Ausbeutung durch Präsident Marcos nicht mehr angezweifelt werden konnte. Über den Wert des Goldschatzes gab es widersprüchliche Aussagen, sodass der Familie von Rogelio Roxas ‚nur' 22 Milliarden US-Dollar zugesprochen wurden. Mit inzwischen aufgelaufenen Zinsen erhöhte sich der Betrag auf ansehnliche 40 Milliarden US-Dollar. Ein Weltrekord! Im März 1988 begannen die Verhandlungen in Honolulu. Die letzte Verhandlungsrunde wurde am 28. Februar 2000 in Manhattan eröffnet.[203] Wieviel von diesem ungeheuren Anspruch an die Familie Roxas ausbezahlt wurde, ist leider nicht bekannt. Die Familie hatte ihre Ansprüche an eine Gruppe von amerikanischen Investoren verkauft. Hunger leiden mussten sie sicherlich nicht mehr! Aber leider konnte der Entdecker des Goldschatzes, Rogelio Roxas, den Reichtum nicht mehr genießen.

Den großen goldenen Buddha, der angeblich fast eine Tonne wog, bekam die Familie nicht zurück. Die Ehefrau des ehemaligen und bereits verstorbenen philippinischen Präsidenten, Imelda Marcos, rückte lediglich eine vergoldete schlechte Kopie aus Bronze heraus, die mit dem Original, wie auf den von Rogelio Roxas gemachten Aufnahmen zu sehen ist, nicht übereinstimmt.[204] Wo sich das Original befindet, weiß man bis heute nicht. Als die Skulptur noch in der Wohnung von Rogelio Roxas stand, nahmen zwei Kaufinteressenten unabhängig voneinander Proben davon. Beide bestätigten, dass die Skulptur aus 20 Karat massivem Gold war.

Abb. 78.3-4, Die von Imelda Marcos zurückgegebene schlechte Kopie des goldenen Originals[205]

203 Susan Kreifels, *Lawyers Debate Value of Stolen Gold*, 2000
204 Seagrave, Sterling and Peggy, *Gold Warriors: America's Secret Recovery of Yamashita's Gold*, 2005, S. 141ff
205 By Keith Brooks - Own work, CC BY-SA 3.0, https://commons.wikimedia.org/w/index.php?curid=17750072

Nun wissen wir endlich, woher der unermessliche Reichtum der Familie Marcos stammt. Von einem Goldschatz, der kurz vor Kriegsende von Japan versteckt wurde! Ob das ganze Gold aus Japan stammte oder zum Teil auch vom Deutschen Reich, konnte nicht in Erfahrung gebracht werden.

Wenn so viel Gold in den Philippinen gefunden wurde, dann kann man auch einen Schatz im südlich davon liegenden Indonesischen Archipel vermuten! Von Sosro Husodo, der mit Dr. Poch auf Sumbawa gearbeitet hatte, wie auch vom Autor des Buchs „Hitler starb in Indonesien", Ir. KGPH Soeryo Goeritno, ist in diesem Zusammenhang immer wieder die Rede. Sowohl Husodo wie Goeritno waren ziemlich zwielichtige und undurchschaubare Persönlichkeiten. Dr. Sosro Husodo war nicht nur Arzt, er war auch Oberstleutnant der indonesischen Streitkräfte; und Ir. KGPH Soeryo Goeritno hatte in Moskau am 'Gubkin Oil and Gas Institute' studiert und dort einen Bachelor-Abschluss gemacht. Er behauptete, ein Prinz des Sultans von Solo zu sein. Aber warum war Soeryo Goeritno so sehr an Dr. Poch interessiert, dass er sogar ein Buch über ihn schrieb, in dem er Adolf Hitler in ihm sah?

Beide arbeiteten mit dem Rüstungskonzern P.T. Pindad[206] in Bandung, Westjava, zusammen. Der Rüstungskonzern des indonesischen Heeres bestand schon seit der Unabhängigkeit Indonesiens, aber 1962 wurde er in P.T. Pindad umbenannt. Dort wurde von Handfeuerwaffen und Maschinengewehren bis zu Munition und Panzerfahrzeugen alles hergestellt, was die Armee benötigte. Es waren zwei europäische Rüstungskonzerne, die eng mit P.T. Pindad zusammenarbeiteten und deren Waffensysteme dort in Lizenz gefertigt wurden. Es waren die Firmen Fritz Werner aus Deutschland und Beretta aus Italien.

Welche Rolle Dr. Sosro Husodo in dem Rüstungskonzern P.T. Pindad spielte, konnte ich nicht in Erfahrung bringen. Obwohl ich dort bis in die höchste Ebene gute Kontakte hatte, hüllt man sich in Schweigen.

Die Unterlagen von Dr. Poch, die seine zweite Ehefrau Sulaesih aufbewahrt hatte und an Dr. Sosro Husodo weitergab, sind heute angeblich bei einer weiteren zwielichtigen Person – einem Chinesen – in Singapur. Er machte so ein großes Geheimnis um die Unterlagen, dass mir Zweifel kamen, ob es sich hier vielleicht um eine gefälschte Geschichte, wie bei den Tagebüchern von Hitler, handeln könnte. Mein Kontakt zu dieser Person war ohne Erfolg. Selbst ein kurzer Einblick in die Unterlagen wäre nur gegen Zahlung einer hohen Summe in US- oder Singapur Dollars möglich gewesen. Das ganze Auftreten dieser Person war in meinen Augen unseriös und ich brach den Kontakt ab.

Wie Dr. Sosro Husodo behauptete, erhielt er von Sulaesih eine von Dr. Poch angefertigte Landkarte mit verschiedenen Markierungen. Führen diese vielleicht zu einem Nazi-Goldschatz? Falls diese Landkarte von Dr. Sosro Husodo an den bereits erwähnten Chinesen in Singapur weitergegeben wurde, wäre damit auch dessen übertriebene Verschlossenheit zu erklären. Aber dem war nicht so. Die Landkarte war plötzlich verschwunden und das ist bis heute ein großes Geheimnis. Selbst Soeryo Goeritno versuchte vergebens, die Landkarte von Dr. Poch zu finden. Das behauptete er! Aber ob das stimmt?

Peter Levenda hatte dieselbe zwielichtige Person[207] wie auch ich in Singapur kontaktiert, die behauptet, die Unterlagen von Hitler/Dr. Poch zu besitzen. Angeblich wurden dieser Person die Unterlagen von Pochs zweiter Ehefrau Sulaesih kurz vor ihrem Tod übergeben[208]. Levenda kam bei dieser Person mit seinen Recherchen auch nicht viel weiter wie ich. Auch er konnte nur einen kleinen unwichtigen Teil der Dokumente kurz einsehen. Neben Dr. Pochs Memorabilien wurden Levenda auch sein Reisepass, Fotografien und sein kleines Adressbuch gezeigt. Bei einem kurzen Einblick in das Adressbuch von Dr. Poch, stach ihm sofort ein Eintrag über Tibet ins Auge.[209] Mehr konnte er in der Kürze der Zeit leider nicht entziffern. Der zwielichtige Besitzer der Unterlagen in Singapur ist mehr als zurückhaltend und denkt nur daran, mit den Unterlagen einen möglichst großen Profit zu erzielen.

Über den ebenfalls sehr zweifelhaften Ir. KGPH Soeryo Goeritno fand ich heraus, dass er im Waffenhandel tätig war. Er gründete die Firma P.T. Novanidro, die vorzugsweise mit Waffen aus Russland handelte. Durch sein Studium in Russland sprach er fließend Russisch und hatte, auch durch seine russische Ehefrau, enge Kontakte nach Russland. Seine Waffengeschäfte machte er nicht nur mit Indonesien. Er machte Geschäfte mit Rebellen rund um die Welt, auch mit den Taliban. Nicht nur Handfeuerwaffen bot er an, auch Helikopter und Raketen-Abschussbasen. Waren bei seinem Handel auch Waffen, die bei der P.T. Pindad gefertigt wurden? Vielleicht sogar Handfeuerwaffen, die in Lizenz der deutschen Firma Fritz Werner dort hergestellt wurden? Diese Frage habe ich nicht weiterverfolgt, für mich war nur wichtig zu erfahren, dass Soeryo Goeritno in Sumbawa, also der Insel, auf der Dr. Poch wirkte, nach angeblich dort verstecktem Nazi-Gold gesucht haben soll.

In der Mitte des Jahres 2012 besuchte Soeryo Goeritno wieder einmal und wie schon so oft Moskau. Es war ein ganz ungewöhnlicher Besuch, denn bereits am selben, oder am Tag darauf, kam er schon wieder zurück. Bei der

---

206 Perindustrian TNI Angkatan Darat
207 Der Name ist dem Autor bekannt
208 Siehe Band 2, S. 301, 303 und 305
209 Peter Levenda, *The Hitler Legacy*, S. 108

Einreise am Flughafen Jakarta brach er zusammen und wurde in ein Hospital eingeliefert. Von diesem Moment an konnte er nicht mehr sprechen und war an einen Rollstuhl gebunden. Vermutlich wurde er in Moskau vergiftet, den nur wenige Tage danach verstarb er. Hatte er eine Ahnung, dass die Russen ihn liquidieren wollten? Kam er daher so schnell wieder nach Indonesien zurück? Hatte er Geheimnisse, die nicht an die Öffentlichkeit kommen durften?

Temasek Holdings (Private) Limited ist eine große und einflussreiche Investitions-Gesellschaft, die der Regierung von Singapur gehört und die Niederlassungen in neun Ländern hat. Ihr Ziel ist, Unternehmen mit guten Wachstumsaussichten zu unterstützen. Kurz bevor Soeryo Goeritno nach seinem Moskau-Besuch in Jakarta zusammenbrach, schloss er mit Temasek ein ‚Joint Venture‘[210] ab, das Gold in Sumbawa schürfen wollte.

Sumbawa, der plötzliche und ungeklärte Tod von Soeryo Goeritno, Gold in Sumbawa, der Nazi-Goldschatz und Dr. Anton Poch? Die ganzen Sachverhalte werden immer mysteriöser, je mehr Informationen ans Tageslicht kommen. Ob eines Tages wohl die Wahrheit ans Licht kommen wird? Fragen über Fragen! Es scheint, dass all diese Ungewissheiten irgendwie zusammenhängen. Ob die wohl jemals aufgeklärt werden können? Über Gold- und Waffengeschäften hängt immer der Schleier eines Rätsels und der Geheimniskrämerei.

Nachdem ich, wie in Kapitel 75 berichtet, einen ersten Hinweis über einen auf Präsident Sukarno ausgestellten Gold-Depotschein im Wert von 870 Millionen US-Dollar erhielt, fing ich nach einigem Zögern wieder an, weiter zu recherchieren. Wie kam Sukarno zu dieser Menge Gold? Besteht hier eine Verbindung zu einem Nazi-Goldschatz in Indonesien? Der auf dem Depotschein genannte Wert entspricht ungefähr den vermuteten 20 Tonnen Gold, die nach Indonesien geflossen sein sollen. Der Depotschein wurde von Sukarno jedoch nie eingelöst, obwohl er gegen Ende seiner Präsidentschaft dringendst finanzielle Mittel für verschiedene Projekte benötigt hätte.

In meinen Unterlagen fand ich einen Bericht über die schwierige finanzielle Lage Indonesiens, den ich am 23. März 1964 an mein Stammhaus in Deutschland sandte:

Die finanzielle Situation in Indonesien

Nach eingehenden Gesprächen mit leitenden indonesischen und deutschen Persönlichkeiten, möchte ich Sie über die derzeitige schwierige finanzielle Situation Indonesiens, nicht zuletzt hervorgerufen durch die verschärfte Konfrontationspolitik gegenüber Malaysia, unterrichten.

Wie ich aus vertraulichen Quellen erfahren habe, finden zur Zeit heftige Diskussionen zwischen der Bank Indonesia und der Regierung statt. Auf Grund von Zahlungsschwierigkeiten wurden schon mit der UdSSR [Anm. d. A.: der Sowjetunion] und China Stundungsabkommen über die zurückzuzahlenden Kredite abgeschlossen. Die Regierung erwägt jedoch, sämtliche Zahlungen für einen gewissen Zeitraum einzustellen, was einem Moratorium gleichkommen würde.

Mit westlichen Regierungen sind anscheinend Vorbesprechungen über diese Angelegenheit im Gange, wobei natürlich die in den letzten Wochen stattgefundene Beschlagnahme britischer Firmen und Besitzungen durch die von der kommunistischen Partei Indonesiens kontrollierten Gewerkschaften, nicht die beste Ausgangsposition für die Gespräche bildet. Auf der anderen Seite sollen jedoch Maßnahmen zur Steigerung des Exportes und der Stabilisierung der Währung ergriffen werden.

Man sieht, Sukarno hätte die 870 Millionen US-Dollar zu diesem Zeitpunkt bestens gebrauchen können. Aber der auf Sukarno ausgestellte Depotschein war am 29. September 2009 noch nicht eingelöst.

Welche Verbindung könnte zwischen diesem Depotschein und dem Nazi-Gold bestehen? Alles hat irgendwie mit den indonesischen Streitkräften zu tun. Dr. Sosro Husodo war Oberstleutnant, Ir. KGPH Soeryo Goeritno war Waffenhändler und beide hatten Kontakte zu der Waffenfabrik P.T. Pindad in Bandung.

Der zweite Präsident Indonesiens, Suharto, war ein General des Heeres, der sein Land diktatorisch regierte. Nachdem ich von dem auf Sukarno ausgestellten Depot-Schein erfuhr, forschte ich bei mir bekannten – nun zum größten Teil pensionierten – Generälen und anderen Mitarbeitern nach, die bei P.T. Pindad und anderen Organisationen in leitender Position waren. Überall hielt sich hartnäckig das Gerücht, dass Suharto im Besitz von unglaublichen Mengen Gold und auf Sukarno ausgestellten Depotscheine war. Im Gegensatz zu dem in den Philippinen entdeckten Gold soll das in Indonesien versteckte Gold ausschließlich aus Beständen des Dritten Reichs stammen. Es sollen 20 Tonnen gewesen sein, die nach Indonesien verschifft wurden.[211] Manche Historiker reden von erheblich größere Mengen. Um die Verstecke geheim zu halten, sind die Arbeiter, die die Stollen in die Felsen schlugen und das Gold transportierten, in den meisten Fällen ermordet worden. Mit Codezeichen wurden die Verstecke auf Landkarten markiert, auf die nur eine Handvoll Menschen einen Zugriff hatte.

---

210 Eine Unternehmenskooperation
211 *New York Times* vom 10. Januar 1997: Marlise Simons, *Nazi Gold and Portugal's Murky Role* und
The Observer vom 2. April 2000: Eduardo Gonçalves, *Britain allowed Portugal to keep Nazi Gold*

Dass Nazis selbst nach der Kapitulation noch Gold in anderen Ländern versteckt haben sollen, wäre durchaus möglich gewesen. Indonesien war noch Monate nach der Kapitulation des Deutschen Reichs in Händen des Achsenpartners Japan. Und wie wir aus vorhergehenden Kapiteln dieser Dokumentation wissen, waren selbst nach der Kapitulation noch viele U-Boote auf den Weltmeeren unterwegs, die das Gold hätten transportieren können. Die verbliebenen Nazis hofften immer noch auf einen Sieg Japans, um dann wieder Zugriff auf die goldenen Pfründe zu bekommen. Es sind dieselben Gründe, die auch Hitler veranlasst haben sollen, nach Indonesien zu fliehen.

Ein aus Nord-Sumatra stammender Dr. Edison Damanik war ein Berater von Präsident Suharto und – wie erzählt wurde – der Verwalter des Goldschatzes. 1977 war Damanik plötzlich verschwunden. Kurz darauf starb er in den Vereinigten Staaten. Mir wurde erzählt, dass er von zwei Beamten der CIA vor seinem Haus in Jakarta entführt wurde. Bis heute wurde dieser Vorfall nicht aufgeklärt. Wusste Damanik zu viel? Oder versuchte die CIA die Verstecke des Nazi-Goldes in Erfahrung zu bringen?

Stammt der immense Reichtum der Suharto-Familie in Indonesien vielleicht von einem Nazi-Goldschatz, so wie der Reichtum der Marcos-Familie in den Philippinen von einem Goldschatz stammte? Präsident Suharto kann seinen Reichtum kaum alleine durch Korruption angehäuft haben. Es wird nämlich vermutet, dass sich das Vermögen der Suharto-Familie im In- und Ausland auf die unermessliche Summe von 37 Milliarden US Dollar (!) angehäuft hat![212] Bei Präsident Marcos redete man, wie wir sahen, sogar von 43 Milliarden!

Wenn nach dem Motto des ersten Präsidenten Indonesiens, Sukarno, dass *Uang dari Rakyat harus kembali ke Rakyat!* – das Geld des Volkes zurück zum Volk müsse – gehandelt werden würde, müsste jeder der 270 Millionen Indonesier fast 1600,- US Dollar erhalten! Das wäre für viele Indonesier ein gutes Jahreseinkommen!

1960 gründete Präsident Sukarno einen sogenannten ‚Revolutions-Fund‘, um spezielle Projekte – wie das von mir begonnene Großsender-Projekt ‚Ganyang Malaysia‘ – durch eine unabhängige Geldquelle zu finanzieren. Dieses Projekt von über zwei Millionen US-Dollar, wie auch das nachfolgende CONEFO-Projekt, wurde von der Sukarno-Regierung ohne Verzug bezahlt, obwohl die Staatsfinanzen bereits nahe dem Bankrott waren.

Wie die in Singapur erscheinende *The Straits Times* schrieb[213], wurde von der Sukarno-Regierung bei der Bank ‚Union Bancaire-UBP SA-Siège‘ in Genf Gold deponiert, das zum damaligen Zeitpunkt einen Wert von über einer Milliarde US-Dollar hatte. Diese Information basierte auf der Aussage von General Suhardiman, der damals der stellvertretende Vorsitzende der indonesischen Golkar-Partei war. Leider interessierte mich damals nicht, woher das Geld für die genannten speziellen Projekte kam. Hauptsache für mich war, es wurde prompt bezahlt. Über meinen langjährigen Freund General Soenarjo, der der Chef von KOTI[214] war, hätte ich sicherlich mehr erfahren können. Aber damals war das kein Thema! Damals interessierten mich diese Geschichten zwar bereits erheblich, aber ich hatte noch keine Ahnung, dass ich über dieses Thema einmal ein Buch schreiben würde. Nun sind leider alle meine Zeitzeugen verstorben.

Wie man sieht, gibt es in Zusammenhang mit dem Nazi-Gold, den Gold-Zertifikaten und heimlichen Bankgeschäften bis in die heutige Zeit Geheimnisse, Mord und Totschlag. Aber wo könnte der Goldschatz verborgen gewesen sein, auf dem der Reichtum der Suharto-Familie begründet sein soll?

Vielleicht ist dies ein Hinweis: Im April 1945, als bereits abzusehen war, dass der Krieg im Pazifik für Japan verloren war, brachte der ‚Leichte Kreuzer‘ Isuzu der Kaiserlich Japanischen Marine in Sumbawa – wieder Sumbawa! – Truppen an Land. Weshalb Sumbawa? Die Insel war doch militärisch total unwichtig. Nur einen Tag später, am 7. April 1945, wurde der Kreuzer von einem alliierten U-Boot versenkt. Weshalb brachte Japan noch Truppen an Land, die dort bis zum Kriegsende ausharrten? Mussten sie etwas beschützen? Waren sie in einer geheimen Mission unterwegs?

Der ehemalige Reichsbankpräsident Hjalmar Schacht wurde nach seiner Entnazifizierung mit seiner Frau von Präsident Sukarno eingeladen, um ein finanz- und wirtschaftspolitisches Gutachten für die indonesische Staatsbank zu erstellen.[215] Die BIS war zwischen 1933 und 1945 eine sehr nazifreundliche Bank und Hjalmar Schacht muss über alle Transaktionen informiert gewesen sein. War sein Besuch vielleicht mehr, als nur ein Gutachten über Indonesien zu erstellen?

Bis heute konnten weder die Nachkommen von Präsident Sukarno noch die indonesische Regierung Gold-Zertifikate einlösen. Bis heute zirkulieren viele Gold-Zertifikate in dunklen Kanälen. Sind sie echt oder eine Fälschung? Man weiß es nicht! Würde man versuchen, ein Gold-Zertifikat bei einer Bank einzulösen, würde diese sofort behaupten, es wäre eine Fälschung und die Polizei würde die Person verhaften.

---

212 Siehe auch *Thr big Steal. How $ 35 Billion was stolen from Indonesia.* https://youtu.be/oZJDof5GBbA
213 *The Straits Times* vom 24. Januar 1987, S. 2 u. 7, *Big hunt on for billions in secret Sukarno fund.*
214 Komando Operasi Tertinggi
215 Siehe Band 2, S. 327ff

Zuvor habe ich berichtet, dass der Verwalter von Suhartos Gold, Dr. Damanik, von zwei CIA-Beamten in die USA entführt wurde. Es zirkuliert in Indonesien aber noch eine weitere Version über die damaligen Vorkommnisse. Danach soll Dr. Damanik aus freien Stücken in die USA gereist sein. Als er bei der ‚Federal Reserve Bank' in New York versuchte, ein Gold-Zertifikat einzulösen, wurde er als Betrüger verhaftet und eingesperrt. Kurz nach seiner Freilassung wäre er in den USA verstorben, heißt es.

Mich wundert auch, dass Dr. Poch für damalige Verhältnisse auf Sumbawa ein ziemlich luxuriöses Leben führen konnte. Die Gehälter für Ärzte, auch der deutschen Ärzte, die Sukarnos Ruf folgten, waren relativ gering. Aber Dr. Pochs erste Ehefrau Hella flog vor ihrer endgültigen Rückkehr nach Deutschland mehrmals dorthin. Flugtickets waren in den 1950 und 60-er Jahre noch teuer. Auch seine zweite Ehefrau Sulaesih bewohnte nach Dr. Pochs Tod ein luxuriöses Anwesen in Bandung. Mit seinem lokalen Gehalt als Arzt hätte er das niemals finanzieren können.

Es wird noch lange dauern, bis die Rätsel um den in Indonesien vermuteten Nazi-Goldschatz gelöst werden – wenn sie überhaupt gelöst werden können.

78.4: Rätsel um Heinrich Harrer

Bei meinen Recherchen zum verschollenen Gold der Nazis kam mir zu Hilfe, dass mich Peter Levenda[216] aus den USA kontaktierte. Er beschäftigte sich schon viele Jahre mit dem Verbleib des Nazi-Goldes und dem Tod von Adolf Hitler und hatte mein Buch *Hitler's Asian Adventure* gelesen. Er brachte mich auf die Spur von Heinrich Harrer, dem österreichischen Bergsteiger und SS-Obersturmführer, der aus dem britischen Internierungslager Dehra Dun nach Tibet entfliehen konnte.[217] Was soll Harrer, ein österreichischer Bergsteiger und Abenteurer, mit dem Nazigold zu tun haben? Wie wir noch sehen werden soll Harrer für den CIA gearbeitet haben. Aber wo könnte er angeworben worden sein? War es bereits im Lager Dehra Dun? Mein Interesse war geweckt und ich begann zu recherchieren.

Der Österreicher Heinrich Harrer war Mitglied in der Waffen-SS und der SA. Als Teilnehmer einer deutschen Nanga-Parbat-Expedition wurde er im Himalaya 1939 vom Ausbruch des Zweiten Weltkriegs überrascht. Die Expedition wurde abgebrochen und er versuchte, mit der Gruppe über Karachi nach Deutschland zu entkommen. Versuche, per Schiff und über den Landweg nach Persien zu gelangen, scheiterten. Nach Ausbruch des Zweiten Weltkriegs wurde die gesamte Mannschaft von den Briten verhaftet, eine Ausreiseerlaubnis nach Deutschland wurde ihnen verweigert. Ich begann über Harrer im Politischen Archiv des Auswärtigen Amts in Berlin zu recherchieren und fand lediglich Unterlagen über die Zeit der Verhaftung und Internierung von Harrer und seinen Kameraden.[218]

Nur drei Tage nach der Verhaftung, am 3. September 1939, schrieb Harrer aus Karachi nach Deutschland. Ich zitiere hier einen Auszug aus diesem Brief:

[...] Jetzt bleiben wir bestimmt an einem Platz. Wir müssen abwarten, was die Zukunft bringen wird. Es geht uns sehr, sehr gut; die Engländer behandeln uns in einer Weise, die immer wieder überrascht. Um mich braucht Ihr Euch überhaupt nicht zu sorgen. Wenn es Euch nur halb so gut ginge wie mir, würde ich keine Sorgen um Euch haben. Meine große Hoffnung ist, wenigstens Weihnachten zu Hause zu sein. [...]

Dass die Internierten von den Briten gut behandelt wurden und auch ein gewisses Maß an Freiheit genießen durften, schreibt Heinrich Harrer wie auch die meisten anderen Internierten. Trotzdem versuchten Harrer und seine Kameraden weiterhin, per Schiff oder zu Fuß nach Belutschistan zu fliehen. Vergeblich, sie wurden erneut von den Briten festgenommen und danach schärfer bewacht. Letztendlich wurden sie im Lager Dehra Dun am Fuße des Himalaya interniert.

Über die Flucht von Heinrich Harrer, zusammen mit Peter Aufschnaiter, aus dem Lager Dehra Dun nach Tibet habe ich bereits berichtet.[219] Sie überquerten im Dezember 1945 zunächst das einsame Transhimalaya-Gebirge, danach gings über 65 Pässe in Höhen von bis zu 6000 Metern, bis sie endlich 1946 das tibetische Hochland und Lhasa erreichten.

---

216 Peter Levenda, *The Hitler Legacy. The Nazi Cult in Diaspora*, 2014
217 Siehe Horst H. Geerken, *Hitlers Griff nach Asien*, Band 1, S. 216f; Band 3, S. 296
218 Dokumente zu Heinrich Harrer im Politischen Archiv des AA in Berlin in Akte R 145724 und R 146233
219 Horst H. Geerken, *Hitlers Griff nach Asien*, Band 3, S. 296

rift
setzung)

Auszug aus einem Brief des Hans Lobenhoffer.

Karachi, 3.9.39.

.. Am Abend des 27.8. fuhren wir nach Karachi, wo wir am Abend des 28.8. ankamen. Das Schiff sollte am 29.8. morgens abfahren – alles wäre in Ordnung gewesen. Aber das Schiff hatte sich in einen portugiesischen Hafen geflüchtet. Nun schlugen Heini, Lutz und ich vor, nach Persien zu fliegen, aber hierfür hatten wir kein Geld...Nun machten Heini, Lutz und ich einen verzweifelten Versuch, auf dem Landwege zu entkommen. Wir fuhren nach Las Bella, 200 Meilen in Beluchistan. Aber dort ist nur Wüste, wo man außer an den Oasen und Wasserplätzen nicht bleiben kann und die Lebensmittel im Dorfe hätten kaufen müssen. Unglücklicherweise konnten wir nicht weiter kommen; wir wurden festgehalten und nach Karachi zurückgesandt. Der Superintendent war ein sehr netter Mann, der unsern Fluchtversuch verstand. Wir wurden nicht bestraft, sondern nur schärfer bewacht. Jeder Schritt wurde beobachtet. In der Nacht vom 31.8. waren wir zurück. Am 1.9. waren wir auf der Polizei wegen unseres Versuches, xxxxkxxx den ich oben erwähnte.

Dann baten wir um Erlaubnis, per Flugzeug oder Schiff abzureisen, da ein Freund in Bombay etwas Geld geschickt hatte. Wir könnten heute und morgen per

Schiff

Abb. 78.4-1 Auszug aus Briefen von Heinrich Harrer und seinem Kameraden Lobenhoffer vom 3. September 1939, Seite 1

- 2 -

Schiff oder Flugzeug abgefahren sein, aber die Regierung hat die Abreiseerlaubnis verweigert. Nun planten wir, nach Goa zu fahren (wir erfuhren zu spät, daß es möglich war, dorthin zu kommen); auch dies wurde nicht erlaubt. In einer Umgegend von 80 km von Karachi gibt es kein Wasser und keine Wasservorräte; es fährt kein Schiff mehr, weil sie bereit sein müssen für Truppentransport. So habe ich keine Hoffnung mehr.

Ich kann Euch nicht beschreiben, was ich innerlich gelitten habe in jenen Tagen. Es schmerzte mich sehr zu denken, daß wir in Grinagar aus Kameradschaft gewartet hatten, was nutzlos war; aber dort fürchteten wir noch keinen allgemeinen Krieg. Dann hörte man nicht auf unsere Vorschläge. Ohne Geld konnten wir nicht handeln. Dann kamen wir hier an; alles hätte gut sein können, wie wir erwarteten - kein Schiff. Nach Bombay zurückzukehren, erschien ebensowenig hoffnungsvoll als nach Goa zu fahren - alles verboten und unmöglich, absolut unmöglich ohne Erlaubnis... Wenn ich an meine Kameraden denke, die in der Nähe von Krakau sein müssen, dann werden meine Augen naß. Ich hatte immer den Wunsch, mein ganzes Sein für mein Vaterland zu opfern und nun kann ich es nicht durch Verkettung unglücklicher Umstände. Ich träume Tag und Nacht von ihren Taten, ich stelle mir ihre Gefühle vor. Ich weiß, daß ich auch gut geholfen haben würde und der Schmerz, nicht dabei zu sein, hört niemals auf.

Abb. 78.4-2, Dito, Seite 2

Unser Los ist wahrscheinlich: einige Zeit hier, dann Internierungslager bei Bombay. Die Bedingungen und Ernährung sollen gut sein. Du darfst also nicht beunruhigt sein wegen mir. Aber ich bin vorbereitet für einen langen Aufenthalt, ich hoffe, daß ich nicht zuviel Heimweh bekomme in der Gesellschaft von vielen Deutschen....

Auszug aus einem Brief des Heinrich Harrer.

Karachi, 3.9.39.

Jetzt bleiben wir bestimmt auf einem Platz. Wir müssen abwarten, was die Zukunft bringen wird.

Es geht uns sehr, sehr gut; die Engländer behandeln uns in einer Weise, die immer wieder überrascht. Um mich braucht Ihr Euch überhaupt nicht zu sorgen. Wenn es Euch nur fast so gut ginge wie mir , würde ich keine Sorge um Euch haben. Meine große Hoffnung ist, wenigstens Weihnachten zu Hause zu sein. Jedenfalls würde ich auch mit einer längeren Zeit rechnen. ...

Abb. 78.4-3, Dito, Seite 3

Zum Ärger des Leiters der Britischen Gesandtschaft in Lhasa, Hugh Edward Richardson[220], machten sich die beiden sehr nützlich. Harrer freundete sich mit dem noch jungen Dalai Lama an.

Heinrich Harrers Begleiter, Peter Aufschnaiter, war Landwirtschaftsingenieur. Er wurde, wie Heinrich Harrer, von der tibetischen Regierung als Beamter und Berater angestellt. Harrer plante und beaufsichtigte den Bau eines Dammes und Aufschnaiter baute ein Wasserkraftwerk größeren Umfangs. Lhasa sollte mit elektrischem Strom versorgt werden. Nach der Fertigstellung plante Aufschnaiter weitere Wasserkraftwerke und Harrer wollte Schulen und eine erste tibetische Universität eröffnen. Aufgrund der Invasion Chinas konnten diese Pläne nicht mehr realisiert werden.

---

220 1905-2000

Abb. 78.4-4, Heinrich Harrer mit den noch jungen Dalai Lama in Lhasa, Tibet[221]

Aber wann und wo sollte Harrer für den CIA gewonnen worden sein? War es bereits im Lager Dehra Dun? Dann wäre die erwähnte Flucht allerdings keine Flucht gewesen, sondern nur vorgetäuscht. Oder war es in Tibet? Aber Tibet war noch von der Außenwelt abgeschottet und es gab nur wenige Ausländer, die mit Harrer Kontakt hatten. Das waren:

– Hugh Edward Richardson[222], der Leiter der Britischen Gesandtschaft in Lhasa. Er war bereits seit 1936 in Lhasa. China und auch andere Länder waren überzeugt, dass die britische Gesandtschaft in Lhasa das Zentrum politischer Tätigkeiten und eines Spionagerings war. Hier war die Leitstelle von Funkanlagen, die alle aus den Vereinigten Staaten kamen. Das ist schon verdächtig, denn auch Großbritannien hatte Funkanlagen aus eigener Produktion!

– Seit der ‚Expedition‘ des britischen Armeeoffiziers und Forschers Francis Younghusband[223] von 1903 bis 1904 war eine britische Gesandtschaft in Lhasa. Allerdings war es keine britische ‚Expedition‘, sondern eine Invasion, ein brutaler militärischer Feldzug. In Gyantse, der damaligen Hauptstadt Tibets, kämpften die Briten mit Maschinengewehren gegen Mönche, die nur mit Schwertern bewaffnet waren. Mindestens 5000 tibetische Mönche wurden getötet, während die Briten nur fünf Mann verloren. Bei den Kämpfen wurden das Fort und das Kloster in Gyantse zerstört.

Younghusband war durch die gemeinsame Mitgliedschaft in der ‚Academy of Natural Sciences‘ in Philadelphia mit Ernst Schäfer[224] befreundet. Kurz vor der Abreise Schäfers im Jahre 1938 nach Indien hatten sie nochmals Kontakt miteinander. Younghusband wusste, dass die Briten Einwände gegen Schäfers Expedition nach Tibet hatten. Er riet ihm aber, trotzdem illegal nach Tibet einzureisen.

– Reggie Fox, der Radiobeamte in Lhasa, wurde in London geboren und kam bereits 1937 nach Lhasa. Er war mit einer tibetischen Frau verheiratet, die ihm drei Kinder gebar. Er wollte bis zu seinem Lebensende in Tibet bleiben.

– Robert Webster Ford[225]. Er war Fernmeldeingenieur und zuvor Instruktor an der Nachrichtenschule der Royal Air Force in Hyderabad in Indien und Fernmeldebeamter an der britischen Mission in Gangtok, der Hauptstadt des Königreichs Sikkim, dem ‚Vorzimmer Tibets‘. Er kam 1945 nach Tibet und eröffnete die Station ‚Radio Lhasa‘. Tibet war nun imstande, zum ersten Mal mit der Außenwelt per Funk in Verbindung zu treten.

Im Auftrag der tibetischen Regierung wurde er nach Chamdo[226] im Osten des Landes versetzt, der drittgrößten Stadt Tibets, um eine Funkverbindung zwischen Chamdo und Lhasa aufzubauen. Dort bildete er auch Tibeter in Elektronik und Funktechnik aus. In Shigatse, im West Tibets, wurde eine weitere Station in Betrieb genommen.

Fox und Ford waren beide Funkamateure, die regelmäßig mit Freunden und Verwandten in Großbritannien per Morsezeichen Funkkontakt auf Kurzwelle hatten. Fox und Aufschnaiter bauten zunächst ein kleines Wasserkraftwerk, das die elektrische Energie für die Funkanlage lieferte.

Der funktechnisch aktivere Ford hatte das Rufzeichen AC4RF. Auch ich war zu der Zeit lizenzierter Funkamateur und baute selbst Empfänger- und Sendeanlagen. Ich konnte damals in Süddeutschland AC4RF mehrmals hören, aber es ist mir nie gelungen, mit dieser seltenen Station in Kontakt zu kommen.

Es ist bekannt, dass Fox und Ford einen privaten Code benutzten. Ob sie damit wohl auch geheime Informationen an das Vereinigte Königreich, oder die CIA weitergaben?

---

221 Quelle: Völkerkunde Museum Universität Zürich
222 1905-2000
223 1863-1942
224 Siehe Kapitel 76
225 1923-2013
226 heute Chinesisch: Qamdo, auch Changdu

— Außer Harrer und Aufschnaiter war noch der Weißrusse Dimitri P. Nedbailoff in Tibet. Auch er wurde in Dehra Dun von den Briten interniert und auch ihm gelang die Flucht nach Tibet. Als Elektroingenieur unterstützte er Aufschnaiter beim Bau eines weiteren Wasserkraftwerks. Die Engländer und die Deutschen arbeiteten zusammen, um der Entwicklung des Landes zu dienen. Der Leiter der Britischen Gesandtschaft, Hugh Edward Richardson, betrachtete die beiden Deutschen und den Weißrussen allerdings mit großem Misstrauen und Neid. Um dem Mangel an Bau- und Brennholz zu begegnen, legte Aufschnaiter eine ausgedehnte Baumschule mit den dazugehörenden Bewässerungskanälen in der Nähe von Lhasa an.

– Es gab gegen Ende des Zweiten Weltkriegs und danach noch einen weiteren Engländer, der im östlichen Teil Tibets tätig war. Es war der englische Missionar Geoffrey Bell, der in Sikang missionierte. Damals wurde Sikang von Tibet verwaltet, heute wird der Ort Xikang genannt und ist ein Teil Chinas geworden.

– Dann gab es auch noch einige US-Amerikaner, die während des Krieges, als die Burmastraße geschlossen wurde, Tibet durchquerten. Dies waren zwei US-Offiziere und ein Lehrer mit dem Namen Parker. Alle drei hielten sich gegen Ende des Zweiten Weltkriegs kurz in Lhasa auf.

In Batang, einer Stadt zwischen Lhasa und Chengdu, gab es mehrere amerikanische Missionare. Auch der schottische Missionar George Patterson reiste während dieser Zeit durch Tibet. Warum müssen Missionare um die Welt ziehen und versuchen, anderen Kulturen unsere Religion, unsere Moral und Lebensweise aufzudrängen? Glauben sie wirklich, dass unsere Werte die einzig Richtigen sind?

– Und dann gab es noch einen US-Bürger, der wohl am ehesten in Frage kommt, Harrer für eine Zusammenarbeit mit dem CIA zu gewonnen zu haben. 1949 besuchte der in den Vereinigten Staaten sehr bekannte Journalist Lowell Thomas mit seinem Sohn Tibet. Sie produzierten einen hervorragenden Film mit dem Titel *High Adventure: Land of the Lost Horizon*. [227] Lowell Thomas schrieb ein Buch mit dem Titel *Out of this world* in dem er Reggie Fox in Lhasa als den Organisator und Mittelpunkt von Funkstationen bezeichnete, die an strategisch wichtigen Punkten entlang der chinesischen Grenze postiert waren. Zu der Zeit war das Verhältnis zwischen Großbritannien und China von Misstrauen und Feindseligkeiten geprägt.

Lowell Thomas und Heinrich Harrer freundeten sich an.[228] Lowell Thomas gehörte zu einer Gruppe um den Historiker Arthur Schlesinger[229], der von 1943 bis 1945 Geheimdienstanalytiker für das ‚Office of Stragic Services‘, der Vorläuferbehörde des CIA, war. Später wurde Schlesinger Sonderberater für die US-Präsidenten John F. Kennedy und Lyndon B. Johnson. Es kann somit vermutet werden, dass Harrer durch Lowell Thomas für den CIA gewonnen wurde. Sollte Harrer für den CIA nach dem Nazigold suchen? Es ist zu vermuten, denn der Abenteurer Harrer wäre dafür der richtige Mann gewesen.

Ich habe einen weiteren Kontakt Harrers zu den Alliierten Geheimdiensten gefunden. Das Vorwort der englischen Ausgabe seines Buches *Sieben Jahre in Tibet* schrieb Peter Fleming. Es war der ältere Bruder von Ian Fleming, des britischen Schriftstellers, dessen Romane durch die James Bond-Filme international bekannt wurden. Peter Fleming war Reiseschriftsteller, arbeitete jedoch im Zweiten Weltkrieg für den ‚British Secret Service‘ und war als ‚Special Operations Executive‘ in New Delhi stationiert. Wenn man bedenkt, dass Peter Fleming ein Vorwort zu Heinrich Harrers Buch schrieb, dann müssen sie sehr gut befreundet gewesen sein. Damit wird erneut Harrers Nähe zu den Geheimdiensten der Alliierten deutlich.

Zum Beispiel schreibt Thomas Laird in seinem Buch *Into Tibet: The CIA's First Atomic Spy and His Secret Expedition to Lhasa*[230], dass nach den in den vergangenen zehn Jahren veröffentlichten Dokumenten des ‚State Departments‘ klar wird, dass Harrer, nachdem er Tibet verlassen hatte, in verschiedenen geheimen Operationen der Amerikaner eingebunden war. Er stellte dem CIA Landkarten und andere Dokumente über Tibet zur Verfügung.[231]

Harrer war als Abenteurer und Autor hervorragend dafür geeignet, geheime und verdeckte Operationen durchzuführen. Die amerikanischen und britischen Geheimdienste nützten diesen Vorteil aus.

Nach Ende des Zweiten Weltkriegs verkündete Radio Peking: *Für 1950 besteht die Aufgabe der Volksbefreiungsarmee darin, Taiwan, Hainan und Tibet zu befreien!*

---

227 https://www.youtube.com/watch?v=sjVN4M4l7sc
228 Heinrich Harrer, *Wiedersehn mit Tibet*, S. 131
229 1917-2007
230 S. 228
231 Ibid. S. 233ff u. 327

Die chinesische Regierung behauptete, dass Tibet von amerikanischen und britischen Imperialisten beherrscht werde.[232] Eine Besetzung Tibets durch China begann. Soweit sie noch konnten, flohen die Ausländer in benachbarte Staaten. Heinrich Harrer und Peter Aufschnaiter flüchteten gemeinsam mit der großen Reisegesellschaft des Dalai Lama Mitte November 1950 nach Süden. Sie wollten nach Indien. Im März 1951 erreichten sie die indische Grenze, wo sich ihre Wege trennten. Der Dalai Lama zögerte noch, seine Heimat Tibet zu verlassen und blieb an der Grenze. Harrer ging nach Indien und 1952 von dort zurück nach Österreich, Aufschnaiter blieb in Indien und arbeitete dort für die Regierung. Nedbailoff flüchtete über Nepal nach Australien, wo er für die Regierung als Elektroingenieur arbeitete. Harrer wurde trotz seiner Mitgliedschaft in der Waffen-SS und der SA – soweit bekannt – in Deutschland oder Österreich nie verhört oder verurteilt.

Der Brite Robert Webster Ford hatte weniger Glück. 1950 wurde er in Tibet von kommunistischen Milizen festgenommen und mehrere Jahre lang in China inhaftiert und verhört. Im Gegensatz zu den deutschen Zivilisten, die von den Niederländern in Indonesien interniert worden waren, bekam er nach seiner Entlassung alle bei seiner Festnahme konfiszierten Wertsachen vollzählig von den Kommunisten zurück!

Abb. 78.4-5, Der Brite Robert Webster Ford, 1950 bei seiner Festnahme durch kommunistische Milizen

Als der Dalai Lama im Frühjahr 1959 endgültig vor den Chinesen nach Indien floh, empfing ihn Harrer als Vertreter der amerikanischen Medien LIVE und DAILY MAIL im Ort Trezpur in der Provinz Assam. Wie auch Heinrich Harrer schreibt[233], sprach man von ungeheuren Goldmengen, die der Dalai Lama auf der Flucht mitgenommen haben soll. Dass Harrer bereits 1959 für US-Medien arbeitete, zeigt auch eine gewisse Nähe zu den USA.

Weniger bekannt ist, dass Harrer 1962 nach Niederländisch-Neuguinea reiste. Er war zunächst in Hongkong und Macao, wo er – nach eigenen Angaben – nach Kunst- und Kultgegenständen aus Tibet suchte. Dies klingt unglaubwürdig, denn Hongkong und Macao sind mehr als 2000 Kilometer von Tibet entfernt. Und wer sollte Kunst- und Kultgegenstände dorthin gebracht haben, und weshalb? Wie wir bereits sahen, gingen während des Zweiten Weltkriegs größere Mengen Gold des Dritten Reichs von Portugal nach Macao und China. Hat Harrer dort nach dem vermissten Goldschatz gesucht?

1962 bereiste Harrer Papua-Neuguinea, den westlichen Teil Neuguineas, der damals noch von den Niederlanden besetzt war. Erst 1963 ging dieser Teil von der Größe Kaliforniens an Indonesien.[234] Die Portugiesen hatten Neuguinea auf ihrem Weg zu den Molukken 1526 entdeckt. Aber auch in den 1960er Jahren gab es auf den Landkarten Neuguineas immer noch viele weiße Flecken. Lediglich die Küstenregionen waren einigermaßen erforscht, das Landesinnere ist zum Teil bis heute noch ein Mysterium.

1961, ein Jahr bevor sich Heinrich Harrer in Neuguinea durch den Urwald kämpfte, war auch der 22-jährige Michael Rockefeller, Sohn des wohlhabenden damaligen Gouverneurs von New York, Nelson Rockefeller, in Neuguinea unterwegs. Sein spurloses Verschwinden konnte bis heute nicht aufgeklärt werden. Gerüchte sagen, er wäre bei einem rituellen Racheakt von Kannibalen verspeist worden.

Harrers Ziele waren die Besteigung der Carstenz-Pyramide und die Nord-Süd-Durchquerung des westlichen Teils der Insel. Viele Monate kämpft er sich durch fast undurchdringlichen Urwald. Das Landesinnere von Neuguinea war selbst zu dieser Zeit noch nahezu ‚terra incognita'. In den 1930er und 1940er Jahren wäre Neuguinea ein sicheres Versteck für einen Goldschatz gewesen. Aber ich denke, die logistischen Herausforderungen wären unüberwindlich gewesen. Ethnographen waren allerdings der Meinung, dass die vorgeblichen Expeditionsziele nicht der eigentliche der Zweck der Reise gewesen sein könnten, denn Harrers Buch zeige durchgehend Ungereimtheiten und viele Fehler.[235]

232 Ford, Robert, *Gefangen in Tibet*, 1958, S. 14, 24
233 Heinrich Harrer, *Wiedersehen mit Tibet*, S. 125
234 Einzelheiten dazu in Horst H. Geerken, *Der Ruf des Geckos*, S. 132ff
235 D. A. O'Brian, *Review of H. Harrer: I Come from the Stone Age*, 1966

Wie bereits erwähnt, war Heinrich Harrer mit Peter Fleming befreundet. Fleming war Schriftsteller, aber gleichzeitig war er ‚Grenadier Guard‘ und ‚Officer of the Order of the British Empire‘. Von 1942 bis Kriegsende leitete der die ‚Division D‘ in New Delhi, die mit ‚psychologischer Kriegsführung und Desinformation‘ betraut war. Ich konnte nicht in Erfahrung bringen, wann Harrer und Fleming sich kennen lernten und wie eng ihre Freundschaft war. Waren sie gute Freunde, dann wäre nicht auszuschließen, dass Harrer nicht nur für die USA, sondern auch für den britischen Geheimdienst MI6 tätig war. Da wäre der ‚unbefleckte‘ Autor und Abenteurer Heinrich Harrer die beste Wahl gewesen, unter dem Deckmantel einer Expedition in Neuguinea nach dem Goldschatz zu suchen. Das hätte – und hat auch – keine große Aufmerksamkeit verursacht.

Abb. 78.4-6, Buch von Heinrich Harrer

79. Flüchtete Hitler doch nicht nach Indonesien?

In Band 2 und 3 dieser Dokumentation habe ich über die von Indonesiern vermutete Flucht Hitlers und dessen Untertauchen als Dr. Georg Anton Poch[236] berichtet.

Dr. Poch wurde in Indonesien bekannt, als in ihm der untergetauchte Adolf Hitler vermutet wurde. Diese Vermutung wurde durch die Recherchen von Dr. Sosro Husodo ausgelöst, der mit Dr. Poch im Krankenhaus in Sumbawa Besar, West-Nusa Tenggara, zusammentraf. Die Wahrheit der Geschichte des deutschen Arztes Dr. Poch konnte bisher nicht bewiesen werden. Im Internet kursieren unzählige Berichte und bei YouTube findet man stundenlange Diskussionen in Bahasa Indonesia über dieses Thema. Einige indonesische Experten kommentieren diese in Indonesien immer noch populäre Geschichte in der indonesischen Online-Ausgabe der TRIBUNE NEWS vom 6. Juli 2019. Hier werden die bisher bekannten Fakten zusammengefasst.

Es folgt eine freie Übersetzung der wichtigsten Passagen:[237]
TRIBUN NEWS, Samstag, 6. Juli 2019
TRIBUNNEWSWIKI.COM/Dinar Fitra Maghiszha
Die umstrittene Figur von Dr. Poch kam an die Öffentlichkeit, als vermutet wurde, dass er Adolf Hitler sei. Bis heute ist seine Existenz und seine Geschichte als deutscher Arzt noch nicht geklärt. Die Annahme Dr. Poch sei Adolf Hitler beruht auf den Recherchen von Dr. Sosro Husodo, aus Sumbawa Besar, West-Nusa Tenggara (NTB).

Der vollständige Name des Arztes ist Dr. Georg Anton Poch. Er wurde aufgrund eines Antragsschreibens im Jahr 1966 indonesischer Staatsbürger (WNI[238]). Die Beweise dafür sind im Besitz von Dr. Sosro Husodo. Bis heute sind viele Indonesier davon überzeugt, dass Adolf Hitler unter dem Namen Dr. Poch auf der Insel Sumbawa weiterlebte.

Adolf Hitler war Kanzler des Deutschen Reichs (1933 – 1945), Führer der NSDAP und der Verursacher des Völkermords an Millionen von Juden. Nach allgemein kursierenden Informationen wurde erklärt, dass Adolf Hitler am 30. April 1945 in einem Bunker in Berlin durch Selbstmord starb und sein Körper verbrannt wurde. Viele Indonesier waren in den 90er Jahren schockiert von der Annahme, dass ein aus Deutschland stammender Arzt in Sumbawa namens Dr. Poch, Adolf Hitler sein soll. In Surabaya, im Stadtteil Ngagel, ist das Grab von Dr. Poch.

Andere Quellen sagen, dass Adolf Hitler in Argentinien, Brasilien oder irgendwo in Südamerika gestorben sei. Die Annahme, Dr. Poch sei Adolf Hitler, ist laut dem indonesischen Historiker Asvi Warman Adam bis heute nicht bestätigt. Ein Großteil der populären Geschichte um Dr. Poch enthält triviales Material, um das die Gesellschaft eine Geschichte gesponnen hat.

Abgesehen von der Annahme, dass Dr. Poch Adolf Hitler sei, hat TRIBUNE NEWS die Fakten aus den Recherchen von Dr. Sosro Husodo zusammengetragen, basierend auf dem Buch ‚Hitler starb in Indonesien. Das Geheimnis ist aufgedeckt'[239] von Ir. KGPH Soeryo Goeritno, (M. Sc.)[240]. TRIBUNE NEWS legt hier die verschiedenen Meinungen vor und beschreibt die kontroverse Figur von Dr. Poch.

Unstimmigkeit 1
Soeryo Goeritnos Buch ‚Hitler starb in Indonesien':
Im Vorwort des Buches über Dr. Poch dankt der Autors seinem jüngeren Bruder, Soeryo Soedibyo Mangkoehadiningrat. Diese Anerkennung basiert auf der Tatsache, dass er geholfen hat, Daten und Beweise über die Recherchen von Dr. Sosro Husodo zu Dr. Poch auszumachen. Im Vorwort seines 121-seitigen Bucher erwähnt Soeryo Goeritno außerdem, dass sein Buch kein historisch fundiertes Buch sei. Allerdings erklärte er auch, dass es neue Fakten über den Tod von Dr. Poch alias Adolf Hitler gäbe, basierend auf den Recherchen von Dr. Sosro Husodo.

Im Inhaltsverzeichnis ist der Zusammenhang zwischen Untertiteln und dem Inhalt des Buches unstimmig, so dass die Erzählung der Ereignisse von Dr. Sosro Husodo über Dr. Poch nicht ausreichend genug umfassend und ausgewogen sind.

Unstimmigkeit 2
Sosro Husodo und seine Forschungsaktivitäten:

---

236 Im Buch *The Hitler Legacy* von Peter Levenda wird er durchgehend als ‚Pöch' bezeichnet.
237 Freie Übersetzung durch den Autor aus ‚TRIBUNNEWSWIKI.COM/Dinar Fitra Maghiszha'
238 Warga Negara Indonesia
239 Ir. KGPH. Soeryo Goeritno, M. Sc, *Hitler mati di Indonesia: Rahasia yang Terkuak*, Herausgeber: Titik Media Publisher, 2010, 121 Seiten
240 Ir. KGPH Soeryo Goeritno war Bachelor des 'Gubkin Oil and Gas Institute', Moskau, Russland.

Soeryo Goeritno hatte als Autor des Buches nur die Forschungen von Dr. Sosro Husodo über Dr. Poch ausgewertet. Sosro Husodo ist ein Militärarzt im Rang eines Oberstleutnants. Er lebte in Bandung auf der Jalan Setiabudi.

Die Forschungen von Sosro Husodo begannen 1981, als er in der Zeitschrift ,Zaman No. 15 / Woche II - Januar 1980' einen ins Indonesische übersetzten Artikel von Heinz Linge mit dem Titel ,Die wahre Geschichte vom letzten Tag eines Diktators' veröffentlichte.

Heinz Linge war Kammerdiener von Adolf Hitler. Nach Sosro Husodos Recherchen beschreibt das Magazin Hitlers Zustand wie folgt:

Die Menschen in Deutschland wissen, dass der Führer sein linkes Bein nachzog, dass seine Sehkraft nachgelassen hatte und seine Haare immer weniger wurden.

Als der Krieg intensiver wurde und sich dem Ende zuneigte, begann Hitler, an Krämpfen zu leiden. Außerdem begann seine linke Hand zu zittern und es fiel ihm schwer, diese zu kontrollieren. Sosro Husodo erinnert auch daran, dass Hitlers Leiche und Grab nie gefunden wurden.

In dem Bericht erwähnt Dr. Sosro Husodo, dass er 1960 auf der Insel Sumbawa Besar einen deutschen Arzt getroffen hat, der behauptete Dr. Poch zu sein. Von 1960 an ist er unzählige Male mit Dr. Poch in Sumbawa Besar zusammen gewesen.

Neben den Dialogen mit Dr. Poch beriet Dr. Sosro Husodo ihn auch medizinisch, da er bei Dr. Poch das Krankheitsbild Parkinson vermutete.

Dr. Sosro erfuhr immer mehr über Dr. Poch. Er sprach auch mit leitenden Personen des Krankenhauses RSU[241] in Sumbawa Besar, in dem Dr. Poch tätig war und erfuhr folgendes:

,Der alte deutsche Arzt starb 1970 im Karang Menjangan Hospital in Surabaya. Seine deutsche Frau war nach Deutschland zurückgekehrt und er heiratete eine neue Frau aus Bandung bevor er starb.'

In Sumbawa Besar hat Sosro noch einige wenige Hinterlassenschaften von Dr. Poch an sich genommen. Ihm wurde gesagt, dass seine zweite Ehefrau Sulaesih alle seine Dokumente aufbewahrt hätte. Sosro Husodo traf sich daraufhin mit Sulaesih und führte ein Interview mit ihr, um mehr über Dr. Pochs Herkunft und den Aufenthalt in Sumbawa Besar zu erfahren. 1983 intensivierte Sosro Husodo seine Nachforschungen zu Dr. Poch. Nachdem er mehrere Dokumente von Dr. Poch, die nun in Händen seiner zweiten Ehefrau Sulaesih waren, überprüft hatte, war sich Sosro Husodo sicher, dass sich hinter Dr. Poch der deutsche Führer Adolf Hitler verbarg. Während seiner Forschungstätigkeit schrieb Dr. Sosro über seine Erfahrungen auch in der Zeitung ,People's Thought'.

Unstimmigkeit 3
Der in Rom ausgestellte Reisepass Nr. 2624/51 und das Dekret des Präsidenten der Republik Indonesien von 1967:
In den Dokumenten, die Sosro Hosodo von Sulaesih erhielt, waren schriftliche Notizen in Stenografie und eine Einwanderungserlaubnis für Dr. Poch aus dem Jahr 1966 mit dem ,Dekret des Präsidenten der Republik Indonesien Nr. 075/PWI 1967'.

In den von Sulaesih aufbewahrten Notizen in Stenografie geht hervor, dass jemand von Salzburg nach Graz, dann an die österreichische Grenze, weiter nach Jugoslawien und nach Belgrad und dann nach Sarajevo geflohen ist. Von Sarajevo nach Rom reiste diese Person mit dem Reisepass der Nummer 2624/51.

Neben den Notizen in Kurzschrift gab es ein weiteres Dokument, das Sosro Husodo von Sulaesih bekam. Es war die Bescheinigung der Einwanderungserlaubnis von Dr. Poch. Diese Einwanderungskarte wurde im Buch abgebildet. Sie enthält weitere Informationen, darunter:
Geburtsort: Przmsyl, 1. November 1895
Name des Vaters: Jesef Poch
Name der Mutter: Emma Poch und die Aussage, dass Dr. Poch mit der Passnummer 2624/51 in Indonesien eingereist sei.
Ein weiteres Dokument ist das Dekret des Präsidenten der Republik Indonesien Nr. 075 / PWI 1967 zur Staatsbürgerschaft.
In diesem dritten Dokument steht es geschrieben:
,In Bezug auf die Staatsbürgerschaft wird erklärt, dass die Entscheidung über den Antrag von Dr. med. Georg Anton Poch, geboren am 1. November 1895 in Przemsyl (Österreich), wohnhaft im Dorf Bidji, Sumbawa Besar, um Staatsbürger der Republik Indonesien zu werden, positiv ausgefallen ist. In Jakarta am 20. Dezember 1967 erstellt und unterzeichnet vom amtierenden Präsidenten Suharto und dem Kabinettssekretär der Republik Indonesien.'
Die Ähnlichkeit der Schrift auf dem Pass und den Dokumenten der Einwanderungsgenehmigungsbehörde, sowie dem Präsidialerlass der Republik Indonesien Nr. 075/PWI weisen Unstimmigkeiten um die Identität von Dr. Poch auf.

---

241 Rumah Sakit Umum

Unstimmigkeit 4
Die Stadt Przemsyl/Przemyśl.[242]
In dem von Sosro Husodo erhaltenen Dokument der Einwanderungsbehörde stand, dass Dr. Poch am 1. November 1895 in Przemyśl geboren wurde. Przemyśl war laut Sosro Husodo in Polen, während in dem Bewerbungsschreiben um die indonesische Staatsbürgerschaft von 1966 geschrieben stand, dass Dr. Poch in Przemyśl in Österreich geboren wurde.

Der Arzt Sosro Husodo kam daher zu dem Schluss, dass der Pass von Dr. Poch gefälscht sei.

Unstimmigkeit 5
Das Treffen und die Gespräche von Dr. Sosro Husodo mit Dr. Poch:
Wie oben erläutert, traf Sosro Husodo mit Dr. Poch während seines Dienstes in Sumbawa Besar im Oktober 1960 zusammen. Zu diesem Zeitpunkt hatte Sosro gerade sein Studium an der medizinischen Fakultät der UI[243] *abgeschlossen. Sosro wurde vom Gesundheitsministerium beauftragt, die Gesundheitsmission der US-Regierung für die Opfer von Katastrophen in asiatischen Ländern mit dem Schiff ,Hope' zu unterstützen. Das Schiff ,Hope' lag damals im Hafen von Sumbawa Besar.*

Als Sosro Husodo die örtlichen Ärzte kennenlernte, traf er einen Mann von der Statur eines alten kaukasischen Arztes, groß, eher mager, mit leicht gebeugtem Rücken, ovalem Gesicht, leicht kahlem Kopf mit wenig grauem Haar, großer und scharfer Nase und einem Schnurrbart, wie ihn Charlie Chaplin hatte.

Hier lernte Sosro Husodo Dr. Poch kennen, der ihn dann einlud, ihn in den Pavillon zu begleiten, um den Regenten zu treffen. Einen Monat später gab es ein zweites Treffen mit Dr. Poch.

Nachdem das ,Hope'-Schiff den Hafen verlassen hatte, luden einige Freunde Sosro ein, um Dr. Poch näher kennen zu lernen. Sosro und seine Freunde trafen sich dann mit Dr. Poch und seiner Ehefrau Sulaesih. Das folgende Gespräch zwischen Sosro Husodo und Dr. Poch wurde von einem Freund Sosro Husodos, sowie von Pochs Ehefrau Sulaesih bezeugt:
Dr. Sosro: ,Haben Ärzte unter Hitlers Herrschaft gut gelebt?'
Dr. Poch: ,Ja'
Dr. Sosro: ,Wie denken Sie darüber?'
Dr. Poch: ,Uns ging es nicht schlecht, im Gegenteil, Deutschland hatte damals große Fortschritte gemacht. Das deutsche Volk lebte wohlhabend und wurde eine starke Nation. Der Krieg hat uns zerstört, aber wir sind wieder auferstanden.'
Dr. Sosro: ,Was ist mit dem Lager Auschwitz?'
Dr. Poch: ,Nichts, es ist nur ein überzogenes Gerede, das uns zerstören will.'
Dr. Sosro: ,Stimmt es, dass Hitler durch Selbstmord gestorben ist?'
Dr. Poch: ,Ich weiß es nicht, damals war die Atmosphäre sehr chaotisch, alle haben sich irgendwie gerettet.'
Dr. Sosro: ,Wie mir erzählt wurde, wollen sie nicht zurück nach Deutschland, warum?'
Dr. Poch: ,Ich mag das Klima in Deutschland nicht, dort ist im Winter die Kälte bis in die Knochen zu spüren, vor allem bei Wind, wenn sich die Bäume biegen. Ich bin ein alter Mann, der das deutsche Klima nicht mehr aushält. Da es in Indonesien keinen Winter gibt, fühle ich mich hier durch die warme Luft für immer zu Hause.'
Dr. Poch weiter: ,Sehen Sie sich meine Hände an, die zittern. Was denken sie, welche Krankheit ich habe?'
Dr. Sosro: ,Sie haben vermutlich die Parkinson'sche Krankheit aufgrund Ihres fortgeschrittenen Alters. Es können aber auch andere Krankheiten sein, wie Atherosceloris oder vielleicht liegt es an Bluthochdruck (Hemaparese) oder einfach nur an einem psychischen Trauma.'
Dr. Poch: ,Da stimme ich mit ihnen überein!'
Dr. Sosro: ,Seit wann fühlen sie die Krankheit?'
Dr. Poch: ,Ja, seit wann?' (Dr. Poch überlegt)
Antwort der Ehefrau von Dr. Poch: ,Seit über fünfzehn Jahren, weil er mit der Faust auf den Tisch geschlagen hat, als die deutschen Soldaten in Moskau waren.'

Unstimmigkeit 6
Die Personen Sulaesih und Dr. Poch:
Nach Sosro Husodos Erzählung ist Sulaesih ein sundanesisches Mädchen aus Cibadak bei Sukabumi (West Java). Sosro Husodo traf Sulaesih während seines Besuchs in Sumbawa Besar, um Dr. Poch kennen zu lernen. Sulaesih stammt aus einer nicht wohlhabenden Familie. Als Sulaesih 1956 nach Abschluss der Junior High School hörte, dass eine Gruppe von Mädchen nach Sumbawa Besar gehen wollte, um dort zu arbeiten, ließ sich Sulaesih auch für dort registrieren. In Sumbawa Besar angekommen, erhielt Sulaesih eine Anstellung bei der Bezirksverwaltung. Dort lernte sie einen jungen Mann kennen, der ein Neffe des Sultans von Sumbawa war und den sie später heiratete. Nach einem Jahr Ehe wurde Sulaesihs Ehemann schwer krank. Sie brachte ihren Mann zur Behandlung zu Dr. Poch. Hier begann Sulaesihs Bekanntschaft mit Dr. Poch.

---

242 Przemyśl in Polen. Während der deutschen Besetzung im Zweiten Weltkrieg wurde die Stadt Przemsyl genannt.
243   University of Indonesia

Da sich die Krankheit von Sulaesihs Ehemann nicht besserte, wünschte die Familie des Mannes, dass sich Sulaesih von ihrem Mann trennen solle. Mit ein Grund für die Trennung war auch, dass Sulaesih kein gebürtiges Sumbawa-Mädchen war. Als geschiedene Frau hätte sie nur noch wenig Chancen auf dem Heiratsmarkt gehabt.

Zwei Jahre nach der Scheidung, machte ihr Dr. Poch einen Heiratsantrag. Nachdem Sulaesih zustimmte, konvertierte Dr. Poch 1964 zum Islam und änderte seinen Namen in ‚Abdul Kohar‘. Sulaesih heiratete im Alter von 34 Jahren, während Dr. Poch bereits 64 Jahre alt war. Sulaesihs sagte gegenüber Sosro Husodo, dass Dr. Poch viele Geheimnisse hatte und dass er sie auch ihr gegenüber nicht preisgeben wollte.

Laut Sulaesih hatte Dr. Poch ein Vermächtnis in Form eines kleinen braunen Büchleins mit den Maßen 9x16 cm und 44 mm Dicke. Dieses Buch ist teils in Latein, teils in der Gabelsberger Kurzschrift verfasst. Der in Kurzschrift geschriebene Teil erzählt, wann und wie Dr. Poch mit seiner ersten Frau aus Deutschland nach Salzburg, nach Graz in Österreich, nach Belgrad und dann nach Sarajevo floh. Von Sarajevo nach Rom reiste er als Dr. Poch mit Pass-Nr. 2624/51. Der Bericht über seine Flucht trägt den Titel ‚Kurze zeitliche Darstellung der persönlichen Belange durch die Alliierten und lokalen ‚Autoritäten‘ in Salzburg 1946‘.

Die in lateinischer Sprache geschriebenen Notizen enthalten Listen mit Adressen und Namen von Nazi-Mitgliedern, die angeblich geflüchtet sind.[244]

Unstimmigkeit 7
Sulaesihs Rede:
Die Aussagen von Sosro Husodo, basieren auf Gesprächen zwischen Dr. Poch und seiner zweiten Ehefrau Sulaesih. Gegenüber Sosro Husodo erzählt sie von einem Gespräch mit Dr. Poch, den sie ‚Gi‘ nannte:
‚Gi‘, ruft sie, ‚warum hast du einen Schnurrbart wie Hitler?‘
Poch antwortete: ‚Ich bin Hitler!‘
In einem weiteren Gespräch von Sulaesih mit Risnawati, einem Journalisten des ‚Mangle Magazins‘, erwähnte sie einen weiteren Dialog mit Dr. Poch:
Dr. Poch: ‚Weißt du wer Hitler ist?‘
Antwort von Sulaesih: ‚Natürlich weiß ich das. Er ist ein Kriegsverbrecher, oder?‘
Dr. Poch: ‚Wer sagt das?‘
Sulaesih: ‚Viele Menschen starben, weil sie auf Befehl Hitlers vergast und getötet wurden!‘
Dr. Poch: ‚Das war im Krieg. Da ist Töten natürlich!‘
Sulaesih: ‚Manche sagen, Hitler sei noch am Leben, manche sagen, Hitler sei tot. Was stimmt und wo ist er?‘
Dr. Poch: ‚Möchtest du Hitler treffen?‘
Sulaesih: ‚Natürlich würde ich ihn gerne kennenlernen. Aber es scheint nicht möglich.‘
Dr. Poch sagte: ‚Das ist Hitler!‘, während er sich mit der Hand auf die Brust klopfte.
Sulaesih sagte, dass Dr. Poch sie am Ende eines jeden Gesprächs ermahnte, kein Wort nach außen dringen zu lassen. Auch solle sie sich nicht an Politik beteiligen.

Expertenmeinungen
LIPI, Dozent für Internationale Beziehungen an der ‚Airlangga University‘ und Experte für deutsche Geschichte:
Das Institute of Sciences (LIPI) hat die Berichterstattung über VivaNews.com vom 24. Februar 2010 am 28. Februar 2010 als Reaktion der Kontroverse Dr. Poch – Hitler, auf seiner offiziellen Website veröffentlicht. LIPI erklärt, dass es bis jetzt keine endgültige Schlussfolgerung bezüglich der Geschichte von Dr. Poch gibt.

Der LIPI-Historiker Asvi Warman Adam kommentierte:
‚Es gibt keinen Zweifel, dass es einen deutschen Arzt Dr. Poch in Sumbawa Besar gab.‘

Es sei aber nicht eindeutig geklärt, ob es sich bei Dr. Poch um Adolf Hitler handeln würde. Asvi sagte, ihm würden noch eindeutige Beweise für eine Verbindung der beiden fehlen. Das Grab von Dr. Poch in Verbindung mit dem mündlichen Geständnis einer Person würden nicht ausreichen, um zu beweisen, dass Dr. Poch in Wahrheit Hitler war.

Der Dozent für Internationale Beziehungen der ‚Universitas Airlangga‘, Basis Susilo, sagte ebenfalls, er habe Zweifel an der Behauptung, dass Adolf Hitler als Dr. Poch untergetaucht sei. Basis Susilo wies die Vorwürfe jedoch weder zurück noch dementierte er sie. In der Politik könne alles Mögliche und Unmögliche vorkommen.
Alif Rafik Khan ist ein indonesischer Militär- und Geschichtsforscher, der sich auf deutsche Militärgeschichte des Dritten Reichs spezialisiert hatte. Er kommentierte im Magazin ‚Okezone‘:

---

244 Darunter war auch der Name und die Anschrift des kroatischen Priesters, Monsignore Krusnoslav Draganovic, der unzählige gefälschte Pässe ausstellte, um Nazis die Flucht über die ‚Rattenlinie‘ zu ermöglichen. Siehe hierzu Band 1, S. 502f und Band 2, S. 301 u. 303

‚Natürlich kenne ich die Untersuchung und Nachrichten zu Dr. Poch und Hitler. Solange kein DNA-Test am Skelett von Dr. Poch vorgenommen wurde, ist nichts bewiesen.‘

Weiterhin sagte Alif Rafik Khan:

‚Es gab einmal eine Auktion von Hitlers Haaren. Diese könnten mit Dr. Pochs DNA von Teilen seines Körpers verglichen werden. Außerdem gibt es noch viele verwandte Familienmitglieder Hitlers, die möglicherweise noch seine DNA gespeichert haben.

Bis jetzt ist die Existenz und Gültigkeit der Geschichte über Dr. Poch nach wie vor ein kontrovers diskutiertes Thema.

Abb. 79-1 und 2, In Indonesien kursierende – leider sehr schlechte – Fotos, die Dr. Poch kurz vor seinem Tode mit seiner zweiten Ehefrau Sulaesih zeigen sollen

Wenn Hitler noch eine Flucht aus Deutschland gelungen wäre, wäre er mit Sicherheit nicht ohne seinen engsten und äußerst loyalen Vertrauten Walther Hewel geflohen. Hewel kannte sich durch viele berufliche Jahre im Lande hervorragend aus und er beherrschte mehrere Sprachen der Region. Aber wie Hitlers Flugkapitän Hans Baur in seinem Buch *Mit Mächtigen zwischen Himmel und Erde*[245] berichtet, hat sich Walther Hewel bei Kriegsende in Berlin getötet. Hier der entsprechende Ausschnitt aus dem Buch[246]:

Botschafter Hewel, der Verbindungsmann zwischen Hitler und Ribbentrop, der die ganze Zeit abseits von uns saß, sah unentwegt auf ein postkartengroßes Bild seiner jungen Frau. Er hatte erst vor einigen Monaten geheiratet. Als ich ihn ansprach und er mir von dem letzten Beisammensein mit ihr erzählte, fielen Tränen auf das Bild. Ich sagte ihm: ‚Hewel, Sie marschieren doch mit uns aus?‘ Er: ‚Ich weiß noch nicht. Ich kann mich unmöglich in russische Gefangenschaft begeben!‘ Ich: ‚Das wollen wir alle nicht. Aber sie können es doch mit uns versuchen, vielleicht schaffen wir es noch, wenn es auch schlecht aussieht.‘ ‚Gut, Baur, ich marschiere mit. Ich versuche es. Kommt mir der Russe zu nahe, erschieße ich mich. Ich kann nicht zum Verräter an meinem Chef [Anm. d. A.: Hitler] *werden, obwohl ich nicht immer mit seiner Politik einverstanden war.‘ Beim Ausmarsch am nächsten Tag hat Hewel, als die Lage für ihn hoffnungslos wurde und bevor die Russen ihn schnappten, das Bild seiner Frau in der einen Hand, die Pistole in der anderen, seinem Leben durch einen Schuss in die Schläfe ein Ende gesetzt.*

Hewels Ehefrau Blanda bezweifelte allerdings diese Darstellung und den Freitod ihres Ehemannes bis zu ihrem Tode.[247] Sie glaubte an eine Flucht ihres Mannes mit Hitler. Gegen einen Freitod Hewels spricht auch, dass er als Diplomat mit nur geringen Entscheidungsbefugnissen die Nürnberger Prozesse vermutlich ohne großen Schaden überstanden hätte.

Flugkapitän Hans Baur beschrieb im selben Buch über die letzten Tage im Führerbunker in Berlin den Tod Hitlers auf derselben Seite seines Buches:

Da kam um 3 Uhr morgens ein Polizist, der seinem Chef, dem Gruppenführer Rattenhuber, meldete: Hitler und seine Frau sind bis auf kleine Überreste verbrannt. Sie sind in Granattrichtern (der ganze Hof der Reichskanzlei war ein einziges Trichterfeld) beigesetzt. Erst später, bei Vernehmungen in Moskau, sollte sich herausstellen, dass dies eine Falschmeldung war.

War es ein Doppelgänger Hitlers, der verbrannt worden war? Es war bekannt, dass Hitler mehrere Doppelgänger hatte. Aber wo war Hitler? Konnte er doch noch fliehen oder war er schon geflohen? Versteckte sich Hitler wirklich unter dem Namen Dr. Georg Anton Poch in Indonesien? Es gibt immer noch viele offene Fragen!

---

245 Verlag K. W. Schütz KG, 1982
246 Seite 283
247 Siehe auch Band 2, S. 299

Interessant ist, dass Adolf Hitler in seinen letzten Tagen mit zwei Männern zusammen war, die eine Verbindung zu Indonesien hatten: Walther Hewel und Josef Goebbels. Über die Beziehungen von Walther Hewel zu Indonesien habe ich bereits durchgehend in dieser Dokumentation berichtet. Aber was hatte der Propagandaminister Josef Goebbels mit Indonesien zu tun?

Es ist bisher kaum bekannt, dass Goebbels mit an Sicherheit grenzender Wahrscheinlichkeit auch javanisches Blut in seinen Adern hatte. Seine Mutter, Maria Katherina, geborene Odenhausen, kam in Wanbach[248] in Holland auf die Welt und ihre Vorfahren waren zum Teil in Niederländisch-Indien geboren worden oder arbeiteten dort. In der Familie von Goebbels Mutter wurde immer behauptet, dass auch Blut aus Java in ihren Adern fließen würde, da sich die niederländischen Männer der Vorfahren meist Javanerinnen oder eine hübsche Indo[249] zur Frau genommen hätten.[250]

Wie Emil Helfferich schrieb, war Josef Goebbels von seiner exotischen Lebensgefährtin, der Malerin und Halb-Javanerin Dina Uhlenbeck-Ermeling, sehr angetan und zeigte unverhohlenes Interesse an ihr.[251] Fühlte sich Goebbels durch das javanische Blut in seinen Adern zu ihr hingezogen?

Außerdem erfuhr ich von dem Sohn eines engen Freundes von Goebbels, dass Goebbels bis ins Detail über die Operationen der deutschen U-Boote in der Javasee informiert war. Beide, Goebbels und sein Freund, waren Rheinländer. Selbst der Sohn des Freundes wusste noch viel über Indonesien aus Erzählungen seines Vaters, zum Beispiel über die Stützpunkte der Deutschen Kriegsmarine in Surabaya, Batavia und Sabang.

Durch die Verwandtschaft meiner Mutter habe auch ich Vorfahren, die in Niederländisch-Indien tätig waren. Nach einem Test meiner DNA kann heute noch ein Prozent aus dem Raum Indonesien nachgewiesen werden und ich kann nicht verhehlen, dass mich Frauen aus Südost-Asien besonders anziehen.

Seit der Veröffentlichung von Band 1 bis 4 dieser Dokumentation haben neue Recherchen ergeben, dass es Dr. Georg Anton Poch wirklich gab. Er war also kein Phantom. Dr. Poch war ein österreichischer Arzt. Er wurde 1895 geboren und arbeitete ab 1921 in Graz. 1924 heiratete er die Witwe seines Onkels, die Anthropologin Dr. Hella Poch. Ab 1929 war er in Salzburg und Eisenstadt tätig. 1938 arbeitete er in der Abteilung ‚Volksgesundheit‘ im Reichsinnenministerium in Berlin. Ab 1940 leitete er neben anderen das Dezernat für Erb- und Rassenpflege in Salzburg und war an den Vorbereitungen der Euthanasie mitverantwortlich. Er war der leitende Mediziner des Reichs im Gau Salzburg.

Auch seine Ehefrau, Dr. Hella Poch hatte eine einflussreiche Position im Dezernat für ‚Erb- und Rassenpflege‘. Sie musste in unzähligen Interviews entscheiden, wie ‚jüdisch‘ eine Person war. Entschied sie auf ‚jüdisch‘ bedeutete dies den Weg in ein Konzentrationslager, war die Person arisch rein, war dies der Weg in die Freiheit.

Nach dem Ende des zweiten Weltkriegs wurde das Ehepaar von Angehörigen der US-Streitkräfte verhört. Danach erfolgte die Flucht nach Südtirol in Italien. Dort konnten sie untertauchen, bis sich die Situation beruhigt hatte und sie sich 1952 nach Indonesien absetzen konnten.

Der US-amerikanische Autor Peter Levenda recherchiert schon seit vielen Jahren über Dr. Poch und hochrangige Nazis, die mit Hilfe des Vatikans in für sie sichere Länder über die sogenannte Rattenlinie[252] fliehen konnten. Waren es Poch und seine Ehefrau, die nach Indonesien flohen, oder waren es doch Adolf Hitler und Eva Braun, die 1952 unter der Identität von Dr. Georg Anton Poch und Dr. Hella Poch mit deren Reisepässen nach Indonesien ausreisten? Levenda lässt diese Frage offen. Ich halte dies jedoch für ausgeschlossen. Adolf Hitler hätte mit seiner Ehefrau Eva bis zu ihrer Ausreise mit dem Schiff im Jahre 1952 kaum so lange in Norditalien untertauchen können. Die Alliierten durchsuchten doch jeden Winkel dieser Erde – allerdings mit Ausnahme von Indonesien – nach den beiden. Immer ohne Erfolg!

Aber doch gab es immer Möglichkeiten, dort unerkannt zu bleiben. Zum Beispiel konnte dort der SS-Sturmbannführer und Nazi-Ideologe Johann von Leers, der Verfasser von antisemitischen Schriften, fünf Jahre untertauchen, bevor er mit Hilfe des Vatikans nach Südamerika flüchtete.

Auch meine Meinung ist, dass weitere Spekulationen nur unterbunden werden können, wenn ein DNA-Test von den Überresten im Grab von Dr. Poch in Surabaya und ein Abgleich mit Verwandten der Familie Hitlers vorgenommen wird.[253]

248 Vierteljahreshefte für Zeitgeschichte 35 (1987) im ‚Institut für Zeitgeschichte‘, München
249 Indo wurde ein Kind eines europäischen Vaters und einer Javanerin genannt. Diese Frauen waren oft ungewöhnlich hübsch.
250 Robert Payne, *The Life and Death of Adolf Hitler*, 1973, S. 284
251 Horst H. Geerken, Band 1, S. 72
252 Siehe Band 2, S. 302
253 Siehe auch Band 2, Kapitel 49 und Band 3, Kapitel 67.5

80. Ergänzungen zur Deutschen Schule in Sarangan

Im Gegensatz zu den Frauen und Kindern, die mit der *Asama Maru* nach Japan gebracht wurden, dauerte es bei den in Sarangan ausharrenden Mütter und Kindern länger, bis sie endlich in die deutsche Heimat zurückreisen konnten. Indonesien hatte am 17. August 1945 seine Unabhängigkeit erklärt, aber die Niederländer wollten die Kolonie mit aller Brutalität zurückerobern. Durch den auf Java tobenden Unabhängigkeitskrieg saßen die Frauen und Kinder in Sarangan fest und wurden im Dezember 1948 erneut durch niederländische Truppen festgenommen und interniert. Dies mehr als drei Jahre nach Kriegsende! Erst ein Jahr später kamen sie nach Deutschland zurück. Diesen Weg musste Frau Lydia Bode mit ihrem Sohn Hans-Günther einschlagen, aber ihr Ehemann konnte sie leider nicht mehr begrüßen. Er war mit der *Van Imhoff* untergegangen. Hier werde ich noch einige Einzelheiten berichten, die mir der Sohn, Hans-Günther Bode, zukommen ließ.

Berechtigte Pensionsansprüche vieler deutscher Staatsbürger, die in niederländischen Institutionen und Behörden angestellt gewesen waren, wurden nie erfüllt. Der in Sukabumi auf Java geborene Hans-Günther Bode erzählte mir über die Erfahrungen seiner Mutter, Frau Lydia Bode, die seit dem 20. September 1943 Leiterin der Deutschen Schule in Sarangan war. Nur wenige Monate zuvor, an Hitlers Geburtstag, dem 20. April 1943, wurde die Schule mit zunächst 180 deutschen Kindern von deutschen und japanischen Honoratioren offiziell eingeweiht. Die Schule war mit den beiden Staatsfahnen geschmückt, mit der Hakenkreuzfahne des Deutschen Reichs und der Fahne mit der aufgehenden Sonne, der japanischen Flagge, die aus einer roten Scheibe und sechzehn roten Strahlen besteht. Frau Bode unterrichtete die Kinder in verschiedenen Klassen in den Fächern Deutsch, Geschichte, Anthropologie, Bahasa Indonesia und evangelischer Religionskunde, insgesamt 33 Stunden pro Woche.

Abb. 80-1, Kopf der Zeitung ASIA-RAYA vom 12. Mai 2603
In der Meijin-Periode übernahm Japan zum 1. Januar 1871 den gregorianischen Kalender. Die Jahreszählung beginnt jedoch nicht bei Christi Geburt, sondern 660 Jahre früher, als der erste Tenno den japanischen Thron bestieg. Das Datum der Zeitung ist somit nach westlicher Zählweise der 12. Mai 1943

Abb. 80-2, Bericht in der indonesischen Zeitung ASIA-RAYA vom 12. Mai 1943 über die Eröffnung der Deutschen Schule in Sarangan.[254]
Bild oben: Schüler bei Taiso-Gymnastik (eine traditionelle japanische Bewegungsform, eine Art Yoga),
Bild unten: Schülerinnen beim Unterricht.

Sekolah boeat anak-anak Djerman

Madioen (Domei):
Pada hari lahir Hitler tanggal 20 Apr'' j.l. oleh golongan pendoedoek Djerman di Djawa telah didirikan seboeah sekolah boeat anak-anak Djerman di Sarangan — Madioen. Sekolah itoe diatoer sebagai sekolah Djerman toelen, mempoenjai 9 kelas, sama dengan pergaboengan sekolah rendah dan sekolah menengah pertama di Indonesia. Dalam sekolah

A t a s: Moerid-moerid laki-laki sedang bertaiso. — B a w a h: Moerid-moerid perempoean sedang beladjar.

itoe diadjarkan djoega bahasa Nippon. Pada waktoe ini sekolah terseboet telah mempoenjai 100 moerid perempoean dan 80 laki-laki. Goeroe-goeroenja 14 orang, diantaranja 1 orang Nippon.

---

254 Original von Hans-Günther Bode, Moers

Übersetzung des Artikels in der Zeitung ‚ASIA-Raya' vom 12. Mai 2603:[255]

Eine Schule für deutsche Kinder

Madiun: Am Geburtstag von Hitler, am vergangenen 20. April, wurde von einer Gruppe deutscher Einwohner Javas eine Schule für deutsche Kinder in Sarangan (bei Madiun) gegründet. Die Schule wurde wie eine echte Schule in Deutschland mit 9 Klassen organisiert, ungefähr so wie eine indonesische Schule mit einer Kombination aus Grundschule und Mittelstufe. In dieser Schule wird auch die japanische Sprache gelehrt. Zur Zeit sind 100 Schülerinnen und 80 Schüler in der Schule. Der Lehrkörper besteht aus 14 Personen, darunter einer für Japanisch.

Im Anhang 84.1 befindet sich eine Namensliste der Schülerinnen und Schüler der Deutschen Schule in Sarangan.[256]

Der Vater von Hans-Günther Bode, der Missionar Werner August Bode, wurde 1890 in Anandapoor im damaligen Britisch-Indien geboren, wo auch sein Vater schon als deutscher Missionar tätig war. Werner August Bode erhielt nach der Schule eine Ausbildung zum Kaufmann, doch schon bald danach studierte er entsprechend seinem eigenen Wunsch Theologie. 1922 wurde er von der Niederländischen Staatskirche (Nederlands Bijbelgesootschap[257]) nach Celebes geschickt, mit dem Auftrag, die Bibel aus dem Ursprungstext in die neuere Bahasa Indonesia zu übersetzen.

Seine Ehefrau Lydia Bode war für die niederländische Kolonialregierung als Lehrerin für niederländische Kinder in der ‚Prinses Juliana School' in Sukabumi, einer Stadt südlich von Bandung, tätig. Später gründete sie dort eine ‚Hauswirtschaftliche Berufsfachschule'. Die Familie war auch unter den Niederländern hoch angesehen.

Die Situation änderte sich jedoch schlagartig. Da Werner August Bode und seine Familie deutsche Staatsbürger waren, wurden sie am 10. Mai 1940 – nach dem Einmarsch deutscher Truppen in Holland – von den Niederländern festgenommen. Frau Bode wurde in der Schule mitten im Unterricht von der niederländischen Polizei verhaftet und abgeführt. Sie wurde unter schwierigsten Verhältnissen mit ihrem Sohn Hans-Günther zusammen mit weiteren deutschen Frauen und Kindern in ihrem Haus in Sukabumi interniert.

Werner August Bode wurde zunächst in einem unmenschlichen Lager auf der Insel Onrust interniert, später im Lager Kota Jane/Alas Vallei in Nordsumatra. Auf der Fahrt nach Britisch-Indien kam er beim Untergang der *Van Imhoff* ums Leben.

In Anlage 84.2 habe ich eine Liste mit den Namen der mit der *Van Imhoff* ertrunkenen deutschen Internierten mit aufgenommen. Soweit bekannt, wurde in der Aufstellung auch deren frühere Tätigkeit in Niederländisch-Indien genannt. Interessant sind die verschiedenen Berufe. Man findet alles, Angestellte von deutschen und niederländischen Gesellschaften, Missionare, Pflanzer, Ärzte, Ingenieure, Wissenschaftler, Künstler und Deutsche, die für die niederländische Polizei oder die KNIL[258] tätig waren. Die Gesamtzahl der Ertrunkenen schwankt je nach Quelle leicht. Auf dieser Zusammenstellung sind 415 Personen genannt.

Über die schlechte Behandlung der internierten Deutschen durch die Niederländer berichtete die ‚Rheinische Landeszeitung' am 23. August 1940 wie folgt:

Schlechte Behandlung der Reichsdeutschen in Hinterindien

Hw. Den Haag, 23.8.1940

Über die Behandlung der Deutschen in den niederländischen Kolonien sind neue Berichte eingetroffen. Dass die Vorbereitungen zur Inhaftierung sämtlicher Reichsdeutschen schon frühzeitig getroffen waren, geht daraus hervor, dass am 10.5. sämtliche Reichsdeutschen in Niederländisch-Indien schlagartig verhaftet und interniert wurden. Allein auf Sumatra wurden etwa 400 männliche Reichsdeutsche, darunter Kranke und Greise, wie gemeingefährliche Verbrecher eingesperrt; die zwangsläufige Folge dieser brutalen Methode in tropischen Gebieten waren körperliche Entkräftigung, Erschlaffung und seelische Depression. Den von den übrigen Deutschen getrennten Amtswaltern der NSAP wurde eine noch rücksichtslosere Behandlung zuteil. Das gesamte Eigentum der Internierten, auch das ihrer Frauen und Kinder, mit Ausnahme nur des allernötigsten Lebensunterhalts wurde beschlagnahmt. In die deutschen Betriebe, Farmen und Pflanzungen wurden Konkurrenten als Zwangsverwalter eingesetzt. Diese Schutzmaßnahmen sind in Wirklichkeit als eine Liquidation zu betrachten, die bezwecken soll, die deutschen Betriebe zu vernichten und die Reichsdeutschen auch im Falle eines deutschen Sieges zum Abwandern zu zwingen.

255 Zeitungsartikel und Übersetzung von Hans-Günther Bode, Moers
256 Sammlung Hans-Günther Bode
257 Niederländische Bibelgesellschaft
258 Koninklijk Nederlandsch-Indische Leger, die Königlich Niederländisch-Indische Armee

Am 28. Februar 1942 begann die Landung japanischer Truppen auf Java und am 6./7. März 1942 wurden die deutschen Frauen und Kinder in den niederländischen Lagern durch die Japaner befreit. Während der japanischen Besetzung Indonesiens und dem anschließenden Unabhängigkeitskrieg gegen die Niederländer lebte Frau Bode mit ihrem Sohn Hans-Günther in Sarangan. Frau Bode war bis zur Auflösung der Deutschen Schule durch die Niederländer Ende 1948 die Schulleiterin. Der Sohn Hans-Günther besuchte dort die Schule und hatte enge Kontakte zu den indonesischen Studenten der SORA und der mit deutscher Hilfe gegründeten indonesischen Militärakademie[259]. Er schreibt: *Die jungen Leute* [Anm. d. A.: indonesische Kadetten] *verkehrten in Sarangan sehr häufig in unserem Haus und sie waren fast täglich mit mir sportlich aktiv!*

Die brieflichen Kontakte mit den damaligen indonesischen Kadetten bestanden noch lange, als die Bodes wieder zurück in Deutschland waren. Ein besonders langer und intensiver Briefverkehr bestand mit Colonel Dr. Singgih, der den Ableger der indonesischen Militärakademie in Sarangan leitete. Wie beliebt die deutsche Schulleiterin Lydia Bode bei den indonesischen Kadetten war, zeigen viele Briefe, Büchergeschenke und Besuche in Deutschland ihrer ehemaligen Schüler, die nun in hohen Positionen der indonesischen Verwaltung und Wirtschaft tätig waren.

Frau Bode unterrichtete die Kadetten der indonesischen Militärakademie auf Wunsch des ersten Präsidenten Sukarno in der deutschen Sprache. Für die deutschen Schülerinnen und Schüler in Sarangan kam das erste Schulmaterial von der Deutschen Schule in Shanghai. Später wurde es, wie auch die Unterrichtsbücher, mit den U-Booten der Kriegsmarine von Deutschland nach Surabaya gebracht. Aber Unterrichtsmaterial für die indonesischen Studenten gab es natürlich noch nicht. Frau Bode begann zunächst, ein Indonesisch-Deutsches Wörterbuch zu verfassen, wegen Papiermangel auf dünnem Durchschlagpapier. Parallel dazu arbeitete sie an einer Grammatik, die letztendlich über 200 Kapitel umfasste.

Die unbeschwerte Zeit in Sarangan hielt jedoch nicht lange an. Am Heiligen Abend des Jahres 1948 saßen Hans-Günther Bode und seine Mutter vor dem Weihnachtsbaum in ihrem Haus in Sarangan, als sie erneut unsanft von niederländischen Truppen verhaftet wurden. Die niederländisch-indischen Truppen[260] riefen: *Orang orang Jerman harus ditembak! Kita harus lihat darah mereka!*[261] ‚Die Deutschen müssen erschossen werden! Wir wollen ihr Blut sehen!' Und das mehr als drei Jahre (!) nach Kriegsende! Die Brutalität der Niederländer kannte keine Grenzen. Unter Mitnahme von nur einem einzigen Gepäckstück wurden Mutter und Sohn in das Internierungslager Chassé in Jakarta verbracht, wo sie Anfang Januar 1949 eintrafen. Erst neun Monate später, am 30. September 1949, wurden sie nach Deutschland ausgewiesen! Die Niederländer waren selbst einige Jahre nach Kriegsende noch erbarmungslos!

Im Internierungslager Chassé konnte sich Frau Bode durch chinesische Freunde eine Schreibmaschine ausleihen und nun während der neun Monate im Lager ihre Grammatik der Bahasa Indonesia korrigieren und fertigstellen. Beides, das Wörterbuch und die Grammatik, sind bis heute erhalten geblieben. Das Wörterbuch ist mit einem Umfang von 217 Seiten im DIN A4 Format sehr umfangreich, ebenso die Grammatik der Bahasa Indonesia mit insgesamt 232 Kapiteln.

Es waren vermutlich das erste Indonesisch-Deutsche Wörterbuch und die erste Grammatik, die von der indonesischen Einheitssprache Bahasa Indonesia in den 1940er Jahren verfasst wurden. Das erste veröffentlichte ‚Indonesisch-Deutsche Wörterbuch' von Otto Karow und Irene Hilgers-Hesse kam erst 1962 in die Buchläden, gerade noch rechtzeitig, dass ich es nach Indonesien mitnehmen konnte.

Eine erste ‚Grammatik der Bahasa Indonesia' erschien 1956 von Professor Hans Kähler. Frau Lydia Bode war also eine Pionierin auf diesem Gebiet. Natürlich fehlten ihr – auch durch den Verlust Ihres Ehemannes – die finanziellen Mittel, diese beiden Fachbücher zu veröffentlichen. Leider! Die Veröffentlichungen wären die ersten gewesen. Hier zeige ich lediglich jeweils nur eine Seite des Wörterbuches und der Grammatik.[262] Aus dokumentarischen Gründen werde ich das Wörterbuch und die Grammatik von Frau Bode in einem Band 6 veröffentlichen. Diese Veröffentlichung wird für Sprachwissenschaftler von Interesse sein, da sich daran sehen lässt, wie sich die Bahasa Indonesia im Laufe der Jahre verändert hat.

Abb. 80-3, Frau Lydia Bode

259 Siehe Horst H. Geerken, *Hitlers Griff nach Asien*, Band 2, S. 227, 246, 263f, 324 und Band 3, S. 275, 282-284
260 KNIL, Koninklijk Nederlandsch-Indisch Leger, die Königlich Niederländisch Indische Armee
261 Brief mit Aussage von Hans-Günther Bode im Besitz des Autors
262 Wörterbuch und Grammatik Sammlung Hans-Günther Bode

wilig schwarzgrün, (vom Haar) ratna
..... dunkelgrüner Edelstein
wilmana = walmana legendarischer
Vogel
windu sewindu achtjähriger Zyklus
wingit ehrfurchtgebietend
wira Mann, Held
wirama = drama Tempo
wirang Scham, Schande
wirawan heldhaft, tapfer
wirid Koranrezitation
wiron, wiru Falte, berwiron, berwiru-
wiru in Falten gelegt, m.Falten
wolanda = belanda negeri ....Holland,
(holländisch) orang ...Holländer
wong = orang wajang wong Wajang-
vorstellung als Schauspiel
wudjud Wesen, das Sein, das Bestehen,
berwudjud konkret, anschaulich
mewudjudkan ausführen, verwirk-
lichen, terwudjud verwirklicht,
veranschaulicht, perwudjudan
Erscheinungsform, Konkretisie-
rung,
wudu' = udu' religiöse Waschung
wungu = ungu purpurrot, violett

– Z –

zabad = djebat Moschus, Bisam
zabah = debah schlachten auf bestimmte Art
zabaniah malaëkat ..... Wächter des
Höllenfeuers
zabib getrocknete Feigen, Rosinen
zabur Psalm kitab .... das Buch der
Psalmen
zadah geboren, Kind, Sohn; haramzadah
uneheliches Kind, halalzadah
eheliches Kind
zahar Blume, wunderschön glänzend,
oft in Namen gebraucht:Ahmad
Zahar
zahardjad farbiger Diamant, grün, rot
und goldfarben
zahid fromm, asketisch
zahir = lahir geboren werden,
äußerlich
zahiri hukum ..... formales Recht
zahra das weibliche Geschlecht
zaid oft vorkommender Name
zain Zierat (oft in Namen vorkom-
mend) Zainuddin (Zierat f.d. Got-
männl.Personenname tesdienst)
zait Oliven auch:zaitun, minjak ....
Olivenöl, bukit ....der Ölberg
zakar das männliche Geschlecht
zakat djakat religiöse Steuer
zaki untadelig, fromm, rein
zakiat fuad ..... ein aufrichtiges,
Herz
zakum Höllenbaum m.sehr bittern Früch-
ten, v.denen die Verdammten essen
müssen
zaman = djaman Zeit, Zeitperiode,
..... batu Steinzeit, ...depan
Zukunft, ...dulu Vergangenheit,
..... keemasan die Goldene Zeit,
..... Pertengahan Mittelalter

achir ..... das Ende der Zeit,
.... beralih musim bertukar andere
Zeiten andere Sitten,
zamrud = djamrud Smaragd
zamzam djamdjam d.heilige Brunnen in
Mekka
zan Zweifel, Argwohn
zanggi orang ... Äthiopier
zar(r)ah sehr kl.Teil v.etwas, Atom
berat ....,bobot ....Atomgewicht
zariah Samen, Abstammung
zat das Wesen, der Stoff, die Substanz
pertukaran ... Stoffwechsel
...air Wasserstoff, ...arang Koh-
lensäure, ...asam, (pembakar)Sauer-
stoff, ...lemas Stickstoff, ...
putih telur Eiweiß, ...telur he-
wan tierl.Eiweiß, ...telur nabadi
pflanzl.Eiweiß,....air Flüssigkeit
ziadah Überfluß, Glück
ziarah Wallfahrt, Besuch heiliger Stät-
ten, berziarah wallfahrten =dji-
arah
zib wildes Tier, dem Schakal ähnlich
zikir = dikir rezitieren
zill(ullah) der Schatten Gottes
zina(h) ,djinah Ehebruch, Hurerei ber-
zinah, berbuat .... huren
zindik Magier, Heide, Ketzer
zirafah Giraffe
zirah badju ..... Panzer, Harnisch
zohal (Planet) Saturn
zohrah, zohrat (Planet) Venus
zuhud Askese
zuhur = lohor Vormittag(sgebet)
Zulhidjah d.12.Monat d.moham.Jahres
Zulka'edah d.11. " " "
Zulkarnain d.Gehörnte (Alexander d.
Große)
zulmat Finsternis
zurapah = zirapah Giraffe
zuriat = zariat Same, Nachkommen

———————

Abb. 80-4, Eine Seite des Indonesisch-Deutschen Wörterbuches von Frau Lydia Bode von 217 Seiten

- 34 -

§ 224 Bestimmung der Sorte.
     Die Namen von Ländern,Flüssen,Städten usw. werden oft kombiniert
mit dem Artnamen.
     tanah Indonesia, negeri Amerika, sungai Nil, kota Paris, bunga
(kembang) melati, ikan gurami, burung merpati, buah duku duku.

Die Wortfolge.

§ 226 Die einfache Wortfolge für die Tatform sieht so aus:
    1. Subjekt -Prädikat - Akkusativobjekt - Dativobjekt.
    2. Bestimmungen werden so nahe wie möglich zum bestimmten Wort gesetzt
       jedoch muß dafür gesorgt werden,daß Prädikat und Akkusativobjekt
       möglichst nicht voneinander getrennt werden.
       Beispiele zu 1: Saja memukul --- saja memukul andjing --- saja
                       memberikan buku kepada murid.
       Beispiele zu 2: Saja,seorang pegawai polisi,memukul dengan tongkat
                       andjing jang galak itu.
                       Saja memukul andjing itu dengan tongkat.

§ 227 Bemerkung 1: Manchmal steht bei der normalen Wortfolge das Prädikat
vor dem Subjekt.
       Beispiele: Ada orang? Da ist jemand. Ada apa? Was ist da?

§ 228 Bemerkung 2: Wenn das Prädikat mehrere Glieder hat,dann werden die
einzelnen Glieder nicht voneinander getrennt.
       Saja mau pergi ke Semarang.   Aku hendak pulang djam tudjuh.
       Ia nanti akan berangkat.   Ia tidak suka makan udang.

§ 229 Bemerkung 3: Bestimmungen der Zeit stehen bei der normalen Wortfolge
vor dem Prädikat. (vergl.§ 113 und § 232)

§ 230 Die normale Wortfolge für die Leideform sieht so aus:
    1. Subjekt - Prädikat - Bestimmung der Ursache - Dativobjekt.
    2. Andre Bestimmungen müssen so dicht wie möglich bei dem bestimmten
       Wort stehen,aber so,daß Prädikat und Bestimmung der Ursache,wenn
       es eben möglich ist,nicht voneinander getrennt werden.
       Beispiele zu 1: Andjing dipukul ---- Andjing dipukul (oleh) si
                       Amat.----- Buku diberikan guru kepada murid.
       Beispiele zu 2: Andjing jang galak itu dipukul sampai mati.
                       Andjing jang galak itu dipukul sampai mati oleh
                          si Amat,seorang pegawai polisi.
                       Buku-buku jang bagus itu dengan tjepat dibagikan
                       guru kepada murid-murid.

§ 231 Bemerkung: Die Stellung des persönlichen Fürwortes als Bestimmung
                der Ursache in einem passiven Satzteil ist erklärt in
                                          § 218.

Die veränderte Wortfolge.

§ 232 Die veränderte Wortfolge für die Tatform sieht so aus:
    1. Weil das Subjekt,grammatisch beschaut,den ersten Platz einnimmt in
       einem Satz,kann man durch die Voransetzung diesen Satzteil nicht
       betonen,man ist angewiesen auf andre Mittel wie Betonworte usw.
    2. Das Prädikat wird an die Spitze gestellt oder nach vorn geschoben,
       meistens unter Zufügung der Betonsilbe -lah,besonders wenn es nicht
       substantivisch ist oder keine adjektivische Bedeutung hat.
       Besar(lah) rumah itu! Lalu duduklah dan minumlah mereka.
       Tjukuplah itu.   Menarik hati kita,lakunja. Menjesalkan sekali
       perbuatannja.   Sekonjong-konjong memukullah ia kepalaku.
    3. Setzt man das Akkusativobjekt vornean oder verschiebt man es nach
       vorne,so,daß es vor dem Prädikat steht,dann muß man die Nachsilbe
       -nja dem Prädikat zufügen als stellvertretendes Akkusativobjekt
       (wenigstens dann,wenn man Wert darauf legt,die Tatform zu erhalten)
       Es darf sich nichts zwischen Subjekt und Prädikat schieben.
       Normale Wortfolge: Andjing itu saja memukulnja.
       Veränderte Wortfolge: Saja memukul andjing itu.
    4. Beispiel von Vorneansetzung oder Verschiebung des Dativobjektes
       (im Satz gesperrt geschrieben). Den Satz:Ich gebe ihm ein Buch,
       kann man auf verschiedene Weise ausdrücken.Es muß darauf geachtet
       werden,daß keine Umkehrung vorkommt,wenn das Dativobjekt vor dem
       Subjekt steht.
         Saja memberikan sebuah buku kepadanja (k e p a d a n j a).
         Saja memberikan k e p a d a n j a sebuah buku.
         Saja k e p a d a n j a memberikan sebuah buku.
         K e p a d a n j a saja memberikan sebuah buku.

Abb. 80-5, Eine Seite der Grammatik der Bahasa Indonesia von Frau Lydia Bode mit 232 Kapiteln

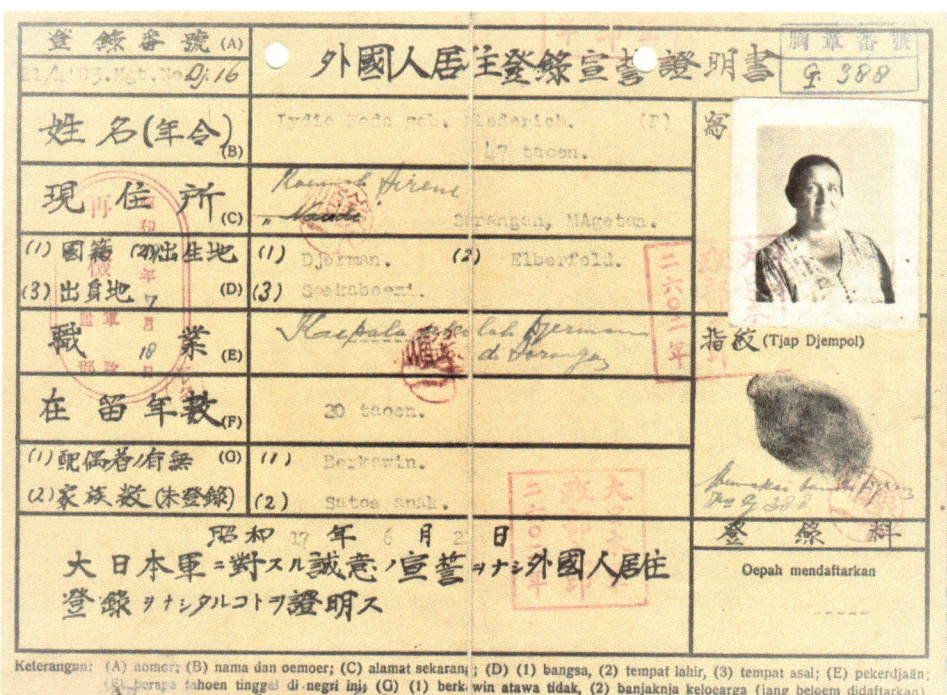

Abb. 80-6, Ausweis von Frau Bode während der japanischen Besatzung, der z. B. bei Dienstreisen benötigt wurde, Vorderseite

Abb. 80-7, Dito, Rückseite

Übersetzung des Textes in Japanisch und Bahasa Indonesia auf der Rückseite des Ausweises. Es ist noch die alte Schreibweise der Bahasa Indonesia, vor der Rechtschreibreform:

Die oben erwähnte Person gab an, der Armee von Nippon Treue geschworen zu haben und sich in die Liste der Einwohner ausländischer Nationen eingetragen zu haben.

Diese Bescheinigung muss jederzeit mitgeführt werden, um zu beweisen, dass er der Armee von Nippon die Treue geschworen hat und in die Liste der ausländischen Einwohner eingetragen ist.

Diese Bescheinigung muss pfleglich behandelt werden, damit sie nicht verschmutzt oder verloren geht, da die Bescheinigung zur Vorlage für Offiziere oder Gefreite erforderlich ist.

Bei Änderungen der im Ausweis genannten Daten müssen sie unverzüglich die Stelle, die das Zeugnis ausgestellt hat, kontaktieren.

Die Angaben des Datums und des Ortes im Ausweis sind wichtig, damit eine Person, zum Beispiel für die Ausstellung eines neuen Ausweises, schneller zugeordnet werden kann.

Der Verlust des Ausweises muss unverzüglich der Stelle gemeldet werden, die den Ausweis zuvor ausgestellt hat und die Person muss durch Zahlung der nötigen Gebühren ein neues Zertifikat anfordern.

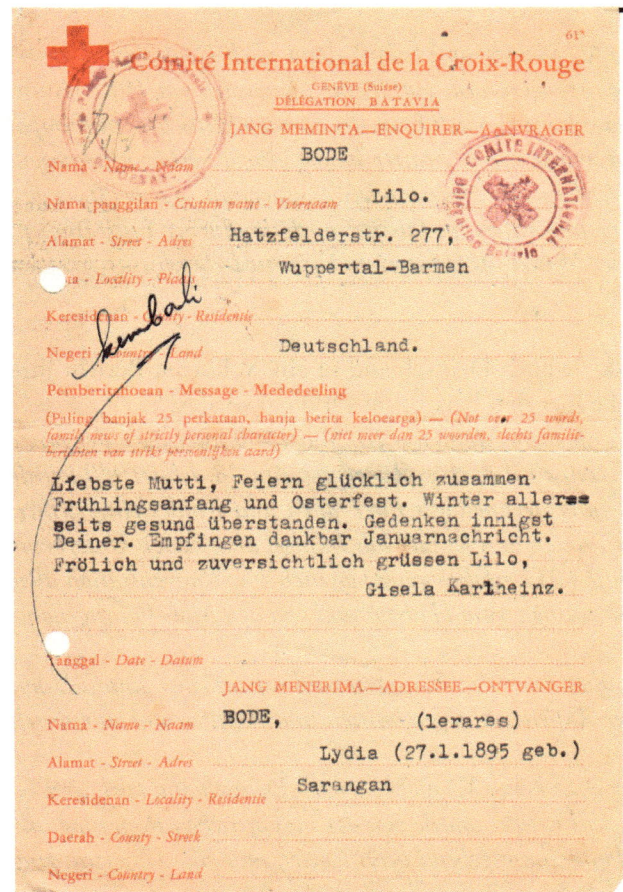

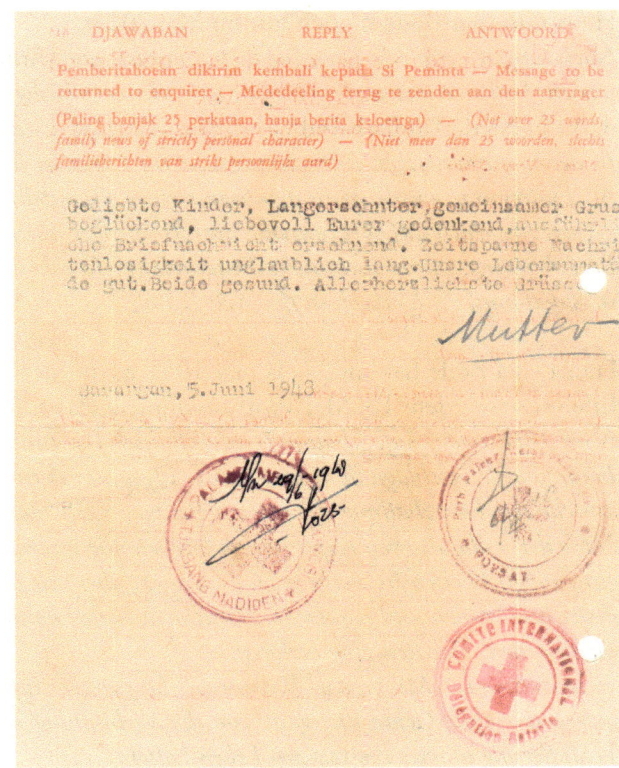

Abb. 80-8, Nachricht über das Internationale Rote Kreuz. Vorderseite
Abb. 80-9. Dito, Rückseite

Als Frau Lydia Bode mit ihrem inzwischen 18 Jahre alten Sohn 1950 wieder in Deutschland war, konnten sie zunächst bei Familienmitgliedern unterkommen. Mit nur einen Koffer pro Person kamen sie in Deutschland an. Das war alles, was sie nach einem jahrzehntelangen Arbeitsleben für die Niederländer noch besaßen. Alles andere, ihr gesamter Haushalt, ihr Vermögen, selbst persönliche Dinge wie Fotoalben wurden von den niederländischen Behörden konfisziert und einbehalten. Nochmals: Das war fast vier Jahre nach Kriegsende! Und das in einem seit August 1945 unabhängigen Land! Es war eine schlimme Verletzung der Menschenrechte! Ich werde darauf mit Dokumenten nochmals zurückkommen.

Um mit ihrem Sohn überleben zu können, hielt Frau Bode Vorträge bei der Rheinischen Missionsgesellschaft in Deutschland und gab Unterricht in Bahasa Indonesia für ausreisende Missionare. Da blieben natürlich keine finanziellen Mittel und keine Zeit übrig, sich um eine Veröffentlichung der beiden Bücher zu kümmern.

Doch nun wieder zurück nach Niederländisch-Indien, das seit dem 17. August 1945 unabhängig war und Indonesien hieß. Zwischen Indonesien und Deutschland gab es nach Rückkehr der niederländischen Streitkräfte nach Indonesien bis 1949 so gut wie keinen Postverkehr, daher sind die wenigen und kurzen Nachrichten über das Rote Kreuz äußerst selten.

Bis zu ihrer erneuten Verhaftung durch die Niederländer am Abend des 24. Dezember 1948 leitete Lydia Bode die Deutsche Schule in Sarangan. In verschiedenen Publikationen wird Otto Coerper, über den ich ausführlich in Band 3 berichtet habe, als *Kepala* der Deutschen Schule, als Schulleiter, bezeichnete. Dies stimmt nicht, es war Frau Lydia Bode. Herr Coerper war der einzige Volksdeutsche[263] im überwiegend weiblich Lehrpersonal. Er hatte Glück, in der Deutschen Schule wegen seiner japanischen Sprachkenntnisse angestellt zu werden. Andere Niederländer und Volksdeutsche landeten in Konzentrationslagern der Japaner oder wurden zur Zwangsarbeit an der Birma- oder Trans-Sumatra-Eisenbahn verpflichtet. Volksdeutsche, also Deutsche, die die niederländische Staatszugehörigkeit angenommen hatten, wurden von den Japanern wie Niederländer behandelt und eingekerkert!

Ziel der Japaner und auch des Deutschen Reichs war, den Kolonialismus in Asien zu beenden, was auch letztlich gelang. Indonesien, Vietnam, Birma, Malaysia, Singapur und Indien wurden unabhängige Staaten. Was Japan nicht mehr gelang, war die Einrichtung der sogenannten ‚Großasiatischen Wohlstandssphäre'[264]. Vielleich wäre dies eine erneute Kolonisierung geworden? Aber nun unter der Herrschaft des Japanischen Kaiserreichs!

263 Deutsche Bürger, die die niederländische Staatsangehörigkeit angenommen hatten
264 Siehe Horst H. Geerken, *Hitlers Griff nach Asien*, Band 1, S. 180ff

Hans-Günther Bode schrieb mir im Mai 2021:

Nach langen neun Monaten im Lager wurden wir [Anm. d. A.: Mutter und Sohn] dann nach Deutschland ausgewiesen. Völkerrechtswidrig hat man uns alles entschädigungslos abgenommen, was meine Eltern sich seit 1922 [Anm. d. A.: in Niederländisch-Indien] erarbeitet hatten. Und das vier Jahre (!) nach Ende des Zweiten Weltkriegs in Europa! In der neunmonatigen Internierungszeit im Lager in Jakarta wurde meine Mutter häufig einem Verhör unterzogen. Als Endresultat wurde sie in den Status eines ,vijandelijk onderdaan der Nederlanden[265] *eingestuft, das heißt, es gab keinen Anspruch auf Witwenrente aus 20-jähriger Tätigkeit meines Vaters im Dienste niederländischer Institutionen. Berücksichtigt wurde auch nicht die jahrelange Tätigkeit meiner Mutter als Lehrerin in zwei niederländischen Schulen in Sukabumi! ... Undank ist der Welt Lohn!*[266]

Frau Lydia Bode hat am 27. Januar 1951 nach ihrer Rückkehr nach Deutschland in einem kurzen Bericht ihre Erlebnisse seit dem 10. Mai 1940 zusammengefasst. Ich gebe hier den Bericht im Original wieder:[267]

Nach 18jährigem Aufenthalt in Niederländisch Ost-Indien, wurde mein Mann am 10. Mai 1940 interniert, der ganze Besitz wurde beschlagnahmt und wurde Eigentum der niederländisch-indischen Regierung. Am 28. Mai 1940 wurde anstelle der Fortschaffung des ganzen Besitzes mein Haus als Internierungslager für Frauen und Kinder eingerichtet. Nach der holländischen Kapitulation blieben alle internierten Frauen und Kinder aus Mangel an anderen Unterbringungsmöglichkeiten in meinem Haus zurück, aber am 12. April 1943 erfolgte ganz plötzlich eine Konzentration aller deutschen Frauen und Kinder in Mitteljava. Dabei konnte nur weniges vom Hausrat und von den Möbeln mitgenommen werden. Der Rest ging verloren.

In Sarangan (Mitteljava) begann ein langsamer Aufbau, aber nach der deutschen und japanischen Kapitulation waren wir ohne Geldmittel ganz von der Verbindung mit der Außenwelt abgeschnitten und konnten uns nur durch Veräußerung unseres Besitzes am Leben halten.

Nach dem Zusammenschmelzen alles Besitzes gab es immer noch keine Möglichkeit nach Deutschland evakuiert zu werden. Ein Gesuch um Unterstützung der deutschen Frauen und Kinder wurde von der indonesischen Regierung, die seit dem 17. August 1945 ihre Selbstständigkeit proklamiert hatte, dahingehend beantwortet, dass eine Unterstützung wegen der großen Not der Republik Indonesia nicht in Frage kommen könne, dass man aber bereit sei, die Deutschen bei ausreichender Besoldung im Regierungsdienst zu beschäftigen. Damals bekam ich eine gute Stelle als Lehrerin an einer indonesischen höheren Schule und konnte von meinem Gehalt außer mich und meinem Sohn noch zwei weitere deutsche Frauen mit ihren Familien unterstützen, die nicht in der Lage waren, irgendeine Arbeit im Regierungsdienst zu übernehmen.

Im September 1947 und zum zweiten Male im November des gleichen Jahres, fielen wir den Kommunisten in die Hände (Kommunisten-Republik-Madiun)[268] *und wurden vollständig ausgeplündert. Die Regierung der neuen Republik Indonesia, unsere Arbeitgeberin, entschädigte uns für den erlittenen Verlust, aber ehe das Geld ausgegeben werden konnte (nächste Einkaufsmöglichkeit 35 km Fußweg), setzte die zweite holländische Polizeiaktion ein, in deren Verlauf wir am 24. Dezember 1948 gefangen genommen wurden. Unser gesamtes Geld wurde von den Holländern beschlagnahmt, der Rest des Besitzes durfte beim Abtransport in einem einzigen Koffer mitgenommen werden, aber auch davon wurde noch alles beschlagnahmt, was etwas Geldwert besaß.*

Nach einem kurzen Aufenthalt in einem Kriegsgefangenenlager für eingeborene Soldaten, fand die Überführung in ein Zivilinternierten-Lager in Jakarta statt. Nach endlos langen Verhören durch die Holländer wurde nach neun Monaten unsere Ausweisung beschlossen, aber ein Abtransport nach Deutschland konnte nur dann erfolgen, wenn eine Zuzugsgenehmigung nach dem Heimatort schriftlich vorgelegt wurde.

Meine Tochter, Lehrerin in Bremen, konnte meine Schwestern, Frau Hinz und Fräulein Diederich, bewegen, mich in Wohngemeinschaft aufzunehmen in ihrer eigenen Wohnung. Außer mir musste mein damals 18jähriger Sohn Hans-Günther noch mit unterkommen.

Nach der langen Einschränkung auf engstem Raum, verlangte uns sehr nach einer eigenen Wohnung. Außerdem ist aus finanziellen Gründen ein getrennter Haushalt dringend nötig, da wir uns größere Einschränkungen auferlegen müssen, als die genannten Familien.

Wuppertal-Elberfeld, 27. Januar 1951
Für die Angaben zeichnet
(Unterschrift) L. Bode

---

265 Feindliche Untertanin der Niederlande
266 Brief im Besitz des Autors
267 Von ihrem Sohn Hans-Günther Bode erhalten
268 Kommunisten in der Stadt Madiun in Ostjava dachten, die Zeit wäre reif für einen proletarischen Aufstand. Sie bezeichnete Sukarno und Hatta als Sklaven von Japan und den USA. Die Rebellion während des indonesischen Unabhängigkeitskrieges wurde von republikanischen Truppen unter Sukarno niedergeschlagen. Indonesien wurde danach stramm antikommunistisch regiert.

Wie Frau Bode schrieb, musste sie mit ihrem Sohn noch neun lange Monate im Lager Chassé in Jakarta verbringen, bevor sie am 30. September 1949 endlich von der niederländischen Besatzungsmacht nach Deutschland deportiert wurde. Viel bürokratischer Aufwand mit vielen Stempeln war nötig, um das Visum und die Ausreisepapiere zu erhalten. Letztendlich gelang es nur mit Hilfe des Britischen Konsulats in Jakarta. Nur drei Monate später, am 28. Dezember 1949, mussten die Niederländer auf Druck der Vereinten Nationen das Land verlassen. Sie waren schlechte Verlierer! Indonesien war endlich ein freies und unabhängiges Land.

Abb. 80-10, Ausreisebescheinigung, Vorderseite

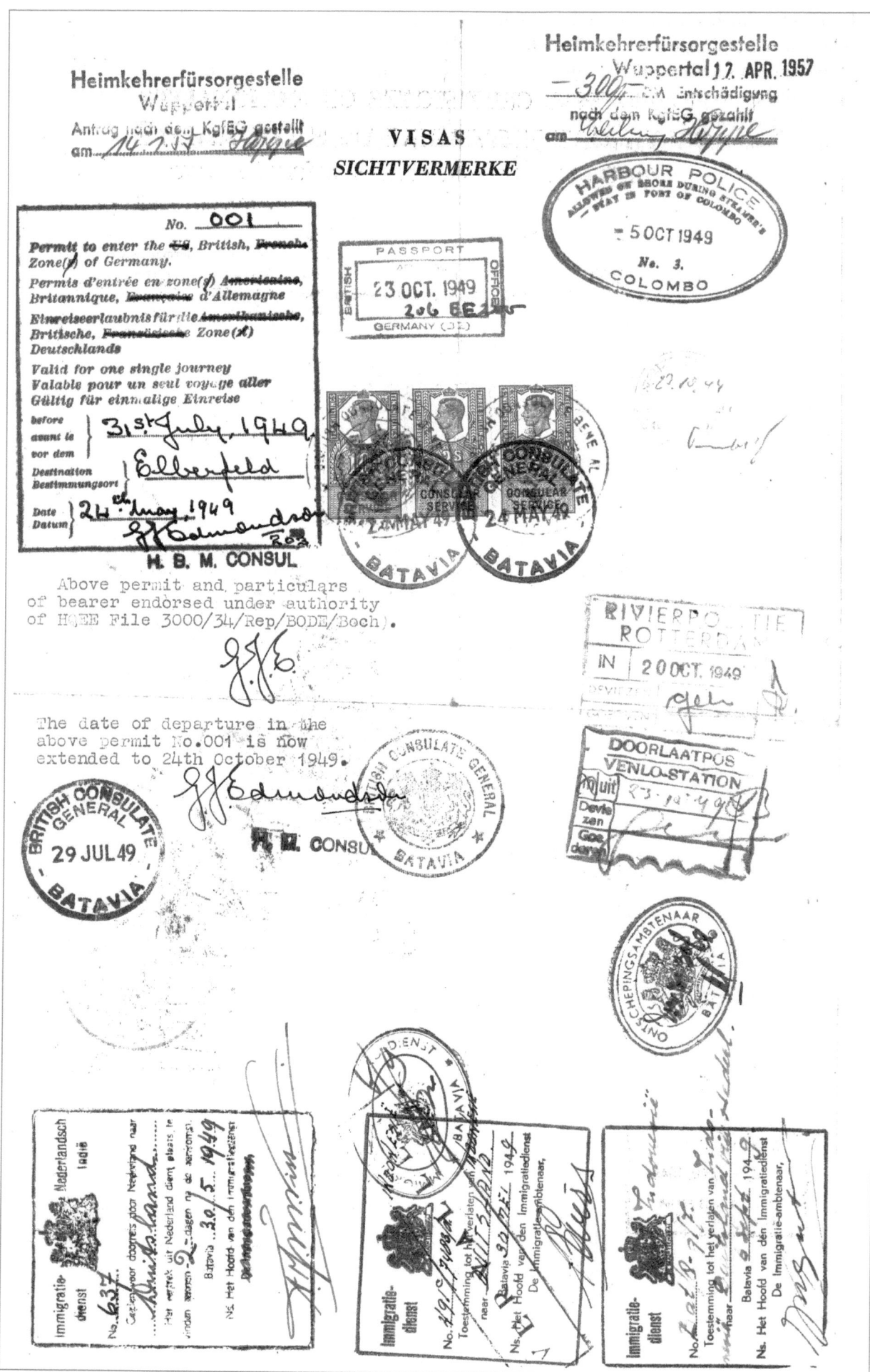

Abb. 80-11, Dito, Rückseite

Frau Bode hat Listen von ihrem privaten Besitz sowie von dem der Schule erstellt, der von den Niederländern konfisziert und nie zurückgegeben wurde. Die Listen wurden am 24. und 25. Juni 1949 in Batavia in Holländisch abgefasst. Die Originale sind im Besitz ihres Sohnes Hans-Günther Bode. Hier folgen Übersetzungen:

In Sarangan zurückgebliebener privater Besitz von Frau L. Bode
1 Orgel (europäisches Fabrikat) mit Stuhl
3 Schränke
2 Schreibtische, davon einer mit 8 Schubladen und 2 Stühle
1 Esstisch mit 6 Stühlen
1 Schreibmaschine (großes Modell der Marke Royal) mit Tisch und Stuhl
1 Bank aus Teakholz
1 runder Tisch mit 6 Liberty-Stühlen
1 Nähmaschine (Marke Pfaff No. 31)
1 großer Herd (europäisches Fabrikat)
1 Bücherschrank
1 Teppich und eine große Kokosmatte
4 elektrische Lampen (1 Stehlampe, 1 Wandlampe und 2 Leselampen)
2 antike chinesische Vasen
1 große Kuckucksuhr
1 Schlafzimmer Uhr (weiß mit geblümtem Rand)
1 Service Glaswaren, komplett für 6 Personen
1 Satz Gläser
1 Reise-Grammophon mit rund 300 Schallplatten
3 Schachteln mit Holzschnitzereien aus Tjepara
1 großes Kreuz aus Teakholz (für den Gottesdienst)
Etwa 400 Bücher, darunter 1 Briefmarkensammlung in 3 großen und 2 kleinen Alben
Mehrere Gemälde
Fotoalben
Küchenutensilien (Töpfe und Pfannen aus Aluminium und Gusseisen aus Europa, Eimer,
Waschbecken aus Zink, Fleischwolf usw.
Etwa 300 theologische Bücher, in 2 Kisten verpackt, aufbewahrt im Hotel Beau-Site

Von allen Möbeln und weiterem Besitz, blieben nur 4 Koffer mit einigen Büchern und einer Portion Geschirr und Küchenutensilien gepackt übrig. 2 Koffer konnten noch zum Hotel Beau-Site transportiert werden, die anderen 2 sind im Haus Sirene geblieben. Die Schlüssel wurden dem Leutnant Schiphuis übergeben.
Batavia-C., 25. Juni 1949
Für die Übergabe unterzeichnet: L. Bode

Von den Niederländern konfisziertes gemeinsames Eigentum der noch in Sarangan anwesenden europäischen Bewohner und der Deutschen Schule
1 Piano (Marke Bekker-Lefébre)
9 große polierte Tische (1,5 x 1,00 m)
9 polierte Stühle
12 große Schultafeln
10 Schreibtische für eine Person aus hellem Holz
10 Stühle aus hellem Holz
16 lange Bänke aus hellem Holz
10 Bänke mit Schreibtischen aus hellem Holz
4 Ständer für Hochsprung
12 Kokosmatten
7 Speere
3 Paar Box-Handschuhe
2 Kugeln
Gymnastik Gerätschaften: Reck, Schwedische Leiter, Reifen, ein Reck und Brücken
Eine umfangreiche Bibliothek, bestehend aus:
Ca. 1800 Bücher, leichte Lektüre

Ca. 300 Bücher Land- und Völkerkunde, Reisebeschreibungen usw.
Ca. 300 wissenschaftliche Bücher (Pflanzen- und Tierkunde, Naturkunde, Chemie usw.)
Ca. 1.000 Bücher für den Gebrauch der Lehrer, z.B. 1 Brockhaus Lexikon mit 24 Bänden, Lehrbücher für den Sprachunterricht, Lehrbücher für den Unterricht in fremden Sprachen, Lehrbücher für die deutsche Sprache usw.
Jede Menge Schulbedarf, wie Notizbücher, Hefte, Lineale, Bleistifte, Kreide, Tinte usw.
Für die Übergabe unterzeichnet
L. Bode, Schuldirektorin
Batavia-C., 24. Juni 1949

Geld, Schmuck und Wertsachen wurden den Deutschen sofort nach der Verhaftung von den Niederländern abgenommen. Die Listen des konfiszierten Besitzes der Deutschen, der in Sarangan zurückgelassen werden musste, wurden von den Niederländern in voller Absicht nicht gegengezeichnet. Vermutlich wurden die Gegenstände gleich wieder veräußert und der Erlös in die eigene Tasche gesteckt. In den Berichten, die im Politischen Archiv des Auswärtigen Amts in Berlin lagern, wird immer wieder von der – oft persönlichen – Bereicherung der Niederländer am Besitz der Deutschen berichtet. Dort liegen noch unzählige Dokumente, die ich natürlich nicht alle im Detail durchsehen konnte. Eine Entschädigung für die entwendeten Wertsachen erfolgte in den mir bekannten Fällen nie! Selbst die entwendeten goldenen Eheringe wurden nicht zurückgegeben. Verhöre, Erniedrigungen, und menschenunwürdige Behandlung waren während und nach Kriegsende durch die Niederländer üblich.

All dieses Unrecht wird von den Niederländern unter den Teppich gekehrt und in den deutschen Medien wurde bisher nicht darüber berichtet. Selbst eine von jungen niederländischen Filmemachern mit meiner Beteiligung produzierte dreiteilige Dokumentation über die niederländischen Kriegsverbrechen beim Untergang der Van Imhoff wird im deutschen Fernsehen nicht gezeigt. Seit der Regierung Adenauer bis heute wird nichts unternommen, was die guten Beziehungen zu den Niederlanden stören könnte. Aber wenn Unrecht geschehen ist, muss man doch auch darüber sprechen dürfen! Wir Deutschen haben das von uns verursachte Unrecht aufgearbeitet und tun es heute noch. Den Niederlanden steht das noch bevor!

Berichte, die sich kritisch mit der niederländischen Vergangenheit auseinandersetzen, sind in deutschen Medien äußerst selten. In der Zeitung ‚Die Rheinpfalz‘ No. 67 vom 20.03.2009 erschien ein vorzüglicher und detaillierter Artikel des deutschen Korrespondenten in Den Haag, den ich hier aus Gründen der Lesbarkeit redigiert wiedergebe: [269]

Der Niederländer Last mit der Vergangenheit:
Kolonialkrieg in Indonesien wird heute noch in den Schulbüchern verharmlost
Defizite bei kritischer Geschichtsbetrachtung
Von unserem Korrespondenten
HELMUT HETZEL, Den Haag

Die Niederlande gedenken dem Ende des Zweiten Weltkriegs gleich zwei Mal, einmal am 4./5. Mai, weil die deutsche Wehrmacht am 5. Mai 1945 in Holland kapitulierte und die fünfjährige deutsche Besatzung des Oranjestaates damit vorbei war; und einmal am 15. August, weil an diesem Tag Japan kapitulierte und viele Niederländer, die in japanischen Konzentrationslagern im damaligen ‚Nederlands-Indie‘, dem heutigen Indonesien gefangen saßen, befreit wurden.

Sommer 2006: Piet de Kam legte ein Blumengebinde nieder am Indonesien-Denkmal in Den Haag. Dann hält er kurz inne und verbeugt sich vor dem Denkmal. Piet de Kam ist 92 Jahre alt. Er ist Indonesien-Veteran. Wie jedes Jahr ist er auch diesmal im August zur nationalen Gedenkveranstaltung zum Indonesien-Denkmal gekommen. Neben ihm steht Ministerpräsident Jan Peter Balkenende. Er hat seinen Urlaub so geplant, dass er rechtzeitig zu dieser Gedenkveranstaltung wieder in Den Haag sein konnte.
Nederlands-Indie war über 350 Jahre eine Kolonie der Niederlande. Der indonesische Archipel, seine Menschen, seine Bodenschätze und vor allem seine Gewürze machten Holland reich. Seltsamerweise hört man in Den Haag am 15. August am Indonesien-Monument so gut wie nichts über diese Seite der Kolonialgeschichte. Man hört auch kaum etwas darüber, dass die Niederlande nach ihrer Befreiung vom Joch der Nazi-Besatzung schon einen neuen Krieg in Indonesien anzettelten, um die einstige Kolonie, die nach Unabhängigkeit strebte, wieder an sich zu binden und die Kolonialherrschaft fortzusetzen. Denn Indonesien hatte sich im August 1945, nur zwei Tage nach der Kapitulation Japans, für unabhängig erklärt. ‚Merdeka, Merdeka‘ – ‚Freiheit, Freiheit‘ – hallte es damals aus Zehntausenden Kehlen durch die Straßen von Jakarta.

---

269 Original im Besitz von Hans-Günther Bode

Der spätere Präsident Sukarno und sein Gefährte Hatta führten die nach Unabhängigkeit strebenden ‚Partai Nasional Indonesia'. Diese Freiheit aber wollte die Kolonialmacht Niederlande den Indonesiern nicht gewähren. Den Haag schickte Truppen mit dem Ziel, die indonesische Unabhängigkeitsbewegung blutig niederzuschlagen.

Es tobte drei Jahre lang ein blutiger Kolonialkrieg bis zum 27. Dezember 1949, als die Niederlande auf Druck der USA nachgaben, die Kampfhandlungen einstellten und Indonesien in die Unabhängigkeit entließen. Schätzungsweise 10.000 Niederländer starben in diesem Krieg. Schätzungsweise 200.000 Indonesier verloren ihr Leben.

Wenn aber heute Henk und Marijke in ihren Schulbüchern etwas über diesen blutigen Kolonialkrieg erfahren, dann wird dieser immer noch nicht beim Namen genannt. Es wird in den Niederlanden immer noch verharmlosend von ‚Politioneele Acties', also von Polizeiaktionen gesprochen. Dass auf beiden Seiten mit äußerster Härte gekämpft wurde und auch viele Kriegsverbrechen begangen wurden, das ist in niederländischen Schulbüchern eine Fußnote der Geschichte.

Unabhängigkeit nicht anerkannt

Bis heute erkennt Den Haag die 1945 von Indonesien ausgerufene Unabhängigkeit nicht an, sondern beharrt nach wie vor darauf, dass der indonesische Archipel erst 1949 selbständig wurde. Bis heute haben sich die Niederlande für ihre so genannten ‚Polizeiaktionen' in Indonesien beim indonesischen Volk immer noch nicht entschuldigt. 1995, als Königin Beatrix einen historischen Staatsbesuch in der einstigen Kolonie absolvierte, brachte auch sie das Wort ‚Verzeihung' nicht über ihre Lippen. Der damalige sozialdemokratische Ministerpräsident Wim Kok und sein Kabinett hatten der Monarchin ausdrücklich untersagt, eine solche Versöhnungsgeste zu machen.

Dennoch haben die meisten Indonesier den ‚Belanda', wie die Niederländer auf dem Archipel heißen, verziehen. Nur einige ältere Molukker nicht. Die meist christlichen auf den Gewürzinseln Molukken lebenden Menschen haben nämlich im Kolonialkrieg 1946 bis 1949 auf Seiten der Niederländer gekämpft. Warum? Den Haag hatte ihnen versprochen, dass sie nach der Niederschlagung der indonesischen Freiheitsbewegung eine selbständige ‚Molukkische Republik' errichten dürfen. Soweit ist es nie gekommen. Über 40.000 flüchteten nach 1949 aus ihrer Heimat in die Niederlande vor dem Zorn und der Rache der überwiegend muslimischen Indonesier.

Gute Beziehungen zu Surinam

Während der Kolonialkrieg in Indonesien – ähnlich wie die unrühmliche Rolle, die auch die Niederlande im internationalen Sklavenhandel spielten – weitgehend aus dem kollektiven Bewusstsein vieler Niederländer verdrängt wird, ist das Schicksal einer anderen ehemaligen Kolonie bei den meisten Niederländern jedoch allgegenwärtig. Ihr Name: Surinam. Das lateinamerikanische Land wurde 1975 von Den Haag in die Unabhängigkeit entlassen. Damals zeigten sich die Niederländer großzügig und machten eine herzliche Geste und Offerte an die surinamische Bevölkerung. Bis zu einem bestimmten Stichtag hatten die Surinamer die Möglichkeit in die Niederlande zu kommen, sich im Oranjestaat niederzulassen und sie durften dann ihren holländischen Pass behalten, wenn sie das wollten. Fast die Hälfte der damaligen Bevölkerung Surinams, schätzungsweise 250.000 Menschen, machten von diesem großzügigen Angebot Gebrauch und siedelten über ins einstige Mutterland. Daher sind die Bande zwischen beiden Ländern bis heute besonders eng, weil auch die Familienbande stark sind.

Allerdings nicht so eng wie mit den letzten verbliebenen Überseegebieten des einst so riesigen niederländischen Kolonialreiches, den Niederländischen Antillen. Die sechs Karibikinseln vor der Küste Venezuelas, genießen innerhalb des Königreichs der Niederlande eine sehr weit gehende Autonomie. Selbständig wollen sie derzeit aber nicht mehr werden, weil sie wohl ohne regelmäßig aus dem Haag fließende Gelder als eigene Staaten kaum überlebensfähig wären. Aber die Niederländischen Antillen, die auch für Holdings ein Steuerparadies darstellen, haben sich zu einem Problem für Den Haag entwickelt. Sie sind zu einer Drehscheibe des südamerikanischen Drogenhandels geworden.

Außerdem sind besonders viele junge Einwohner der Insel Aruba in den vergangenen Jahren in die Niederlande gekommen. Sie sind meist schlecht ausgebildet und oft arbeitslos. Ihr Anteil an der Jugendkriminalität, beispielsweise in Rotterdam oder Amsterdam, ist signifikant hoch. Integrationsministerin Rita Verdonk regte daher kürzlich sogar an, alle Arubaner, die mit dem Gesetz in Konflikt gekommen sind, in die Heimat abzuschieben. Das geht aber nicht. Sie haben einen niederländischen Pass in der Tasche.

Eigene Opferrolle wird betont

Wenn es um die unrühmliche Vergangenheit geht, werden deren Schandtaten, die vor allem in Indonesien für die Niederlande sehr lang sind, von vielen Niederländern nur sehr rudimentär wahrgenommen. Überhaupt leiden die Nachfahren von Rembrandt und van Gogh an einem Defizit an Geschichtsbewusstsein. Dreh- und Angelpunkt im kollektiven Gedächtnis der Oranje-Nation ist nach wie vor der Zweite Weltkrieg. Die eigene Opferrolle wird fast ausschließlich betont. Man war Opfer der deutschen Besatzer und Opfer der japanischen Okkupation in Indonesien.

Nun haben die Niederländer in beiden Teilen, in Holland als auch in der Ex-Kolonie Niederlands-Indie zweifellos schwer unter der Tyrannei von Nazi-Deutschland und Japan gelitten. Über 100.000 niederländische Juden überlebten die Konzentrationslager der Nazis nicht. Es gab Widerstand. 1942 streikten die Hafenarbeiter gegen die Judendeportationen. Viele niederländische Familien versteckten trotz der Gefahr für ihr eigenes Leben Juden und Widerstandskämpfer: eine Tatsache, die durch das Tagebuch der Anne Frank, die mit ihrer Familie jedoch kurz vor Kriegsende von einem Niederländer verraten wurde und dann verhaftet und deportiert wurde, worauf sie im KZ Bergen Belsen starb, weltweit bekannt wurde.

Sympathien gegenüber den Nazis

Außer dem niederländischen Widerstand gegen Nazi-Deutschland gab es in Holland aber auch viel vorauseilenden Gehorsam gegenüber den Nazis und viele Nazi-Sympathisanten. Auch eine eigene holländische Nazi-Partei, den NSB. So war das Kontingent der Niederländer, die sich freiwillig zur Waffen-SS meldete, im internationalen Vergleich relativ hoch.

Und die Tatsache, dass in den Niederlanden viele Juden den Holocaust nicht überlebten, hängt auch damit zusammen, dass vielfältig mit den deutschen Besatzern kollaboriert wurde. Das ist ein trauriges Kapitel, das heute gerne verdrängt wird und bisher nur in Ansätzen aufgearbeitet wurde. In seinem 1999 erschienenen Buch ‚Diener der Autoritäten' beschreibt Guus Meershoek beispielsweise die Rolle, die die Amsterdamer Polizei bei den Judendeportationen und als williger Kollaborateur der Nazis spielte. So leitete die Amsterdamer Polizei manchmal schon Razzien gegen Juden ein, noch bevor dazu überhaupt ein Befehl von den Nazis ergangen worden war.

Diesen ausführlichen Artikel von Helmut Hetzel finde ich sehr gut recherchiert. Es ist selten, dass in Deutschland in dieser Deutlichkeit berichtet wird. Er schreibt jedoch, dass die meisten Indonesier die in Niederländisch-Indien begangenen Verbrechen verziehen hätten. Das trifft nur bedingt zu, vergessen haben sie nicht!

Das Ausmaß der durch die Kolonialmacht Niederlande begangenen Gräueltaten, von denen die Kolonialzeit und der Unabhängigkeitskampf begleitet wurden, ist in Deutschland kaum bekannt geworden. Ich vertrete in meinen Büchern die indonesische Sichtweise, die aus diesem Blickwinkel natürlich eine ganz andere Färbung erhält, als sie von der ehemaligen niederländischen Kolonialmacht in ihrer Vergangenheitsbewältigung bis heute vertreten wird. Mir gegenüber, als neutralem Deutschen, der auch noch ihre Sprache spricht, haben die Indonesier die Gräueltaten ungeschönt und ohne die ihnen angeborene höfliche Zurückhaltung erzählt. Gegenüber einem Niederländer würden sie es in dieser Deutlichkeit nie tun. Die indonesische Sichtweise ist somit eine völlig andere als die holländische und je mehr ich mit indonesischen Zeitzeugen reden konnte, je tiefer das Vertrauensverhältnis wurde, desto klarer wurde, dass es für die Indonesier während der 350-jährigen Kolonialzeit nur wenig Gutes, aber viel Schlechtes gab!

Auf den Banda-Inseln, dem Zentrum des Muskatnuss-Anbaus, haben die Einheimischen sogar ein Ereignis bis heute nicht vergessen, das 400 Jahre zurückliegt! Da sich die Bandanesen weigerten, den Niederländern ein Monopol für die Muskatnuss zu gewähren, wurde bei einem Massaker fast die gesamte Bevölkerung niedergemetzelt.[270] Dieses Blutbad wurde bis heute nicht vergessen. Schon in der Schule werden die Kleinsten darüber informiert. Bei allen Gesprächen, die ich auf den Banda Inseln führte, wurde ich zunächst nach meiner Nationalität gefragt. Als ich sagte ich wäre Deutscher, hellten sich ihre Minen auf. Niederländer werden dort bis heute immer noch mit großer Skepsis betrachtet.

Zum 400-jährigen Jahrestag dieses Verbrechens habe ich rechtzeitig einen ausführlichen Bericht an den öffentlich-rechtlichen Rundfunk gesandt. Ich bekam keine einzige Rückmeldung.

Besonders in den Niederlanden kamen immer wieder Zweifel an meinen Recherchen bezüglich der Unterstützung von Sukarnos Unabhängigkeitsbewegung durch deutsche Bürger und Angehörige der Kriegsmarine auf. Nun habe ich einen weiteren Beweis. In Band 1 bis 3 habe ich immer wieder berichtet[271], dass auf Wunsch Sukarnos junge Kadetten der ersten indonesischen Militärakademie, die in Yogyakarta gegründet wurde, auch von deutschem Personal ausgebildet wurden.

Frau Lydia Bode hat Listen der indonesischen Studenten der Sporthochschule SORA und der Militärakademie geführt, in deren Gruppen sie im März 1947 die deutsche Sprache unterrichtete.[272] Die Studenten der SORA, der Militärakademie in Yogyakarta, bildete sie in den Räumen der Deutschen Schule in Sarangan aus. Hier nenne ich aus dokumentarischen Gründen die Namen aus den überlieferten Listen. Es sind nur die Namen der Kadetten, die Frau Bode in den Gruppen A, B, D und E unterrichtet und geprüft hatte. Es waren natürlich in diesen Jahren mehr Kadetten in der Deutschen Schule, die auch von anderen Lehrkräften unterrichtet wurden. Und nicht nur in deutscher Sprache:

---

270 Siehe Horst H. Geerken, *Das Gold der Bandas: Die Geschichte der Muskatnuss*, 2019
271 Siehe Band 1: S. 11; Band 2: S. 227, 246, 263f, 324; Band 3: S. 275, 282-284
272 Originale auf Papier mit japanischen Schriftzeichen bei ihrem Sohn, Hans-Günther Bode

Gruppe A.
Abdul Mostalib
Harsaja
Iskandar
Israhadi
Kandou
Koesnojenoedjo
Lopulisa
Mochtar
Ngatimin
Oetojo N.
Oetomo M.
Brasjoeddin N.
Sjarif Widajat
Soebroto
Soedarman
Soedarmo I
Soedarmo II
Goesti Soekanto
A. Soekarno
Soekarna
Soenardi
Soepardjati

Gruppe B:
Abdulkadir
Agoes Soemarto
R.S.L. Basoeki
Harjogi
Imam Koesnandir
Iskandar
Kasan
Moh. Djoenaedi
Osid
Soebardjo
A. Soedarsomo
Soedirdjo
Soekodjo
Soepardjan
Soeprapto
Soesanto
Soesilo
Soetamo
Soetarjono
Soewarto
Soewito

Gruppe D.
Abdoellah
Atwar
Boedi Outomo
Harjo Moeljono
Hedianto
Joes
Kisrad
Lamidjono

Moh. Damsiki
Moh. Hami
K. Moertadji
Oemman
Poedjadi
Prawiro Soeseno
Soebagijo
Soegiarto
Suharto
B. Soekarno
Soenarjo
Soeseno

Gruppe E:
Jenny Anwar
Isti Soejoed
Moerni
Rahajoe
Roekajah
Salami
Soedarsari
Soeshyarsiah
Soeharti
Soentari
Soetartini
Tjintawati
Gandatirisana
Moeljadi

In einer weiteren Liste stehen die Namen von Kadetten, die bei Frau Bode 1947 ihr Examen in Deutsch ablegten:
Darmodjo
Djadjeri
Ismengil
Moh. Affendi
Moh. Sjafdei
Osmargono
Prantio
Soebijakto
Soegeng
Soegiono Semedhi
Soehardiman
Soekadi
Soekindarto
Soekresno
Soenarjo
Soeselan
Sofrin
Soesbandarisman
Tjipto Joewono
R. Tondomoeljo
S. Widodo
Soewardjo
Name gelöscht
E. Iskandar
S. Soewardi

Es waren wesentlich mehr indonesische Kadetten der Militärakademie, die in Sarangan ausgebildet wurden. Unter den aufgeführten Namen fehlen zum Beispiel der spätere General Panjaitan oder Admiral Martadinata. Zu beiden hatte ich freundschaftliche Kontakte und sie erzählten mir viel über ihre Ausbildung und Zeit in Sarangan. Sie müssen in einer anderen Gruppe von anderen Lehrkräften unterrichtet worden sein. Beide berichteten begeistert von ihrer Ausbildung durch die deutschen Lehrerinnen in Sarangan und durch Offiziere der Deutschen Kriegsmarine in Yogyakarta. Die Ausbildung in Sarangan wäre die schönste Zeit ihres Lebens gewesen!

In den Listen findet man die Namen vieler Personen, die später in wichtigen und entscheidenden Positionen der indonesischen Streitkräfte und als Mitglieder des Diplomatischen Dienstes tätig wurden.

Drs. Moehkardi hat ein umfangreiches Werk über die Militärakademie in Yogyakarta geschrieben, das erstmals 1977 in Bahasa Indonesia veröffentlicht wurde. Weitere Auflagen folgten. Das Buch umfasst die Zeit beginnend mit der Unabhängigkeit Indonesiens vom 17. August 1945 bis zum Ende des von den Niederlanden begonnenen brutalen Kolonialkriegs im Dezember 1949.

Abb. 80-12: Das Buch von Drs. Moehkardi[273] Freie Übersetzung des Titels: Die Yogya Militärakademie im effektiven Kampf von 1945-1949

---

273 Buch im Besitz von Hans-Günther Bode

Ich kann natürlich das Buch mit einem Umfang von 430 Seiten nicht komplett übersetzen und hier wiedergeben, obwohl es sehr interessant ist und die Ereignisse des Unabhängigkeitskrieges gegen die wiederkehrenden Niederländer aus Sicht der Indonesier im Detail beschrieben wird. Es ist schade, dass dieses Buch nicht auf Deutsch oder Englisch übersetzt wurde. In meiner freien Übersetzung folgen jedoch das Grußwort und die Seiten 20 bis 23 als Beispiel, wo Drs. Moehkardi über die Abteilung SORA in der Deutschen Schule in Sarangan und die Ausbildung der indonesischen Kadetten dort berichtet.

GRUSSWORT DES GOUVERNEURS DER MILITÄRAKADEMIE DER REPUBLIK INDONESIEN

Mit Dankbarkeit für die Allgegenwart des allmächtigen Gottes begrüße ich mit Stolz und Freude die Veröffentlichung des Geschichtsbuches der Militärakademie in Yogyakarta während des Unabhängigkeitskampfes von 1945 bis 1949.

Jede Niederschrift der Geschichte des nationalen Kampfes – und dies noch mehr durch das indonesische Volk selbst – wird einen bedeutenden Beitrag zur Entwicklung der Nation leisten. Geschichte hat grundsätzlich die Kraft, erzieherisch und inspirierend für die Entwicklung nationaler Identität zu sein. Im Rahmen der nationalen Entwicklung ist die Entwicklung der nationalen Identität ein Aspekt, der nicht vernachlässigt werden sollte, da er sowohl eine Kraft als auch eine Richtung vorgibt. [...] Die Geschichte dieses nationalen Kampfes wird mehr Möglichkeiten für die Entwicklung unserer Nation bieten, die immer noch im Geist der Proklamation vom 17. August 1945 verwurzelt ist.

Mit diesem Aspekt der Geschichte des nationalen Kampfes für die Unabhängigkeit, spielt die Geschichte der Streitkräfte eine wichtige Rolle. Diese Streitkräfte wurden aus den Erfahrung und dem Kampf um die Unabhängigkeit geboren und sie sind seither gewachsen und haben sich weiterentwickelt. Aus diesem Grund ist die Geschichte der Militärakademie in Yogyakarta, deren Kadetten von 1945 – 1949 im ganzen Land für unsere Unabhängigkeit kämpften, von großer Bedeutung für die Inspiration der heutigen Kadetten, als auch für deren Führungsoffiziere. [...] Die Hauptmotivation für die Kadetten muss sein, auf dem Schlachtfeld zu sterben, als Bekenntnisses zur Aufrechterhaltung der Pancasila[274] und der Proklamation vom 17. August 1945.

Abgesehen davon ist dieses Buch ein Zeugnis, das die Größe des indonesischen Volkes zeigt und die Helden unserer Nation nennt und ehrt, die starben, bevor sie die Hymne der Kadetten anstimmen konnten. Daraus erhoffen wir, dass der Geist dieser Nationalhelden dazu beiträgt, die Ehre und Größe der Streitkräfte der Republik Indonesien aufrechtzuerhalten.

Möge der allmächtige Gott uns allen immer seine Gnade und Führung in unserer fortwährenden Dienstpflicht schenken, um das Gut der Unabhängigkeit zu schätzen und zu bewahren.

AMEN.

Magelang, 30-3-1977
GUBERNUR
AKADEMI BAGIAN UMUM & DARAT

WIJOGO ATMODARMINTO
MAYOR JENDERAL TNI

Abb. 80-13: Unterschrift Grußwort

Freie Übersetzung der Seiten 20 bis 23 durch den Autor:

[...] Im März 1946 fanden die Erstsemesterprüfungen statt. Die getesteten Fächer waren: Guerilla-Taktiken, Militärische Geowissenschaften, Pionier- und Feldbeobachtung, Militärpsychiatrie, Feldwissenschaften, Gesundheits- und Lebensmittelwissenschaften, Umgang mit Pferden und Fleischbeschau, konventionelles Kriegsrecht, Vorschriften für innere Angelegenheiten, Regeln des Respekts, Sport und Fechten, Selbstverteidigung, Motorentechnik, Infanteriewaffentechnik und deren Einsatz. Kenntnisse über Artillerie, Fernmeldetechnik und Anderes.

Nach der Aufnahmeprüfung wurden 35 Kadetten, die von Außerhalb Javas kamen, nach Sumatra, Bali und Kalimantan geschickt, um in diesen Gebieten zu arbeiten. Die anderen Kadetten, die die Prüfung bestanden, wurden dann in zwei Teile geteilt. Ein Teil wurde im April 1946 nach Sarangan geschickt, um an der SORA-Ausbildung (Sekola Ohlah Raga) teilzunehmen, während der andere Teil die militärische Ausbildung in Yogyakarta erhielt. Der Unterricht für die Kadetten in Yogyakarta verlief jedoch nicht nach Plan, da viele Kadetten an die Front in Subang[275] entsandt werden mussten. Einige davon mussten sich später um die Rückkehr japanischer Kriegsgefangener kümmern. Die Erfahrungen der Kadetten an der Subang-Front werden später in diesem Buche speziell besprochen. Nachdem das Linggajati-Abkommen[276] paraphiert war und somit der Rückzug der Kadetten aus dem Kampfgebiet möglich war, wurde im November 1946 eine zweite Aufnahmeprüfung durchgeführt.

---

274 Pancasila bedeutet ‚Fünf Prinzipien‘. Dies sind die fünf Grundsätze der nationalen Ideologie und Verfassung der Republik Indonesien.
275 Hauptort der Region Subang, etwa 125 Kilometer südöstlich von Jakarta
276 Siehe Horst H. Geerken, *Der Ruf des Geckos*, S. 165. Das Abkommen wurde von den Niederlanden gebrochen.

Speziell bezüglich der Sportschule (SORA) in Sarangan kann folgendes festgestellt werden: Organisatorisch ist die SORA eine Zweigstelle der Militärakademie von Yogyakarta. Sie wurde im Mai 1946 eröffnet und ihr Leiter wurde Colonel (Oberst) Dr. Singgih. Sarangan wurde als Ort für die Zweigstelle SORA ausgewählt, erstens, weil gute Wohnanlagen mit Schwimmmöglichkeiten bereits vorhanden waren und zweitens gab es dort eine Reihe von Deutschen mit verschiedenen Fähigkeiten, die Lehrer der Kadetten wurden. Und schließlich liegt Sarangan an den Hängen des Berges Mount Lawu und Sarangan ist schließlich weit entfernt von Menschenmassen, die Luft ist kühl und die Landschaft wunderschön.

Als Herberge besetzte SORA das ehemalige Arendsnest- und das Arendajong Hotel. Letzteres ist ein hübsches Hotel in Hanglage, sodass man vom Hotel aus einen herrlichen Blick auf Sarangan hat. Nachdem die Kadetten der SORA die beiden Hotels bezogen hatten, wurden sie von den Kadetten in ,Sarang Garuda' und ,Anak Garuda'[277] umbenannt. Für Vorlesungen und Sportunterricht belegte die SORA Gebäude am Ufer des Sees Danau Pasir.

Zu den unterrichteten Sportfächern gehörten verschiedene Leichtathletik-Sportarten, verschiedene Kampfsportarten wie Fechten, Judo und Klewang[278] sowie weitere wie Fußball und Basketball.

Neben dem Sport wurde von den deutschen Lehrerinnen und Lehrern Anatomie, Physiologie, Psychologie und Pädagogik unterrichtet. Die Kurse der SORA in Sarangan dauerten jeweils sechs Monate, wobei die Kadetten sich auch Kenntnisse in Fremdsprachen und Funktelegrafie aneignen mussten. Die angebotenen Fremdsprachen Englisch und Deutsch waren obligatorisch, Französisch und Russisch waren fakultativ. Innerhalb von 6 Monaten musste ein Kadett drei Zertifikate erwerben, nämlich für Sport, Fremdsprachen und Funktelegraphie[279]. Insbesondere die Fremdsprachenkurse in Deutsch und Englisch waren für die persönliche Entwicklung der angehenden Offiziere sehr förderlich.

Um an der SORA-Ausbildung teilzunehmen, wurden abwechselnd Kompanien von Kadetten zusammengestellt. Der erste Kurs bei SORA wurde von 126 Kadetten besucht, der zweite Kurs wieder von 126 Kadetten der Kompanie T, der dritte Kurs wurde von 90 Kadetten der Kompanie R besucht und der vierte von 126 Kadetten der Kompanie U.

Nach der zweiten Eignungsprüfung im November 1946 wurde das Kadettenkorps neu geordnet. Diejenigen, die die Prüfung bestanden, wurden dann in drei Gruppen eingeteilt. Die Prüflinge, die nicht bestanden und nicht weitermachen durften, wurden in die Kompanie KSB für ,Schwere Waffen' versetzt, in der sie eine Ausbildung in Technik und im Umgang mit diesen Waffen erhielten.

Im selben Monat November wurde eine weitere Gelegenheit eröffnet, neue Kadetten aufzunehmen. Die Zugangsvoraussetzungen wurden nun auf Abiturienten erhöht. Die meisten derjenigen, die sich registrierten, waren bereits Offiziere der Sicherheitspolizei TKR[280]. Da die Voraussetzungen für einen Abiturabschluss schwer zu erreichen war, wurde denjenigen, die bereits über militärische Erfahrung und körperliche Beweglichkeit verfügten, eine Ausnahmegenehmigung erteilt. Von den 400 Kandidaten, die sich registrierten, bestanden schließlich 150 Personen den Test. Die Gruppe der Anwärter, die die Aufnahmeprüfung nicht bestand, wurde dann in eine Kompanie namens R-Kompanie integriert. [...]

Am Ende eines jeden Semesters von sechs Monaten kehrten die Kadetten der SORA nach Yogyakarta zurück und eine neue Gruppe war an der Reihe und reiste nach Sarangan. Um an der Ausbildung bei der SORA in Sarangan teilnehmen zu dürfen, mussten die Bewerber zunächst einen Vorbereitungskurs mitmachen. Alle Semester liefen regulär nach Stundenplan ab.

Obwohl alle sechs Monate neue Kadetten nach Sarangan kamen, war die Zusammenarbeit mit den Deutschen immer freundschaftlich und ganz ohne Probleme. In der zweiten Hälfte der 1940er Jahre wurde die Anzahl der Kadetten, die nach Sarangan kamen, immer größer, sodass ein Teil der Kadetten in Nachbardörfern untergebracht wurde.

[...] Im Juli 1947 kam es zur ersten niederländischen Militäraggression. Aufgrund dieses Vorfalls wurden die Kadetten aus Yogyakarta dann dem Territorialhauptquartier des Ost-Java-Kommandos zugeteilt. Diese wurden beauftragt, die Menschen in den Dörfern und Unterbezirken rund um das Gebiet von Yogyakarta in der Guerilla-Kriegsführung gegen die niederländischen Truppen auszubilden [...] usw.

Der Leiter der SORA in Sarangan, Dr. Singgih, hat seine Erinnerungen niedergeschrieben. Das Büchlein mit dem Titel *Sekolah Olah Raga, 21 Juli 1946 – 20 Dezember 1948* wurde am 27. Juni 1962 in Magelang veröffentlicht.

---

277 *Garuda* = Indonesisches Wappentier (Adler), *Sarang* = Nest, *Anak* = Kind
278 Eine indonesische Kampfsportart
279 Es war der Funk-Obermaat Weirich, der vom deutschen Marinestützpunk Batavia nach Sarangan kam und die Kadetten im Funknachrichtenwesen unterrichtete. Siehe auch Band 3, S. 285
280 TKR = Tentara Keamanan Rakyat

Interessant ist, dass durch die Ausbildung der Kadetten, an der auch deutsche Offiziere und Fachleute maßgeblich beteiligt waren, auch Ausdrücke der deutschen Militärsprache wie zum Beispiel ‚Wehrkreis' in die indonesische Militärsprache einflossen und bis heute verwendet werden.

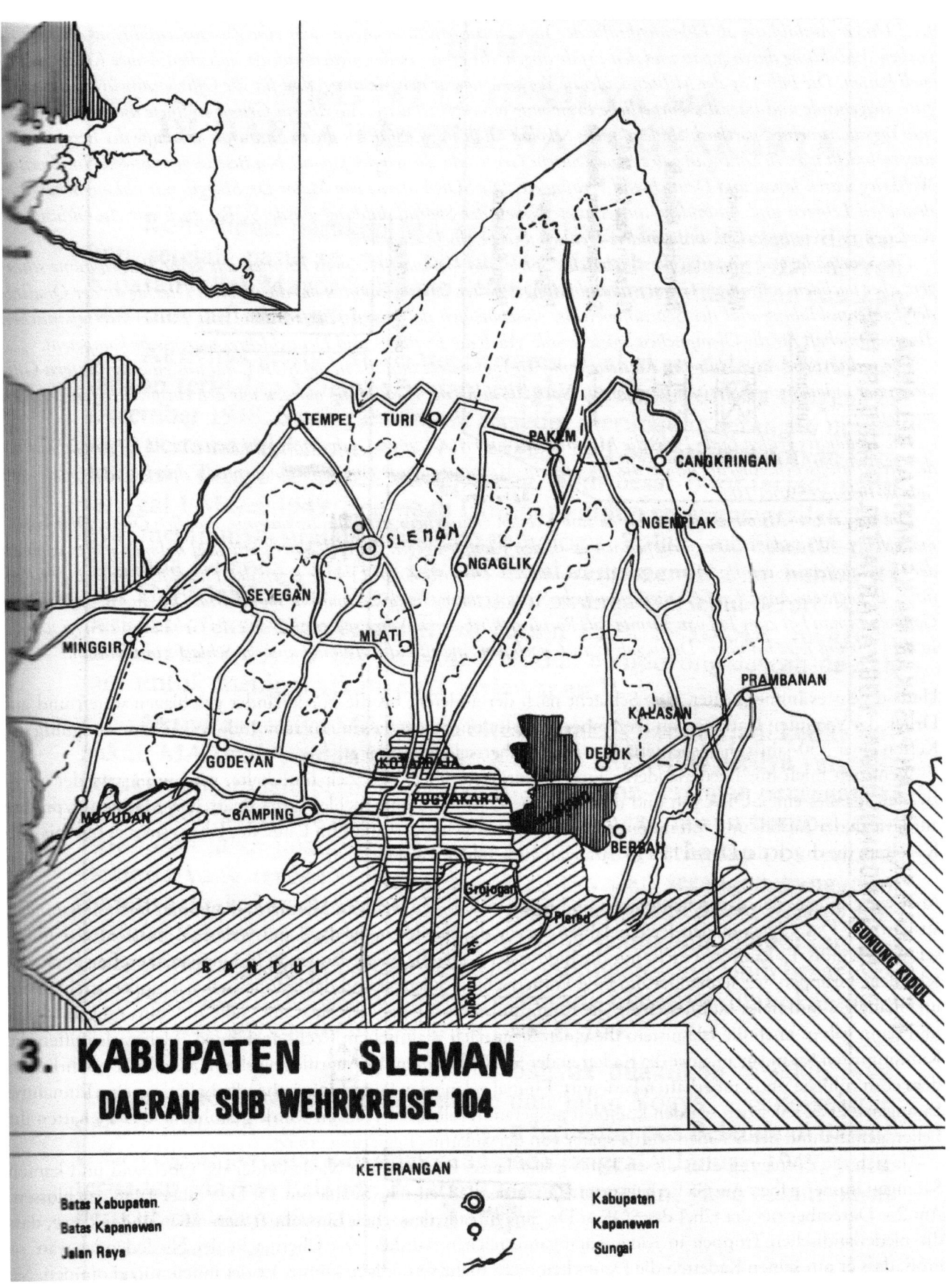

Abb. 80-14: Ein Lageplan aus dem Unabhängigkeitskrieg mit Sub-Wehrkreis 104[281]

281 Aus dem Buch von Drs. Moehkardi, S. 183

General Sayidman Suryohadiprojo, der selbst eine Ausbildung in der SORA durch die deutschen Lehrkräfte erhielt, veröffentlichte am 10. März 2014 einen ausführlichen Bericht, in dem er auch von seinen Erfahrungen in Sarangan erzählte.[282] Hier werde ich nur einen kurzen Ausschnitt in freier Übersetzung wiedergeben:

[...] Unsere Ausbildung als Führungskräfte der Yogyakarta Militärakademie war eine Zusammenführung der militärischen Ausbildung durch Japan und den Erfahrungen, die einige in der niederländisch-indischen Armee KNIL gesammelt hatten. Die Führung der Militärakademie Yogyakarta war der Meinung, dass für die Offiziersanwärter auch eine gute, tiefgehende und intensive körperliche Erziehung erforderlich wäre. Aus diesem Grund eröffnete die Militärakademie Yogyakarta eine Sporthochschule namens Sekolah Olah Raga (SORA), die in Sarangan am Fuße des Berges Lawu untergebracht war. In Sarangan gab es eine deutsche Gemeinde, die seit der japanischen Besetzung existierte. Im Zweiten Weltkrieg waren Japan und Deutschland Verbündete. Die SORA wurde von Major Dr. Singgih mit indonesischen und deutschen Lehrern und Ausbildern ausgestattet. Neben der Sportausbildung wurde SORA auch zur Ausbildung der Kadetten in Fremdsprachen, insbesondere Deutsch und Englisch, eingesetzt.

Die Sportpädagogik umfasst Sportunterricht, Spiele und Gymnastik. Zuerst konnten wir keine Purzelbäume schlagen, aber nachdem wir unsere Gymnastikausbildung erhalten hatten, konnten das die meisten. Dies lag an der Qualität der Lehrerausbildung und des Sportunterrichts, einschließlich des Herrn Hupfer, der 1936 Trainer der japanischen Turnmannschaft für die Olympischen Spiele wurde. Auch die Englisch- und Deutschlehrer waren sehr kompetent.

Die militärische Ausbildung im Klassenzimmer in Yogyakarta und die in der SORA, hat uns zu zuverlässigen Offizieren der indonesischen Streitkräfte geformt. Nach Abschluss der Ausbildung wurden wir den entsprechenden Truppen zugeteilt. [...]

Die Holländer griffen Ende 1948 die Militärakademie erneut an und nahmen Yogyakarta ein. Als Gegenmaßnahme des niederländischen Angriffs führte die Yogyakarta-Militärakademie eine Guerillaoperation durch und besetzte den Sub-Wehrkreis (SWK) 104.

Die Yogyakarta-Militärakademie wurde vom zweiten Gouverneur der Militärakademie, nämlich Oberst Djatikoesumo, geleitet. Alle indonesischen Truppen waren in den Kämpfen gegen die Holländer aktiv und nahmen später auch an der Generaloffensive vom 1. März gegen Yogyakarta teil. Der erste Angriff wurde gegen den Flugplatz Meguwo durchgeführt. Es folgte ein Angriff auf die niederländische Stellung Jalan Gondokusuman in Yogyakarta. Der Angriff auf Stellung Gondokusuman hat zum Tod von Taruna Lili Rochli geführt, deren Name später als Name des Gebäudes verewigt wurde, in dem wir uns jetzt befinden. Dann gab es auch noch den Angriff auf Kaliurang und die Schlacht in Plataran.

Und so geht es immer weiter, eine Schlacht nach der anderen, bis die Niederländer geschlagen waren und auf Druck der Vereinten Nationen im Dezember 1949 Indonesien verlassen mussten. Indonesien hatte endgültig die Ketten einer 350-jährigen ausbeuterischen Kolonialherrschaft gesprengt!

Wenn ich mich mit Niederländern, auch Historikern, über diese Zeit unterhalte, wird immer wieder angezweifelt, dass es eine SORA gab und dass deutsche Lehrkräfte und Fachleute der deutschen Marinestützpunkte auf Java an der Ausbildung von indonesischen Kadetten beteiligt waren. Im Laufe der Jahre waren es 600 bis 700 Kadetten, die durch die Deutschen in Sarangan ausgebildet wurden.

Aber wie erging es den deutschen Frauen und Kindern und den wenigen Männern, die immer noch in Sarangan ausharrten? Das Chaos in den letzten Jahren, bevor die Niederländer das Land verlassen mussten, war unbeschreiblich groß. Es kämpften nicht nur die Indonesier gegen die Niederländer, in Indonesien kämpften auch verschiedene Gruppen gegeneinander um eine Vorherrschaft. Sukarno und die indonesischen Truppen strebten ein unabhängiges und freies Indonesien an, die Kommunisten wollten einen Staat mit Nähe zu China und Russland, und dann gab es noch die Islamisten, die einen Staat nach islamischem Recht anstrebten. Mehrmals griffen die Kommunisten Sarangan an, aber die Kadetten der SORA konnten die Angriffe abwehren. Man lebte gefährlich in dem einst ruhigen und zauberhaften Ferienort. Einmal gelang den kommunistischen Freischärlern eine Einnahme Sarangans. Die Deutschen wurden komplett ausgeraubt, selbst der Hausrat wurde gestohlen. Aber sie hatten ihr Leben gerettet und der Schaden wurde später von der Sukarno-Regierung ersetzt.

Als sich die Aufregung über diesen Raub gelegt hatte, bekamen die Niederländer die Oberhand und kamen Sarangan immer näher. Aus Sicherheitsgründen wurde die Deutsche Schule am 15. Dezember 1948 geschlossen. Am 23. Dezember rief der Chef der SORA, Dr. Singgih, alle deutschen Einwohner zusammen und erklärte, dass die niederländischen Truppen in Kürze Sarangan erreichen würden. Die Übermacht der Niederländer wäre so groß, dass er mit seinen Kadetten die Deutschen nicht mehr verteidigen könne. Er riet ihnen mitzukommen. Sie würden sich in den umliegenden Wäldern verstecken.

---

282 https://sayidiman.suryohadiprojo.com/?p=1642

Aber die Deutschen blieben. Sie dachten, nun kommen die Niederländer, zivilisierte Europäer, mit ihrer Hilfe kommen wir hoffentlich bald zurück in die deutsche Heimat! Es waren ja inzwischen dreieinhalb Jahre seit Ende des Zweiten Weltkriegs vergangen! Weit gefehlt! Sie kamen vom Regen in die Traufe! Nachdem die Kadetten der SORA Sarangan verlassen hatten, kamen nur einen Tag später die niederländischen Truppen. Es war Heilig Abend, der 24. Dezember 1948. Die Deutschen saßen gerade um den mit Kerzen geschmückten Weihnachtsbaum, da wurden sie erneut brutal behandelt und eingesperrt. Alles Geld und alle Besitztümer wurden konfisziert, wofür es nie eine Entschädigung gab. Am 1. Januar 1949 wurden die Deutschen Frauen und Kinder auf Lastwagen abtransportiert. Nach vielen entbehrungsreichen Monaten in einem Internierungslager in Jakarta durften sie endlich im September 1949 mit dem niederländischen Schiff *Willem Ruyss* nach Amsterdam ausreisen. Nochmals: Das war nun schon vier Jahre nach Kriegsende![283]

Es waren schreckliche Zeiten, die die Deutschen unter den Niederländern in ihren Konzentrationslagern in Indonesien erleiden mussten. Darüber habe ich schon mehrfach berichtet und ich bitte das zu entschuldigen. Aber von jedem noch lebenden Zeitzeugen erfahre ich immer wieder neue Geschichten der Misshandlung. Alle diese Personen haben immer noch, nach so vielen Jahren, eine große Wut auf die Niederländer, weil sie sich mehrfach mit dem Besitz der Deutschen bereichert haben und bis heute eine Entschädigung verweigern. Auch meine Empörung wuchs nach jedem weiteren Interview. Ich kann die Wut der noch wenigen Lebenden aus jener Zeit gut verstehen!

In den Niederlanden sympathisierte ein großer Teil der Bevölkerung mit dem Dritten Reich und die Nazi-Sympathisanten der NSB[284] erhielten großen Zulauf. In Niederländisch-Indien sah es anders aus. Hier war ein Großteil der Niederländer gegen das Dritte Reich und die Nazi-Sympathisanten der NSB wurden 1940, nach dem Einmarsch deutscher Truppen in die Niederlande, zusammen mit den Deutschen auf Java und Sumatra interniert und auch in die Internierungslager nach Britisch-Indien verschifft. Einige wenige der niederländischen Nazi-Anhänger blieben jedoch aus bisher noch ungeklärten Gründen in den niederländischen Internierungslagern zurück. Sie wurden dann meist zusammen mit den Deutschen von japanischen Truppen befreit.

Die Nazis der NSB in den Niederlanden hatten natürlich Mitleid mit ihren von den niederländischen Behörden in Niederländisch-Indien eingekerkerten NSB-Kollegen. Hier ist die Übersetzung eines Berichts im ‚National-Sozialistischen Almanach' von 1943. Es ist reinste Nazi-Propaganda, die aber aus den Niederlanden kam! Das Original findet man in Anlage Kapitel 84.3.[285]

Aus dem National-Sozialistischen Almanach 1943, Seiten 27 – 31, zusammengestellt von Jan de Haar, Amsterdam.
Herausgegeben im Auftrag des Organisationsleiters der National-Sozialistischen-Bewegung der Niederlande (NSB), Halliebaan 35, Utrecht:

Seit dem Monat Mai des Jahres 1941 befinden sich einige hundert niederländische Männer in einem Konzentrationslager [Anm. d. A.: in Niederländisch-Indien], *weil sie National-Sozialisten sind und ohne Ansehen ihrer Person streiten wollten für ihren ‚Führer'* [Anm. d. A.: der Übersetzer verwandte das Wort ‚Leiter' für das niederländische Wort ‚Leider', gemeint ist jedoch ihr Führer Anton Adrian Mussert[286], Führer der NSB. Oder meinte man Adolf Hitler direkt?], *für das Land, welches sie liebhatten und für das Volk, dessen Ehre sie hoch hielten in den überseeischen Gebieten. Jahre zuvor hatten sie das Vaterland verlassen mit den wenigen Zehntausenden, die nicht teilnehmen wollten an der allgemeinen Schlappheit und Energielosigkeit eines demokratischen, entarteten, untergehenden Volkes. In harter und mühsamer Arbeit waren sie ein Teil der kleinen niederländischen Gemeinschaft, die in Ost-Indien so eine gewaltige Aufgabe durchzuführen hatte.*

Als der Streit um die Erneuerung der Niederlande begann, hatten sie es bedauert, nicht aus der Nähe für das Heimatland mitstreiten zu können. In den schwierigen Umständen der Bewegung steuerten sie mit ihren Opfern, ihrer vorbildlichen Begeisterung, trotz des 14.000 Kilometer großen Abstandes dazu bei, Treue am Volk und ‚Führer' zu zeigen. Im Mai 1940 wurden sie interniert, eingesperrt in tropischen Gebieten, abgeschnitten von den Dingen, die den Weißen in Insulinde das Leben erträglich machen. Aber sie sind ihrer Überzeugung treu geblieben.

Im Dezember 1942, an denselben Tagen, an denen die Bewegung in den Niederlanden an das zehnjährige Jubiläum [Anm. d. A.: der NSB] *gedachte, wurde eine schändliche Missetat mit der Kriegserklärung an Japan begangen. Die internierten Kameraden wurden weggebracht nach Britisch-Indien. Da geht nun ihr Leidensweg weiter bis zu ihrer Befreiung, die kommen muss und kommen wird.*

---

283 Details siehe Band 2, Kap. 46
284 Nationaal-Socialistische Beweging, eine nationalsozialistische Partei in den Niederlanden
285 Unterlagen aus Sammlung Hans-Günther Bode, Übersetzung durch Hans-Günther Bode
286 Horst H. Geerken, *Hitlers Griff nach Asien*, Band 1, S. 76f, 136, 406

Ihre Namen müssen uns in Erinnerung bleiben. Denn einst kommt der Tag, an dem sie ins Vaterland zurückkommen werden und an dem wir ihren Empfang vorbereiten. Das hat uns der ‚Führer' versprochen. Eins sollen sie wissen, dass der Kampf auch für sie bestritten und gewonnen wird.
Nun folgen die Namen, siehe Anlage 84.3.

Bemerkung des Zeitzeugen und Übersetzers Hans-Günther Bode dazu:
Einige niederländische Mitglieder der NSB sind nicht nach Britisch-Indien gebracht worden. Sie wurden von den Japanern befreit und fanden teilweise Zuflucht bei der deutschen Gemeinschaft in Sarangan.

Bemerkungen des Autors:
Weiter oben habe ich Anton Adrian Mussert erwähnt, den Führer der niederländischen Nazi-Partei NSB. Erst vor gar nicht allzu langer Zeit kam heraus, dass Mussert gar nicht – wie immer gedacht – ein anständiger Politiker des Volkes war. Der niederländische Historiker Dr. Tessel Pollmann fand bei seinen Recherchen heraus, dass sich Mussert an jüdischem Eigentum bereichert hatte und bei seinem Tode Multimillionär war.[287]

Mussert wurde 1946 zum Tode verurteilt und hingerichtet. Er wurde in einem nur der Familie bekannten Massengrab bestattet. Seine Leiche wurde jedoch von Unbekannten kurz danach exhumiert und an einen bis heute unbekannten Ort entführt. Es gibt immer noch Niederländer, die – wenn die Zeit gekommen ist – Anton Adrian Mussert ein Ehrengrab bereiten wollen.

Nach diesem kurzen Ausflug zurück nach Sarangan:
In Sarangan landeten auch einige Ehefrauen und Kinder der aufgeführten nationalsozialistisch eingestellten niederländischen Mitglieder der NSB. Bei den von Hans-Günther Bode unterstrichenen Namen in der Liste handelt es sich um diese Personen. Wie Hans-Günther Bode erwähnte, wussten die Deutschen in Sarangan damals nicht, dass diese Personen Nazi-Sympathisanten und Mitglieder der NSB waren. Später, zurück in den Niederlanden, haben diese Niederländer ihren Aufenthalt bei den Deutschen in Sarangan vehement verleugnet. Wäre dies bekannt geworden, wäre auch ihnen durch die niederländischen Behörden die Pensionsberechtigung entzogen worden.

Hans-Günther Bode schreibt am 1. Dezember 2021: *Die niederländischen Behörden haben sich vier Jahre nach Kriegsende brutal an deutschem Eigentum vergangen.* So brutal, wie die Niederländer während der 350-jährigen Kolonialzeit die einheimische Bevölkerung ausgequetscht haben, so brutal haben sie sich auch an deutschem Eigentum vergangen. Wie schon während der Kolonialzeit stand der private Profit an erster Stelle. An Korruption und Selbstbereicherung *(vergaan onder corruptie)* ging auch schon 1798 die VOC[288] nach fast 200-jährigem Bestehen zu Grunde.

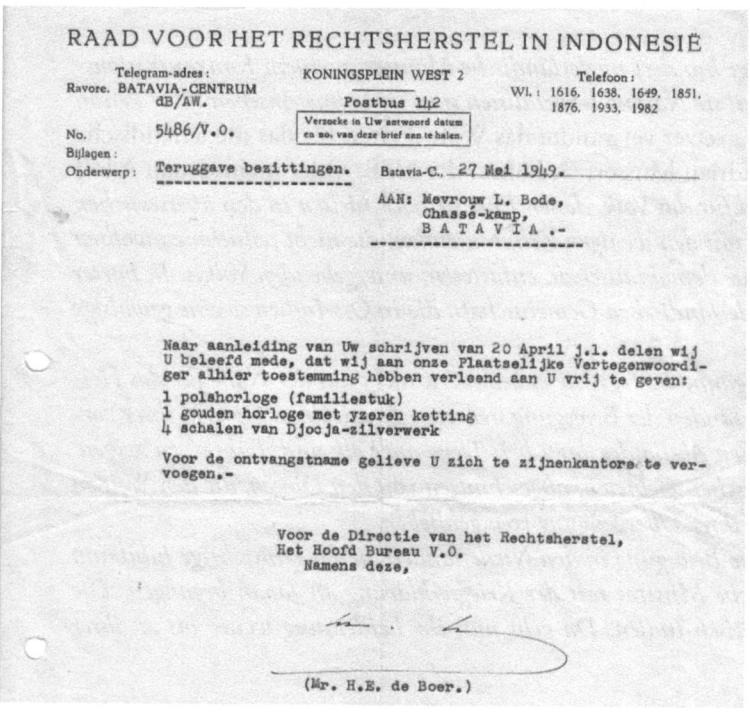

Mehrmals bat Frau Lydia Bode aus dem Internierungslager in Batavia um die Rückgabe der konfiszierten Gegenstände. Noch am 20. April 1949 bat sie höflich in einem Brief an den Rat der Rechtsherstellung, zu Händen von Herrn de Boer in Batavia-C, Koningsplein West Nr. 2, um Rückgabe. In Anlage 84.4 sind diverse Schreiben von Frau Bode und der Weeskamer, einer staatlichen niederländischen Einrichtung, die Vermögen verwaltet.

Von dem gesamten Hausrat, von dem in Jahrzehnten angesparten Vermögen, von dem konfiszierten Bargeld, von den persönlichen Gegenständen wie Fotoalben oder drei wertvollen Briefmarkensammlungen, erhielt sie lediglich die nachfolgend genannten Gegenstände zurück.

Abb. 80-15: Antwortbrief der Weeskamer vom 27. Mai 1949 über die wenigen Gegenstände, die 1949 – vier Jahre nach Kriegsende – an Frau Lydia Bode zurückgegeben wurden.[289]

---

287 Niederländische Zeitschrift *Haaretz* vom 8. April 2009
288 Vereenigde Oostindische Compagnie, die Niederländische Ostindien-Kompanie
289 Brief aus Sammlung Hans-Günther Bode

Übersetzung aus dem Niederländischen von Hans-Günther Bode:
Rat für die Wiederherstellung der Rechte in Indonesien
Rückgabe von Besitz
Batavia-C, 27. Mai 1949

An Frau L. Bode
Chassé-Internierungslager
Batavia

Als Antwort auf Ihr Schreiben vom 20. April d. J. informieren wir Sie höflich, dass wir unseren lokalen Vertreter hier autorisiert haben, Ihnen Folgendes zur Verfügung zu stellen:
1 Armbanduhr (Familienstück)
1 goldene Uhr mit Eisenkette
4 Schalen aus Yogya-Silber
Für den Empfang kommen Sie bitte in sein Büro.
Für die Direktion der Wiederherstellung von Rechten,
der Leiter der V.O., gez. H. E. de Boer

Das war alles von den vielen konfiszierten Gegenständen, von dem gesamten Hausrat, was Frau Bode und ihr Sohn 1949 nach Deutschland mitnehmen durften. Bemühungen in Deutschland, von der niederländischen Regierung eine Entschädigung zu erhalten, blieben erfolglos. Selbst die staatliche Pensionsberechtigung für ihre langjährige Arbeit als Lehrerin für die niederländische Regierung und die Arbeit ihres Mannes wurde ihr gestrichen. Das Leben musste wieder von ganz vorne beginnen!

Präsident Sukarno war ein toleranter Anhänger des Islams mit einem Hang zur Mystik. Schon früh setzte er sich für die Rechte der Frauen in Indonesien ein. Bereits 1964 führte Präsident Sukarno den Geburtstag der javanischen Prinzessin Raden Ajeng Kartini[290], den 21. April, als nationalen Feiertag ein. Seither wird der _Hari Kartini_ in allen Schulen des Landes als ‚Tag der Frauen' gefeiert. Kartini kämpfte schon in jungen Jahren für Recht und Bildung der indonesischen Frau. Sie war gegen Polygamie und unterstützte massiv die Unabhängigkeitsbestrebungen Indonesiens.

Dass Sukarno noch während des Kampfes gegen die Niederländer ein Buch für die indonesischen Frauen veröffentlichte, erfuhr ich allerdings erst jetzt. Bei der Sichtung der Unterlagen seiner Mutter entdeckte Hans-Günther Bode das Buch _Sarinah_ von Präsident Sukarno, das Colonel Dr. Singgih, der Leiter der SORA in Sarangan, seiner Mutter Lydia Bode 1950 als Dank für ihre Tätigkeit an der SORA geschenkt und gewidmet hatte. Es ist ein dickes Buch mit 515 Seiten, das sich besonders mit der Emanzipation der indonesischen Frauen beschäftigt. Da in heutiger Zeit die Rechte der islamischen Frauen eher wieder eingeschränkt werden, werde ich hier das Vorwort von Präsident Sukarno und das Inhaltsverzeichnis wiedergeben. Es ist erstaunlich, dass Sukarno noch während des Unabhängigkeitskrieges Zeit fand, sich um die Rechte und Pflichten der indonesischen Frauen zu kümmern.

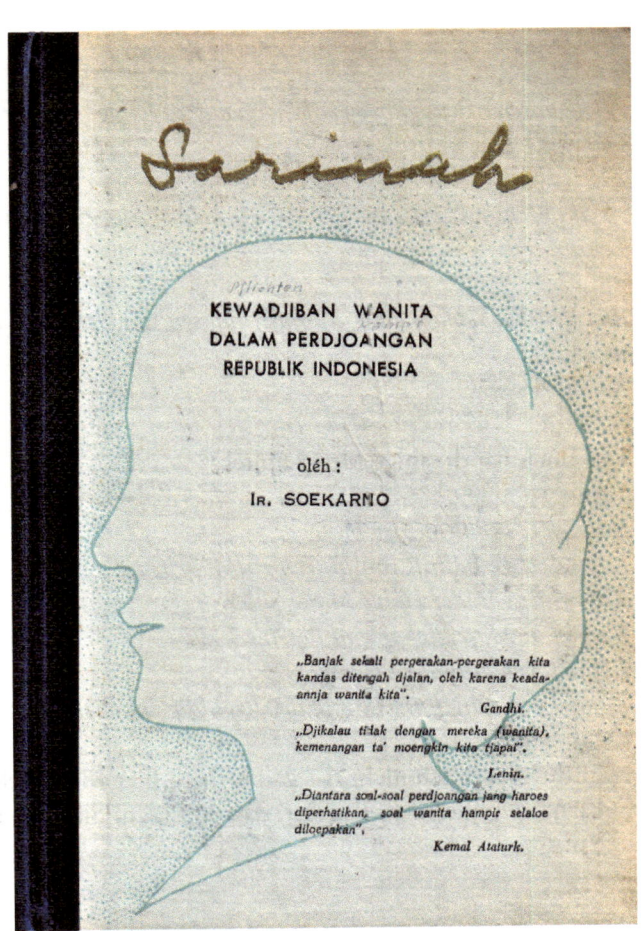

Abb. 80-16: Der Buchdeckel des Buches Sarinah von
Ir. Soekarno[291]

---

290 1879-1904
291 Alte Schreibweise. Heute: Sukarno

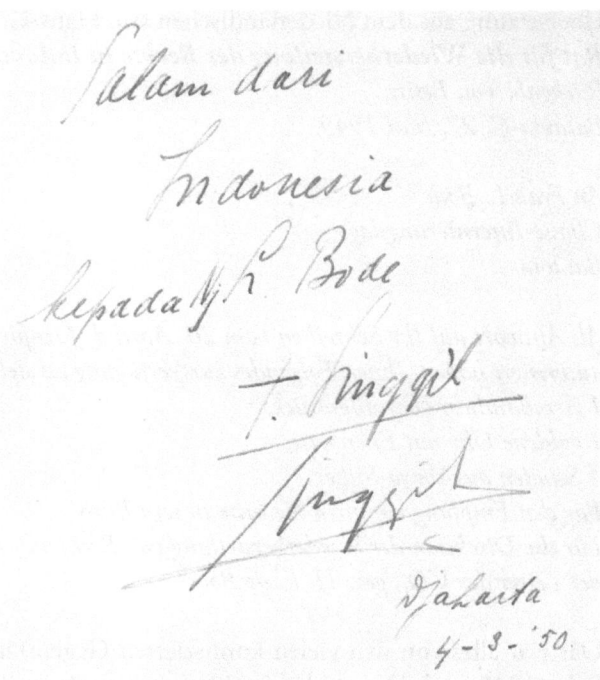

„Banjak sekali pergerakan-pergerakan kita kandas ditengah djalan, oleh karena keadaannja wanita kita".

Gandhi.

„Djikalau tidak dengan mereka (wanita), kemenangan ta' moengkin kita tjapai".

Lenin.

„Diantara soal-soal perdjoangan jang haroes diperhatikan, soal wanita hampir selaloe diloepakan".

Kemal Ataturk.

Abb. 80-17: Die Zitate auf dem Buchdeckel

Abb. 80-18: Widmung von Dr. Singgih, dem Leiter der SORA in Sarangan, für Frau Lydia Bode, als Dank für ihre Dienste für die Militär Akademie

Freie Übersetzung des Buchtitels und der Zitate durch den Autor:

Sarinah

Die Pflicht der Frauen im Kampf um die Republik Indonesien
von
Ir. Soekarno

‚Viele unserer Bewegungen sind wegen der Notlage unserer Frauen mitten auf der Straße gescheitert.'
Gandhi

‚Wenn nicht mit Frauen, werden wir keinen Sieg erringen können.'
Lenin

‚Bei den Problemen eines Kampfes müssen wir besonders auf die Frauen achten, da diese dabei fast immer vergessen werden.'
Kemal Atatürk

Das Buch hat die folgenden Kapitel:
Vorwort
Kapitel 1: Probleme der Frau
Kapitel 2: Verhältnis von Jungen zu Mädchen
Kapitel 3: Von der Höhle in die Stadt
Kapitel 4: Matriarchat und Patriarchat
Kapitel 5: Was Frauen bewegt
Kapitel 6: Sarinah im Kampf der Republik Indonesien

Natürlich kann ich nicht das ganze Buch hier wiedergeben, aber wenigstens habe ich das Vorwort von Präsident Sukarno frei übersetzt. Es zeigt, dass Präsident Sukarno ein sehr moderater Moslem war:

VORWORT

Nach meinem [Anm. d. A.: durch den von den Niederländern angezettelten Krieg erzwungenen] *Umzug von Djakarta nach Djokjakarta[292] habe ich jede zweite Woche einen Lehrgang für Fragen, die unsere Frauen betreffen, abgehalten. Viele Menschen in unserem Lande haben nicht verstanden, weshalb ich diese Kurse für so wichtig gehalten habe. Aber ich bin sicher, dass diese Fragen für die Stellung der Frau in der Gesellschaft sehr wichtig sind. Das Problem der Frauen ist das Problem des ganzen Volkes!*

Es ist eine Schande, dass diese Frauenthemen von unserer Bewegung nicht gründlicher untersucht wurden. Es ist schon lange her, als ich anfing dieses Buch über die Probleme der Frauen zu schreiben, aber es wurde aus mehreren Gründen immer wieder verzögert. Nachdem wir nun die Unabhängigkeit proklamiert haben, erachtete ich es als dringend und wichtig, dieses Buch der Öffentlichkeit zugänglich zu machen.

Da wir ohne unsere Frauen den Staat und die Gesellschaft nicht verbessern können, müssen wir, neben anderen, uns sofort deren Probleme annehmen. Das ist der Grund, dass ich sofort nach meiner Ankunft in Djokjakarta neue Lehrgänge für Frauen einberief. Auf Wunsch vieler Menschen habe ich aufgeschrieben, was ich in den Kursen gelernt habe und auch noch einiges hinzugefügt. Hier ist nun das Buch mit dem Titel ‚Sarinah‘.

Was ist der Grund, weshalb ich dem Buch den Namen ‚Sarinah‘ gab? Nennen wir das Buch einfach ‚Sarinah‘ als Zeichen meines Dankes an das Hausmädchen, das mich betreute, als ich noch ein kleines Kind war. Sarinah war der Name der Haushaltshilfe meiner Mutter, von der ich viel gelernt habe und auch viel Zuneigung und Liebe erfahren durfte. Möge Gott ihr diese Güte und Freundlichkeit zurückgeben.

In diesem Vorwort möchte ich auch noch meinem Freund Mualliff Nasution Dank sagen, der immer hart gearbeitet hat, um die Lehrgänge für unsere Frauen zu organisieren. Außerdem hat er mitgeholfen, dass dieses Buch ‚Sarinah‘ veröffentlicht werden konnte.

Unterschrift: Soekarno
Djokjakarta, 3. November 1947

---

292 Alte Schreibweise. Heute: Jakarta und Yogyakarta

81. Orientierung der deutschen U-Boot-Fahrer in Batavia

In Penang und Singapur konnten sich die deutschen U-Boot-Fahrer durch die von Korvettenkapitän Wolfgang Erhard zusammengestellten Penang- und Singapur-Büchlein zurechtfinden. Jedem Offizier und der Mannschaft der nach Ostasien fahrenden Hilfskreuzer und U-Boote sowie allen leitenden deutschen Mitarbeitern der Marinestützpunkte in Penang und Singapur wurden diese Büchlein mit Verhaltensregeln und Stadtplänen übergeben. In Band 1[293], Band 2[294] und Band 3[295] dieser Dokumentation habe ich bereits darüber berichtet.

Bei meinen Recherchen wunderte ich mich, dass ich keine Hinweise auf ein Batavia-Büchlein fand, obwohl doch gerade dort Hunderte Angehörige der Deutschen Kriegsmarine ihre Boote verließen, um sich auf der sogenannten U-Boot-Wiese, der Plantage von Emil Helfferich[296] in den Bergen südlich von Batavia, zu erholen und neue Kraft für die lange und beschwerliche Rückreise nach Europa zu tanken. Und Batavia war auch ein wichtiger Stützpunkt der deutschen Kriegsmarine, in dem U-Boote und Hilfskreuzer beladen und entladen sowie Reparaturen durchgeführt wurden. Korvettenkapitän Dr. Hermann Kandeler[297] war Leiter des Stützpunktes Batavia. Für so einen wichtigen Stützpunkt soll es kein Batavia-Büchlein gegeben haben? Die U-Boot-Fahrer mussten sich doch in der Stadt und der Umgebung orientieren können. Leider blieb meine Suche nach einem Batavia-Büchlein lange erfolglos. Nun bekam ich jedoch einen entscheidenden Hinweis.

Ich wurde von einem Leser meiner Bücher, Herrn Peter Schnatz, kontaktiert, dessen Vater Wolfgang Schnatz bis kurz vor Kriegsausbruch in Niederländisch-Indien tätig war. Wir trafen uns zu einem Gedankenaustausch, wobei ich auch seinen Sohn, Herrn Dr. Jörg Schnatz, kennenlernte. Darüber habe ich ausführlich in Kapitel 77.3 dieses Buches berichtet. Bei den sich daran anschließenden Gesprächen mit Jörg Schnatz ergab sich, dass er nicht nur die Dokumente und Fotos seines Großvaters akribisch genau verwaltet, er beschäftigt sich darüber hinaus intensiv mit dem Forschungsreisenden, Geographen, Ethnologen und Schriftsteller Dr. Karl (Martin Alexander) Helbig.[298] Bei diesen Unterhaltungen erwähnte Jörg Schnatz, dass den nach Südost-Asien fahrenden U-Boot-Mannschaften das Buch Batavia von Karl Helbig mitgegeben wurde. Nun wurde ich hellhörig und begann weiter zu recherchieren. Dabei fand ich Folgendes heraus:

Im Vorwort des Buches *Batavia* ist geschrieben:
[...] durch die freundliche Unterstützung eines deutschen Pflanzungssyndikats und dessen Direktor, Herrn Emil Helfferich, kam eine Reise nach Batavia zur Ausführung, wo während des Sommers 1929 die örtlichen Verhältnisse in Augenschein genommen, sowie nach geschriebenem und mündlichem Material Umschau gehalten werden konnte. Genügende Vorkenntnisse in der malaiischen und holländischen Sprache waren im Unterricht bei den Herren Professoren [...] erworben worden. [...]
Die Arbeit wurde als Dissertation zur Erlangung der Doktorwürde von der Mathematisch-Naturwissenschaftlichen Fakultät der Universität Hamburg angenommen.

Über Emil Helfferich habe ich in den vorhergehenden Bänden bereits vieles berichtet, aber dass er auch bei der Reise von Karl Helbig seine Finger mit im Spiel hatte, war mir bisher nicht bekannt. Emil Helfferich war eine einflussreiche Persönlichkeit während des Dritten Reichs und darüber hinaus, mit hervorragenden Verbindungen in Deutschland und Niederländisch-Indien. Sein Bruder Karl Helfferich war Wirtschaftswissenschaftler, Bankier und Politiker. Während des Ersten Weltkriegs war er der Vizekanzler des letzten Deutschen Kaisers.[299]

Helbig sammelte Material, welches die Entwicklung von Batavia, der Hauptstadt Niederländisch-Indiens, zum Thema hatte. Das Ergebnis dieser Arbeit war sein Buch *Batavia. Eine tropische Stadtlandschaftskunde im Rahmen der Insel Java.* Im Jahr 1930 wurde das Buch mit einem Umfang von 200 Seiten und zahlreichen Zeichnungen und Karten veröffentlicht.

In dem Buch beschreibt Helbig ausführlich die klimatischen Verhältnisse, Temperaturen, Sonnenstunden, die Passatwinde, das Bewässerungsnetz, die Trinkwasserversorgung, den Grundriss der Stadtanlage, die Straßenverhältnisse, die Hafenanlagen, die Industrie, einfach Alles, was von Interesse war. Bei einem Gang durch die Stadt

293 S. 277ff
294 S. 124-126 und S. 141
295 S. 197f
296 Siehe Band 1, S. 53-57, 72f, 90 und 118, Band 2, S. 104, 118, 127f, 206, 226, 237, 318ff, 323, 328, 340, 353, Band 3, S. 153, 155, 334, 347
297 Siehe Band 2, S. 128, 179, 180, 198, 225f, 250
298 Siehe Horst H. Geerken, *Bibliographie deutscher Literatur über Niederländisch-Indien/Indonesien von 1930 bis 1945*
299 In Band 2, Seite 318 der ersten Auflage von 2015 schrieb ich fälschlicherweise, Emil wäre der Sohn von Karl Helfferich.

berichtet er von den Märkten, den einheimischen Lebensmitteln, den Wohngebieten und den dort lebenden Menschen. Ausführlich beschreibt Helbig die Ankerplätze des alten sowie des neuen Hafens von Batavia, die vorgelagerten Inseln, die Korallenriffe und Sandbänke, Wasserstände usw. Für die U-Boot-Leute wäre es ein umfangreiches Kompendium gewesen, um sich im Hafen von Batavia, in der Stadt und ihrer Umgebung zurecht zu finden. Es folgen einige Kartenbeispiele aus dem Buch *Batavia. Eine tropische Stadtlandschaftskunde im Rahmen der Insel Java*. Aber gibt es Beweise, dass die U-Boot-Fahrer dieses Buch als Hilfe und Referenz nach Batavia mitgenommen haben? So wie das Penang- und Singapur-Büchlein?

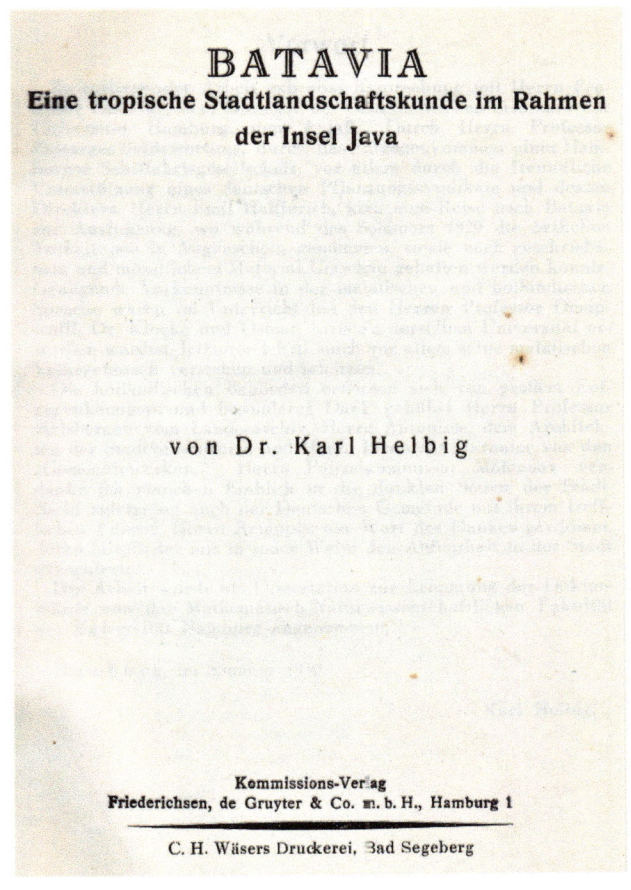

Abb. 81-1: Das Buch
Batavia von 1930[300]

Abb. 81-2: Die Seite
mit Verlagsangabe

Abb. 81.3: Dissertationsurkunde[301]

Dissertationsurkunde

Unter dem Rektorat von Albert Wiegand, Doktor der Philosophie, ordentlichem öffentlichem Professor der Meteorologie, und während des Dekanats von Emil Artin, Doktor der Philosophie, ordentlichem öffentlichem Professor der Mathematik, hat die mathematische/naturwissenschaftliche Fakultät

Herrn Karl Helbig aus Hildesheim

aufgrund einer am 28.Juni 1930 „mit Auszeichnung,, bestandenen Prüfung und Einreichung einer Schrift „Batavia. Eine tropische Stadtlandschaftskunde im Rahmen der Insel Java"

die Würde als Doktor der Naturwissenschaften

verliehen. Zum Zeugnis dessen ist diese Urkunde ausgestellt, mit dem Siegel der Fakultät versehen und vom Dekan unterzeichnet worden.

Hamburg, d. 14.Januar 1932

Der Dekan

---

300 Buch aus der Sammlung von Dr. Jörg Schnatz und Karl Mertes
301 Kopie aus dem Buch von Werner Rutz und Achim Sibeth (Hg.), *Karl Helbig, Wissenschaftler und Schiffsheizer. Sein Lebenswerk aus heutiger Sicht, Rückblick zum 100. Geburtstag*, 2004

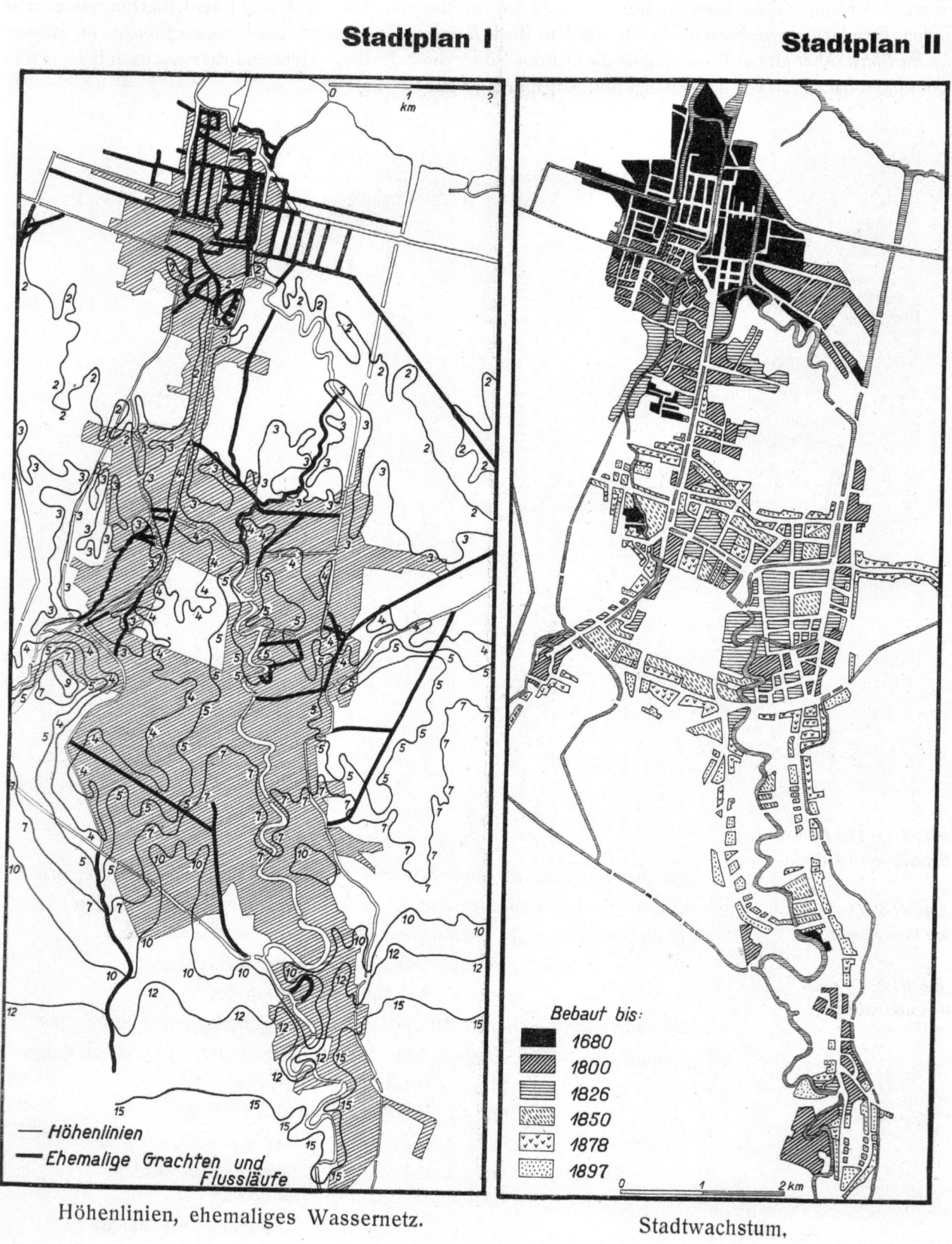

Abb. 81-4: Verschiedene Stadtpläne Batavias aus dem Buch

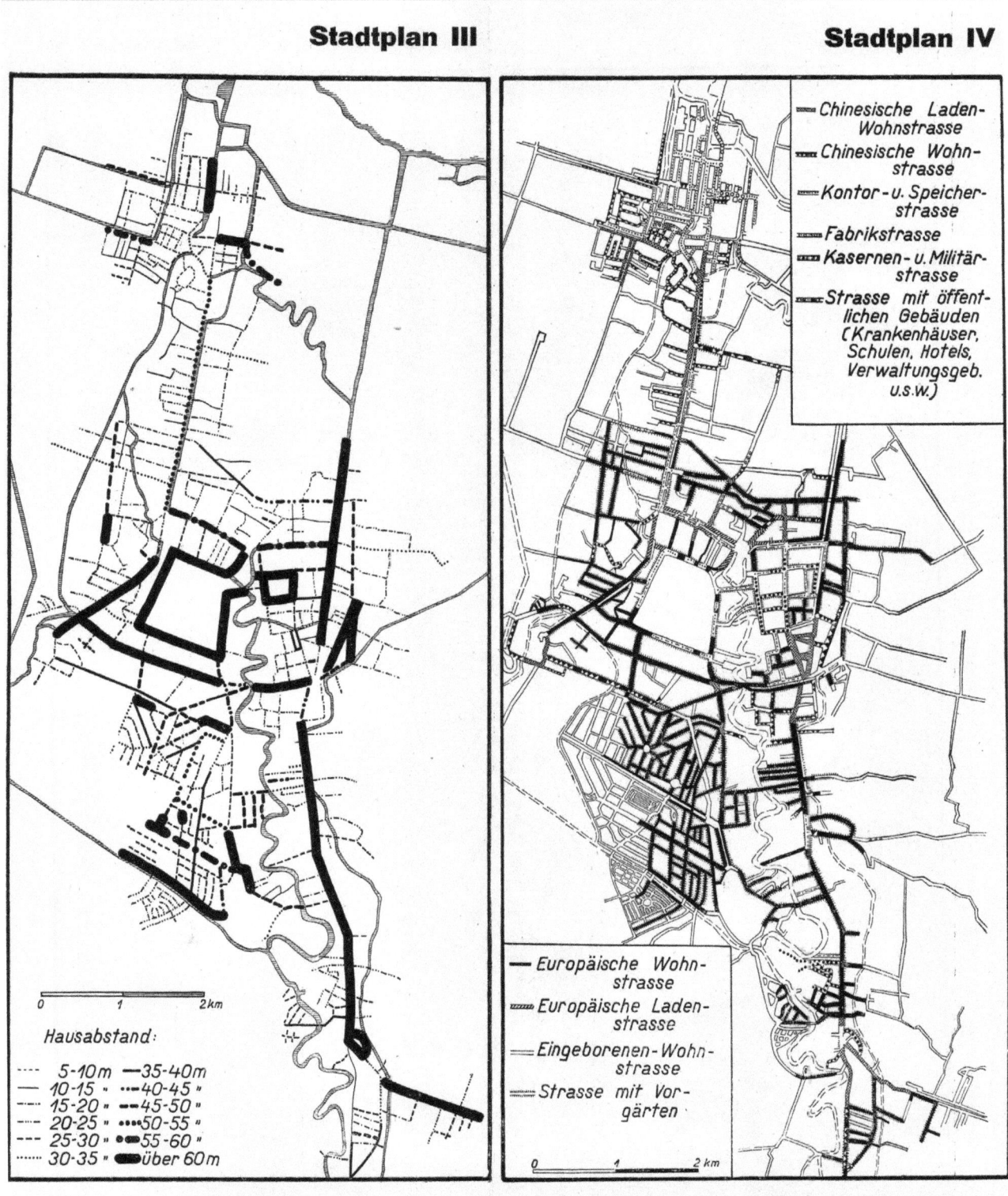

Abb. 81-5: Weitere Stadtpläne aus dem Buch

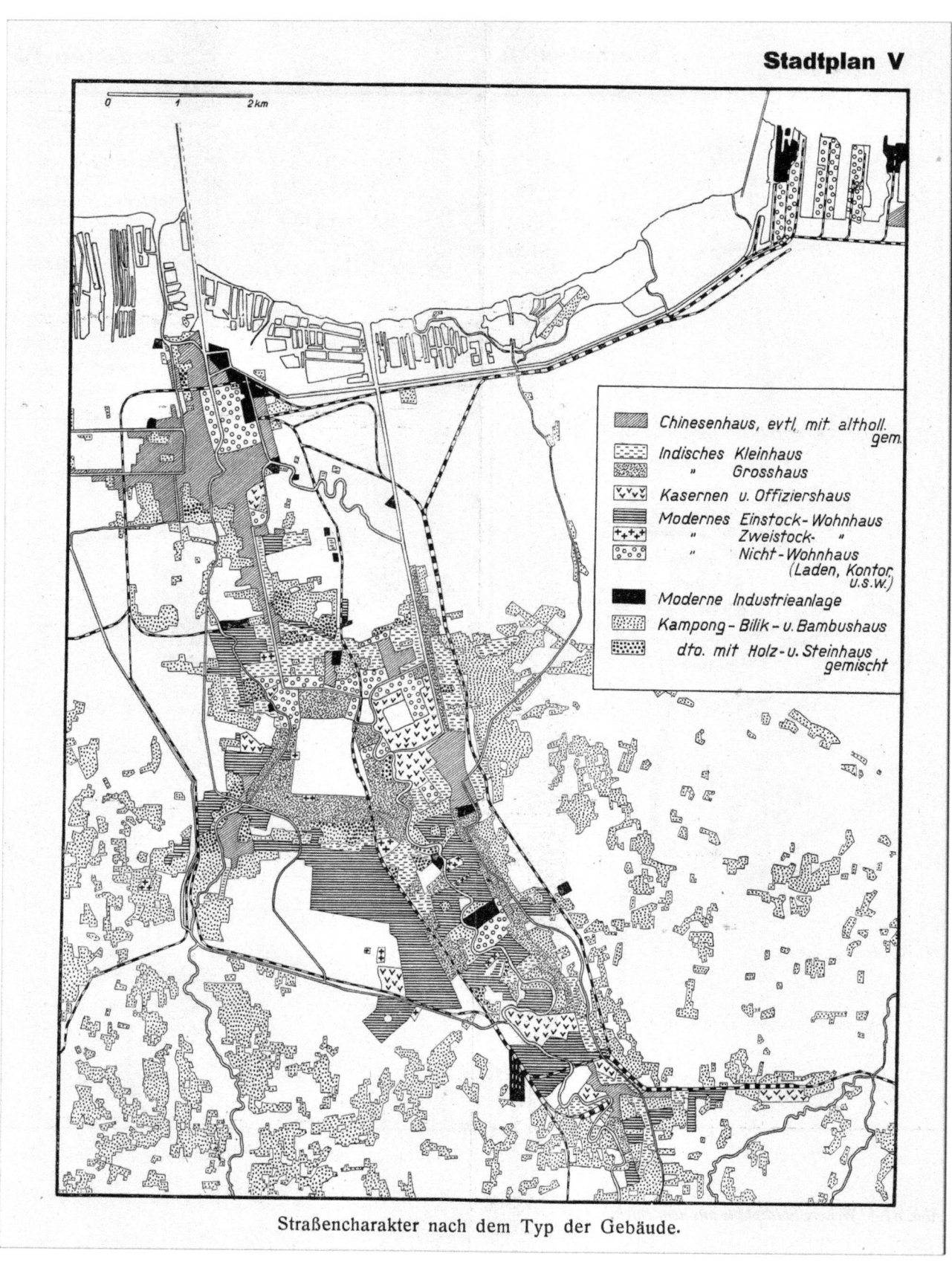

Straßencharakter nach dem Typ der Gebäude.

Abb. 81-6: Straßencharakter von Batavia

166

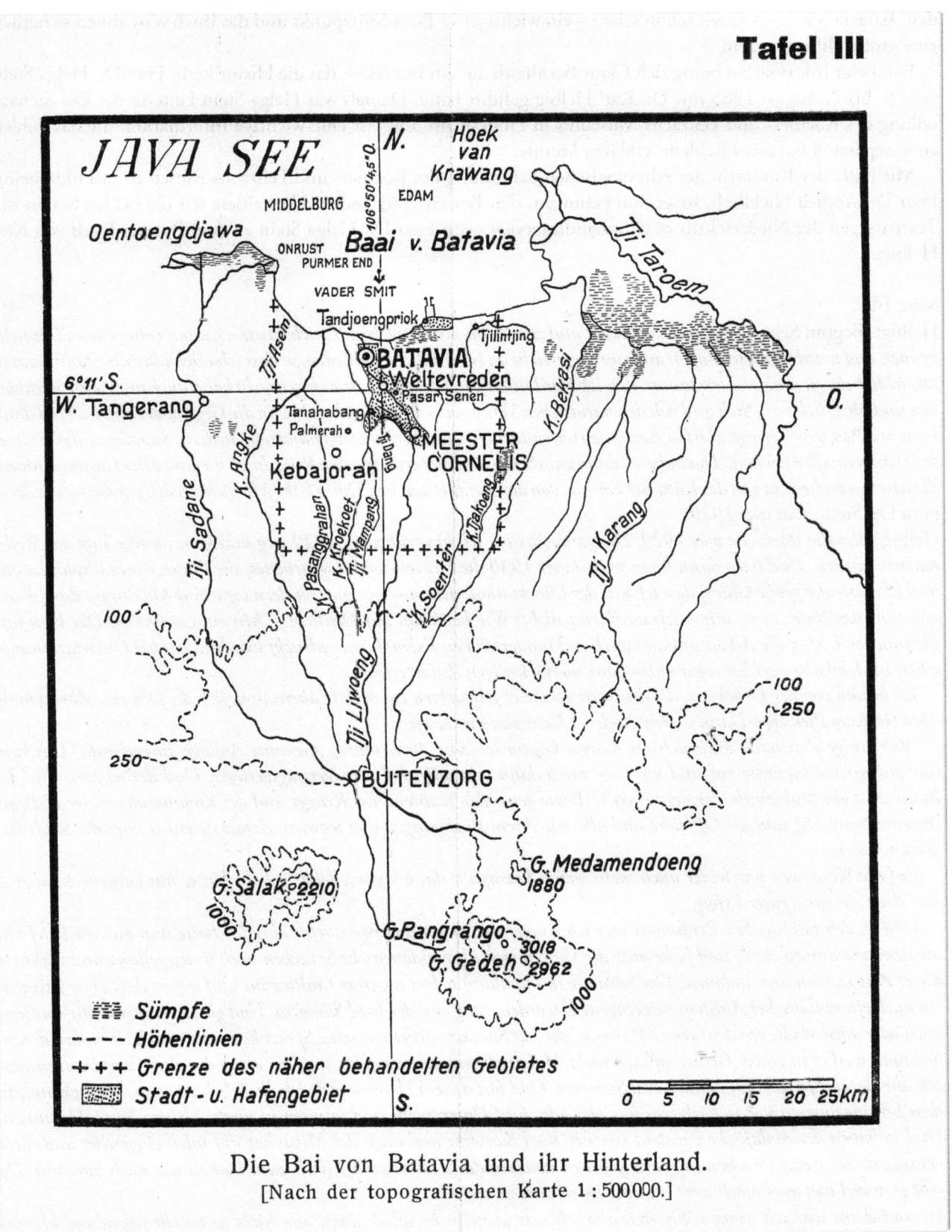

Die Bai von Batavia und ihr Hinterland.
[Nach der topografischen Karte 1:500000.]

Abb. 81-7: Die Umgebung von Batavia

Claus Bernhardt schrieb in dem Buch *Karl Helbig, Wissenschaftler und Schiffsheizer: Sein Lebensweg aus heutiger Sicht* von Werner Rutz und Achim Sibeth (Hg.)[302] über das Leben und Wirken von Karl Helbig. Darin erwähnt er, dass die Offiziere der U-Boote, die nach Südost-Asien fuhren, mit Karl Helbigs Buch *Batavia* ausgestattet wurden. Batavia war ja – wie wir schon sahen – ein wichtiger U-Boot-Stützpunkt und das Buch wäre ihnen sicherlich eine große Hilfe gewesen.

Bei dieser Information bezog sich Claus Bernhardt auf ein Interview, das die Historikerin Frau Dr. Helga Stein vom 5. bis 7. August 1985 mit Dr. Karl Helbig geführt hatte. Damals war Helga Stein Leiterin der Ostasienabteilung des Roemer- und Pelizaeus-Museums in Hildesheim. Dies ist eine wichtige Information, die das Fehlen eines separaten Batavia-Büchleins erklären könnte.

Mit Hilfe der Kuratorin der ethnologischen Sammlung des Roemer- und Pelizaeus-Museums in Hildesheim, Frau Dr. Andrea Nicklisch, ist es nun gelungen, den Beweis[303] zu finden. Hier zitiere ich die beiden Seiten der Textpassagen der Niederschrift des Tonbandinterviews von Frau Dr. Helga Stein zu dem Batavia-Buch von Karl Helbig:

Seite 14:

Helbig: [Beginn Seite 14]... *Java verbracht und zum Schluss und nach und nach lernte ich dann immer neue Deutsche kennen und wurde gewissermaßen auch weitergereicht an holländische Behörden, so dass ich mich über die Stadt Batavia tatsächlich soweit unterrichten konnte, dass ich eine Dissertation darüber zustande gebracht habe, auch mit vielen Stadtplänen und historisch natürlich und von den natürlichen Voraussetzungen ausgehend bis in die Gegenwart hinein. Und dann hatte mir Passarge[304] gesagt, 'das Ganze müssen wir natürlich in die Insel Java irgendwie eingliedern. Sie müssen also die Insel Java einigermaßen kennen.' Das habe ich dann zum Schluss meiner ersten großen Reise durch die ganze Insel unternommen, die ich eben vorher nur von der Küste her kannte, von der Seefahrtszeit her. Dann habe ich mich zurück gearbeitet wieder –*
Frau Dr. Stein: *Das war 1929?*
Helbig: *Also die Rückreise war 1929. Die ganze Reise – ich bin frühzeitig 1929 weg und kam wenige Tage vor Weihnachten zurück. Und habe dann bis zum Sommer 1930 die Dissertation ausgearbeitet, die Pläne, die Stadtpläne usw., und ich hatte das große Glück, dass ich mit der Dissertation nicht nur sehr gut, sondern sogar mit Maximum durchkam, also mit maximum cum, mit – ich weiß jetzt nicht: Wie heißt das auf Deutsch? – Mit Auszeichnung! Das kam mir überraschend, aber die Arbeit ist dann auch in Hunderten von Exemplaren gedruckt worden, was bei Dissertationen ja selten ist. Ich habe nachher sogar einen ganz merkwürdigen Zufall erlebt:*

Ich bekam von der Druckerei, die den Vertrieb dieser gedruckten Exemplare übernahm, ja jedes Jahr eine Abrechnung über ein paar Pfennige. Dann waren 2 oder 3 Exemplare verkauft.

Aber einige Zeit nach Ausbruch des Krieges bekam ich eine Abrechnung: 'Gesamte Auflage ausverkauft.' Das kam mir äußerst merkwürdig vor und ich habe mich dann erkundigt bei dem Vertragsverleger. Und der schrieb mir:' Ja, Batavia ist ein Stützpunkt der deutschen U-Boote geworden während des Krieges und die Kommandeure der U-Boote [Beginn Seite 15] und die Offiziere sind alle mit Ihrem Buch ausgestattet worden, damit sie etwas über die Stadt Batavia wussten.'

Auf die Weise war mir leider auch mein letztes Exemplar, das ich gerne selbst gehabt hätte, mit entgangen, aber es war doch ein ganz guter Erfolg.

Und in den mündlichen Prüfungen war ich einigermaßen gut durchgerutscht, aber ich hatte nun meinen Brief mit meinem 'maximum cum', und habe aber die Vorlesungen über indonesische Sprachen noch weitergeführt und während dieser Zeit war an dem indonesischen Seminar in Hamburg neben unserem Ordinarius und seinen deutschen Assistenten auch ein malaiischer Assistent mit eingestellt worden, tätig von der Insel Sumatra. Und gleichzeitig mit mir studierte auch oder wiederholte ein deutscher Missionar, der auf Sumatra arbeitete, seine Sprachkenntnisse noch einmal in diesem Seminar, weil er in einem Gebiet saß, wo nicht Malaiisch gesprochen wurde, sondern eine besondere Eingeborenensprache, die Batak-Sprache, im Norden von Sumatra. Und mit diesem Herrn wurde ich natürlich zwangsläufig bekannt, in dem Seminar waren wir ja höchstens nur vier oder fünf Hörer, mehr sind ja nicht in diesen kleinen Spezialinstituten. Und so haben der malaiische Assistent von der Insel Sumatra und auch der Missionar auf mich eingeredet und mich veranlasst, 'ja, wenn sie schon auf Java arbeiten können, dann kommen Sie doch auch mal zu uns nach Sumatra. Da gibt es so viel was auch noch wert ist, durchgearbeitet zu werden.'
Ja, und dann war ich schon völlig frei, also ich war ja nicht beruflich tätig, also nicht angestellt irgendwo. Mir lag daran, möglichst viel kennenzulernen und habe von mir aus die bisherige Methode weitergetragen, habe mich wieder

---

302 2004, Buch aus dem Bestand von Dr. Jörg Schnatz und Karl Mertes. Auch im Internet unter <www.gbv.de › dms › goettingen>
303 Quelle: Unveröffentlichte Abschrift des Tonbandinterviews von Frau Dr. Helga Stein mit Dr. Karl Helbig vom 5. Bis 7. August 1958. Tonbandaufnahme (Tonband III) und Abschrift (Seiten 14 und 15), Sammlung Karl Helbig, Roemer- und Pelizaeus-Museum, Hildesheim
304 Siegfried Passarge (1866–1958), deutscher Geograph, Geologe und Paläontologe

zurückgearbeitet; das war dann schon, glaube ich, meine sechste Reise durch die Rote See, und habe in dem Gebiet, in dem dieser Missionar von der Rheinischen Missionsgesellschaft in Elberfeld-Barmen tätig war, geforscht und bin ich dann gut innerhalb dieses Gebietes aufgenommen und ... [Ende Seite 15]

Nun ist dieses Rätsel auch gelöst! Anstelle eines Batavia-Büchleins wurde den U-Boot-Leuten das Buch *Batavia* von Karl Helbig mit auf die große und lange Reise nach Java mitgegeben. Kein Wunder, dass dieses Buch heute relativ selten ist und – wenn es irgendwo in einem Antiquariat auftaucht – auch zu einem hohen Preis gehandelt wird.

Im Zusammenhang mit der Kooperation zwischen der deutschen und der japanischen Marine in Südost-Asien erhielt ich noch zwei Fotos aus Indonesien, die ich hier zeigen möchte. Das erste zeigt, wie Hitler eine Abordnung der japanischen Marine empfängt. Leider fehlt hier eine Jahresangabe. Vermutlich ist es der Empfang Hitlers für den japanischen Kommandant Shinobu Endo, der am 5. August 1942 mit I-30 den deutschen U-Boot-Hafen in Lorient erreichte. I-30 war das erste japanische U-Boot, das beladen mit Rohstoffen für die Kriegswirtschaft vom Deutschen Reich besetztes Gebiet erreichte.[305] Es ist bekannt, dass Shinobu Endo nach seiner Ankunft in Lorient mit seinen Offizieren von Hitler in Berlin empfangen wurde.

Abb. 81-8, Empfang einer japanischen Marinedelegation durch Hitler

Der Korvettenkapitän Dr. Hermann Kandeler war Marineattaché an der Deutschen Botschaft in Tokyo, bevor er Leiter des U-Boot-Stützpunktes in Jakarta wurde. Nach der Kapitulation Deutschlands blieb Kandeler weiterhin in Jakarta, da Indonesien immer noch von dem Achsenpartner Japan besetzt war. Er musste ja noch die Übergabe der in Jakarta verbliebenen U-Boote an die japanische Marine organisieren und japanische Soldaten für den Betrieb der deutschen Boote einweisen. Außerdem war er für die vielen deutschen Soldaten verantwortlich, die sich nun auf der ‚U-Boot-Wiese' in den Bergen aufhielten.

Am 16. August 1945 trafen sich Sukarno[306] und Hatta[307] in der Residenz des japanischen Marine-Stützpunktleiters, Graf Tadeshi Maeda, in der heutigen Straße Imam Bonjol 1 in Jakarta, um die Unabhängigkeitserklärung der Republik Indonesiens auszuarbeiten. Als sie in den Morgenstunden der 17. August 1945 fertig war stellte man fest, dass in der Residenz und Kommandantur nur Schreibmaschinen mit japanischen Lettern verfügbar waren. Graf Tadeshi Maeda hatte die Idee, Dr. Hermann Kandeler um Hilfe zu bitten, der auch ja weiterhin in seiner Dienststelle im Hafen von Jakarta tätig war. Dieser brachte dann eine deutsche Schreibmaschine aus seiner Kommandantur in die Residenz von Graf Tadeshi Maeda, auf der dann die Unabhängigkeitserklärung geschrieben wurde.[308] Hier traf Konteradmiral Kandeler vermutlich mit Sukarno zusammen, denn als Sukarno 1956 Deutschland besuchte[309], sollen die beiden in Berlin zu einem längeren privaten Treffen zusammengekommen sein. Verständigungsschwierigkeiten gab es sicherlich keine, denn Sukarno sprach fließend Deutsch und Kandeler Bahasa Indonesia.

---

305 Siehe auch Horst H. Geerken, *Hitlers Griff nach Asien,* Band 1, S. 297ff
306 Kurz danach Präsident der Republik Indonesia
307 Vize- und Ministerpräsident der Republik Indonesia
308 Siehe hierzu ibid. Band 2, S. 249ff
309 Siehe hierzu ibid. Band 2, S. 350-356

Abb. 81-9, Korvettenkapitän Kandeler

Hier komme ich nochmals kurz auf die Zeit der indonesischen Unabhängigkeitsbewegung zurück. Auf der indonesischen Website <https://historia.id> findet man Hunderte Einträge und Videos in Bahasa Indonesia über den Unabhängigkeitskampf der Indonesier gegen die Kolonialmacht Niederlande und den Beistand der in Indonesien durch die deutschen Marinesoldaten geleistet wurde. In vielen Gesprächen mit meinen indonesischen Freunden wurde mir die Unterstützung deutscher Offiziere und Soldaten im Unabhängigkeitskampf immer wieder bestätigt. In Deutschland ist dies allerdings nicht bekannt. Hier soll aus der Vielzahl der Informationen nur kurz berichtet werden:

Während der Turbulenzen des Unabhängigkeitskrieges in Indonesien meldete der Kadett Sayidiman Suryohadiprojo, dass der deutsche Ausbilder Herr Hupfer der beste Fitnesstrainer überhaupt war. Er sei diszipliniert und zielbewusst gewesen. Mit seinem Stil gelang es, die Kadetten der Yogyakarta Military Academy dazu zu bringen, Turnbewegungen zu beherrschen, die zuvor nur Holländer ausüben konnten. Er hatte den Kadetten der Militärakademie Gymnastik und Leichtathletik beibrachte. Wie erzählt wird, hatte Hupfer an der Olympiade 1936 in Berlin teilgenommen und einige Jahre in Japan gelebt. Er sprach fließend Japanisch, was ihm natürlich während der japanischen Besatzungszeit zugutekam.

Auch die Schulleiterin Lydia Bode wird mehrfach als besonders aktiv und hilfsbereit erwähnt. In Sarangan haben deutsche Lehrer außer dem Sport die Fremdsprachen Deutsch, Englisch und Französisch vermittelt. Ehemalige deutsche Marinefunker haben die Kadetten der Militärakademie von Yogyakarta in Funktechnik und Morsetelegrafie ausgebildet. Sie erlangten dadurch die Fähigkeit, Morsezeichen mit hoher Geschwindigkeit zu übertragen und die Technik der Funkgeräte zu erlernen.

Auch der populäre indonesische Militärhistoriker Nino Oktorino erwähnt in einigen seiner 62 veröffentlichten Bücher, dass die deutschen Offiziere und Marinesoldaten Sympathien für das indonesische Volk hatten. Schon während der japanischen Besatzungszeit diskutierten sie mit indonesischen republikanischen Nationalisten über die indonesische Unabhängigkeit und planten: *Was machen wir, wenn die Niederländer zurückkommen?* Das schrieb Nino Oktorino in seinem Buch *Nazi in Indonesia, An Forgotten History*.

Zum Beispiel gab es nach der Kapitulation des Deutschen Reichs mehrere deutsche Offiziere und Marinesoldaten des U-Bootes U-219, die sich den indonesischen Freiheitskämpfern anschlossen, um gegen das wiederkehrende niederländische Militär zu kämpfen. Nach dem Militärhistoriker Nino Okorino sind die Namen von den Ausbildern Warner und Lösche bekannt. Sie hätten mit einem weiteren Deutschen, dessen Name nicht überliefert wurde, indonesische Armeeeinheiten auf einer Kaffeeplantage in Ambarawa in Zentraljava ausgebildet. Lösche soll bei einem Unfall tödlich verletzt worden sein, als er indonesische Freiheitskämpfer an einem selbst entworfenen und gebauten Flammenwerfer ausbildete. U-219 war ein Minenleger U-Boot vom Typ X. Nach der Kapitulation des Deutschen Reichs wurde es von der japanischen Marine als I-505 übernommen.

Abb. 81-10, Besatzung von U-Boot U-219. Wie viele von ihnen sich den indonesischen Freiheitskämpfern anschlossen ist nicht bekannt. In der Mitte stehend ist der Kommandant, Kapitänleutnant Walter Burghagen.

Abb. 81-11, General Panjaitan, 1958 als indonesischer Militärattaché in Bonn

Wie bereits früher erwähnt, saßen General Donald Isaac Panjaitan[310] und ich Anfang der 1960er Jahre oft in meinem Haus in Kabayoran Baru in Jakarta zu einem Glas Wein zusammen. Wir waren damals Nachbarn. General Panjaitan erzählte mir viel von seiner Ausbildung in Sarangan und auch, dass sich viele deutsche Offiziere und mehrere Dutzend Marinesoldaten den Unabhängigkeitskämpfern als Ausbilder und Kämpfer angeschlossen hatten.

General Panjaitan trat 1956, als der West-Irian-Konflikt[311] mit den Niederlanden tobte, sein Amt als Militärattaché in der Indonesischen Botschaft in Bonn an. Laut indonesischen Quellen wurde er vom Stabschef der indonesischen Armee, General Abdul Haris Nasution, beauftragt, in den Niederlanden verdeckte Propaganda für einen Anschluss West-Irians – das immer noch von den Niederlanden besetzt war – an Indonesien zu betreiben. Panjaitan verfasste Propagandabroschüren und Flugblätter mit dem Inhalt, dass die Ureinwohner West-Irians den Wunsch hätten, sich der Republik Indonesien anzuschließen. Da zu der Zeit Indonesiern die Einreise in die Niederlande verweigert wurde, gewann er einen deutschen Mitarbeiter der Indonesischen Botschaft, Felix Metternich, der für ihn viele Monate lang große Mengen der Broschüren und Flugblätter an die richtigen Leute in den Niederlanden brachte, die dann dort in Nacht- und Nebelaktionen verteilt wurden. Diese Anti-Niederländische Propaganda beunruhigte die niederländische Regierung sehr. Wie man sieht, gab es selbst lange nach dem Zweiten Weltkrieg noch deutsche Unterstützung für die Unabhängigkeit des letzten Teils Indonesiens, der immer noch von der Kolonialmacht Niederlande besetzt war. Diese Kampagne beschreibt auch die Witwe von General Pantaitan, Marieke Panjaitan, in der Biografie *D. I. Panjaitan: Gugur dalam Seragam Kebesaran* (D. I. Panjaitan: Gefallen in der Großen Uniform). Auf Druck der Vereinten Nationen und vieler Staaten wurde West-Irian im Januar 1963 ein Teil der Republik Indonesien. Bei dem Putsch von 1965, wurde General Panjaitan in der Nacht vom 30. September auf den 1. Oktober von marodierenden kommunistischen Jugendlichen ermordet. Ihm wurde posthum der Titel ‚Held der Revolution‘ verliehen.[312]

In den bisher wenigen zugänglichen Dokumenten des niederländischen Geheimdienstes NEFIS (Netherlands Forces Intelligence Service) über die Militäraktionen der niederländischen Streitkräfte in Indonesien von 1945 bis Dezember 1949 wird bestätigt, dass es Dutzende von Deutschen gab, die sich im Unabhängigkeitskrieg auf die Seite Indonesiens schlugen. Bei der NEFIS werden bis heute von indonesischen Freiheitskämpfern, Politikern Schriftstellern und Journalisten geraubte Dokumente, Briefe, Tagebücher, Fotos und persönliche Gegenstände unter Verschluss gehalten. Diese Aufzeichnungen würden die Dynamik der frühen indonesischen Regierung belegen, auch wie die internationale Meinung und Diplomatie durch Lügen der niederländischen Regierung in Bezug auf die Re-Kolonisierung Indonesiens beeinflusst wurden. Bis heute werden diese Unterlagen von der Öffentlichkeit geheim gehalten. Sie werden selbst in den Niederlanden als *inbeslaggenomen, gevonden en buitgemaakte,* (beschlagnahmt, gefunden und gestohlen) bezeichnet! Durch diesen Diebstahl besitzt Indonesien nur wenige Dokumente aus dem Unabhängigkeitskampf und den ersten Jahren der Unabhängigkeit. Die Niederlande habe lediglich wenige der sogenannten *Djogdja Documenten* an Indonesien zurückgegeben, nur eine kleine Zahl im Vergleich zu den Tausenden in NEFIS-Archiven versteckten geraubten Unterlagen aus vielen Regionen Indonesiens.

Die Aktivitäten der Deutschen, die sich der Unabhängigkeitsbewegung anschlossen, wurde auch von dem niederländischen General Simon Hendrik Spoor in seiner Biografie *The Glory and Tragedy of the Last Dutch Army Commander in Indonesia* und von dem niederländischen Militärhistoriker J. A. de Mauren bestätigt. Spoor erwähnt zum Beispiel eine Schlacht auf Java, bei der mindestens zehn Deutsche auf Seiten der Indonesier beteiligt gewesen sein sollen.

---

310 1925-1945
311 Siehe Horst H. Geerken, *Der Ruf des Geckos*, S. 133f und 139
312 Siehe auch Kapitel 74

82. Ergänzungen zu Subhas Chandra Bose

Als Subhas Chandra Bose im April 1941 zum wiederholten Male nach Berlin kam, erhielt er wenig Aufmerksamkeit. Es war Dr. Adam von Trott zu Solz, der ihn hauptsächlich betreute, aber – wie ich erst jetzt in Erfahrung bringen konnte –, hatte Bose dort auch noch weitere Unterstützer. Zum Beispiel war Dr. Franz Thierfelder einer von denen, die er schon von früher kannte.

Als ich 1963 nach Indonesien kam, war der Name Thierfelder weit bekannt und hochgeachtet. Die Großfamilie war bereits seit 1920 in Niederländisch-Indien aktiv. Max Thierfelder war Tropenmediziner und in Sumatra und Niederländisch-Neuguinea tätig. Wie alle deutschen Staatsbürger wurde er im Mai 1940 von den Niederländern verhaftet. Er wurde zunächst im Lager Alas Vallei in Nord-Sumatra, später in Dehra Dun interniert. 1952 folgte er dem Ruf Sukarnos und ging als Arzt zurück nach Indonesien. Zunächst war er in Medan und danach wieder im indonesischen Teil von Neuguinea tätig. Später, bis zu seinem Lebensende, war er Leiter des Instituts für Krebsforschung in Bandung.

Sein Sohn Peter war ebenfalls Arzt. Er leitete Krankenstationen in Sumatra und Borneo. Die Tochter Anne-Marie Kunigunde wurde in Niederländisch-Neuguinea geboren. Auch sie war Ärztin und in Indonesien tätig. Zuletzt hatte sie ihre Praxis in Bandung. Zu ihr hatte ich einen guten Kontakt und ich besuchte sie auch noch in ihrem ganz indonesisch eingerichteten Haus in der Nähe von Heidelberg. Bei Gesprächen mit ihr und anderen Familienmitgliedern wurde auch erwähnt, dass schon seit Anfang der 1930er Jahre ein Kontakte der Thierfelders zu Subhas Chandra Bose bestanden hatte.

Eine erste Verbindung zwischen Subhas Chandra Bose und den Thierfelders fand ich in dem Buch *A Beacon Across Asia: A Biography of Subhas Chandra Bose* von Alexander Werth[313]. Vom 11. November 1935 bis 19. April 1936 bereiste der deutsche Weltreisende und Schriftsteller Hans-Hasso von Veltheim-Ostrau Britisch-Indien und Niederländisch-Indien.[314] Am 9. März 1936 war er auf der Rückreise von Bombay nach Europa an Bord der *MS Strathmore*. Mit ihm reiste auch Subhas Chandra Bose. Von Veltheim erwähnte, dass am 25. März 1936 Bose einen Brief an Franz Thierfelder schrieb.

Dr. Franz Thierfelder war Journalist, Sprachwissenschaftler, Kulturpolitiker und Redakteur. Er war zu Anfang eng mit Karl Ernst Haushofer befreundet, der im Dritten Reich eine wichtige Rolle spielte.[315] Als Franz Thierfelder Generalsekretär der Deutschen Akademie in München war, gab es Konflikte mit Karl Ernst Haushofer. 1937 musste Thierfelder von diesem Posten zurücktreten. 1943 wurde sogar sein Vermögen beschlagnahmt. Nach Kriegsende wurde er eine einflussreiche Persönlichkeit in der CDU.

Auch in dem Buch *Tiger u. Schakal* von Reimund Schnabel[316] wird erwähnt, dass Bose 1936 einen Brief an Dr. Franz Thierfelder schrieb. Der entsprechende Abschnitt lautet:

Zu dieser Zeit, es war im Jahr 1936, schrieb Bose einen Brief an den mit ihm befreundeten Dr. Franz Thierfelder von der Deutsch-Indonesischen Gesellschaft in München, dessen Inhalt darüber Aufschluss gibt, dass der Schreiber die Entwicklung Hitlerdeutschlands kritisch beobachtete, sich über die Prinzipien der Nazis Gedanken machte und sich auch keineswegs scheute, seiner Meinung offen Ausdruck zu geben.

Da der genannte Brief auch die Enttäuschung von Subhas Chandra Bose über die geringe Unterstützung Deutschlands beim Kampf für die Unabhängigkeit Indiens Ausdruck gibt, werde ich dieses Schreiben in voller Länge wiedergeben:[317]

Bad Gastein, den 25. März 1936
Kurhaus Hochland

Sehr geehrter Herr Thierfelder,
es wird Zeit für mich, nach Indien zurückzukehren; doch vorher muss ich wohl einige freimütige, aber freundschaftliche Worte sagen. Als ich Deutschland 1933 zum ersten Mal besuchte, hoffte ich, dass die deutsche Nation, zu neuem Bewusstsein ihrer nationalen Kraft und Selbstachtung erwacht, instinktiv Sympathie für andere Völker haben würde, die um ihre nationale Freiheit kämpfen. Heute bedaure ich, mit der Überzeugung nach Indien zurückkehren zu müssen,

---

313 Werth, Alexander, *A Beacon Across Asia: A Biography of Subhas Chandra Bose*
314 Siehe: Hans-Hasso Martin Ludolf von Veltheim-Ostrau, *Tagebücher aus Asien. 1937–1939. Bali,* 1943 und *Tagebücher aus Asien. Erster Teil: Bombay, Calcutta, Kaschmir, Afghanistan, die Himalayas, Nepal, Benares. 1935–1939,* 1951
315 Siehe Horst H. Geerken, *Hitlers Griff nach Asien,* Band 1, S. 7, 67f, 156
316 S. 51ff
317 Brief im Archiv des ,Netaji Research Bureau', Kalkutta

dass der neue Nationalismus in Deutschland nicht nur engherzig und selbstsüchtig, sondern auch arrogant ist. Die Rede[318], die Herr Hitler in München gehalten hat, zeigt das Wesen der Naziphilosophie. Ich weiß, dass das deutsche Nachrichten Büro ein Dementi zu dieser jüngsten Rede nach Indien und Japan schickte. Aber wir akzeptieren dieses Dementi nicht, weil es weder in der britischen noch in der deutschen Presse publiziert wurde. Die neue Rassenphilosophie, die auf sehr schwacher wissenschaftlicher Grundlage steht, tritt für eine Verherrlichung der weißen Rasse im allgemeinen und der deutschen Rasse im Besonderen ein. Herr Hitler hat über die Sendung der weißen Rasse gesprochen, die übrige Welt zu beherrschen. Aber es ist eine geschichtliche Tatsache, dass bisher öfter Asiaten Europa beherrscht haben, als Europäer Asien: man bedenke nur die wiederholten Einfälle der Mongolen, Türken, Araber (Mauren), Hunnen und anderer asiatischer Rassen, um mein Argument würdigen zu können. Ich sage dies nicht, weil ich für die Beherrschung eines Volkes durch ein anderes eintrete, sondern einfach deshalb, weil ich aufzeigen will, dass es historisch falsch ist zu behaupten, Europa und Asien sollten nicht in Frieden miteinander auskommen. Deshalb schmerzt es uns, dass der neue Nationalismus in Deutschland von Selbstsucht und Rassenarroganz durchgedrungen ist. In seinem Buch ‚Mein Kampf‘ verurteilt Herr Hitler die alte deutsche Kolonialpolitik, aber Nazideutschland hat wieder begonnen, von seinen alten Kolonien zu sprechen.

Abgesehen von dieser neuen Rassenphilosophie und von selbstsüchtigem Nationalismus gibt es noch eine andere Sache, die uns sogar noch mehr berührt. In seinem Wunsch, Großbritannien zu gefallen, hält Hitler es für richtig, Indien und das indische Volk anzugreifen. Dafür gibt es in der Geschichte der NSDAP wiederholt Beispiele. Es begann vor fast zehn Jahren, als die Partei ein Pamphlet in englischer Sprache für die Propaganda in England veröffentlichte, das antiindische Passagen aus den Büchern von Herrn Hitler und Dr. Rosenberg enthielt. Ich empfinde große Bewunderung für die Arbeit, die Sie und die Deutsche Akademie für die Verständigung zwischen unseren Ländern geleistet haben. Aber es stimmt mich traurig, dass viel von dieser Arbeit aus den angeführten Gründen vergeblich ist; ich kann nur hoffen, dass sich Ihre Mühe im Lauf der Zeit doch einmal lohnen wird. Die augenblickliche Atmosphäre in Deutschland aber ist für uns ziemlich enttäuschend. Die ältere Generation, die unter dem Einfluss einer anderen Philosophie aufgewachsen ist, unterscheidet sich von den jungen Leuten, die nach der neuen Lehre rassisch und politisch erzogen werden. Ich weiß zwar, dass wir unsere alten Freunde nicht verlieren werden, aber ich bezweifle, ob wir neue Freunde in der jungen Generation finden. Nach unseren früheren Erfahrungen waren die Deutschen ein warmherziges Volk, den Indern besonders freundlich gesinnt. Aber wissen wir, was geschieht, wenn sich die neue Erziehung bei den Heranwachsenden voll entfaltet? Ich bin Ihnen für die Mühe außerordentlich dankbar, die Sie sich gemacht haben, das Treffen im vergangenen Jahr zu ermöglichen. Ich hatte Aussprachen mit Ministerialdirektor Dieckhoff und mit dem Gesandten Dr. Prüfer[319]. Beide waren persönlich sehr herzlich zu mir, wie schon bei früheren Gelegenheiten. Aber das Ergebnis der Besprechungen war praktisch gleich Null. Ich verabschiedete mich von Ihnen mit der Überzeugung, dass sie die indische Frage sehr wenig wichtig nehmen. Außerdem hatte ich das Gefühl, dass noch andere Ministerien hinzugezogen werden müssen, wenn eine Verständigung mit Indien realisiert werden soll.

Nach der Ansprache von Herrn Hitler habe ich an die indische Presse eine harte Gegenerklärung übermittelt, und ich hoffe, dass sie an gebührender Stelle veröffentlicht wird. Aber bevor ich Europa verlasse, wollte ich noch gerne sagen, dass ich noch immer bereit bin, für eine Verständigung zwischen Deutschland und Indien zu arbeiten. Diese Verständigung muss allerdings mit unserer nationalen Selbstachtung vereinbar sein. Auch wenn wir durch unsere bisherigen Erfolge zuversichtlich geworden sind, können wir doch keine Beleidigungen von Repräsentanten anderer Staaten oder Angriffe auf unsere Rasse oder Kultur hinnehmen, während wir gegen das größte Empire der Welt für unsere Freiheit und für unser Recht kämpfen.

Ich bin Optimist und hoffe immer noch, dass sich die gegenwärtige Atmosphäre ändert und dass wir schließlich zu einer Verständigung kommen werden.

Inzwischen versichere ich Sie meiner wärmstens Hochachtung und der großen Bewunderung, die ich für die Arbeit der Deutschen Akademie empfinde. Sie können sich die Mühe sparen, diesen Brief zu beantworten, denn ich bin in wenigen Tagen auf dem Weg nach Indien, wo ich nach meiner Ankunft aller Wahrscheinlichkeit nach verhaftet werde.[320]

Mit den besten Grüßen bin ich Ihr ergebener
S. Ch. Bose

PS: Meine geschilderten Ansichten sind nicht nur meine persönliche Meinung, sondern auch die Meinung der indischen Nationalisten ganz allgemein. Ich erhebe keinen Einspruch, wenn sie Abschriften dieses Briefes an Freunde oder staatliche Stellen senden, um diese über die Haltung der Inder Deutschlands gegenüber zu informieren.
S. Ch. Bose

---

318 Bose meinte wohl die Wahlrede Hitlers vom 14. März 1936 zur Reichstagswahl am 29. März 1936.
319 Beide vom Auswärtigen Amt
320 Wie Bose vermutete, wurde er bei seiner Ankunft in Indien sofort von den britischen Kolonialbehörden verhaftet. Siehe Band 2, Kapitel 30

Vermutlich war Dr. Franz Thierfelder einer der engsten Vertrauten von Subhas Chandra Bose während dessen Aufenthalts in Deutschland. Leider konnte ich für mehr Informationen die mir bekannten Thierfelders nicht mehr befragen. Sie sind in der Zwischenzeit leider alle verstorben. Durch seine Konflikte mit Karl Ernst Haushofer wird Franz Thierfelder auch nicht mehr in der Lage gewesen sein, Subhas Chandra Bose wirksam zu unterstützen.

Bose wurde von Hitler und den offiziellen Stellen bei seinem Besuch 1936 in Berlin sehr reserviert aufgenommen. Mit ein Grund war sicherlich der offen zur Schau getragene Hass Boses gegenüber Großbritannien. Hitler hatte das Britische Empire anfänglich bewundert und glaubte immer noch, Großbritannien ließe ihn in Kontinentaleuropa gewähren; als Gegenleistung ließe Deutschland Großbritannien mit seinen Kolonien in Ruhe. Dies betonte Hitler immer wieder, besonders in Bezug auf Indien. Er sagte wörtlich:
Großbritannien kann seine Kolonien ruhig behalten, aber sie sollen uns auf dem Kontinent bei der Bekämpfung des Bolschewismus freie Hand lassen.

Es ist also kein Wunder, dass Subhas Chandra Bose von der Haltung Deutschlands sehr enttäuscht war, als er 1936 Deutschland wieder verließ.

Das Deutsche Reich weigerte sich auch bis zuletzt, in Britisch-Indien militärisch aktiv zu werden und Boses Wunsch, nach einem gewonnenen Krieg Indien die Unabhängigkeit zu gewähren, zu erfüllen. Hitler hoffte immer noch, dass eine Verständigung mit Großbritannien zustande käme. Dies gefiel Bose natürlich gar nicht. Erst als Churchill alle Annäherungsversuche Hitlers, gemeinsam gegen den Bolschewismus vorzugehen, ignorierte, änderte sich Hitlers Meinung.

Als Bose nach seiner aufsehenerregenden Flucht während des Zweiten Weltkrieges aus Indien 1941 erneut Berlin erreichte, erhielt er jedoch eine gewisse Unterstützung durch das Dritte Reich. Er konnte Kurzwellensender benützen, um Propaganda der Unabhängigkeitsbewegung nach Indien auszustrahlen[321] und er erhielt Hilfe für Guerilla-Operationen der im Untergrund arbeitenden Nationalisten. Hitler gewährte diese Förderungen vermutlich im eigenen Interesse, um durch Unruhen im Lande die britischen Truppen dort zu binden. Er zeigte wohl auch deshalb zu diesem Zeitpunkt mehr Entgegenkommen, da ja auch Tausende indischer Soldaten der Legion Azad Hind[322] auf Seiten der Deutschen gegen die Alliierten kämpften. Da viele Dokumente über die Zusammenarbeit mit Subhas Chandra Bose in den Archiven vorhanden sind, will ich hier nochmals näher auf dieses Thema eingehen.

Bose verfasste eine umfangreiche Denkschrift vom 9. April 1941, in der er seine Ideen für eine deutsche Indienpolitik und eine Zusammenarbeit mit den Achsenmächten darlegte. Von der Zusammenarbeit in Europa über Finanzfragen und Militärhilfe bis zu der Arbeit in den Stammesgebieten im Norden Indiens wurde alles detailliert erläutert. Über Außenminister Ribbentrop wurde dieses Memorandum Hitler vorgelegt. Das eisige Verhältnis taute auf und das Deutsche Reich unterstützte Bose in seinen Bemühungen, in Britisch-Indien Unruhe zu stiften, um der Unabhängigkeit Indiens näher zu kommen. Bose wurde nun an auch von Hitler empfangen, der ihm eine Zusammenarbeit anbot.

In Kapitel 30 Band 2 dieser Dokumentation habe ich beschrieben, wie umfänglich der indische Freiheitskämpfer Subhas Chandra Bose ab dieser Zeit von Hitler unterstützt wurde. Es wurde in Berlin eine ‚Zentrale Freies Indien' gegründet. Zum Beispiel wurden Bose Kurzwellen-Rundfunksender, Studios und Büros zur Verfügung gestellt, damit er mit nationalen Parolen und antibritischer Propaganda die indische Bevölkerung aufwiegeln konnte. Die von ihm und seiner Mannschaft zusammengestellten Sendungen von ‚Radio Azad Hind'[323] aus Berlin wurden in Indien mit großem Interesse aufgenommen. Ziel war, durch Sabotage und Unruhen möglichst viele britische Truppen in Indien zu binden, die dann nicht an der Westfront eingesetzt werden konnten. Damit möglichst viele Bevölkerungsgruppen in Indien erreicht werden konnten, wurden die Sendungen in zahlreichen Sprachen Indiens ausgestrahlt. Die große Masse der Bevölkerung sollte erreicht werden. Indien strebte schon lange eine Unabhängigkeit von der Kolonialmacht Großbritannien an, sodass die Propagandasendungen aus Berlin auf fruchtbaren Boden fielen. Endlich sahen die Inder Licht am Ende des Tunnels!

Aber was die Ausstrahlungen aus Berlin letztendlich bewirkten, konnte ich damals noch nicht beschreiben, weil ich die entsprechenden Dokumente noch nicht besaß. Inzwischen habe ich Hunderte Dokumente im Bundesarchiv und im Politischen Archiv des Auswärtigen Amts in Berlin einsehen können, aus denen die Wirkung der Sabotage und Propaganda ersichtlich wird. Hier sollen nur einige Ausschnitte des umfangreichen Materials wiedergegeben werden.

---

321 Siehe dazu Horst H. Geerken, *Die Funkstation Malabar,* S. 71
322 Band 1, S. 182, 337 und Band 2, S. 62ff, 67f
323 Radio Freies Indien

In einem geheimen Telegramm vom 22. September 1941 aus Kabul[324] an das Auswärtige Amt in Berlin wird erwähnt:

[...] In dem deutsch-russischen Krieg stehen sie [Anm. d. A.: Die Inder] auf Seite Deutschlands. Im Punjab und Nordwesten arbeiten Organisationen mit K und A [Anm. d. A.: Namen in einem Code]. R. K.[325] ist überzeugt, dass ihre Position dort ganz sicher ist in revolutionärer Frage. Auftragsgemäß hat er 4 Materialkisten Glimmer ins Gebiet Mohmand gebracht, diese zunächst dort liegen lassen. Guerilla-Truppen werden jetzt in Dörfern von Deserteuren – zunächst ohne Waffen – ausgebildet. Gelegentlich kürzlicher Unruhen in Mohmand sind 300 Deserteure übergelaufen. Organisation hat jetzt auch Vertrag Zusammenarbeit mit jener Gruppe Afridis beschlossen, mit der vor einigen Jahren bereits zusammengearbeitet wurde. Über Waziristan lag bei Abreise noch kein abgeschlossener Bericht vor.
Gez. Rassmus/Pilger[326]

Aus den Dokumenten wird ersichtlich, dass Sabotageaktionen zum großen Teil von Kabul aus gesteuert wurden. Material wie Waffen, Sprengstoff oder Sendeanlagen für Untergrundaktivitäten wurden über den Norden Indiens eingeschmuggelt.

Selbst von den USA aus wurde antibritische Propagandaarbeit geleistet. Dies zeigt ein geheimes Telegramm Nr. 3628 aus Washington vom 21. Oktober 1941:[327]

[...] 3.a) Der in New York lebende Ghandist Muzumdar hat Manuskript für Schrift über indische Freiheitsbewegung nahezu fertiggestellt, die mit unserer Hilfe Anfang November in Druck geht.
b) Muzumdar veröffentlichte in Zeitschrift ‚Common Sense‘ offenen Brief an Roosevelt, in dem er auf Unterdrückung der Inder, gebrochene Zusagen der Engländer, Verhaftungen und Konzentrationslager hinweist und fordert, Engländern weitere Hilfe nur zu leisten, wenn sie demokratische Selbstverwaltung für Indien zusagen. [...]
Erfahre, dass die Engländer über zwei bisher nicht festgestellte Geheimsender in Indien, die täglich Nachrichten in deutscher Sprache verbreiten, beunruhigt sind. [...]

Es gab noch mehrere über Nordindien eingeschmuggelte Geheimsender, die Nachrichten in Hindustani und weiteren lokalen Sprachen ausstrahlten.

Am 14. Oktober 1942 wurde Subhas Chandra Bose vor seiner geplanten Abreise mit einem italienischen Flugzeug nach Japan von Reichsaußenminister Joachim von Ribbentrop verabschiedet. Nachdem der Abflug immer weiter verzögert wurde, verließ Bose letztendlich Deutschland erst mit U-Boot U 180 in Richtung Japan.[328] Bei der Verabschiedung waren Staatssekretär Keppler, der Gesandte und Ministerialdirigent in der Politischen Abteilung im Stab des Außenministers Emil von Rintelen, der Beauftragte für Propaganda im Außenministerium und Journalist Dr. Karl Megerle und der Betreuer Boses im Sonderreferat Indien, Dr. Adam von Trott zu Solz, dabei. In der Aufzeichnung vom 16. Oktober 1942 durch von Trott[329] erwähnte Bose, *[...] dass die Ausweitung der indischen Armee eine starke Durchsetzung mit revolutionären Kräften mit sich gebracht habe, die bei den ersten britischen Niederlagen auch die anderen mit sich reißen würden.*

Ribbentrop erwiderte an anderer Stelle:
Wenn erst die Streitkräfte Deutschlands und Japans sich auf dem Weg über den Nahen Osten und den Indischen Ozean treffen, werde schon die gewaltige Ausdehnung und Gefährdung der anglo-amerikanischen Marschroute eine solche Herrschaft [Anm. d. A.: in Indien] unmöglich machen. Hinsichtlich der Befreiung Indiens könne man also ohne Sorge entgegensehen. [...]

[Das Problem der] *mohammedanischen Frage* [bezeichnete Bose] *als weitestgehend von den Engländern verursacht und von ihrer Propaganda entstellt. [...] Nur der religiöse Gegensatz zu den Hindus habe den Engländern die Möglichkeit verschafft, Zwietracht zu stiften.*

Der Außenminister äußerte hierzu:
[...], dass gewiss die Engländer in besonderer Weise den religiösen Gegensatz geschürt und ausgenutzt hatten. [...] Neben der Einrichtung weiterer Rundfunksender und dem Abwurf von Flugblättern werde vor allem die Frage im Vordergrund stehen müssen, auf welchen Wegen man am wirkungsvollsten Waffen, Munition, Dynamit und anderes

---

324 Reimund Schnabel, *Tiger und Schakal, Deutsche Indienpolitik 1941-1943*, 1968, Dok. 15 (77)
325 R. K. steht für Rahmat Khan, den Verbindungs- und Vertrauensmann von Bose. Unter dem Decknamen Rahmat Khan verbarg sich jedoch sein Vertrauensmann Bhagatram Talwar.
326 Hans Pilger war ab 1937 Hitlers Gesandter in Kabul.
327 Ibid. Dok. 28 (Inf. 10870/C0008)
328 Siehe Band 2, S. 73ff
329 Reimund Schnabel, *Tiger und Schakal, Deutsche Indienpolitik 1941-1943*, 1968, Dok. 101 (209)

Sabotagematerial nach Indien schaffen könnte und wie die Verbindung zu den von Deutschland aus instruierten Agenten herzzustellen sei.

Der Reichsaußenminister [...] schreibt, dass mit Bose – neben den bereits bestehenden – ein weiterer Sondercode verabredet werden soll.

Bose bat nochmals, die Frage eines unmittelbaren Einsatzes deutscher Fallschirmjäger im nordwestlichen Grenzgebiet zu prüfen, [...] um durch kleinere militärische Unternehmungen britische Kräfte zu binden.

Ribbentrop erwiderte, dass auch bei weiterer Ausdehnung der deutschen Operationen im Nahen Osten ein Vormarsch nach Indien nicht in Aussicht genommen sei. Dies hatte zuvor auch schon Hitler abgelehnt.

[...] Bose bedanke sich abschließend für alle ihm und seiner Sache zuteilgewordene Förderung. [...]
gez. von Trott

Soweit der Bericht von Adam von Trott zu Solz über die Verabschiedung von Subhas Chandra Bose. Wie aktiv die Propaganda über Rundfunksender nach Indien betrieben wurde, zeigt eine

Geheime Sendernotiz, Stand Mitte Oktober 1942
Betr. Rundfunkdienste

Die deutsche Rundfunkpropaganda nach Britisch-Indien zerfällt in zwei Sektoren:
1. *Die von der ‚Zentrale Freies Indien‘, Lichtensteinallee 2 in Berlin geleiteten G-Sender [Anm. d. A.: Geheimsender];*
2. *Den offiziellen deutschen Kurzwellensendern.*

Die Sendungen laufen wie folgt:

1. G-Sender

a)   Concordia M ‚Azad Muslim‘, täglich von 15 Uhr 30 bis 18 Uhr auf Hindustani, Welle 19,71m Hoizen (Niederlande)

b)   Concordia H ‚Azad Hind‘, täglich von 16 bis 18 Uhr auf Englisch, Hindustani, Bengali, Persisch, Paschtu[330], Tamil und gelegentlich Gujurati, Marathi[331] und Telugu[332] auf Welle 19,71m Hoizen und 20,34m Podiebrad [Anm. d. A.: heute Podebrady, Tschechei]. Wiederholung am nächsten Morgen von 3 Uhr 30 bis 5 Uhr 30 auf Welle 20,34m Podiebrad.

c)   Concordia C ‚National Congress‘ auf Englisch, Hindustani und Bengali auf Welle 19,71m Hoizen und Welle 20,34m Podiebrad.

2. Deutsche Kurzwellensender

Von 16 Uhr 30 bis 17 Uhr auf Hindustani, Welle 16,81m, 19,56m und 25,31m zweimal wöchentlich je ein englischer Talk; außerdem jeden Morgen von 6 Uhr 15 bis 6 Uhr 30 neueste Nachrichten und teilweise Wiederholung auf Welle 31,19m und 25,00m.

Die propagandistische Beeinflussung der indischen Soldaten über den Rundfunk besteht bisher aus:

a)   Berichten Kriegsgefangener über schlechte Behandlung seitens der Engländer;

b)   Veröffentlichung von Tatsachenberichten und Geheimdokumenten zur Schädigung des britischen Prestiges;

c)   Appellen, in denen die indischen Soldaten und Polizisten laufend aufgefordert werden, England den Rücken zu kehren und sich auf die Seite der Nationalbewegung zu stellen.

Zum deutschen Kurzwellensender ist zu bemerken, dass beabsichtigt ist, die Sendungen um eine halbe Stunde zu verlängern, sobald geeignete indische Kräfte hierfür zur Verfügung stehen. Es sind Schritte unternommen worden, um solche Kräfte aus den Gefangenenlagern herauszuziehen.

Diese Notiz wurde erstellt und unterzeichnet von Staatssekretär Keppler. Wie ich bereits berichtet habe, waren im Endausbau mehrere Kurzwellensender in Betrieb, wodurch die Sendedauer erheblich verlängert werden konnte. Die Kurzwellensender hatten teilweise eine Sendeleistung von 50 bis 100 Kilowatt, sodass auch nach der Abreise von Subhas Chandra Bose ein störungsfreier Empfang in Indien selbst mit einfachsten Geräten möglich war. Beim Einmarsch deutscher Truppen in Holland versuchten die Niederländer, die dort befindlichen Sendeanlagen unbrauchbar zu machen. Die Schäden waren allerdings so gering, dass der Verdacht naheliegt, die Zerstörungen wurden nur oberflächlich gemacht, um einem Befehl von Oben Folge zu leisten. Nach geringfügigen Reparaturen konnten die Anlagen für die Sendungen nach Indien wieder in Betrieb genommen werden.

---

330 Paschtu wird im Grenzgebiet vom südlichen Iran und im Hindukusch von etwa 30 Millionen Menschen gesprochen.
331 Marathi ist eine indogermanische Sprache und wird von rund 83 Millionen Indern gesprochen.
332 Telugu wird von 81 Millionen Menschen in Südindien gesprochen.

Die Sendungen zeigten Wirkung. Im Krieg der Deutschen in Nordafrika und der Japaner in Südost-Asien desertierten Zehntausende für die Briten kämpfende indische Soldaten zum deutschen und japanischen Gegner. Hervorgegangen sind daraus die auf deutscher Seite in deutschen Uniformen kämpfende ‚Indische Legion‘ *Azad Hind* und die auf japanischer Seite kämpfende ‚Indian National Army‘.[333] Bei dem Vormarsch der Japaner in Birma, Malaya und Singapur waren es bereits 75 000 Inder, die unter der Flagge Großbritanniens gekämpft hatten und sich nun der ‚Indian National Army‘ unter der Führung von Subhas Chandra Bose anschlossen. Auch beim Kampf um Surabaya liefen Tausende Inder über zu den indonesischen Freiheitskämpfern. Die Mehrheit der an vorderster Front für die Briten kämpfenden Inder wollte nicht gegen einen asiatischen Bruder kämpfen. Der indische Politiker Jawaharlal Nehru rief die indischen Truppen zur Niederlegung ihrer Waffen auf. Beide, Indien wie Indonesien, hatten sich die Unabhängigkeit ihrer Länder zum Ziel gesetzt.

Über die Lage in Indien während des Zweiten Weltkriegs gibt es im Bundesarchiv und im Politischen Archiv des Auswärtigen Amts in Berlin zahlreiche Berichte. Hier möchte ich nur einige wiedergeben, zum Beispiel den ungekürzten ausführlichen Bericht vom 22. Oktober 1942 von Staatssekretär Keppler[334] an den Reichsaußenminister Ribbentrop:

Zur Lage in Indien:

Seit dem Geburtstag Gandhis Anfang Oktober, der von der deutschen Indienpropaganda als demonstrativer Auftakt für eine Intensivierung der Unruhen in stärkster Weise in den Vordergrund aller Sendungen gerückt worden war, ist eine neue Welle von Unruhen über Indien hinweggegangen. Noch bis in die letzten Tage wurden Streiks, Sabotage Akte an Verkehr und Produktion, Sprengstoffanschläge, gewaltiger Widerstand gegen Strafgeldeinziehung und Rekrutenwerbung an folgenden Orten gemeldet: Bombay, Delhi, Lucknau, Kanpur, Kalkutta, Dacca, Karatschi, Madras, Puna, Ahmedabad, Nagpur, Masulipatas, Madura, Scholapur, Hubli, sowie aus den bengalischen Militärzentren Radhagandsch und der südindischen Rüstungsindustrie von Bangalore. Ferner dauert der Aufstand des Kur Stammes in Sind an.

Die Gesandtschaft in Kabul meldet am 13. Oktober, dass die von Bose über seinen Geheimsender erteilten Weisungen auf das Intensivste durchgeführt wurden. Besonders zu erwähnen sind Beginn des Steuerstreiks in Bihar, Zerstörung von Staatsplantagen und -forsten, Befreiung von Gefangenen, erhebliche Brandstiftungen bei Regierungseigentum, Angriffe auf Telefon- und Eisenbahnen-Reparaturtrupps, Wegnahme ihrer Werkzeuge, wachsende Anzahl von Bombenanschlägen, tätliche Angriffe auf unbeliebte Regierungsbeamte, Anfertigung von Flugblättern in geheimen Druckereien, Herstellung von Revolvern und Munition, größere Angriffe mit Pfeil und Bogen, Aufstellung von Streikposten vor Regierungsgebäuden und anglophilen Unternehmen, usf.

Besonderes Augenmerk richtete unsere Propaganda auf die Ausweitung aktiver Unruhen im äußersten Nordwestgebiet. Die Gesandtschaft Bangkok berichtet am 9. Oktober, dass besonders die Sendungen des sogenannten ‚Freien Muslim-Senders‘ bei den dortigen Mohammedanern sehr beliebt seien. Andere Meldungen besagen, dass tatsächlich in der Nordwest-Grenzprovinz und vor allem in Waziristan Unruhen größeren Stiles ausbrachen.

Die nationalindische Presse steht, soweit sie überhaupt noch erscheint, unter scharfer britischer Zensur, sodass unsere Funksendungen das einzige Mittel sind, um den Zusammenhang zwischen den einzelnen Unruheherden unablässig wachzuhalten. Dass dies in England unliebsam bemerkt geworden ist, beweist die Rede des Herzogs von Devonshire im Oberhaus am 20. Oktober. Er weist darauf hin, dass die Schwierigkeiten der Indienregierung durch die politische Agitation der Feindmächte intensiviert wurden, wie auch durch die dauernde Forderung, dass ‚irgendetwas geschehen muss‘. Die durch diese Agitation erzielte Wirkung sei sehr unerfreulich, denn solange Aufrufe und Reden die britische Regierung für die gegenwärtige Ausweglosigkeit verantwortlich mache, würden die Unruhestifter zu dem Glauben verleitet, dass neue Unruhen die britische Regierung zu neuen Konzessionen veranlassen würden. Die englische Parlamentsdebatte hat des Weiteren zu Tage gefördert, dass die Unruhen immerhin ein Ausmaß angenommen haben, das den Einsatz von MG-Trupps und von Flugzeugen gegen indische Massenveranstaltungen notwendig gemacht hat, wie Amery's[335] beifällig aufgenommene Bemerkung im Unterhaus enthüllte. Die Debatte im indischen Staatsrat über die allzu strikte Pressezensur verriet ferner, dass nur ein Bruchteil der Unruhen zur Kenntnis der Öffentlichkeit gelangt.

Wenn trotzdem nur von Unruhen und nicht von einer allgemeinen Revolution gesprochen werden kann, so beruht dies

1) auf dem beträchtlich erhöhten englischen Militäreinsatz und

2) auf der vorläufig noch nicht erschütterten Verwendbarkeit indischer Truppen.

---

333 Siehe Band 1, 2 und 3

334 Reimund Schnabel, *Tiger und Schakal, Deutsche Indienpolitik 1941-1943*, 1968, Dok. 103 (222/218)

335 John Amery (1912-1945) war ein britischer Faschist. Er reiste über das vom Deutschen Reich besetzte Frankreich nach Deutschland und rief in Rundfunksendungen zum Sturz der Regierung Churchills auf und dazu, gemeinsam mit Deutschland gegen die Sowjetunion vorzugehen. 1945 wurde er wegen Hochverrats durch den Stang in London hingerichtet.

Churchill wie Amery erklärten, dass der Einsatz britischen Militärs in Indien größer sei als zu irgendeinem Zeitpunkt der indischen Geschichte, wobei die wachsende Zahl amerikanischer Truppen in Indien vorläufig als eine Art passive Reserve anzusehen ist. Jedenfalls binden die gegenwärtigen Unruhen in Indien eine außergewöhnlich große Truppenzahl, die statt im Nahen oder Fernen Osten eingesetzt werden zu können, nun in Indien Polizeiaufgaben zu erfüllen hat. Bezeichnend hierfür ist die Tatsache, dass seit Ende September die weiten Strecken des landläufigen indischen Eisenbahnnetzes dauernd in einem Abstand von je 100 m von militärischen Posten bewacht werden müssen.

Die Aussicht auf eine politische Befriedung der Lage durch Verhandlungen kann inzwischen als fast gänzlich ausgeschlossen bezeichnet werden. Zu einem Kompromiss mit den Briten ist unter den wichtigen indischen Körperschaften lediglich die Moslem-Liga unter der Führung Jinnahs allenfalls bereit. Sie vertritt, wie durch eine zuverlässige im ‚Manchester Guardian' erschienene Untersuchung nachgewiesen sein dürfte, aber höchstens ein Viertel der mohammedanischen Minderheit des indischen Volkes. Die Aufsehen erregende Beseitigung des mohammedanischen Premierministers von Sind (Allah Baksh) hat auch einen großen Teil bisher gutwilliger Mohammedaner zum radikalen Kampf für die Unabhängigkeit umgestimmt.

England sieht sich also wider Willen zu immer neuen Gewaltmaßnahmen und erhöhtem militärischem Einsatz gegen die Kongressbewegung gezwungen, die unter der geistigen Führung Gandhis die national gestimmten Massen Indiens führt.

Bei dieser Entwicklung ist selbstverständlich auf die Dauer auch eine Zersetzung der Rekrutierungsgebiete unvermeidlich. Es bestehen bereits Anzeichen dafür, dass indische Truppen im Nahen Osten und in Ägypten von den Vorgängen in ihrer Heimat nicht unberührt geblieben sind. Unterstützt durch unsere Flugblattpropaganda vermehrte sich die Zahl der Überläufer, die bei ihrer Vernehmung von der Wirkung der deutschen Rundfunksendungen auf die Truppe berichten. Auf diesen Sektor unserer Propagandawirkung wird in den nächsten Monaten wohl Gewicht zu legen sein.

Aber auch die allgemeine Auswirkung der verschiedenen deutschen Indiensendungen ist unverkennbar, wie aus den polemischen Erwiderungen des Delhi-Senders hervorgeht. Auch in der britischen Presse mehren sich die Hinweise auf diese gefürchtete Einwirkung.

Ihre indirekte Auswirkung auf die öffentliche Indienerörterung in Amerika hat in letzter Zeit zu schärferen Protest gewisser amerikanischer Kreise gegen die Indienpolitik Englands geführt. Soweit es in den Feindländern überhaupt noch unkontrollierte öffentliche Erörterungen gibt, ist es bemerkenswert, dass die Behandlung des Indien Themas in England, Amerika und Russland überall zu Widersprüchen und Gegensätzen führen muss, die vom deutschen Standpunkt zu begrüßen sind und durch die Indienpropaganda gefördert werden.

Am 11. Oktober beschloss die englische Regierung, gegen das Abhören unserer Sender in Indien vorzugehen. Dieses Hörverbot dürfte sich jedoch besonders in den großen indischen Städten kaum durchführen lassen. In den Dörfern besitzt im Allgemeinen nur der Patel (Dorfobmann) ein Abhörgerät. Da dieser meist ‚loyal', d.h. pro-englisch ist, wurden die Achsensender auch früher nicht abgehört. Ist er jedoch Nationalist, so wird das Dorf – wie bisher sogar im Gemeinschaftsempfang – unsere Sendungen weiter hören, denn in den 750.000 Dörfern Indiens zeigt sich selten ein Engländer. Die Störtätigkeit unserer Sender wird also weitergehen.

Besonders im Hinblick auf das kriegspolitische Ziel, die britische Rekrutierung aus den indischen Massen endgültig zu unterbinden, ergibt sich die Notwendigkeit, den bisher feststellbaren Einfluss unserer Propagandasendungen in Indien noch zu steigern. Hierbei ist jedoch festzustellen, dass die uns zur Verfügung stehenden Sender zum Teil zeitweilig in Indien nicht gehört werden können. So werden die Sendungen des ‚Azad Hind'- und des ‚Kongress-Senders' auch über den Sender Podjabrad (Slowakei) gegeben, der so alt und schwach ist, dass seine Aufnahme in Indien kaum noch möglich ist. Diesem Zustand wird teilweise dadurch abgeholfen, dass der wichtigste Teil dieser Sender später auf den offiziellen deutschen Hindustani-Sender übernommen wird. Wenn nicht der Reichskommissar für die besetzten niederländischen Gebiete den Sender Huizen[336] für die Indien Propaganda des Auswärtigen Amtes zur Verfügung gestellt hätte, wäre unsere Indienpropaganda zur nahezu völligen Wirkungslosigkeit verurteilt gewesen; auf diesem einzigen Sender beruht nämlich die gesamte bisher erreichte Wirkung unserer Geheimsendungen.

Besonders hinsichtlich der durchaus erreichbaren propagandistischen Zersetzung der britisch-indischen Armee erhebt sich daher die Frage, ob nicht trotz des hierzu erforderlichen Kosten- und Materialaufwandes ein weiterer geeigneter Sender erstellt werden sollte, der die wirkungsvolle Durchführung dieser Aufgabe gewährleisten würde.

Hiermit dem Reichsaußenminister mit der Bitte um Kenntnisnahme und Weisung vorgelegt.
Gez. Keppler[337]

---

336 Anm. d. A.: Der leistungsstarke Kurzwellensender der ‚Philipps Holland Broadcasting Indies' wurde 1937 für den Kontakt mit dem 12 000 Kilometer entfernten Niederländisch-Indien in Betrieb genommen. Die weitere Nutzung sollte nach dem Einmarsch deutscher Truppen in die Niederlande verhindert werden. Nach kurzer Reparaturzeit konnte die Anlage wieder in Betrieb genommen werden und konnte nun Propagandasendungen nach Indien ausstrahlen.
337 Staatssekretär Wilhelm Keppler siehe Band 1, S. 42, 48, 307, 310, 319, 324, 513; Band 2, S. 57, 62, 73, 79, 328 und Keppler-Kreis

Am 26. Januar 1943 folgte ein weiterer Bericht, der von dem Gesandten aus Kabul einging. Da dieser Bericht von Staatssekretär und SS-Obergruppenführer Wilhelm Keppler über die Nachrichten aus Kabul sehr umfangreich ist, werde ich hier nur einzelne Passagen wiedergeben.

Betrifft: Neueste Kabul-Berichte über die indische Lage:
Kürzlich ist der indische V-Mann Bose's (R.K.)[338] zur Gesandtschaft in Kabul zurückgekehrt. Da er in Lahore bei einer Massenverhaftung anlässlich einer Brückensprengung festgenommen worden war, hatte sich sein Aufenthalte in Indien auf volle drei Monate ausgedehnt. Die Berichte des R.K. vervollständigen durch interessante Einzelheiten das hier schon bekannte Bild der verwirrten indischen Verhältnisse, zeigen aber auch, dass die Tätigkeit der M-Organisation[339], ihrer Geheimkomitees und der Berliner Propaganda- und Geheimsendungen im Großen und Ganzen der dort herrschen Lage gerecht wurde.

Die innere Lage:
Die Grundzüge der innerindischen Lage können nach der Berichterstattung des R.K. folgendermaßen zusammengefasst werden:
[...] Zur politischen Unzufriedenheit ist inzwischen die Hungersnot hinzugetreten, die der Reihe nach in den wichtigsten Provinzen Bengalen[340], Bombay, Pandschab und Zentralindien akut wurde und sich weiter ausgedehnt hat.
Die Wirkung der Hungersnot wird verschärft durch die katastrophalen Verkehrszustände, die einerseits durch Überbeanspruchung der Transportmittel für den Kriegseinsatz, andererseits durch die Sabotageakte der Aufständischen, die sich vor allem gegen den Verkehr richten, hervorgerufen sind. [...]
Endlich wird zum ersten Mal Unzuverlässigkeit der indischen Truppen festgestellt, was umso beachtlicher ist, da auch der Korrespondent der ‚Neuen Zürcher Zeitung' in Indien vor wenigen Tagen Europa durch die Mitteilung überraschte, dass die Burmaoffensive stocke infolge der [Anm. d. A.: britischen] Bedenken gegen einen Großeinsatz indischer Soldaten, zu denen die Armeeführung besonders an der japanischen Front nicht mehr das bisherige Vertrauen habe.
Auch der Vizekönig wies bekanntlich gegenüber General Wavell[341] vor kurzem auf die Notwendigkeit stärkerer Truppenkonzentration in Indien hin.

Geheimausschüsse:
[...] Von erheblichstem Wert ist die Verbindung der M-Organisation mit den Rothemden des Abdul Ghaffar Khan, durch die es möglich sein könnte, endlich den Pandschab und die Nordwest-Grenzprovinz zu revolutionieren und damit das zuverlässigste britische Rekrutierungsgebiet zu sprengen. [...]

Propaganda:
Propagandistisch hat sich die M-Organisation nach Bericht R.K.'s darauf konzentriert, die Berliner Funksendungen durch entsprechende Flugblätter, Handzettel und eine Zeitung ‚Azad Hind' zu ergänzen, die in einer Geheimdruckerei in Delhi hergestellt wird. Hinsichtlich der Funksendungen bestätigt R.K. erneut, dass die in Indien vorhandenen Abhörmöglichkeiten für einen starken Erfolg durchaus genügen. Mag die Zahl der Apparate noch so gering sein und mag die Regierung aus selbst zugegebener Furcht vor dem ‚Achsenrundfunk' noch so viele Empfangsgeräte konfiszieren, die orientalische Gepflogenheit der Dorf- und Bazar-Gerüchte garantiert die Verbreitung jeder sensationellen Meinung und Nachricht in einem für Europa unvorstellbaren Umfang. Der Erfolg der Rundfunksendungen aus Berlin ist bisher immerhin der, dass die Massen an den Sieg der Achse glauben, der englischen Propaganda kein Vertrauen mehr schenken und selbst Rückschläge der Achsenmächte viel relativer ansehen als früher, was übrigens durch einen Artikel der ‚Daily Mail' ganz ausführlich bestätigt wird.

Sabotage-Schulung:
Bei der Organisation von Sabotage- und Kampfhandlungen der verschiedensten Art, vollzog sich unter Leitung der M-Organisation die Überführung von den anfänglich sporadischen und verlustreichen Mob-Aktionen zu der geräuschlosen Tätigkeit geheimer Gruppen und Ausschüsse. Die hierzu erforderliche systematische Unterweisung vertrauenswürdiger Personen erfolgte unter anderem in Bombay, wo derzeit der beste Boden dafür gegeben ist. Sabotagemittel werden unter Leitung eines Chemieprofessors der Universität Benares, der acht Jahre in Deutschland studierte, hergestellt. Dass

---

338 R.K. steht für Rahmat Khan, den Verbindungs- und Vertrauensmann von Bose. Unter dem Decknamen Rahmat Khan verbarg sich jedoch sein Vertrauensmann Bhagatram Talwar.

339 Mazzotta-Geheimorganisation. Orlando Mazzotta war der Deckname von Subhas Chandra Bose, unter dem er mit einem italienischen Pass nach Deutschland flüchtete.

340 Zu der Hungersnot in Bengalen siehe *Der Bengalische Holocaust*, Band 2, Kapitel 31

341 General Archibald Wavell (1883-1950) war ab 1941 britischer Oberbefehlshaber in Indien.

diese Art unterirdischer Revolutionsarbeit bereits einigen Umfang erreicht hat und die Staatsorgane beunruhigt, kann aus Delhi-Meldungen der letzten Zeit geschlossen werden, wonach in Zusammenhang mit Sprengstoffherstellung und Attentat-Chemie gerade in Malabar Hill-Bombay wieder zahlreiche Verhaftungen vorgenommen wurden.

Kampf-Aktionen:
Die Haupttätigkeit der Sabotage ist nach wie vor auf Verkehrsstörungen gerichtet, wo die Schäden offiziell als kriegs-und staatsgefährdend bezeichnet werden. Zuletzt wurden im südlichen und östlichen Indien eine Reihe von Eisenbahnlinien zerstört. Am bedeutungsvollsten war aber die Zerstörung der Haupteisenbahnlinien Moghal Sarsi[342]-Patna und nicht Cuttack[343]-Madras, die noch nicht wiederhergestellt sind. Verkehrssabotage dient stets dem doppelten Zwecke, Kriegsoperationen zu behindern und die Bekämpfung der Hungersnot durch Lebensmittelzufuhr in die Städte zu erschweren. Letzteres führte zur Brandstiftung in Ahmedabad, in den Eisenwerken von Jamalpur, sowie zu Streiks in Bergwerken und Fabriken. Nächst der Verkehrssabotage ist das Hervorrufen von Streiks das lohnendste Tätigkeitsgebiet. Durch die eingestandene Unfähigkeit der englischen Regierung, die hungernden Arbeitermassen in den zwei großen Industrieprovinzen Bombay und Bengalen mit Lebensmitteln zu versorgen, wird derzeit die Streikagitation noch mehr gefördert als durch die große politische Massenerregung im Monat August. Allerdings trägt dazu auch die Haltung der indischen Kapitalisten bei, die, durch das Eindringen des USA-Kapitalismus beengt und verärgert, die Streiks ihrer Arbeiter begünstigen, ja sogar finanzieren, was schon im November im Parlament zu Delhi aufgeregt besprochen wurde. In Bombay musste sogar ein Verbot der Stilllegung von Betrieben erlassen werden. Derzeit liegen 35 Prozent der indischen Industrie, in Bihar, dem indischen Ruhrgebiet, sogar 75 Prozent still und die Produktionsziffern liegen – wie zugegeben wird – meist beträchtlich unter denen der Friedenszeit. Die bei Tata, dem ,Indischen Krupp', erzielte Produktionserhöhung beträgt nicht, wie behauptet 150 Prozent, sondern höchstens 25 Prozent. Das große Kriegswirtschaftsprogramm ist damit jedenfalls zunichtegemacht. [...]

Fernere Aufgaben:
[...] Neben der Weiterführung dieser Arbeit handelt es sich jetzt weiterhin darum, die Agitation direkt auf die in Bengalen konzentrierten indischen Truppen auszudehnen. Bengalen ist die Operationsbasis für den Burma-Feldzug [Anm. d. A.: der Japaner], und die Verhältnisse in jener Provinz, vor allem in Kalkutta, bieten die vorteilhaftesten Voraussetzungen für die Aufwiegelung der indischen Soldaten. Die Bevölkerung Bengalens ist die revolutionärste in Indien. Die Provinz leidet am heftigsten unter der jetzigen Hungersnot, die durch die Anwesenheit der vielen englischen und amerikanischen Truppen verschlimmert wird.
Hiermit Herrn Dr. Megerle[344] mit der Bitte um Vorlage bei Herrn RAM [Reichsaußenminister]
Gez. Keppler[345]

Knapp zwei Monate später, am 8. März 1942, verfasste Staatssekretär Keppler einen weiteren Bericht[346] an den Reichsaußenminister, mit Informationen, die Boses Vertrauensmann Rahmat Khan an die Deutsche Gesandtschaft in Kabul übermittelte. Darin werden die bisher erfolgreichen Sabotageaktionen detailliert aufgeführt.

Geheime Reichssache
Betrifft: Indien
[...] Diese Berichterstattung liegt jetzt vollständig vor und gibt einen ausgezeichneten Überblick, der das bisher gewonnene Bild ergänzt und verdeutlicht. [...] Die Verschärfung der antibritischen Volksstimmung, die weitgehend auf das Konto der Arbeit der radikale Gruppen gesetzt werden darf, hat den Kommunisten starken Abbruch getan. Ihre probritische Einstellung, ihre ostentative Wiederzulassung zwecks Bekämpfung der Gandhi-Bewegung hat ihnen den Ruf eingetragen, von der Regierung gekauft zu sein. Besonders unter den Studenten ist ihr früher erheblicher Einfluss gebrochen, und die studierende Jugend kämpft in den vordersten Reihen der Aktivisten. Aber auch in den Gewerkschaften haben sie Boden verloren, was besonders von Bengalen und Bihar, dem wichtigsten Wirtschaftsgebiet Indiens, berichtet wird. [...]
Auf die Glaubwürdigkeit des im Folgenden entstehenden Bildes, wirft ein bezeichnetes Licht ein kürzlich im Londoner ,Economist' erschienener Aufsatz, der von einer allzu langen systematischen Einnebelung der Entwicklung in Indien durch die englische Zensur sprach und die Lüftung des Schleiers von allen indischen Geheimnissen forderte.

---

342 Ein Eisenbahnknotenpunkt in Nordindien, heute Mughalsari
343 Ein wichtiger Knotenpunkt der ,East Coast Railway'
344 Dr. Karl Megerle (1894-1972) war von 1941 bis Kriegsende ,Beauftragter für Propaganda' des Außenministers Joachim von Ribbentrop.
345 Raimund Schnabel, *Tiger und Schakal*, 1968, Dok. 105
346 Ibid. Dok. 106

1) Nordwest Grenzprovinz und Pandschab

Flüster- und Flugblattpropaganda unter den indischen Truppen verteilt. Sehr zahlreiche Deserteure. Gesprengt: 1 Eisenbahnbrücke, 1 Straßen-Wasserdurchlass, 2 Straßen. Brandstiftungen: 24 Polizei Lastautos, 1 Gerichtsgebäude, 1 Postamt, 1 Betriebsstofflager, 1 Arsenal, 2 Wehrmachts-Holzverarbeitungsbetriebe, 1 Getreidelager.

2) Sind

[unlesbar] Strategisch zentral wichtige Bahnlinie Karachi-Quetta durch mehrfache Zerstörung 2 Monate lahmgelegt (infolge gleichzeitiger Straßenzerstörung durch Indis-Dammbruch Quetta nur durch Flugzeuge versorgt). Bahnlinie Larkana-Dodapur noch außer Betrieb. Laufend Bombenanschläge, vor allem in Karachi: dort auch Zeitbombe in Polizeistation und Sprengung einer Textilfabrik.

3) Delhi

Durch Bomben und Sprengung wurden schwer beschädigt: Hauptbahnhof, 5 Polizeistationen, Sekretariat der Zentralregierung, USA-Truppenunterkunft (total).

4) Vereinigte Provinzen[347]

Durch anfängliche umfassende Massenbewegung, alleine 1331 Polizeibeamte ermordet, zahllose Regierungsgebäude und -Einrichtungen (wie Postämter) zerstört. Sabotageerfolge: 6 Bahnlinien unterbrochen, 14 Bahnhofsbrandstiftungen, Telefonunterbrechungen längs des Ganges. Brandstiftungen oder Sprengungen: Caanpore Arsenal, Zuckerfabrik, Schuhfabrik (Rüstungsbetrieb), Holzfabrik, kleinere Schusswaffen-Gefechte mit Polizei und Militär.

5) Bihar und Orissa

Stärkste Massenbewegung ganz Indiens. Teile eines Distrikts eine Woche, zweier anderer einen Monat lang nach Ausschaltung des gesamten Regierungsapparats und national-indischer Verwaltung. Ab Mitte September Übergang zu organisierter Sabotage. Durch Streiks, Aussperrungen mit Lohnweiterzahlungen und Sabotage 50 % der Industrie stillgelegt. Sabotageerfolge: 10 Bahnunterbrechungen (Teilstück der Strecke Kalkutta-Delhi noch außer Betrieb). Bahnunterbrechungen im indischen Ruhrgebiet verursachen Kohlenmangel in Kalkutta. Telefonunterbrechung am Ganges. Überall Straßenunterbrechungen und -sperren. Brandstiftungen und Beschädigungen: Patna College und Zuckerfabrik, Eisenbahnwerkstatt (Rüstungsbetrieb) Jamalpur.

6) Bengalen

Ausbildung von Guerillabanden in großem Umfang. 25 % der Industrie stillgelegt. Etwa 25 % Eisenbahnunterbrechungen zwecks Lähmung rückwärtiger Verbindungen der in Assam stehenden Eastern Army.

7) Assam

trotz politischer Rückständigkeit der Provinz sehr gute Arbeit, u.a. durch Einsatz bewährter Sabotagespezialisten anderer Provinzen. Bearbeitung indischer Truppen durch Sikh-Deserteure. 3 Eisenbahnunterbrechungen, 1 Tropentransportentgleisung, zahlreiche Bahnhofbrandstiftungen, Telefon- und Telegrafensabotage.

8) Bombay, Gujarat, Kathiawar

Ahmedabader Textilindustrie streikt August bis Dezember. Industrie fast völlig gelähmt. Überfälle auf Polizei- und Militärabteilungen erbringen Beute an Gewehren und Munition. Ausbildung von Guerillabanden. Zahlreiche Bahnunterbrechungen, darunter wichtige Verbindung Bombays mit Hinterland. Viele Bahnhöfe zerstört, Straßensperren, Beraubung von Postzügen, Postautos und Briefkästen. Briefkastenattentate mit Erfolg, da nun neben jedem Briefkasten ein Polizist aufgestellt wird. Zeitbomben und Zeitbrandstifter in großem Umfang, so gegen Unterkünfte englischer Truppen in sechs Städten, gegen Hotel Majestic und Registratur des Präsidentschaftsgerichts in Bombay. In acht Städten laufend Bombenanschläge auf Industriewerke

9) Madras und übriges Südindien

Massenbewegung hier hauptsächlich von Bauern des flachen Landes getragen, die durch Schienenaufreißen zahlreiche Eisenbahnunterbrechungen verursachen. Ausbildung von Guerilla-Banden. [...] Sabotageerfolge: 11 Bahnunterbrechungen (Teilstück der Strecke Madras-Kalkutta noch bis Mitte Dezember außer Betrieb!); Straßensabotage (vor allem durch Bauern) noch erfolgreicher als Eisenbahnsabotage, Hunderte von Fällen. Fernmeldewesen und Briefkästen wie in Bombay. Zerstört in Madras das Hauptpostamt und Präsidentschaftsgericht, gewöhnliche und Zeitbomben in Polizeistationen, 3 Fabriken gesprengt.

---

347 Welche Provinzen damit gemeint sind, ist mir nicht bekannt.

10) Zentralprovinzen
Starke Massenbewegung wie Vereinigte Provinzen. Umfangreiche Verbrennungen von Bahnhöfen und öffentlichen Ge-
bäuden, zahlreiche Zerstörungen im Fernmeldewesen. Eisenbahn: 3 Unterbrechungen, 3 Brückensprengungen. Zahl-
reiche Sprengungen kleinerer Straßenbrücken. Immer noch Zeitbomben gegen Postämter und Polizeistationen. Viele Le-
bensmittelplünderungen. Für in Ausbildung befindliche Rekruten werden Pandschab- Deserteure eingesetzt. Ausbildung
von Guerilla-Banden. Sabotagemittel-Fabrik des 'Indian National Revolutionary Comitee' gegründet.

Hiermit über Herrn Dr. Megerle dem Herrn Reichsaußenminister zur Kenntnisnahme vorgelegt.
Gez. Keppler

Die Propagandamaßnahmen und die Sabotage-Operationen waren aus Sicht des Deutschen Reiches von Erfolg
gekrönt. Zehntausende indische Soldaten desertierten zu den Streitkräften Deutschlands und Japans. Allein in
Europa kämpften über 10 000 indische Deserteure und Kriegsgefangene der britischen Truppen in Nordafrika. In
der 'Armee Freies Indien' kämpften sie gemeinsam mit deutschen Soldaten an der Westfront gegen die Alliierten.

Als die japanische Armee Mitte Februar 1942 Birma, Malaysia und Singapur eroberte, waren bereits 75 000
Inder – die zuvor unter der Flagge Großbritanniens gekämpft hatten – bereit, sich der INA, der 'Indian National
Army' anzuschließen, um zusammen mit japanischen Truppen in Indien einzumarschieren. Ihr Ziel war, die bri-
tischen Kolonialherrn aus ihrem Land zu vertreiben.

Als Großbritannien im Oktober 1945 – nach Indonesiens Unabhängigkeit – Surabaya mit Gewalt einnehmen
wollten, liefen Tausende in vorderster Front kämpfende Inder zu den indonesischen Freiheitskämpfern über.
Aufgrund der deutschen Propaganda protestierte ein Großteil der indischen Bevölkerung gegen diesen Angriff.
Man wollte nicht akzeptieren, dass indische Truppen gegen ein anderes asiatisches Land eingesetzt wurden, das
seine Unabhängigkeit bereits Monate zuvor erreichen konnte. Beide Länder, Indien und Indonesien, wollten frei
von einer ausbeuterischen Kolonialherrschaft sein. Nachdem auch Jawaharlal Nehru in Indien protestiert hatte,
desertierten täglich Hunderte indischer Soldaten mit ihren Waffen und paktierten mit den indonesischen Freiheitskämpfern. Daraufhin zogen sich die Briten zurück.

Die geschilderte Hungersnot in Bengalen wurde 1943 von Menschenhand verursacht. Churchill hat bewusst
Reis- und andere Lebensmittellieferungen nach Bengalen aus strategischen Gründen verhindert. Die japanische
Invasion in Bengalen sollte dadurch verzögert werden. Diese Hungersnot wird in Indien als der 'Bengalische Holocaust' bezeichnet.[348] Durch die vom Deutschen Reich forcierten Sabotageaktionen an Straßen und Eisenbahnen
wurde die Hungersnot in Bengalen sicherlich noch weiter verschlimmert. Einige Millionen Bengalen verloren
durch die Blockade Churchills ihr Leben. Großbritannien gelang es jahrzehntelang, diesen Holocaust unter den
Teppich zu kehren.

Interessant ist ein Bericht[349] von Staatssekretär Keppler, den er am selben Tag, dem 8. März 1943, über die propagandistische Erfassung der indischen Moslems verfasst hat:

Betrifft: Propagandistische Erfassung der indischen Moslems
Nochmalige Überprüfung unserer Indienpropaganda auf dem Moslem-Sektor ergibt, dass der Gewinnung der indi-
schen Mohammedaner für den Freiheitskampf gegen England besondere und wohl auch ausreichende Aufmerksamkeit
geschenkt wird. Das Hauptgewicht liegt dabei auf dem Nachweis, dass es das gemeinsame Interesse aller indischen
Religionsgemeinschaften ist, sich vom britischen Joche zu befreien, dass diese Befreiung aber nur durch Einigung und
Zusammenstehen in gemeinsamem Kampfe möglich ist. An elementaren politischen Fehlern und Widersprüchen in den
Ausführungen kommunaler Moslem-Führer, wird dabei die innere Schwäche der kommunalen Organisation aufgezeigt:
Durch Zitieren britischer Presseberichte wird die britische Schilderung und Ausbeutung der konfessionellen Gegensätze
für eigennützige Zwecke entlarvt. Besonders nachdrücklich ausgewertet wurden die englischen Unterdrückungsmaß-
nahmen in den islamischen Ländern des Vorderorients und in letzter Zeit auch Nordafrikas, die England als den Feind
des Islams überhaupt und die religiöse Pflicht der indischen Moslems aufzeigen, durch Bekämpfung Englands an der
Befreiung auch dieser Länder mitzuhelfen.

Diese Grundgedanken werden von unseren offiziellen und geheimen Sendungen immer wieder und auf das nach-
drücklichste vertreten. Der für die Moslem-Propaganda seitens der 'Zentrale Freies Indien' eigens errichtete Geheim-
sender 'Azad Moslem' (freie Moslems) oder 'Waziristan', lässt seine Aufrufe an die indischen Moslems von indischen
Moslems selbst ausgeben. Auch in den beiden anderen Geheimsendern der 'Zentrale Freies Indien' werden die Moslems

---

348 Siehe Band 2, Kap. 31
349 Reimund Schnabel, *Tiger und Schakal*, 1968, Dok.107

laufend im oben dargelegten Sinne angesprochen; der 'National Kongress-Sender' unterstreicht dabei die Tatsache, dass der Kongress eine Organisation ist, die alle Religionsgemeinschaften Indiens, besonders aber Hindus und Moslems, vereinigt, und betont die Wichtigkeit hindu-moslemischer Zusammenarbeit unter der Führung des Kongresses.

Bei einer Prüfung der Frage nach den Möglichkeiten einer weiteren Intensivierung oder inhaltlichen Bereicherung dieser Propaganda ist zunächst zu bedenken, dass eine allzu betonte Ansprache einer konfessionellen Sondergruppe als solche gefährlich ist: sie kann leicht ungewollt zu einer Vertiefung der Gegensätze beitragen, zu deren Überbrückung sie aufruft. Vorsicht ist insbesondere auch bei der Verwendung religiöser Argumente geboten, da es bekanntlich ein alter englischer Grundsatz ist, den unterjochten Völkern gerade auf religiösem Gebiet möglichst weit entgegenzukommen und keinen Anlass zu Beschwerden zu geben.

Es wird daher die bisherige Ausrichtung und Thematik der indischen Moslem-Propaganda im Ganzen beizubehalten sein. Allerdings wird eine noch so starke Intensivierung dieser Propaganda die kritischen Stimmen in Ankara und Kabul nicht zum Schweigen bringen, die uns ungenügende Berücksichtigung der indischen Mohammedaner vorwerfen. Diese Kritik geht in beiden Fällen von afghanischen Kreisen aus, die von der Gesandtschaft Kabul in ihrer Bedeutung für Indien überschätzt werden dürfte. Unter den indischen Mohammedanern verstehen diese Kreise die Anhänger der Moslem-Liga und des Pakistan-Planes. Zufriedenzustellen wären solche Kritiker aber durch eine deutsche Propaganda, die sich (wenn auch ohne ausgesprochen) an die Moslem-Liga richte und auf deren Ideologien einginge. [...] Die England-Hörigkeit der jetzigen afghanischen Regierung ist zur Genüge bekannt; ihre Pakistan-Neigungen beruhen außerdem auf durchsichtigen egoistischen Spekulationen. Die einzigen noch einigermaßen freien Mohammedaner sind heute die Türken. Wie sie denken, hat die türkische Journalistenreise durch Indien gezeigt. In denkbar schärfster Weise bekannte sich der Führer der Delegation gegenüber dem Drängen der Moslemliga zu einer national-türkischen und gegen eine panislamisch-konfessionelle Politik. In gleicher Weise ist heute auch im arabischen Orient die national-arabische und nicht die konfessionell-islamische Idee die einende und vorwärtstreibende Kraft. Die Ideen, in die sich ein gewisser Teil der indischen Mohammedaner dank englischer Einflüsterung in schwer begreiflichem Maße verrannt hat, sind im Vorderen Orient überlebt und nicht mehr zeitgemäß. [...]

Die Jamiat-ul-Ulama[350] ist die Organisation der höheren mohammedanischen Geistlichkeit, die über einen sehr beachtlichen Rückhalt in der Masse der mohammedanischen Bevölkerung verfügt. Obwohl nicht geleugnet wird, dass die Moslem-Liga die stärkste der moslemischen Organisationen ist, sind also auch die neuesten Kabul-Berichte eine glatte Widerlegung der englischen Behauptung, dass die Mohammedaner als Ganzes der Nationalbewegung ablehnend gegenüberständen; sie bestätigen vielmehr, dass die Moslem-Liga wesentlich als Werkzeug in britischer Hand zu betrachten ist.

Es darf gerade aufgrund dieser Berichte angenommen werden, dass die deutsche Moslem-Propaganda in Indien auf dem richtigen Wege ist. Auf ihm mit größter Intensität weiter zu schreiten, erscheint dringend notwendig; zu einer Richtungsänderung dürfte keinen Anlass vorliegen, wohl aber zu größter Vorsicht, wenn auf diesem heiklen Boden angerichteter Schaden nicht den Nutzen übersteigen soll. Jegliches Liebäugeln mit der Pakistan-Bewegung würde uns die Opposition der Hindus eintragen.
Hiermit Herrn Dr. Megerle vorgelegt.
Gez. Keppler

Wie man ersehen kann, gab es schon damals die Vorstufe der Taliban und man musste zwischen den beiden Religionsgruppen lavieren, um nicht anzuecken.

Subhas Chandra Bose floh nach Berlin, weil er im Deutschen Reich den militärisch stärksten Verbündeten im Kampf gegen Großbritannien sah. Bis zu seiner ersten Propagandasendung in Englisch über Kurzwelle von Deutschland nach Indien trat Bose immer noch inkognito als 'Exzellenz Orlando Mazzotta'[351] auf.

Die erste Sendung von *Radio Azad Hind*, 'Radio Freies Indien', die auf Kurzwelle von Deutschland nach Indien ausgestrahlt wurde, war am 19. Februar 1942. Es war das erste Lebenszeichen Boses nach seiner Flucht nach Deutschland an seine indischen Landsleute. Hier werde ich nur Teile seiner ersten Rede wiedergeben. Die freie Übersetzung durch den Autor lautet wie folgt:

Hier spricht Subhas Chandra Bose zu Ihnen über den Azad-Hind-Sender. Ein Jahr lang habe ich in Schweigen und Geduld den Gang der Ereignisse abgewartet und nun, da die Stunde geschlagen hat, will ich zu Ihnen sprechen.

Singapur ist gefallen. Das bedeutet den Zusammenbruch des Britischen Empires, das Ende eines Regimes und das Morgenrot einer neuen Ära in der Geschichte Indiens. Das indische Volk, das lange unter der Demütigung durch die fremde Macht gelitten hat, das unter der britischen Führung geistig, kulturell, politisch und wirtschaftlich ruiniert wur-

---

350 Die Jamiat-ul-Ulama ist eine orthodox-islamische politische Partei in Pakistan. Sie gilt als Ursprung der Taliban-Bewegung.
351 Manchmal in der Literatur auch 'Mazotta'

de, muss nun dem Allmächtigen seinen bescheidenen Dank für dieses günstige Ereignis sagen, welches Indien Leben und Freiheit verspricht. Der britische Imperialismus ist in der modernen Geschichte der teuflischste Feind der Freiheit und das schrecklichste Hindernis allen Fortschritts gewesen. Deshalb war ein großer Teil der Menschheit versklavt, und die Inder – allein ein Fünftel der Menschheit – wurde unbarmherzig unterdrückt und verfolgt. [...] Mit ihm [Anm.d. A.: Großbritannien] kann es weder Kompromisse noch Frieden geben. Und die Feinde des britischen Imperialismus sind die Verbündeten Indiens – gerade wie die Verbündeten des britischen Imperialismus unsere natürlichen Feinde sind. [...] In diesem Land unter fremder Herrschaft ist es natürlich, dass sich die britischen Unterdrücker bemühen, Uneinigkeit unter das indische Volk zu tragen. [...] Unter den jetzigen Bedingungen kann die Stimme der friedliebenden Inder nicht die Grenzen des Landes überschreiten – aber wir, die wir seit mehr als zwei Jahrzehnten für die nationale Emanzipation kämpfen, wissen genau, was die große Mehrheit des indischen Volkes heute denkt und fühlt. Wir stehen an einer Kreuzung der Weltgeschichte, und ich erkläre hiermit im Namen aller freiheitsliebenden Inder, in Indien und anderswo, dass wir fortfahren werden, den britischen Imperialismus zu bekämpfen, bis Indien einmal sein Schicksal selbst lenken kann.

Während dieses Kampfes und bei dem Wiederaufbau, der folgen wird, sollten wir mit allen zusammenarbeiten, die uns helfen wollen, den Feind zu vernichten. Ich bin der festen Zuversicht, dass die breite Mehrheit des indischen Volkes mit uns ist. Kein Menüpunkt, Intrigen oder Konspiration von Agenten des anglo-amerikanischen Imperialismus, mögen sie noch so prominent sein und welcher Nationalität sie auch angehören, können Sand in die Augen des indischen Volkes streuen oder es vom Weg seiner patriotischen Pflicht abbringen. Die Stunde für Indiens Lösung ist gekommen! Indien wird sich jetzt erheben und die Ketten der Knechtschaft, die es so lange gefesselt hatten, brechen.

Durch Indiens Befreiung wird Asien und die Welt dem großen Ziel der Befreiung aller Menschen näherkommen.[352]

Diese und nachfolgende Reden Suhas Chandra Boses zeigten Erfolg. Die Unruhen nahmen in ganz Indien bis zum Kriegsende immer weiter zu. *Netaji*, der ‚Führer‘, wie er von seinen Anhängern genannt wurde, war eine dynamische und sympathische Persönlichkeit mit einem außergewöhnlichen Organisationstalent. Er schuf eine kämpfende Macht, die letztendlich zur Unabhängigkeit Indiens führte. Auf ihn kann ganz Indien stolz sein.

Über Subhas Chandra Boses Tod gibt es viele Versionen und verschiedene Datumsangaben. Die wahrscheinlichste ist, dass er am 18. August 1945 bei einem Flugzeugabsturz ums Leben kam.[353]

Nach Mahatma Gandhi und Jawaharlal Nehru war er der dritte Inder, der als Nationalheld geehrt wurde. Diese Ehre wurde ihm posthum an seinem 100. Geburtstag im Januar 1997 erwiesen.

Hitler äußerte sich schon in seinem Buch *Mein Kampf* abfällig über Indien und erfüllte die Wünschen des Freiheitskämpfers Bose nach mehr Unterstützung nur widerwillig. Wie erklärt sich dann, dass die braunhäutigen Inder, die weder blond noch blauäugig sind – wie auch viele Menschen in Indonesien – heute Hitler, trotz seines Rassenwahns, eine so große Begeisterung entgegenbringen? Die indischen Ausgaben von Adolf Hitlers *Mein Kampf* sind dort bis heute ein Bestseller. Ich war mehrmals in Indien und ich fand keine Buchhandlung, in der dieses Buch nicht an prominenter Stelle auslag und angeboten wurde. Als ich vor etwa 10 Jahren das letzte Mal in Indien war, gab es bereits die 59. Auflage in Englisch. Daneben gibt es noch viele Übersetzungen in indische Regionalsprachen und billige Raubkopien. Fragte man indische Studenten, welche Persönlichkeit sie am meisten bewundern, lautet die Antwort bei fast 90 Prozent der Befragten ‚Hitler‘. Rund 20 Prozent der Befragten wünschten sich sogar in Indien ein Staatsoberhaupt wie Hitler.

Selbst der britische Premierminister Churchill brachte vor dem Zweiten Weltkrieg seine Bewunderung für Hitler zum Ausdruck. Der britische *Evening Standard* schrieb 1935[354]:
Churchill expressed his admiration for Hitler and the courage, the perseverance, and the vital force which enabled him to[...] overcome all the [...] resistances which barred his path.

Oder: *One may dislike Hitler's system and yet admire his patriotic achievement. If our country were defeated, I hope we should find a champion as indomitable to restore our courage and lead us back to our place among the nations.*[355]

Übersetzung: Man mag Hitlers System nicht mögen und dennoch seine patriotische Leistung bewundern. Wenn unser Land einmal geschlagen wäre, hoffe ich doch, wir würden einen ähnlich unbezwingbaren Champion finden, der unseren Mut wieder aufrichten und uns zurück auf den uns zustehenden Platz unter den Nationen führen würde.[356]

---

352 Bundesarchiv: Telegramm von 4 Seiten an den Deutschen Gesandten in Kabul, Geheime Reichssache, vom 20. April 1942 (Übersetzung der gesamten Ansprache Boses an das indische Volk)
353 Band 2, Kapitel 30, S. 87f
354 Zitate aus: 'International Churchill Society', https://winstonchurchill.org/publications/finest-hour/finest-hour-156/did-churchill-ever-admire-hitler/
355 Churchill's foreign affairs article in the *Evening Standard*, 17 September 1937: *Friendship with Germany* (Cohen C548)
356 https://www.welt.de/politik/ausland/article135354968/War-Churchill-etwa-ein-Hitler-Versteher.html

Wie kann man die bis heute andauernde Verehrung von Adolf Hitler von Palästina über Indien und Indonesien bis Vietnam erklären? Alle diese Länder waren Kolonien der Briten, der Franzosen oder Niederländer. In all diesen Ländern gab es schon vor dem Dritten Reich nationalistische Bewegungen, die eine Unabhängigkeit vom Joch der Ausbeutung durch die Kolonialherren zum Ziel hatten. Als Hitler 1933 an die Macht kam und ab 1939 Krieg gegen diese Kolonialherren führte, war Hitler für sie ein Heilsbringer, fast ein Überirdischer, der nun alles Übel dieser Welt beseitigen werde. Durch ihn sahen sie endlich ein Licht am Ende des Tunnels, da er durch den Zweiten Weltkrieg die Kolonialmächte schwächte.

Und all diese Länder – mit Ausnahme von Palästina – bekamen nach Ende des Zweiten Weltkriegs ihre Unabhängigkeit, mal einfach, mal schwieriger, mal sofort, mal erst einige Jahre später. Dieser Erfolg wird – trotz dem verlorenem Krieg – in diesen Ländern zum Teil Adolf Hitler zugeschrieben. Es ist also kein Wunder, wenn in Hitler der Erlöser gesehen wird und der Nationalismus Hitlers in den Ländern dieser Regionen der Welt bis heute nachstrahlt. Der Erhalt der Unabhängigkeit ist für sie das Wichtigste. Die durch das Dritte Reich verursachten Gräueltaten interessieren diese nun freien Menschen nur am Rande oder gar nicht.

83. Nachwort

Die bisher veröffentlichten Bände über die bisher kaum bekannten Aktivitäten des Dritten Reichs in Südost-Asien wurden – auch international – äußerst positiv bewertet. Von Band 1 und 2 wurden bereits Übersetzungen ins Englische und in Bahasa Indonesia veröffentlicht. Die Übersetzung von Band 3 dieser Dokumentation auf Englisch ist bereits in Arbeit. Auch dieser Band 5 wird noch in Englisch erscheinen. Der bereits veröffentlichte Band 4 wird allerdings nicht übersetzt werden. Er enthält ausschließlich Dokumente der Lageruniversität Dehra Dun im Norden Indiens in deutscher Sprache. Nur Wissenschaftler und spätere Generationen, die zum Thema der deutschen Internierten forschen, dürften sich für diese Informationen interessieren. Die Veröffentlichung dieser einzigartigen Dokumente dient nur dazu, die heute noch vorhandenen Informationen über die Aktivitäten des Dritten Reichs in Asien für die nachfolgenden Generationen und Historiker zu bewahren.

In Band 1 und 3 habe ich über den Untergang der *Van Imhoff* berichtet. Mit meiner Mitwirkung wurde eine niederländische dreiteilige TV-Dokumentation über dieses niederländische Kriegsverbrechen, bei dem über 400 deutsche Zivilinternierte ihr Leben verloren, gedreht. Sie wurde im Dezember 2017 zur Hauptsendezeit von dem öffentlich-rechtlichen Sender BNN-VARA ausgestrahlt. Allerdings wurden Stellen, in denen ich mich kritisch gegenüber den Niederlanden geäußert habe, aus dem Film geschnitten. Eine deutsche TV-Dokumentation über ‚Hitlers Griff nach Asien‘ ist in Vorbereitung.

In diesem Band 5 der Dokumentation habe ich – neben Ergänzungen zu anderen Themen – einen Schwerpunkt auf die ungerechte Behandlung und Enteignung der deutschen Zivilinternierten und besonders der Frauen und Kinder durch die Niederländer gelegt. Zeitzeugen, mit denen ich gesprochen habe, leiden noch heute unter dieser Ungerechtigkeit. In Band 6, der ganz der Schulleiterin der Deutschen Schule in Sarangan gewidmet sein wird, werde ich nochmals dieses Thema an ihrem Lebensweg beleuchten.

Die Niederlande sind zum großen Teil bis heute noch stolz auf ihre Kolonialzeit, die sie das ‚Goldene Zeitalter‘ nennen. Es war jedoch nur ein ‚Goldenes Zeitalter‘ für die Niederländer. Für die Indonesier war es ein Zeitalter der Ausbeutung, der Erniedrigung und des brutalen Mordens. Bisher basierte die Geschichtsschreibung über Niederländisch-Indien auf niederländischen Quellen, also auf der Sicht der Kolonialherren, die hervorragend verstanden, ihre Gräueltaten – auch noch während des Dritten Reichs und danach – unter den Teppich zu kehren. Ich habe in meinen nun vorliegenden fünf Bänden dieser Dokumentation die indonesische und die deutsche Sicht der Geschichte aufgeschrieben, die ausschließlich auf Berichten von indonesischen und deutschen Zeitzeugen beruhen. Das ergibt nun ein völlig anderes, ein neues Bild!

Viele Gräueltaten, unter denen die Indonesier während und nach der Kolonialzeit gelitten haben, müssen noch gesühnt werden. Nun wird erstmal die goldene Kutsche des niederländischen Königshauses, die *Gouden Koets*, aus dem Verkehr gezogen, da auf ihren Tafelbildern aus javanischem Teakholz unterwürfige schwarze Menschen gezeigt werden, die den weißen niederländischen Kolonialherren huldigen. Ein Anfang zur Aufarbeitung der brutalen Kolonialgeschichte ist somit gemacht. Es gibt jedoch noch viel zu tun, denn der Kolonialismus mit seiner Unterdrückung und die Sklaverei werden bis heute von den Royalisten und Veteranenverbänden verherrlicht!

Abb. 83-1, Teil der Tafelbilder der goldenen Königskutsche

Die Niederlande verstecken sich bis heute hinter einer Opferrolle, dabei waren sie auch Täter! Ihr Verhältnis zur Vergangenheit ist bisher fast nur auf das eigene Leiden fokussiert. Die vierjährige Besatzung der Niederlande durch deutsche Truppen und die schreckliche Bombardierung Rotterdams sind verständlicherweise bis heute nicht vergessen. Ein großer Teil, besonders der älteren Generation, der Niederländer lebt mit diesem Trauma und hasst die Deutschen bis heute. Aber von den Indonesiern erwartet man, dass die 350jährige Besatzungszeit und koloniale Ausbeutung sowie der brutale Kolonialkrieg gegen die indonesische Unabhängigkeit nicht mehr erwähnt werden.

Nach Kriegsende wurden in Deutschland – zum Glück – die Konzentrationslager abgeschafft. Aber zur gleichen Zeit, nachdem Indonesien bereits im August 1945 die Unabhängigkeit erklärt hatte, kamen die Niederländer mit all ihren Streitkräften nach Indonesien zurück, um ihre koloniale Unterdrückung und Ausbeutung fortzusetzen. In einem schlimmen Kolonialkrieg, der bis Dezember 1949 dauerte, eröffneten sie neue Konzentrationslager und bombardierten mit ihrer Luftwaffe indonesische Städte. Hunderttausende Indonesier verloren dabei ihr Leben. Und dann wundern sich niederländische Touristen, wenn ihnen außerhalb Balis gewisse Ressentiments entgegenprallen. Bali bildet eine Ausnahme. Hier lebt man vom Tourismus und es zählt nur das Geld, das ausländische Touristen auf die Insel bringen.

Wie schon der bekannte niederländische Historiker Loe de Jong in seinem Standardwerk ‚Das Königreich der Niederlande im Zweiten Weltkrieg' schrieb, wird im Königreich mit zweierlei Maß gemessen; diese Aussage rief jedoch – besonders in den Veteranenverbänden – heftige Kritik hervor.

Warum werden in der niederländischen Geschichtsschreibung begangene Verbrechen, von dem Massaker auf den Banda Inseln[357] über den Sklavenhandel bis zu dem Kolonialkrieg nach dem Zweiten Weltkrieg sowie die Enteignung der deutschen Internierten bis heute ausgeklammert? Um aus der Geschichte zu lernen, muss man sie kennen und aufarbeiten. Die ersten Anzeichen dafür sind nun zu sehen. Aber im Geschichtsunterricht und in den Schulbüchern der Niederlande fehlen derartige Hinweise auf die Kolonialzeit bis heute.

Grundsätzlich wissen die Indonesier mehr über Deutschland als die Deutschen über Indonesien, obwohl Indonesien viel größer und bevölkerungsreicher als Deutschland ist. Diese Ungleichheit gilt auch für das Thema dieser Dokumentation. Als ich mit meinen Recherchen begann, musste ich feststellen, dass der Einfluss des Dritten Reichs in Asien – und besonders in Indonesien – wesentlich größer war, als ursprünglich angenommen. In Deutschland waren die Machenschaften des Dritten Reichs im Fernen Osten so gut wie unbekannt. Laufend sieht man TV-Dokumentationen über den U-Boot-Krieg im Atlantik, aber über die Aktionen deutscher U-Boote im Indischen Ozean, in der Javasee und im Pazifik habe ich bisher noch keine entdecken können. Dies hängt auch damit zusammen, dass während des Zweiten Weltkriegs von den 600 deutschen Kriegsberichterstattern nur zwei nach Südost-Asien ausreisten. Einem verbrannten die Unterlagen in Yokohama und der zweite wurde von den Briten festgenommen. Die nach Deutschland gelangten Informationen waren daher äußerst spärlich.

Eine Verherrlichung des Deutschen Reichs ist in gewissen indonesischen und indischen Kreisen bis heute zu spüren. Dies ist in Indonesien auf den Einmarsch deutscher Truppen in die Niederlande – seines Kolonialherrn und daher seines Feinds – und die Unterstützung deutscher Wehrmachtsangehöriger beim Unabhängigkeitskrieg der Indonesier gegen die nach Ende des Zweiten Weltkriegs wiederkehrenden Niederländer zurückzuführen. Die Niederländer konnten sich nur schwer von ihrer Vergangenheit lösen. Die Rufe Den Haags nach dem Selbstbestimmungsrecht der Völker waren reine Blasphemie.

Dieser Band 5 sollte eigentlich der letzte sein. Es gibt jedoch noch viel Material in Archiven und privaten Haushalten zu sichten, auch gibt es noch viele ungelöste Rätsel. Mit den fünf Bänden habe ich einen Grundstein für zukünftige Forschungen zu diesem Themenbereich gelegt, um zu verhindern, dass dieses Kapitel versinkt und in Vergessenheit gerät. Nach der Veröffentlichung von Band 6 und 7 sollen sich Jüngere an die Arbeit machen. Die Aktivitäten des Dritten Reichs in Asien werden für spätere Generationen sicherlich von Interesse sein.

Nach dem Ende des Zweiten Weltkriegs wurden große Fehler gemacht. Die Kolonialmächte Niederlande, Frankreich, Belgien und Großbritannien wollten mit aller Macht ihre Kolonien in Afrika und Ostasien weiterhin ausbeuten, anstatt ihnen die lang ersehnte Unabhängigkeit zu gewähren. Schlimme Unabhängigkeitskriege waren die Folge, die Millionen Menschenleben forderten, in Indonesien, in Vietnam, in Algerien und so weiter. Die Liste ist lang!

---

357 Siehe Horst H. Geerken, *Das Gold der Bandas: Die Geschichte der Muskatnuss*

Japan – trotz zweier Atombomben – und Deutschland wurden schon kurz nach dem Zweiten Weltkrieg wieder wichtige Wirtschaftsmächte. Deutschland ist wieder vereint und hat sogar eine Führungsrolle in der Europäischen Union übernommen.

Überall auf der Welt ist der Neo-Nationalsozialismus auf dem Vormarsch, in Europa, in Amerika und in Südost-Asien. In allen Ländern wird immer mehr zwischen ‚Links‘ und ‚Rechts‘ polarisiert. Wir müssen aufpassen, dass das nicht wieder in Unheil und Chaos endet.

Indonesien ist meine zweite Heimat geworden, in der ich ab 1963 achtzehn Jahre lang ununterbrochen gelebt und danach noch jede europäische Winterzeit verbracht habe. Nur Corona machte mir 2020 und 2021 einen Strich durch die Rechnung. Ich liebe das Land und hoffe, dass ich bald wieder reisen kann, aber dann nur zum Vergnügen. In den vergangenen Jahren habe ich zu viel in staubigen Archiven gewühlt.

Indonesia, saya ingin kembali!

Meine Unterschrift, verschönert durch einen balinesischen Künstler

84. Anlagen

Anlage 84.1: Namensliste der Schülerinnen und Schüler der Deutschen Schule in Sarangan

	Name	M,F	Geb.Dat.	Ort	Sarangan
1	Alma, Roelf	M	22.5.34	Djakarta	Fujiya
2	Bauernfeind. Anton	M	14.12.28	Djakarta	Beau-Site (Int)
3	Beate. Otto	M	22.5.34	Palembang	Fujiya
4	Becker. Maud	F	14.9.30	Malang	Beau-Site
5	Bender. Mathilde	F	11.6.28	Freudenberg	Fujiya
6	Bergler. Dolf	M	27.3.29	Plaboean Ratoe	Beau-Site (Int)
7	Berkholz von. Dieter	M	31.5.32	Soerabaja	Beau-Site
8	Berkholz von. Jürgen	M	4.6.29	Soerabaja	Beau-Site
9	Bode. Hans-Günther	M	17-8-31	Soekaboemi	T. Sirene
10	Bormann. Klaus	M	10.8.32	Bandoeng	Bergzicht
11	Bornowski. Margarete	F	14.3.33	Schwarzwald	Fujiya
12	Bötjer. Thea	F	21.11.31	Semarang	Arendsnest
13	Böttjer. Otto	M	13.2.32	Kleve	Bergzicht
14	Brulez. Hermann	M	12.2.31	Bandoeng	Beau-Site
15	Brulez. Klaus	M	6.9.24	Djakarta	Beau-Site
16	Buck. Dieter	M	29.1.28	Bandoeng	Beau-Site (Int)
17	Bühler. Günther	M	29.7.34	Djember	Bergzicht > Hs. Charlelouise
18	Bühler. Rolf	M	26.11.32	Djember	Bergzicht
19	Bühler. Werner	M	2.11.31	Djember	Bergzicht
20	Coerper. Gertrud	F	1.4.25	Djakarta	R. Irene
21	Coerper. Otto	M	3.10.29	Palembang	R. Irene
22	Cordsen. Bernhard	M	6.4.28	Wanasari	Beau-Site
23	Degenhardt. Fritz	M	6.1.37	Palembang	Fujiya
24	Drechsler. Inge	F	26.3.35	Soekaboemi	Beau-Site
25	Eckjert. Dagmar	F	26.2.31	Soebanjerigi	Huize Hansje
26	Elst van der. Elisabeth	F	24.7.35	Palembang	Fujiya
27	Engel. Else	F	17.10.26	Buitenzorg	R. Lawoe
28	Engel. Emil	M	27.6.28	Medan	R.Lawoe
29	Engel. Hetty	F	27.6.28	Buitenzorg	R. Lawoe
30	Engel. Renate	F	12.2.37	Bandoeng	R.Lawoe
31	Fischer. Alex	M	15.9.24	Palembang	Beau-Site (Int)
32	Flick. Hanneliese	F	14.2.36	Bodjonegoro	R.Press Cottage
33	Geerdes. Anneliese	F	22.10.31	Semarang	Arndsnest
34	Geerdes. Hermann	M	11.8.28	Madioen	Arendsnest
35	Geerdes. Thea	F	??.12.32	Semarang	Arendsnest
36	Gertis. Norma	F	18.7.25	Soerabaja	R. Reize
37	Gorter. Inge	F	20.5.29	Bindjei	Fujiya
38	Gorter. Traudi	F	24.9.30	Bindjei	Fujiya
30	Gothein. Brigitte	F	8.5.31	Makassar	Asia
40	Gothein. Ursula	F	22.11.24	Banjoewangi	Asia
41	Gruneck. Hans	M	10.1.32	Soekaboemi	Beau-Site

Abb. 84.1-1, Namensliste der Schülerinnen und Schüler der Deutschen Schule in Sarangan

42	Haan de. Harald	M	22.12.30	Djakarta	Beau-Site (Int)
43	Haasman. Inge	F	13.9.31	Soerabaja	Fujiya
44	Haasmann. Marianne	F	7.4.26	Pare	Fujiya
45	Hachgenei. Hans	M	27.8.26	Djakarta	Asia
46	Hachgenei. Irmgard	F	24.3.28	Djakarta	Asia
47	Harzen. Eitel	F	18.12.35	Zeulenroda	Arendsnest
48	Harzen. Brunhilde	F	7.2.32	Magelang	Arendsnest
49	Hempelmann. Hetty	F	4.9.30	Dresden	Bergzicht
50	Herm. Luci	F	27.1.32	Soerabaja	Arensnest
51	Herm. Martin	M	26.4.30	Soerabaja.	Arendsnest
52	Hinrichs. Hans	M	30.11.31.	Pladjoe	~~Bergzicht~~ Hl. Lawu
53	Hinrichs. Philip	M	31.5.35	Palembang	Bergzicht "
54	Hollerwöger. Brigitte	F	6.6.34	Salatiga	Asia
55	Hopmann. Ilse	F	27.7.35	Koetaradja	Fujiya
56	Hopmann. Jürgen	M	28.7.33	Medan	Fujiya
57	Jantzen. Ingrid	F	23.2.37	Waikaboebak	Fujiya
58	Jantzen. Rolf	M	5.12.35	Djakarta	Fujiya
59	Johannsen. Elisabeth	F	11.5.32	Siantar	Asia
60	Joustra. Marius Klaus (Ocke)	M	29.8.30	Bandoeng	Bergzicht
61	Joustra. Uco-Hans	M	9.7.30	Bandoeng	Bergzicht
62	Jüttner. Ursula	F	21.1.33	Cheribon	Fujiya
63	Knaack. Robert	M	13.12.26	Soerabaja	Beau-Site
64	Knögel. Elsmarie	F	12.8.34	Bohnthain	Huize Hansje
65	Köllner. August	M	18.9.31	Pekalongan	Beau-Site (Int)
66	Köllner. Paula	F	30.5.30	Djakarta	Fujiya (Int)
67	Kroh. Helmi	F	28.9.28	Blora	R.Reize
68	Kroh. Inge	F	5..8.31	Poerwodadi	R.Reize
69	Kroh. Marlies	F	14.6.36	Mettmann	R. Reize
70	Kroh. Paul Heinz	M	19.6.34	Bodjonegoro	R.Rieze
71	Krüger. Irene	F	23.10.30	Djember	R. Elize
72	Külsen. Tom	M	16.3.32	Bandoeng	Huize Hansje
73	Langheim. Irmgard	F	11.5.29	Tandjoeng Karang	Huize Hansje
74	Lux. Werner	M	4.1.32	Djakarta	Beau-Site (Int)
75	Lux. Else	F	1.12.29	Djakarta	Fujiya (Int)
76	Lux. Grete	F	22.1.34	Djakarta	Fujiya (Int)
77	Madlé. Ernst	M	8.11.29	Djakarta	Beau-Site (Int)
78	Marschner. Hans	M	23.11.34	Soerabaja	Fujiya
79	Marschner. Liselotte	F	14.2.37	Soerabaja	Fujiya
80	Michaelis. Dieter	M	20.7.36	Rüdesdorf	Beau-Site (Int)
81	Moll. Carla	F	27.1.26	Tangoelangin	Fujiya
82	Moll. Erich	M	5.7.31	Djeroeben	Beau-Site (Int)
83	Moll. Ernst	M	25.2.28	Ambarawa	Beau-Site (Int)
84	Möller. Luise	F	1.10.26	Soerabaja	Huize Hansje
85	Musper. Erich	M	19.9.27	Bandoeng	Arendsnest
86	Musper. Helmut	M	6.10.28	Zürich	Arendsnest
87	Ornstein. Mary (Peipe)	F	9.9.32	Djakarta	Beau-Site
88	Pass. Erna	F	8.2.30	Bremerhaven	Huize Hansje
89	Paulsen. Horst	M	12.10.27	Dessau	Huize Hansje
90	Paulssen. Ilse	F	15.10.36	Berlin	Huize Hansje
91	Peipe. Walter	M	27.2.37	Palembang	Beau-Site
92	Perlbach. Annegret	F	16.4.32	Malang	Fujiya
93	Perlbach. Christine	F	28.3.36	Malang	Fujiya
94	Potrykus. Else	F	19.9.28	Soerabaja	Fujiya
95	Potrykus. Grete	F	27.9.30	Soerabaja	Fujiya
96	Pretsch. Günter	M	8.8.31	Tebing-tinggi	Beau-Site
97	Reinecke. Hans	M	3.6.35	Cheribon	Fujiya
98	Reinicke. Fritz	M	22.4.30	Palembang	Beau-Site (Int)
99	Schmidt. Hans	M	29.11.35	Soerabaja	R.Setan
100	Schmidt. Robert	M	13.6.34	Soerabaja	R.Setan
101	Schüchner. Fredi	M	19.9.30	Soerabaja	R. Joda
102	Schüchner. Ronald	M	3.2.34	Soerabaja	R. Joda

Abb. 84.1-2, Namensliste der Schülerinnen und Schüler der Deutschen Schule in Sarangan

103	Schüchner. Rudi	M	12.4.36	Soerabaja	R.Joda
104	Steller. Elli	F	18.12.28	Sangi	Fujiya
105	Ton. Rudi	M	25.4.35	Braunschweig	Fujiya
106	Tonn. Karl	M	23.1.33	Bandoeng	Beau-Site (Int)
107	Tottewitz. Liselotte	F	26.9.32	Medan	Fujiya
108	Tottewitz. Ursula	F	15.12.29	Freiberg	Fujiya
109	Treipl. Victor	M	19.2.31	Bandoeng	Beau-Site
110	Wagner. Maria	F	11.4.22	Soerabaja	Fujiya
111	Wallau. Hans Theodor	M	28.1.37	Soerabaja	R.Heimatstraum
112	Wallau. Ursula	F	9.8.31	Soerabaja	R.Heimatstraum
113	Weinkopf. Edith	F	2.9.31	Djakarta	Bergzicht / Hansje
114	Weinkopf. Gudrun	F	4.5.36	Troppau	Bergzicht
115	Weinkopf. Liselotte	F	10.10.32	Djakarta	Bergzicht
116	Wilms. Wilhelm	M	23.3.36	Djakarta	Huize Hansje
117	Wisgrill. Emmelot	F	2.1.32	Bandoeng	Beau-Site
118	Zill. Karin	F	21.4.30	Gerentale	Fujiya
119	Zill. Maja	F	21.4.30	Gerentale	Fujiya
120	Zöllner. Hans Martin	M	7.11.32	Saparoea	R. Johanna
121	Zöllner. Siegfried	M	23.11.35	Saparoea	R. Johanna

Nicht vermeldet von Frau Bode

122	Adler. Günther	M			
123	Alma. Dieter	M			
124	Bergler. Hans	M			
125	Boon von Ochsee. John	M			
126	Bormann. Christel	F			
127	Brandt. Dieter	M			
128	Brandt. Hanny	F			
129	Braun. Martin	M			
130	Bronowski. Margarethe	F			
131	Buck. Hanne	F			
132	Buck. Irmela	F			
133	Christen. Julia	F			
134	Coesel. Erica	F			
135	Cordsen. Anita	F			
136	Diestelkamp. Mily	F			
137	Elst. Karl van der	M			
138	Emmerling. Inge	F			
139	Emmerling. Kurt	M			
140	Engel. Hetty	F	27.6.28		
141	Faber. Mareike	F			
142	Faber. Marijke	F			
143	Fischer. Geza				
144	Flick. Hans	M			
145	Flick. Karl Christoph	M			
146	Friedrich. Fred	M			
147	Gärtner. Erich Hubert	M			
148	Gärtner. Ilse	F			
149	Gärtner. Erich	M	14.5.37		
150	Gärtner. Ilse	F	21.4.39		
151	Haan de. Eelko (ab April'44)	M	8.11.32	Djakarta	Beau Site (Int)
152	Haan de. Marijke (ab April'44)	F	26.3.34	Djakarta	Fujiya (Int)
153	Haan. De Hedi (ab Jan.46)	F	1.11.37	Djakarta	H.Hansje
154	Happ. Benny	M			
155	Harzen. Siegfried	M			
156	Heubult. Helmuth (ab Jan'44 ?)	M	20.3.33	Djokja	Beau-Site (Int)
157	Heubult. Marlies(ab Jan. 46 ?)	F	7.8.39	Djokja	R.Najade
158	Hilmer. Carl	M			
159	Hilmer. Lotte	F	16.11.28		
160	Hopmann. Ilse	F			
161	Jantzen. Arno	M			
162	Jüttner. Renate	F			

Abb. 84.1-3, Namensliste der Schülerinnen und Schüler der Deutschen Schule in Sarangan

163	Kellermann. Marijke	F		
164	Kleinetz. Hannelore	F		
165	Koch. Grete	F		
166	Kölling. Elfriede	F		
167	Köllner. Heinz	M		
168	Kreuz. Werner	M		
169	Kroh. Hans	M		
170	Lepp. Harald	M		
171	Limbrunner. Heinz	M		
172	Lux. Ludwig	M	23.12.35	
173	Madlé. Hardy	M		Beau Site. (Int)
174	Meijink	F		
175	Meiners. Elsa	F		
176	Moers. Hans von	M		
177	Neimann. Rolf	M		
178	Nickel. Susi	F		
179	Perlbach. Peter	M		
180	Perle. Margarita Isabel Mary	F		
181	Perle. Margarita Isabel	F		
182	Pitka. Helmut	M		
183	Polt. Lilo	F		
184	Polt. Otto	M		
185	Potrykus. Winny	F		
186	Pretsch. Peter	M		
187	Reichwein. Hermann	M		
188	Reinicke. Anneke	F		
189	Reinicke. Erich	M		
190	Reinicke. Miep	F		
191	Reinicke. Rudy	M		
192	Richter. Maud	F		
193	Rosenow. Inge	F		
194	Schäfer. Friedericke	F		
195	Schäfer. Hildegard	F		
196	Schamberger. Bernhard	M		
197	Schamberger. Hanna	F		
198	Schamberger. Herbert	M		
199	Schmidberger. Richard	M		
200	Schmidt. Walter	M		
201	Schmidt-Lienhart. Marga	F		
202	Schut. Herman Jan	M		
203	Schut. Otti	F		
204	Schweikert. Erika	F	30.8.30	
205	Venturini. Luciano (ab Jan.'45 ?)	M		Beau-Site (Int)
206	Vrijburg. Hans	M		
207	Vrijburg. Onno	M		
208	Weinbrecher. Irene	F		
209	Weinbrecher. Ruth	F		
210	Weinstein. Erika	F		
211	Weisz. Robert	M		Beau-Site (Int)
212	Wiedemann. Christine	F		
213	Wiedemann. Ingeborg	F		
214	Wiedenhof. Niels	M		
215	Wilms. Benny	M		
216	Winter. Sonja	F		
217	Wolf. Bernhard	M		
218	Wolf. Meinrad	M		
219	Wolf. Stoffel	M		
220	Zee. Henk van der	M		
221	Zee. Mary van der	F		
222	Zöllner. Gisela	F		
223	Zöllner. Paul Gerhard	M		

Abb. 84.1-4, Namensliste der Schülerinnen und Schüler der Deutschen Schule in Sarangan

Anlage 84.2: Namensliste der beim Untergang der Van Imhoff ertrunkenen deutschen Internierten.
Hier sind 415 Namen aufgeführt, je nach Quelle schwankt diese Zahl leicht.

Vermißt und höchstwahrscheinlich ertrunken:

1. Aswegen, Th.G., Steinbrennerei bei Kediri/Java
2. Bähr, R., Archipel-Brauerei, Batavia
3. Barnert, O.A., Perlenfischer (vermutlich aus den Molukken)
4. Beate, W.sen., Java Konservenfabrik, Poerworedjo
5. Becker, A.F.W., Kaufmann, Soerabaja
6. Becker, F.F., Tanzlehrer, Batavia
7. Beinhauer, J., Administrateur/Straits Soenda Syndika
8. Bergau, A.F., Angestellter MEB., Makassar
9. Bethge, A.W., pens. N.-I.Soldat, Oengaran/Semarang
1o. Bettaque, K.A., vorm. Angestellter BPM.
11. Beyer, D.F.L., pens. Angestellter BOW., Malang/Java
12. Bleckmann, C.F., pens. N.-I.Soldat, Djokja/Java
13. Bode, W.A., Pfarrer, Buitenzorg
14. Bodensack, D.Ch., Obersteward/Hapag "Essen"
15. Böhmer, H.L.A., Maschinist sf. Trangkil, Koedoes/Jav
16. Boger, F.K., Missionar, Halmahera
17. Bohm, Hugo C.A.W., Heizer/Hapag
18. Boye, K.J.P., Inspektor Hapag, Batavia
19. Braun, A.E.O., Celebes Motor Comp., Makassar
2o. Brodersen, Nis, Ing.-Aspirant ss"M.Rickmers", s.Koetaradja
21. Bröker, W.J., Hotel Lawoe, Sarangan/Java
22. Brückner, Angestellter Erdmann & Sielcken, Borneo
   aus Ngawi mitgeschic
23. Brun, E.G.P., Direktor d. Impla, Batavia
24. Brunken, G.F.J., Angestellter Rotterdamsche Lloyd, Belawan
25. Bünjer, H.W.L., Angestellter SS, Süd Soematra
26. Buschkamp, Gustav, Rentner, Batavia
27. Buschkiel, Dr.A.Ch.F.L., Gouvernm. Fischexperte
28. Clausing, A.W.E., Makler, Batavia
29. Dalles, G., Ingenieur, Batavia
3o. Dannert, R.R., Buchhalter Behn,Meyer & Co., Semarang
31. Dehne, F.W., Mijnbouw Mij, Simau
32. Dietz, G.F.R., Pflanzer in der Nähe von Bandoeng
33. Döpp, W., Pfarrer Molukken
34. Donat, W.K.H., Holl.Beton Mij., Batavia
35. Driesen, O.A., Optiker Fa.Goldberg, Soerabaja
36. Engel, R.E., Pflanzer, Straits Soenda Syndikat, (?)
37. Engelhardt, W.L.H.W., Ingenieur/Gas Mij., Semarang
38. Erhardt, R.G.W., Heizer/Hapag "Essen"
39. Fehn, Ch.R., Elektriker/Hapag "Rheinland"
4o. Feld, E.W., Pflanzer, Soematra
41. Fischer, W., Heizer ss"Stassfurt", aus Koetaradja mitgeschickt
42. Folkerts, J.R., Hausmeister Deutsche Schule, Kabandjahe/Soematra
43. Franken, K., pen. Missionar, Salatiga
44. Fritsche, P.A., Soerabaja
45. Fröscher, L.F., Firmant Fa.Fröscher, Batavia
46. Geissler, H.K.E., Maschinist, Batavia
47. Gelonek, H., Wegaufseher, Borneo
48. Gerds, A.G.K., Tierhändler, Celebes, Makassar
49. Gerhardt, O.E.P., Administrator/Straits Soenda Syndi
5o. Gesche, G.K., Angestellter Fa.Fröscher, Batavia

Abb. 84.2-1

51 Gluesing, Be., Schiffsoffizier/Hapag
52 Gomoll,   Soerabaja
53 Grabe, R.H.J., Schiffszimmermann/Hapag
54 Graske, K.A.W., Pflanzer in der Nähe von Tatengan
55 Gronauer, J.A., Krankenpfleger, Magelang
56 Gross, A., Steward/Hapag "Naumburg", aus Ngawi mitge-
                                                    schickt
57 Grossmann, Johannes, sen., Auto-Unternehmer, Langsat/
                                                    Atjeh
58 Grube, J.G., Schiffsingenieur/Hansa-Linie "Sonneck"
59 Grzywa, Dr.N., Arzt, Bandoeng
60 Gundert, H., Pflanzer, Balige/Soematra
61 Hammann,C.F.H.J.L., Pflanzer, Soematra
62 Hanke, Johann, Orthopäde, Bandoeng
63 Hansen, H.W., Java (Kinder in Cheribon untergebracht)
64 Harders, C.H., Java
65 Havemann, E.G., Zimmermann "Wuppertal"/Hapag
66 Heckenbücker, J.J., N.-I. Polizeibeamter, Bandoeng
67 Heeringen, O.von, Pflanzer, Wonosobo/Java
68 Heimbach, K.R., Pflanzer, Soematra
69 Henschen, J.P., Schiffsingenieur "Wuppertal"/Hapag
70 Hering, F.W., Pfarrer, Celebes
71 Herrmann, R.E.K., Schwimmlehrer, Batavia
72 Hischmann, Dr.Albert, Exporteur aetherischer Öle, Batavia
73 Högel, Ludwig, Java
74 Hoffmann, C.M.W., Schiffsoffizier/ "Noni Rickmers"
75 Hoffmeyer, K.F.F., Melkerij Tjililitan, Batavia
76 Holthaus, Josef, Mijnbouw Mij., Simau
77 Horn, R.E.F.von, Zahlmeister, Nordd.Lloyd "Franken"
78 Horrowitz,   Angest. Fa.W.Müller & Co., Batavia
                   aus Koetaradja mitgeschickt
79 Huber, Prof.F.L., Chef-Tierarzt, Buitenzorg
80 Immerheiser, F., pens. Lagermeister, Batavia
81 Jaeger, H.F.A., Pflanzer, Medan
82 Jahn, J., N.-I.Polizeibeamter Tebing-Tinggi
83 Jann, F.F., N.-I.Polizeibemater, Benkoelen
84 Janssen, J.W.F., N.-I.Polizeibeamter, Soerabaja
85 Jeczek, C.H., Unikampoeng, Batavia
86 Jeka, I., Heizer "Kassel"/Hapag
87 Jochmann, H.C.M., Polizeimeister, Lawang
88 Jourdan, F.P.L., Schiffsingenieur "Essen"/Hapag
89 Kaie, R.K.Th., Angestellter N.-I.Gas-Mij., Batavia
90 Kammann, K.F.H.W., Rhein.-Mission, Balige-Lagoebodi/
                                                    Soematra
91 Kaphengst, E.F.C.Th., Milchwirtschaft, Aka Gadang
92 Kass, M.O.M., Angest. Güntzel & Schumacher, Fort de Kock
                                                    Soematra
93 Kemper. H.W., Heizer "Essen"/Hapag
94 Kessler, H., Pflanzer, Kintamani, Bali
95 Kindt, F., Kleinlandbauer, Ost-Java
96 Kirst, W., Capitol-Restaurant, Batavia
97 Klein, F., N.-I.Polizeibeamter, Celebes
98 Kleinschimdt, J.A., Agent Erdmann & Sielcken, Benkoelen
99 Klesper, J.W.M., Angest. Straits Soenda Syndikat
100 Kliem, Erich, Angest. Impla Soerabaja
101 Kloth, H.P.K.A., Angest. Milit. Luchtvaart, Bandoeng

Abb. 84.2-2

1o2   Kniepf, O.F.H., Pflanzer, Pontianak
1o3   Knögel, W., Angest. MEB., Makassar
1o4   Knuth, H.Ch.W., Dreher/Hapag "Rheinland"
1o5   Koch, André, Seemann ss"Scheer"/Hapag, aus Koetaradja
                                                 mitgeschickt
1o6   Koch, K.H.S.A., Direktor Straits Soenda Syndikat,
                          Batavia
1o7   Köhlker, E.P., Pflanzer, Korintji
1o8   König, P.H., Uhrmacher, Soerabaja
1o9   Krämer, L., pens. N.-I.Soldat, Gombong/Java
11o   Kratz, F.M., Pflanzer & Schlachter, Soekaboemi
111   Kraulides, F.W., Lagerhalter/Hapag "Essen"
112   Kreisig, A.C.H., Batavia
113   Kronberg, A.C.F., Firmant Güntzel & Schumacher, Medan
114   Krüger, H., Seifenfabrik, Bandoeng
115   Kühner, K.Th., Kleinlandbauer, Poedjon
116   Lange, F.R., Angest. Bankatinwinning, Muntok
117   Lehmann, F., Pater Rk. Mission, Flores
118   Lehmann, W.L., Schiffskoch/Hansa-Linie "Sonneck"
119   Leip, Ph., aus Solo, Klaten oder Djokja/Java
12o   Lembrecht, W.L., Schiffskoch "Essen"/Hapag
121   Lepp, J.J., Monteur, Bandoeng
122   Lesch, A.F.A., Pflanzer, Toeloeng/Agoeng
123   Littmann, H., Pater Rk. Mission, Flores
124   Löber, John Chr., Steward/Hapag
125   Löffler, H.E.J., kommt nur auf der offz. Trpt.-Liste
                          von Koetatjane vor
126   Löhnert, P.H., Betriebsleiter N.-I.Verbandstoffenfabrik,
                          Soerabja
127   Lohmeyer, J.M.P., kommt nur auf der offz. Trpt.-Liste
                          von Koetatjane vor
128   Lonhard, W.F., Hausierer, Kertosono
129   Lück, Albert O., Missionar, Goenoeng Sitoli/Nias
13o   Luening, H.G.W., Firmant Goldenberg & Co., Medan
131   Lutter, O.E.K., Medan
132   Lorenzen, Dr.   , Sinologe, Kabandjahe/Medan, aus
                          Koetaradja mitgeschickt
133   Maat, ca. 7o Jahre alt, pens. Zuckerpflanzer, aus
                          Ngawi mitgeschickt
134   Magener, L.W., Kleinhändler, Batavia
135   Marggraff, R., Pflanzer, Poenten bei Malang/Java
136   Maschewski, F.H., Stevedore, Batavia
137   Mayer, A.E., Uhrmacher, Djokja/Java
138   Mayer, Albert Fritz
139   Meckel, H.F. sen., Baumaterialienfabrik, Soerabaja
14o   Meerbothe, K.W., pens. Angest. Boeton Mij., Bandoeng
141   Mertens, Jon, Pferde-Einreiter, Medan
142   Mertens, W.R.H.B., pens. N.-I.Soldat, Bandoeng
143   Messerle, K.E.,
144   Metzker, R.P., Djember/Java
145   Mex, A.W., Midden-Java
146   Meyer, Franz, Maschinist, Probolinggo/Java
147   Meyer, Johannes, Pater Rk. Mission, Flores
148   Meyer, Wilhelm August,
149   Middendorf, H.L., Pflanzer, Soekaboemi/Java
15o   Milbradt, H., Rubberexporteur, Palembang

Abb. 84.2-3

151 Möller, Bruno H.F., Bauunternehmer, Sabang
152 Möller, J. Heini, Pflanzer, Ond. Paloekan, Bali
153 Möller, (Julius) P.K.C., Missionar Rhein. Mission,
       Taroetoeng/Soematra
154 Möller, Georg, Hundezüchter, Prigen/Soerabaja
155 Moll, H.J., Portier Marine Etablissement, Soerabaja
156 Montigel, Rudolf (?)
157 Moszkowicz, O.J.L., kommt nur auf der offz. Trpt.-Liste
       von Koetatjane vor
158 Müller, Arthur Fritz Max, N.-I.Polizeibeamter, Batavia
159 Müller, Eduard, Missionar Rhein.-Mission, Taroetoeng
160 Müller II
161 Mutschler, W.H.J., kommt nur auf der offz. Trpt.-Liste
       von Koetatjane vor
162 Nawrot, K.P., pens. N.-I.Soldat, Buitenzorg/Java
163 Neidhart, W.K., vermutlich aus Batavia
164 Neuber, W., Aufseher Gefängnis-Schuhmacherei,
       Djokja/Java
165 Nielsen-Donbaeck, Ch.H., Schiffsingenieur/Hapag "Essen"
166 Niemann, C.H.F.sen., Maschinenfabrik Tandjoeng Balei
167 Nittel-Nelton, Altschauspieler, Bandoeng
168 Noll, Ernst, ca. 65 Jahre alt
169 Northmann, Paul R., kommt nur auf der offz. Trpt.-Liste
       von Koetatjane vor
170 Nowak, Dr.E., Arzt & Chirurg, Bandoeng
171 Obergassner, J.H., Landvermesser, Medan
172 Oertel, H.E., Pianostimmer, Medan
173 Oppenheim, M.Th., Kaufmann, Semarang
174 Ostermann, E.Th.P., Schiffsingenieur "Werdenfels",
       Hansa-Linie
175 Ostreicher, M., Maschinist Bankatinwinning, Muntok/Banka
176 Otto, A.G.W.H., Maschinenfabrik, Soekaboemi/Java
177 Overbeck, H.F., Ex-Direktor Behn, Meyer & Co., Djokja
178 Pandel, Arthur, kommt nur auf der offz. Trpt.-Liste
       von Koetatjane vor
179 Paproth, H.A.F., N.-I.Polizeibeamter, Siantar/Soematra
180 Pass, J.A. sen., Kaufmann, Semarang
181 Pauli, H.F., Maschinist HVA, Korintji/Soematra
182 Pauli, W.F.M., Reklamezeichner, Batavia
183 Pegel, H., Seemann "Kassel"/Hapag
184 Peters, W., Pater Rk. Mission, Flores
185 Peuker, H.M.K., Pflanzer, Manokwari/Neu Guinea
186 Pfau, Dr.G.A., Lehrer Zeevaartschool, Soerabaja
187 Pflug, Ernst Emil, kommt nur auf der offz. Trpt.-Liste
       von Koetatjane vor
188 Plamper, Julius, kommt nur auf der offz. Trpt.-Liste
       von Koetatjane vor
189 Plogstert, B., Fabrikant, Malang/Java
190 Podewski, G.G.M., Pflanzer, Ceram
191 Polt, W.K.R., Rubber-Administrator bei Modjokerto/Java
192 Porten, J., Pater Rk. Mission, Flores
193 Possehl, K.H.O., Angest. Renault, s. Farbenfabrik,
       Oerangan/Semarang
194 Prehn, Carl, Kaufmann, Medan
195 Prinz, Robert F., Reisebegleiter von Vanderbilt

Abb. 84.2-4

196 Prunnbauer, Josef, Bruder Rk. Mission, Flores
197 Prinzhorn, Angest. Behn, Meyer & Co., Batavia,
                 aus Koetaradja mitgeschickt
198 Quest, Heinrich, N.-I.Polizeibeamter Ambon
199 Rabaa, J.H., Kaufmann, Palembang
2oo Raikowski, Joh.E., pens. N.-I.Soldat
2o1 Randel, W.A.J., (aus Block E)
2o2 Ranke, L.E.B.von, Landschapswerken, Süd-Celebes
2o3 Raschdorf, K.H.W., Buchhalter NHM., Soerabaja
2o4 Rau, W., Heizer, Hamburg/"Vogtland"
2o5 Rebholz, P., Astrologe, Soerabaja
2o6 Redies, O.R., pens. Buchhalter Strohoedenveen, Soerabaja
2o7 Reichmann, Erich, Kaufmann
2o8 Reifenberg, H., Pflanzer, Soematra
2o9 Reifenberg, R., Sohn
21o Reinhardt, Otto, Bruder Rk. Mission, Flores
211 Reinicke, F.K.A., ohne Beruf, Bandoeng
212 Reissaus, P.W.A., pens. N.-I.Soldat
213 Reiter, Hermann, Missionar, Borneo
214 Reize, L.H.jun., Sohn, Sarangan/Java
215 Reize, L.H.sen., Vater Angest. Droogdok Mij., Soerabaja
216 Repeln, F.von, Gemeindebeamter, Palembang
217 Retting, F.A.A., pens. N.-I.Soldat, Buitenzorg
218 Richter, O.jun., Sohn
219 Richter, O.sen., Vater Tanggerang
22o Riebschläger, F.W., Soekaboemi oder Buitenzorg/Java
221 Riedel, Karl, pens. N.-I.Soldat, Garoet/Java
222 Ripmann-Rellstab, C.F.von, pens. Postbeamter,
                 Bindjei/Java
223 Röhl, A.H., pens. N.-I.Soldat
224 Röhm, E., N.-I.Polizeibeamter, Sidohardjo bei Soerabaja
225 Röhwer, F.W., Maschinist "Mexoil", vermutlich
                 Kediri/Java
226 Rösnick, B.K.H., Leichtmatrose/Hapag "Kassel"
227 Rohde, (Vornamen: O.W.H.), pens. N.-I.Soldat
                 Magelang/Java
228 Rosam, J.A., Angestellter NISHEM, Soerabaja
229 Rosenau, G.E., Pater Rk. Mission, Flores
23o Rothermund, E., Monteur, Malang/Java
231 Saefkow, E.K.H., Angest. Vraag & Aabod, Soerabaja
232 Sappe, Norbert, Musiker, Bandoeng
233 Sauerland, WKW., Auktionator, Semarang
234 Sauerweit, O., Krankenpfleger, Madioen/Java
235 Sazenhofen, G.M.E.M. Frh.von, pens. N.-I.Soldat
236 Schakols, A.G., ohne Beruf, Batavia
237 Schalaudek, E.O.F., Pflanzer, Soematra
238 Schalk, H.F., (Sohn) Angest. Revimij, Soerabaja
239 Schalk, H.J., Ingenieur, Soerabaja
24o Schalk, W.O.J., (Sohn) Angest. Singer Sewing Co.,
                 Soerabaja
241 Scharlemann, C.R.G., Schiffshändler,   haven/Soematra
242 Schell, Peter, Kleinlandbauer, Malang/Java
243 Schellhorn, F.K., Pflanzer, Brastagi/Soematra
244 Scherwat, E.K.W., Reiniger/Hapag "Essen"
245 Schiffer, Julius, Pension Darmo, Soerabaja

Abb. 84.2-5

246 Schild, F.W.H.G. sen., Kaufmann, Batavia
247 Schlosser, H., Angest. Straits Soenda Syndikat
248 Schlüter, Hans sen., Kaufmann, Batavia
249 Schmidt, Helmuth, Autohandel Lienhardt, Makassar
250 Schmidt, Wilhelm, Buchdrucker, Semarang
251 Schminke, F.W., Angest. BOW., Soerabaja
252 Schmitt, H.A., Schiffsingenieur ss"Naumburg"/Hapag
253 Schmitt, J., Missionar, Semarang
254 Schnabel, W.H.H., Stovit, Soerabaja
255 Schneewolf, F.W., Angest. Fa. Schlieper/Batavia
256 Schneider, E. jun., Sohn
257 Schneider, E. sen., Drucker, Solo/Java
258 Schneider, F.A., Ex-Direktor Barmer Export Ges.,
                                        Poenten bei Malang
259 Schneider, G.J., Missionar, Neu Guinea
260 Schneider, O.L.Ph.W., Pflanzer, Siantar/Soematra
261 Schneider, W.J.H., Angest. Borsumij., Batavia
262 Schoen, A., N.-I.Polizeibeamter, Malang/Java
263 Schönmann, Arno, Weberei "Kantjil Mas", Soerabaja
264 Schöppel, J.G.M., Batavia
265 Schöppel, R.C., Batavia
266 Scholz, G.K., Sohn, Kaufmann Fa. Lindeteves/Batavia
267 Scholz, R.G.sen., pens. Angest. BOW., Lembang/Java
268 Schütt, R.K., Flaschenmeister Heinekens-Brauerei,
                                        Soerabaja
269 Schuhbeck, F., Musiker, Soerabaja
270 Schulz, G., Pater Rk. Mission, Timor
271 Schulz, O.H.A., Seemann Hapag/ "Essen"
272 Schumann, Ch.F., Aufseher Gefängnis, Ambarawa
273 Schuster, P., Monteur, Malang/Java
274 Schwarz, Alfred, Missionar, Salatiga/Java
275 Schwarz, Carl, pens. Angest. Mijnbouw, Bandoeng
276 Schwarz, Jakob, Braumeister Archipelbrauerei, Batavia
277 Schweitzer, H., Missionar, Borneo
278 Schwerz, F.H.O., Seemann/Hapag "Kassel"
279 Schwitzki, W.A., Angest. Niemij., Semarang
280 Seefeld, E.V., Oberheizer/Hapag "Kassel"
281 Seiferth, F.F., Grand Hotel Lembang/Java
282 Siebeler, J.H.G., Kastellan Rk. Mil.   , Salatiga/
                                        Java
283 Siegmund, R.H.W., pens. N.-I.Soldat, Salatiga
284 Siegner, J., Missionar/ Rhein. Sendung
285 Sill, E.E.F., Pflanzer, Soekaboemi/Java
286 Sommerbauer, K., Angest. Wallau & Co., Soerabaja
287 Sonnenburg, H.H.O., Versicherungsagent, Bandoeng
288 Sparrer, M., Schlachter, Bandoeng
289 Spechtenhausen, F.K.A., Pater/Rk. Mission, Flores
290 Spendrin, O., Apotheker, Malang
291 Spier, W.K.F., Oberheizer/Hapag "Kassel"
292 Spies, W.R., Kunstmaler, Bali
293 Stahl, L.A.A., Kaufmann, Soerabaja
294 Stauffer, Otto, Missionar, Japara/Java
295 Steffen, Friedr.Wilh.Karl ⎞ die 3 Steffen sind: Pflanzer
296 Steffen, Joh.Ferd.Arthur ⎬ aus Djokja, Schlachter bei
297 Steffen, Paul Friedrich ⎰   ,Batavia und ein ca.
                                   79 Jahre alter aus Tebing-
                                   Tinggi/Soematra

Abb. 84.2-6

298 Steffens, O., Steward/Hansa-Linie "Sonneck", <u>aus</u>
                  <u>Koetaradja mitgeschickt</u>
299 Steger, H., Pater, Rk. Mission, Flores
300 Stein, O.H., Pflanzer, Celebes
301 Stein, S.P.F.M., Pflanzer, Malang/Java
302 Steinberg, F.A., Pasan Grahan Prigen, früher sf.
                  Ngalom, Kediri/Java
303 Steinemann, F.K., Holl. Beton Mij., Semarang
304 Steiner, Peter, Sepandjang bei Soerabaja
305 Steinhauer, P.L.Ch., Kaufmann, Batavia
306 Steinhüser, K.J., Heizer/Hapag "Scheer"
307 Steinlein, J., N.-I.Polizeibeamter, Madioen/Java
308 Stellwang, F.F., Pflanzer, Bandoeng
309 Stemmiak, M., Heizer "Kassel"/Hapag
310 Stendel, Ernst Karl Wilhelm, Soematra
311 Stengel, E., Angest. Orenstein & Koppel, Soerabaja
312 Stern, E., Feinkosthandlung, Bandoeng
313 Stern, H., Feinkosthandlung, Bandoeng
314 Steudel, Joh., I.A.P.K., Parkhotel, Batavia
315 Stiller, P.R.E., Pflanzer, Ef Ka Boi Neu Guinea
316 Stöcks, R.M.W., N.-I.Polizeibeamter, Soerabja
317 Stöcks, W.H.J., Sohn
318 Strieter, W., Pater Rk. Mission, Flores
319 Strube, R.F.E., Bayr. Bierstube, Batavia
320 Stüber, W.C.J., BB-Beamter, Hollandia/Neu Guinea
321 Szameitat, R.C., Seemann/Hapag "Kassel"
322 Szeniczei, Milan, Importeur, Batavia
323 Tennert, A.O.P., Bootsmann ss"Vogtland"/Hapag
324 Tenzer, F.P. sen., pens. Krankenwärter, Malang
325 Tenzer, F.P., (Sohn) Angest. Aniem, Malang
326 Tenzer, H.W., (Sohn) Angest. Hedel, Malang
327 Tetzner, A.F., pens. österr. Marineoffizier, Bali
328 Theine, H.G.H., Kleinlandbauer, Banjoewangi/Java
329 Theobald, H., Fotograf, Semarang
330 Therre, N., Bruder Rk. Mission, Flores
331 Thiede, E.A., Schiffsingenieur ss"Wasgenwald"/Hapag
332 Thiel, H.G., Pfarrer, Celebes
333 Thieme, K.H.P., Agent Singer Sewing & Co., Padang
334 Thill, E.L.W., Kaufmann, Batavia
335 Thisius, F.W., Giesserei, Djokja/Java
336 Thomann, C.A. sen., Schlachter, Lawang/Java
337 Thomann, Paul, Schlachter, Bali
338 Thurner, Johann,
339 Tonne, H.F., Angest. Stoomvaart Mij., "Nederland",
                  Soerabaja
340 Tottewitz, H.R., Angest. N.-I.Gas Mij., Soerabaja
341 Treffke, T., Ex-Angest. Eisfabrik, Semarang
342 Trenozek, C.A., Kleinlandbauer, Bandoeng
343 Trostel, G., Missionar, Borneo
344 Tschiedel, J., Angest. Fa. Fröscher, Batavia
345 Tschirpke, A.C., Sohn
346 Tschirpke, C.A.H. sen., Manokwari/Neu Guinea
347 Tschirpke, L., Sohn
348 Ullrich, H.F., Heizer ss"Kassel"/Hapag
349 Ullrich, Kurt, Agent Fa.Schlieper, Medan
350 Vahldiek, O.H., Schiffskoch ss"Kassel"/Hapag
351 Verhalen, F.J., Vereinigte Eisfabriken, Soerabaja

Abb. 84.2-7

352 Vickermann, G.Th., Pater Rk. Mission, Soemba
353 Vieweg, Jul. Herm. Bruno, kommt nur auf der offz.
                    Trpt.-Liste Koetatjane vor
354 Vinders, Emil, N.-I.Polizeibeamter
355 Vogt, F.W., Pflanzer/Straits Soenda Syndikat
356 Vogt, Leo, Pater Rk. Mission, Flores
357 Volkerts, Joh.
358 Volkmann, P.F.W., Matrose ss"Essen"/Hapag
359 Vollmer, G.W., Monteur, Batavia
360 Wächter, H., Monteur, Soerabaja
361 Wagenbreth, O.H., pens. Feinmechaniker, Pengalengan
362 Wagner, Waldemar, Optiker, Semarang
363 Walther, Jean G., Monteur/Schlieper, Soerabaja
364 Warnecke, F.L., Café Wien, Singapore
365 Warning, Paul Joachim Anton Hein
366 Waschkuhn, A.W., Steward ss"Essen"/Hapag
367 Weber, F., Holl. Beton Mij., Semarang
368 Weber, K.G., (ex Schlieper) Kunstmaler, Patjet bei
                                            Soerabaja
369 Weber, Peter Chr., pens. Militärschneider, Semarang
370 Wegener, G.H.O., ⎞ die beiden sind: Angest. Singer
371 Wegener, H.E., ⎬ Sewing & Co., Malang bzw. Inh.
                    ⎠ Hutfabrik Preanger, Tjiwidey
372 Weidenbach, H., Bruder Rk. Mission, Flores
373 Weinstein, Th.A., Lagermeister Internatio, Semarang
374 Weiss, A.E., Angest. Weberei Kantjil Mas, Soerabaja
375 Weisser, S., Missionar, Borneo
376 Weisz, F., pens. N.-I.Polizeibeamter
377 Weituchatis, W., Transportunternehmer, Paga Alam
378 Weller, R.J.H., Ingenieur ss"Bali"
379 Wengel, P., Sauerstoffabrik, Soerabaja
380 Werner, Karl (?) Friedr. Julius, kommt nur auf der
                    offz. Trpt.-Liste/Koetatjane vor
381 Wexelberger, P.H., Angest. Straits Soenda Syndikat
382 Wichardt, Rud.
383 Wiechert, Angest. sf. Djambang, Djombang, aus
                            Koetaradja mitgeschickt
384 Wieger, G., Pater Rk. Mission, Flores
385 Wieland, E., pens. N.-I.Soldat
386 Wienandt, F.M.O., Schlachter, Palembang
387 Wiese, O.B.W., Angest. Fa. Naessens, Soerabaja
388 Wiesinger, O.K.L., Pflanzer, Deli/Soematra
389 Wilhelmi, G.W.H.G., ex Pure Cane   Co., Semarang
390 Will, Friedr., kommt nur auf der offz. Trpt.-Liste
                    von Koetatjane vor
391 Willer, H., Bäcker ss"Essen"/Hapag
392 Winckler, G.E., Angest. Fa.Schlieper, Soerabaja
393 Windmüller, H.A., Angest. Fa. Ledeboer, Makassar
394 Wingert, K.F.W., Angest. HAPM., Belawan/Medan
395 Winter, K.L., Angest. Rotterd. Lloyd
396 Winzeck, G.H., Monteur, Soerabaja
397 Wohl, W. jun., Angest. Fa. Schlieper, Soerabaja
398 Wohlers, F.H.R., Angest. Vick-Hotel, Sarangan/Java
399 Wohlrab, J., Restaurateur, Solo/Java
400 Wolff, C.O., Juwelier

Abb. 84.2-8

```
4o1   Wolff, G.W., Thee Onderneming Wonosari, Lawang/Java
4o2   Wolff, Heinrich, pens. N.-I.Soldat
4o3   Woltersdorff, H.J.A., Pflanzer, Deli/Soematra
4o4   Wollwage, Angest. Fa.Naessens, Djokja/Java,
                      aus Ngawi mitgeschickt
4o5   Wortmann, F.W., Buchhalter Kawi, Malang/Java
4o6   Worttbroek, F.W., Pater Rk. Mission, Flores
4o7   Wüst, O.R.H., ⎫ die beiden sind: Firmant Limonadenfabrik
4o8   Wüst, P.O.,   ⎬ Hellfach, Soerabaja, bzw. Beamter/P.I.D.
                    ⎭ Soerabaja
4o9   Zach, Ritter von, Sinologe, Batavia
41o   Zeidler, F.W.K., Agent Aniem, Djember/Java
411   Ziems, O.G.E., pens. Zuckerpflanzer, Malang
412   Zimmer, R.L., Angest. Weberei Kasri, Soerabaja
413   Zimmermann, Gerh. Richard, kommt nur auf der offz.
                      Trpt.-Liste/Koetatjane vor
414   Zipplity, E.A.W.A., Schiffskoch/Hapag
415   Zitzelberger, J., Monteur/        , Soerabaja
```

Abb. 84.2-9

Anlage 84.3: Niederländisches Original aus dem National-Sozialistischen Almanach 1943

Uit: Nationaal-Socialistische ALMANAK 1943, p.27-31.
Samengesteld door Jan de Haas - Amsterdam.
Uitgegeven in opdracht van den Organisatieleider der
"Nationaal-Socialistische Beweging der Nederlanden"
Maliebaan 35, Utrecht.-

TWEE EN EEN HALF JAAR CONCENTRATIE-KAMP.

Sedert de maand Mei van het jaar 1940 bevinden zich eenige honderden
Nederlandsche mannen in het concentratie-kamp, omdat zij nationaal-
socialist waren en zonder aanzien des persoons strijden wilden voor
hun Leider, voor het land dat zij lief hadden, voor het Volk welks
eer zij hoog hielden in deoverzeesche gebiedsdeelen.
Jaren geleden hebben zij het vaderland verlaten, te zamen met de
weinige tienduizenden die niet wilden deelen in de algemeene slap-
heid en futloosheid van een democratische verdeeldheid en verwording
ondergaand Volk. In harden en moeizamen arbeid hebben zij deelgeno-
men aan de kleine Nederlandsche gemeenschap, die in Oost-Indië zulk
een geweldige opgave had te vervullen.
Toen de strijd om vernieuwing in het moederland begon, hebben zij
het betreurd, niet van nabij te kunnen strijden voor het land. In de
moeilijkste omstandigheden en de Beweging steunen zij met hun gel-
delijke offers, bezielden zij ons, ondanks de afstand van 14.000 ki-
lometers, met hun voorbeeldige geestdrift, met hun nimmer aflatende
trouw aan Volk en Leider. In Mei 1940 werden zij geïnterneerd. Opge-
sloten in tropische streken, verstoken van alle genak dat den blanke
in Insulinde het leven dragelijk moet maken. Maar zij zijn trouw ge-
bleven.
December 1941, in dezelfde dagen waarin de Beweging in Nederland,
dankbaar het tienjarig bestaan herdacht, bracht aan Nederlandsch-
Indië de schandelijke misdaad van de oorlogsverklaring aan Japan.
De geïnterneerde kameraden werden weggevoerd en naar Britsch-Indië
overgebracht. Daar gaan zij hun lijdensweg verder, tot aan de be-
vrijding, die komen moet en komen zal!
Hun namen moeten in onze herinnering blijven! Want eens zal de dag
komen dat zij naar het vaderland terugkeeren, dat wij hen de ont-
vangst kunnen bereiden, welke de Leider heeft beloofd. Eens zullen
zij weten, dat onze strijd óók voor hen gestreden en gewonnen is!
Hun namen zijn:

Aarem, Theodoor Marie van
Alma, Klaas
Alsema, Pieter
Altelaar, Jan Cornelis
Altmann, Friedrich Maximiliaan
Amons, Frederik Willem
Anderson, Johannes Mattheus
Apon, Jan
Augustijn, Cornelis
Avocaat, Nicolaas Johannes

Bakker, Andries
Bakker, Cornelis Johannes
Balkstra, Guido
Balkstra, Pieter Wilhelm Christiaan
Bangert, Karel Anton
Batteljée, Jacobus
Bauerfreind, Karl
Bausch, Anton Louis Gerard Maria
Beate, Wilhelm
Becking, Laurens Theodoor
Beem, Arthur Coenraad
Been, Johannes Jacobus
Behnke, Johan Albert Rudolf
Bense, Hendrik Lodewijk
Bensemann, Hermann Otto Max
Berg, Leendert van den

Bertoen, Cornelis Johan
Berton, Bernhard Ludwig
Binkhorst, Pieter Florent
Birchbauer, Karl
Blaauw, Anthonie Gerard
Black, Edmond
Bloem, Hendrik
Bodegraven, Arie van
Boer, Jacobus Hendrikus Gerardus
        Frederik Anton de
Boldingh, Claas
Boldy, Emanuel Jacob
Bonhoffer, Johannes Charles
Boo, Leender Jacobus de
Boom, Reinier Jacob
Boon, Theodorus
Boon von Ochsée, Dr.Marinus Charles
Bornemann, Cosmus von
Bouman, Bastiaan
Braconier, George Abraham
Brandenburg van Oltsende, Frederik
Brandligt, Koen
Brandt, Ernst August Hermann
Braun, Robert Johannes Clement
Braun, Winand Joseph
Breet, Arie
Breeuwer, Dirk
Breier, Harold Pieter Leendert

080170

Abb. 84.3-1

Breier, Rolf Clemens
Breier, Rudolf
Brevet, Jacobus Willem
Brink, Hendrikus Martinus van
Brinkgreve, Ir.Jan Hendrik
Brinkman, Adrianus
Brouwer, Hendrik Casimir
Brouwer, Walter Gerard
Bruinier, Jacob Gerardus
Bruyn, Henri Gerard Jacob de
Bulthoff, Karl Wilhelm
Burg, Antoon van der
Burg, Daniel Frederik van der
Bus, Melchior Jan

Capelle, Augustinus Ernst Frederik
    van
Choufour, Abraham
Coerper, Otto
Crooij, Jean Chrétien de
Coldenhof, Petrus George

Daalen Wetters, Louis Cornelis v.
Daalhoff, Hendrikus Johannes Ge-
    rardus van
Daumiller, Ir.Alfred Carl
Delft, Karel Franciscus van
Deugd, Johannes Wilhelmus de
Dielwart, Hendricus Josephus
Dijck, Albertus Johan van
Dijk, Hendrikus Petrus Gerard van
Dijk, Adrianus van
Dijk, Ir.Jan Warner van
Dissel, Johan van
Domburg Scipio, Osmund Alfred van
Doorn, Geurt van
Doornbos, Willem Herman
Dopheide, Antonius Bernardus Aug-
    Augustus
Dopheide, Hendricus Jacobus
Dorst, Teunis
Douwes Dekker, Dr.Ernest François
    Eugène
Dreesens, Henri George Joseph
Driel, Pieter van
Drift, Marinus Jacobus Christianus
    van der
Drost, Robert
Dubbeldam, Hendrik Willem
Dufour, Etienne
Duytsch, Christiaan Johannes

Dumoulin, Joseph Marie Antoine
Duncker, Johannes Frederikus

Edinger, Friedrich Wilhelm
Ee, Henri van
Ehrencron, Johannes
Ellinger, Gotlob Alfred Curt
Ellmer, Willem
Ellwanger, Paul Johannes
Ende, Gustaaf Adolph von
Es, Thomas Cornelis van
Everts, Jan

Faber, Gerard Taco
Feenstra, Jacobus Watze
Fender, Karl Gustav
Filet, André Albert Johan Jacob
Filet, Bernardus
Filet, Diederich Ferdinand
Fisscher, Edward Louis Johan
Flinzer, Adalbert Luitpold Arnulf
Förster Romswinckel, Wilhelm Her-
    bert Otto
Fraeyhoven, Freddy Hugo
Freriks, Franciscus Joseph
Frey, Wimfried Eduard Theodor
Fucks, Dr.Fritz Wilhelm
Gabriel, Johann Albertus
Gärtner, Conrad
Gelderen, Jacobus Dirk van
Gerlach, Ferdinand
Geurts, Theodor Johannes
Gockinga, Joseph René
Godijn, Charles Johannes
Goethart, Jan Karel
Gonggrijp, Henri
Gonzales, Joseph Rafaël Johannes
Gorter, Barend Samuel
Goslings, Michiel Dirk Willem
Groen, Christiaan Norbertus de
Groenendijk, Willem Mattheus
Groeneveld, Willem Karel Hendrik
Groenewege, Mr.Jan
Gross, Curt Ulrich
Güggitz, Carl.
Gutjahr, Carl Maria Felix Aurelius

Haak, Johannes Gabriel de
Haan, Gunther Adelbert Leonard de
Haar, Gerrit
Haeften, Aernoudt Willem van
Hagemeijer, Gerrit Jacobus
Hagendijk, Marius Bastiaan
Hall, Willem John Theodoor van
Hartevelt, Adrianus Marinus Johannes
Harting, Frans
Hartog, van Banda, Lodewijk
Harzen, George August
Hasewinkel, Hendrik Pieter Guido
Hasselt, Antonie van
Hazenberg, Frans
Heck, Frans Cornelis van
Hecking Colenbrander, Hendrik Theo-
    door Ludwig van
Heering, Apolle Willem
Heijningen, Tjark Antonie van
Heiligers, Johannes Samuel Hermanus
    Jacobus
Hellebrand, Theodoor Hubert
Hendriks, Theodorus Anthonius Gode-
    fridus Maria
Hendriks, Willem Frederik
Hendrikse, Nicolaas
Herdle, Gustav Karl

Abb. 84.3-2

Herm, Otto
Hermans, Teunis
Hermanns, Emil
Hessing, Christiaan Wilhelm
Heubelt, Johann Engelke Wilken
Heutsz, Henri van
Hilbrander, Henri Gustaaf Adolf
Hilling, Anton Heinrich
Hilmer, Otto Ferdinand Wilhelm
Hindriks, Hendrik
Hoboken, Cornelis van
Hofmeester, Hendrik Marie
Hollerman, Johannes Wilhelmus
Holsboer, Jelle Cornelis Hendrik
Holub, Hans
Hommes, François
Hoogewoud, Hendrik
Hooydonk, Charles Petrus Nicolaas v.
Höpfner, Pieter Albin
Hopmann, Dr.Otto Maria
Houben, Balthazar Hubert
Houtman, Gerardus Petrus
Hoyer, Johan
Huffmeijer, Joseph Willem Frits
Huster, Edward
Hut, Marten Berend

Iongh, Hendrik de

Jacobs, Dr.Hendrik Frans
Jaeger, Heinrich Fritz
Jäger, Georg
Jager, Willem de
Jansen, Jacob
Jansen, Lucas Johannes
Jaquet, Arthur
Jonasse, Frederik Johannes
Jong, August Wilhelm Friedrich de
Jong, Wieger Bouwe de
Jongejan, Pieter Gerardus
Jordaan, Leo Alexander
Jordan, Johannes
Joustra, Uco Steven Folkert
Jüttner, Richard Titus

Kaan, Jacob
Kamp, Johan Frederik Hendrik te
Kapp, Florizel
Kapper, Emil Oscar
Karthaus, Frederik Wilhelmus Petrus
Keasberry, Edward Charles
Keijzer, Albertus Willem
Keizer, Frans Jozef
Keller, Ir.Hendrik
Kemp, Marinus Jacobus van der
Kersen, Arie van
Kiefer, Frits
Kistemaker, Henri Derck
Klarenbeek, Willem Nicolaas
Kläring, Daktar Fabian Emanuel
Klerk, Johan Frederik de

Klerk, Pieter Margarethus Johannes
  de
Klüge, Carl Gustav
Klumperpbeek, Alfred Jacob
Koch, Karl Adolf August
Koen, Jan
Koenen, Louis
Kolvenrodt, George Paul Karl Hermann
Kooijman, Bart Cornelis
Kooper, Ir.Willem
Kooten, Gerrit van
Koppen, Gerardus
Koremans, Thomas Anthonie
Korten, Johannes Petrus Adriaan
Korthals, Thomas
Korthout, Jan Jacobus Theodore
Koster, Johannes Hendrikus
Kraak, Carel Johannes
Kroon, Pieter
Krug, Frits Otto
Krüger, Willy Karl Arthur
Kruls, Jan
Kruytbosch, Hendrik August
Küher, Eddy
Kuijer, Cornelis
Kuipers, Gerrit
Külser, Johannes Friedrich

Laagewaard, Havy Urbaan
Ladage, Johann Pieter
Landman, Rudolf Johannes
Langhout, Albert
Lasonder, Nicolaas Willem
Laven, Anthonie
Leeman, Willem
Leepel, Frederik Hendrik
Leeuwen, Antonie Marie van
Leeuwen, Christiaan Wilhelm van
Leeuwen Boomkamp, Louise Elise van
Leijers, Gerard Louis Alfred
Lenden, Hendrikus Albertus van der
Leuven, Charles van
Liket, Martin Leonard
Linden Tol, Cornelis François van
Lissa, Charles Meinard van
Lockhorst, Reinier Anthonie
Lodder, Hendrik
Logemann Anton Willem
Lucas, Jan
Lugtenburg, Willem Frederik

Maal, Hendrik Johannes van der
Maas Geesteranus, Arnold Marie
        Cornelis
Madié, René Othmar Maria
Makking, Dirk Theodoor
Manders, Cornelis Pieter
Marrenga, Jan
Matthey van der Hoeven, Maximiliaan
        Imanuel
Meyer, Carel Augustus
Meijer, Cecile Frederik Guillaume

Abb. 84.3-3

− 4 −

Meyer, Theodorus Anthonie Gerardus
Meister, Everwijn Rudolf Frits
Mettivier Meyer, Johan Coenraad
Meurs, Johannes Mattheus van
Michalofski, Johan Gerard von
Miga, Cornelis
Miga, Cornelis Johannes Leonardus
Milders, Johan Frederik
Moller, Allard Joseph Maria
Molsen, Frits Anthony
Monteiro, Johannes Oscar Lodewijk
Mooser, Teunis Leendert
Mulder, Johannes Petrus
Müller, Frans
Muller, Frits Johan Wilhelm
Muller, Hendrik Frederik
Muller, Pietro Leo
Munck,Mortier, Willem Eduard de
Muskens, Arnold Joseph
Musper, Karl August Friedrich Robert

Nauta, Louis Wilhelm
Neys, Carel Albert
Nolissen, Pieter Marinus
Neumann,van Padang, Dr.Maur
Nierop, Adolf Hendrik
Nieuwenhuis, Johan
Noordendorp, Jacob Simon

Ochsendorf, Hendrik Jan
Okken, Kornelis
Oosenbrugh, Willem
Oosthoek, Emile Henri
Ott, Jan
Otten, Emile Wilhelm
Otten, Johannes

Padtberg, Johan Hendrik
Pant,Dirk Frederik van der
Papousek,Johan Gerrit Richard
Patoir, Karel
Pelt, Anthonie van
Pflug, Hans
Philipsen, Hans
Piepers, David Jacob Adriaan
Pistoor,Paulus Hendricus Johannes
Pluim Mentz,Willem George Karel
Poelje,Lodewijk Antonie Josephus v.
Postma,Menno Cornelis Henricus
Potzsche, Max Curt
Prins, Ir.Ary Carel
Provoost, Pieter Jozef Adriaan
Punt, Herman Christiaan

Quebe, Eugène Adolf

Raad, Hermanus Jan
Raedt van Oldenbarnevelt, Ir.Lode-
      wijk Karel Anton
Raedt van Oldenbarnevelt, Rudolf
      Christiaan Eduard
Raemdonck, Julius Leon

Raven, Jan Wilhelmus
Reids Leegsma, Cornelis
Reijsen, André Coenraad van
Rekke, Anthonie
Rethmeier, Arend Georg
Rhemrev, Charles Leonard
Rhemrev, Willem Vermehr
Rijke, Jan Leendert de
Rob Sr., Hendrik Albertus
Rob Jr., Hendrik Albertus
Rodijk, Johannes Hendrikus
Roemers, Willem Victor
Röhrig, Fritz Karl Albert
Romijn, Ir.Donald Georg
Roode, Cornelis Johannes de
Rooyen, Hermanus Martinus van
Rosenow, August Friedrich Hermann
Rosenveldt, Frederik Adrianus
Rotter, Dr.Johann Wenzel Nicolaus
Rubach, Heimard Ludwig
Ruckert, Charles
Rudolph, Gerard Ferdinand
Ruitenschild, Johan
Ruster, Hans Hermann August

Sar, Albert Reinier van der
Scaf, Johannes Baptista
Schaafsma, Josef Johannes
Schaefer, Niels Christian Gottlieb
Schallig,Willem Hendrik Christiaan
Scheffer, Franciscus Pieter Michael
Scheveers, Christoffel
Schmacks, Johan Christiaan
Schmetz, René Gérard
Schmidt, René
Schmitz du Moulin, Tilly Joseph
Scholtz, Jan Adolf
Schoonheijt,Dr.Louis Johan Alexander
Schröder, Lambert
Schumann, Friedrich Karl
Schut, Dr.Johannes Adrianus Fran-
      ciscus
Schütt, Karel Ernst
Schuurling, Alexander Gerrit
Schuurman, Alexander
Schwank,Friedrich Heinrich Christian
Seegers, Lambertus
Seriese, Henri Petrus
Setteur, Willem Gerrit Cornelis
Sichtermann, Antonie Ewoud
Simons, Albertus Franciscus
Slop, Karl Frederik
Slot, Arie
Sluiman, Meeuwes Willem
Smit, Josephus Augustinus
Smith,Emile Cornelis Markus Casimir
Smits, Jan Adriaan.
Soomers,Hendrikus Johannes Louis
Spiero, Bernard Pierre
Sprang, Mr,Carolus van

Abb. 84.3-4

Sprey, Johannes
Stammeshaus, Leonard
Starink, Dirk
Steenhouwer, Albertus Josephus
Steinfurth, Franz Carl Wilhelm
Stenis, Ursula Gustaaf van
Stennekes, Karel Rienk Gustaaf Leo-
    nard
Stephanus, Casper Jacobus
Steimens, Louis Carel Adolf
Stolk, Willem Frederik
Straub, Albert Joseph Willem
Strauss, Carel Herman Cornelis
Stroom, Johannes Albertus Gerardus
    van der
Struby, Guillaume
Stulemeyer, Johannes Ernst
Sugtelen, Joseph François van
Sukias, Harry
Sutorius, Philippe Henri Marie
Swart, Hendrik Jan
Swarthof, Jan Willem

Tas, Hugo van der
Tempelaar, Arie Cornelis
Tent, Petrus Johann Heinrich Fried-
    rich Willem
Terkuile, Pieter
Tesser, Stanislaus
Teves, Jan
Tjio Tjong Lei
Toledo, Bertus Theodore van
Tompson, Wilhelmus Jacobus
Tonn, Dr. Otto Ludwig Wilhelm
Toorn, Dirk Jan van
Trepper, Godfried Herman Paul
Twijsel, Paul Napoleon Rumphius

Veen, Wilhelm van der
Veenhoff, Gerardus Bernardus
Veeman, Georg Wilhelm Carel
Veersema, Johannes
Velt, John Willem Alexander
Verboom, Hugo Pieter
Verduin, Willem

Verhaegen, Johannes Franciscus
    Hubertus
Vermeulen, Leo
Verschuil, Lambertus Jocabus
Versteegh, Charles Willem
Vlak, Justinus Marie
Vleeschouwer, Jacobus
Vlek de Coningh, Willem
Vliet, Cornelis van der
Vogel, Karel Willem Hugo
Vredeveld, Gerard Johan
Vroke, Jacob Hendrik

Wagner, Bruno
Walke, Josef August
Weber, Frederik Bernard
Weijer, Hubert Jules van der
Weinkopf, Johann Josef Alois
Werlich, Alexander
Wervelman, Leendert Marius
Weyne, François Jozephus
Wiebes, Tjeerd
Wiederhold, Edward Hedrich van
Wiel, Louis Charles van der
Wieland, Gerrit Christiaan
Wijnschenk, Dom, Charles Antoine
Wilhelm, Dr. Ir. Charles Henricus
    Johannes
Willeboordse, Jan Machiel Pieter
Willemse, Frans Willem Elias
Wilton van Reede, Jan Adolf
Witt, Wilhelm Bertram
Wisgrill, Dr. Friedrich Johann
Wittewaal van Stoetwegen, Jhr. Charl
    Eduard Edmund
Wolff, Willebrordus August Antonius
Wulfbain, Marinus Carel
Wyga, Pieter Cornelis Adrianus

Zalingen, Leonard van
Zee, Mr. Hendrik Jan van der
Zee, Willem van der
Zeilinga, Abraham Ede
Zur Mühlen, Jacobus Adriaan
Zwaardemaker, Arent Jacob Johan

— • —

Abb. 84.3-5

Anlage 84.4: Beschlagnahmter Besitz der Familie Bode

In Sarangan achtergebleven bezit aan schoolmateriaal, zijnde gemeen-
schappelijk eigendom der aanwezige europeese bewoners.

1 piano (merk Bekker-Lefébre)
9 gr.gepolijste tafels   1.50x1.00 m
9 gepolijste stoelen
8 gr.schoolborden met ezels
4 gr.   "   zonder ezels
10 eenpersoons lessenaars van wit hout
10 stoelen   van   "
16 lange banken   "   "
10 bankjes en 10 tafeltjes v/d Fröbelschool van wit hout
8 paar horden (t.g. bij hindernisloop)   " "   "
4 hoogsprongstandaards   " "   "
12 stuk kokosmatten
7 speren   3 paar boks-handschoenen,
2 kogels
Gymnastiek-gereedschappen:Rek,zweedse ladder,ringen en brug

Verder: een uitgebreide bibliotheek,bestaande uit:
± 1800 boeken ontspanningslectuur
± 300 boeken over land-en volkenkunde,reisbeschrijvingen enz.
± 300 wetenschappelijke boeken (plant-en dierkunde,natuurkunde,schei-
                                                     kunde enz.)

± 1000 boeken ten gebruike van de leraren(w.o. 1 volledig Brockhaus-
     lexikon van 24 banden,leerboeken voor taalonderwijs,lektuur voor
     het onderwijs in vreemde talen,duitse taalboeken enz.)
een hoeveelheid schoolbehoeften t.w. schriften,schrijfbehoeften,
                    linealen,krijt,inkt enz.)

                                    Voor de opgave:
                                    L.Bode
Batavia-C.,24 Juni 1949   (L.Bode)
                                     schoolhoofd

Abb. 84.4-1

In <u>Sarangan</u> achtergebleven bezit van <u>Mevrouw L. B O D E</u>

1 orgel (europees Fabrikaat) met krukje
3 kasten (legkasten)
2 schrijftafels,waarvan één met 8 laden + 2 krukjes
1 etenstafel + 6 stoelen
1 schrijfmachine (groot model ROYAL) met tafeltje en krukje
1 djati houten bank met bultzak + 2 bultzakken
6 Liberty stoelen + 1 ronde tafel
1 trapnaaimachine (Pfaff No.31)
1 groot fornuis (europees fabrikaat)
1 boekenrak
1 tapijt en 1 grote kokosmat
4 electr.lampen (1 staande,1 muurlamp,2 leeslampen)
2 oude chinese vasen
1 gr.koekoekklok
1 slaapkamerklok (wit met bloemenrand)
Servies-en glaswerk compleet voor 6 personen
stopflessen
1 Micro-weegschaal (europees fabrikaat)
1 reis-grammophoon met ± 300 platen
3 dozen Japaraas houtsnijwerk
1 groot djatihouten kruis (t.b.v. Godsdienstoefening)
± 400 boeken,waaronder 1 postzegelverzameling in 3 gr.en 2 kl.banden
diverse schilderijen
Fotoalbums
keukengerei(potten,pannen van zwaar aluminium en gietijzer,eur.fabrikaa
              (emaille emmers,zinken wasteilen,vlees-en katjangmolen enz
± 300 theologise boeken,verpakt in twee kisten,bewaard in de gudang va
                                        Hotel Beau-Site)
Van bovengenoemde inboedel zijn 4 koffers gepakt achtergebleven met een
gedeelte der boeken en met een gedeelte van servies en keukengerei.
2 koffers konden nog vervoerd worden naar Hotel Beau-Site,de 2 andere
zijn blijven staan in Huize Sirene. De sleutel werd afgegeven aan
luitenant Schiphuis.
Batavia-C., 25 Juni 1949   Voor de opgave:

                                            L.Bode
                                            (L.Bode)

Abb. 84.4-2

S A L I N A N.-

Op heden,Maandag,den 1sten Juli 1900 en veertig,
heb ik, Willem Frederik de la Rambelje, Agent te Soekaboemi
der Weeskamer te Batavia, op bekomen opdracht van de Weeskamer vd.,mij, bijgestaan door twee, door den Assistent-Resi-
dent van Soekaboemi, aangewezen getuigen, met namen de Hee-
ren:
C.G.van Beurden, wonende te Soekaboemi en
M.Visser, wonende te Soekaboemi, begeven naar de woning
van den afwezige/geïnterneerde Duitscher/ W.A.BODE, Tji-
pellanggedeh,Soekaboemi, en heb ik aldaar aangetroffen,de
echtgenoote van den bg.afwezige,Mevrouw W.L.BODE - geboren
Diederich, in wiens tegenwoordigheid door mij is opgemaakt
de ondervolgende beschrijving des boedels:

DE BATEN DES BOEDELS BESTAAN IN:

Meubilaire goederen.

No.1	1 rotan zitje bestaande uit 1 tafel en 4 stoelen
2	2 rotan stoelen
3	een partij bloempotten
4	3 potten
5	1 blauwe porceleinen pul
6	1 brievenbus
7	2 porceleinen potjes
8	1 aquarium op voetstuk
9	1 houten lampekap
10	1 bloemvaasje
11	1 gehaakt tafelkleedje
12	2 houten muurstendaards
13	2 schilderijen
14	1 rotan kapstok
15	1 muurkleed
16	5 muurborden
17	muurversieringen /schelp/
18	7 schilderijen
19	5 muurkleedjes
20	1 zitje bestaande uit 4 stoelen en 1 ovale tafel
21	1 karpet
22	1 divan met bultzak en kleed
23	1 piano merk Steinway
24	een partij sierkussens
25	1 etagere plank
26	3 olifantjes
27	2 hoornen karbouwen
28	1 hoornen vaasje
29	1 aardewerk vaasje
30	2 klappers
31	2 Chineesche beeldjes
32	8 stuks koperwerk
33	1 gramafoonkast
34	een partij muziek boeken
35	1 Chineesche tafelgong
36	1 Palembangsch kistje met zilver beslag
37	1 borstel hanger

Abb. 84.4-3

```
No.101    2 schilderijen
    102    2 boekensteuners
    103    een partij boeken
    104    1 schrijftafel
    105    2 Japara tafeltjes
    106    1 stoel
    107    2 leunstoelen
    108    1 muurklokje
    109    1 schoenrekje
    110    1 tafel en 1 stoel
    111    1 kast
    112    3 koffers
    113    1 kist
    114    1 tafel met zinkenblad
    115    2 bloemvaazen
    116    2 melkkokers
    117    1 driedeelige kast
    118    4 kleine tafeltjes
    119    2 stoelen
    120    1 ladetafel
    121    2 eenpersoons ledikanten compleet
    122    1 waschtafel met spiegel
    123    1 rooktafeltje
    124    1 Japara naaitafeltje
    125    1 klein schrijftafeltje
    126    1 tochtscherm
    127    1 rek met gordijnen en koperen roede

    128    Een postspaarbankboekje ddo.6/3-33,No.6983
           Serie A kantoor Soekaboemi,  s a l d o      f. 2154.89

    129    Credit saldo bij de Alg.Volkscredietbank      "    186.31

    130    Tegoed bij de Huishoudschool Soekaboemi       "     p.m.
```

Niets meer te beschrijven zijnde, heb ik deze acte
op dag en datum voorschreven afgesloten.-

De getuigen;   De Agent der Weeskamer,
/d.t./ C.G.van Beurden.   /d.t./ W.F.de la Rambelje.
  "   M. Visser.

De echtgenoote,
/d.t./ L.Bode-Diederich.

Oentoek salinan,

(pegawai dari Weeskamer Kyoku)

Abb. 84.4-4

210

A a n den R A A D v/h R E C H T S H E R S T E L
t.h.v. **Mr. de** B O E R
B a t a v i a - C.
Koningsplein West No.2

Naar aanleiding van een gesprek met den plaatselijk vertegenwoordiger van R.v.R. betr. evt. teruggave van geconfisceerde goederen richt ik tot UHoogEdelGestrenge beleefd het verzoek (indien tenminste termen daarvoor aanwezig zijn) om teruggave van enkele der geconfisceerde goederen.

Mijn verzoek betreft allereerst een polshorloge,sedert 1909 in mij bezit,het enige overgebleven cadeau van mijn overleden ouders; in de twede plaats een oud familiestuk:een gouden horloge met ijzeren kettin toebehorende aan mijn dochter Liselotte Bode,sedert 1935 in Duitsland verblijf houdende. Reeds vóór haar vertrek naar Duitsland werd dit horloge,na de dood van de laatste bezitster, mij toegezonden,om het hier te bewaren tot de meerderjarigheid van mijn dochter. Beide horloges hebben een veel grotere herinneringswaarde dan geldwaarde voor mij.

De Djokja-zilverschalen,waarvan ik 4 bezat,zijn allen cadeaux van de ouders der schoolkinderen,die jarenlang onderwijs van mij hebben genoten in een moeilijke tijd. Ik heb altijd de hoop gehad,deze dingen als enige meebrengsels na een scheiding van ruim 13 jaren aan mijn kinder te kunnen overhandigen als een groet uit het land harer geboorte,ten mijn oudste dochter over 2 maanden in het huwelijk hoopt te treden.

De verder nog geconfisceerde goederen t.w.
1 gouden heren horloge met ketting
1 chroom jongens horloge
1 ring zonder stenen   en
3 hangers
zijn gewone cadeaux of prijzen,bij de een of ander gelegenheid verkregen Ik hecht geen waarde aan sieraden en verzoek UHoogEdelGestrenge dan ook slechts om teruggave van die dingen,die grote herinneringswaarde voor mij hebben.

Hopende, dat mijn verzoek geheel of gedeeltelijk voor inwilliging vatbaar is, teken ik met de meeste Hoogachting

Batavia-C., 20 April 1949   (L.Bode)

Abb. 84.4-5

Anlage 84.5: Berichte von Dr. O.G. Roeder von Anfang September 1965 und Dezember 1965

Bericht von Anfang September 1965, den Dr. Roeder im Auftrag für die Deutsche Botschaft, beziehungsweise der deutschen Bundesregierung, verfasste. Es war nur wenige Tage vor dem Putsch vom 30. September. Die finanzielle Situation Indonesiens war zu diesem Zeitpunkt bereits äußerst angespannt und verworren.

Zur Frage der Abwicklung deutscher Export-Geschäfte mit Indonesien
von Dr. O.G. Roeder – Djakarta

Deutsche Exporte nach Indonesien begegnen zunehmend Schwierigkeiten, die vor allem auf der Devisenknappheit des Landes und den daraus erwachsenen Finanzierungs-Schwierigkeiten beruhen. Die Lieferungen der Bundesrepublik an Indonesien sind in den letzten Jahren zurückgegangen:

1961   390,2 Mio. DM
1962   286,6 Mio. DM
1963   231,0 Mio. DM
1964   214,0 Mio. DM
(Quelle: Bundesamt für Statistik, Wiesbaden)
Ein weiterer Rückgang konnte durch Zugeständnisse der deutschen Lieferfirmen, Übernahme größerer Risiken und elastisches Anpassen an eine wirtschaftlich und politisch immer kompliziertere Lage im Allgemeinen überwunden werden. Obwohl durch besondere Anstrengungen der deutschen Privatwirtschaft das Bild der ersten Monate des Jahres 1965 etwas freundlicher zu dein scheint, halten die Schwierigkeiten an und lassen einen absteigenden ‚trend‘ in Zukunft erwarten. Dies gilt ganz besonders für traditionelle Ausfuhren auf dem Verbrauchsgüter-Sektor.

A Gegenwärtiges Verfahren
Die gegenwärtigen Möglichkeiten zur Abwicklung von Exportgeschäften und die dabei erwachsenden Schwierigkeiten lassen sich wie folgt rubrizieren:

1.   Lieferung gegen Barzahlung
Akkreditive eröffnet bei Vertragsabschluss, behebbar bei Verschiffung. Keine Anzahlung.
Entgegen vielfacher Annahme werden auch heute noch der artige Cash-Geschäfte in beträchtlichem Umfange abgewickelt, die allerdings von den betroffenen deutschen Firmen mit Zugeständnissen an anderer Stelle erkauft werden müssen. Ein deutsches Industrieunternehmen lieferte im Jahre 1964 rund 50 % gegen bar. Dies ist zwar eine Ausnahme, die im vorliegenden Falle wesentlich durch den Firmennamen und kurze Lieferzeiten des betreffenden Unternehmens für Prestige-Projekte bedingt ist. Andererseits werden damit die potentiellen Reserven bewiesen, über die Indonesien auch heute noch verfügt.
Cash-Geschäfte beziehen sich fast ausschließlich auf:
a. Sonderprojekte (meist aus einem Sonderfond des Präsidenten bezahlt)
b. Lieferungen, die mit selbst beschafften (selbst erwirtschafteten) Devisen des Käufers (durch SPP-System) bezahlt wird. Hier beginnen die ersten Schwierigkeiten: die HERMES-Kreditversicherung begrenzt de-facto Risiken im Indonesien-Geschäft auf ca. 1,5 Millionen DM. Im vorliegenden Falle kann eine Absicherung des Fabrikation-Risikos bei Lieferungen über 1,5 Millionen DM nicht erfolgen.

2.   Lieferung gegen ‚deferred payment‘
Davon sind alle Geschäfte betroffen, die eine Devisenzuteilung der indonesischen Regierung erfordern.
Nach diesem System, das von indonesischer Seite seit ca. zwei Jahren mehr und mehr praktiziert wird, sind die Akkreditive erst 12 bis 18 Monate oder sogar 24 Monate nach Verschiffung behebbar. Eine HERMES-Versicherung ist infolge der Begrenzung auf sechs Monate Kreditfrist bei kurzlebigen Wirtschaftsgütern (Berner Union) ausgeschlossen. Deutschen Exporteuren steht es offen, Spezialversicherungen zur Abdeckung des Risikos über Drittländer (zum Beispiel Schweiz oder Holland) abzuschließen. Hohe Prämien (bis zu 25 %) machen solche Abwicklungen praktisch und uninteressant; d.h. das Geschäft kommt nicht zustande oder wird von Kaufleuten anderer Länder gemacht.

3.   Kreditgeschäfte mit Laufzeiten bis zu 5 Jahren
Die Abwicklung dieser HERES-fähigen ‚normalen‘ Akkreditiv-Geschäfte für Investitionsgüter wird jetzt erschwert durch den wachsenden Widerstand Indonesiens gegen die Leistung einer Anzahlung von 5 % des Warenwertes bei Vertragsun-

terzeichnung und 10 % bei Verschiffung. Die deutsche Industrie hat zwar im allgemeinen diese Erschwernisse durch Übernahme eines erhöhten Eigen-Risikos überwinden können. Allerdings ist die Grenze der möglichen Zugeständnisse nun erreicht, diese besonders im Hinblick auf bindende HERMES-Vorschriften.

Größere Sorgen bereitet indessen die HERMES-Begrenzung auf Kredite bis zu einer Höhe von ca. 1,5 Millionen DM. (Die HERMES- Kreditversicherung hat diese Begrenzung nicht offiziell verlauten lassen, verfährt aber praktisch nach diesem Prinzip.)

4. Kreditgeschäfte mit Laufzeiten über 5 Jahren
Abgedeckt durch einen HERMES- Sonderplafond.
Hier ergeben sich wie unter 3. wachsende Schwierigkeiten aufgrund der Anzahlungspflicht (5 % plus 10 %). Wie groß die Schwierigkeiten in der Praxis sind, beweist die sich über vier Jahre hinziehende langsame Abwicklung des 100 Millionen DM ‚Merkatz‘-Sonderplafonds. (Wodurch übrigens der beabsichtigte politische Nutzeffekt weitgehend illusorisch wurde). In einigen Fällen war die schließliche Abwicklung nur dadurch möglich, dass deutsche Firmen für die Anzahlung einen Bankkredit besorgten, bzw. Rupiah-Zahlungen akzeptieren mussten, die zu einem späteren Zeitpunkt transferiert wurden.

5. Lieferung mit Hilfe von Finanzkrediten der Bundesregierung
Hier können Schwierigkeiten hinsichtlich einer HERMES-Versicherung nicht eintreten. Von sachkundiger indonesischer Seite wird in diesem Zusammenhang gelegentlich bemerkt, dass bei einer dankbaren Anerkennung deutscher Hilfe nur verhältnismäßig geringe Beträge zu Buche stehen (100 Millionen DM Merkatz-Kapitalhilfe im Jahre 1961 und 16,5 Millionen Kredite der Bundesregierung im März 1965; Letzterer noch nicht realisiert) - gering jedenfalls im Verhältnis der Exporte der Bundesrepublik nach Indonesien und der daraus erzielten Gewinne. Nach der deutschen Export-Statistik beliefen sich diese Ausfuhren von 1949 bis 1964 (einschließlich) auf 3.41 3 Millionen DM.

B Andere Länder als erfolgreiche Konkurrenten

Deutsche Exporte nach Indonesien werden nicht nur generell durch die Einstellung des Empfangslandes erschwert, sondern vor allem dadurch, dass konkurrierende Länder dieser Einstellung entsprechen. Unter den nicht kommunistischen Ländern ist es besonders Japan, das den Kreditwünschen Indonesiens weiter entgegenkommt, als es den deutschen Kaufleuten möglich ist. Japan befindet sich aus geographischen und sonstigen Gründe in einer günstigen Ausgangslage. Im Jahre 1958 verpflichtete sich Tokio zur Zahlung von Reparationen in Höhe von 223 Millionen $ über einen Zeitraum von 12 Jahren. Auf der Grundlage dieser beachtlichen Summe konnten zahlreiche Anleihen gewährt werden. Im Mai 1965 erklärte Japan, die vorübergehend eingestellten langfristigen Kredite an Indonesien wieder aufnehmen zu wollen, um nicht durch das Beharren auf Bar-Geschäften und kurzfristigen Kreditverträgen aus dem Geschäft gedrängt zu werden. Japanische Geschäftsleute haben sich übrigens in Jakarta in der Frage der „Kommissionen“ äußerst versiert gezeigt, ein wichtiger, meist verschwiegener Punkt bei Abwicklung der Geschäfte.

Das japanische Entgegenkommen wird nicht nur bei Abschlüssen mit ‚deferred payment‘ deutlich, sondern auch durch großzügige Aufschiebung von Rückzahlungsterminen. Im Vorvertrag über eine Anleihe von 30 Millionen US $ (wider Aufbau von Zuckerfabriken), der am 17.07. 1965 unterzeichnet wurde, wird eine ‚grace-period‘ von zwei Jahren gewährt. Der Kredit, rückzahlbar in fünf Jahren, arbeitet auf der Grundlage von ‚production-sharing.

Extra günstige Kredit-Bedingungen werden von der Volksrepublik China gewährt. So sieht zum Beispiel der Anfang 1965 vereinbarte 30 Millionen US $ Kredit bei 8-jähriger Laufzeit eine grace-period von drei Jahren vor. Verzinsung ist 2 ½ % p.a. Peking verpflichtet sich weiter, bestimmte Verbrauchsgüter zu liefern, die Indonesien verkauft, um Mittel zur Rupiah-Finanzierung für Spinnereiprojekte zu bekommen.

Die SBZ[293], deren normaler Handel mit Indonesien bisher sehr gering war, bemühte sich Anfang 1964 durch eine umfassende Kredit-Offensive besser ins Geschäft zu kommen. Nach einer Erklärung des Handelsbeauftragten des sowjetischen Generalkonsulates in Jakarta vom 17.5.1965 wurden bis dahin 65 Millionen US-Dollar Kredite langfristig und weitere 10 Millionen kurzfristig gewährt. Weitere Angebote sollen in ähnlicher Höhe vorliegen.

Westliche Länder und unterliegen denselben Schwierigkeiten im Kreditgeschäft mit Indonesien wie die Bundesrepublik. So kann zum Beispiel die holländische Kreditgarantie über 100 Millionen Gulden (Luns 1964) erst jetzt abgewickelt werden, nachdem ein Weg in der Anzahlungsfrage gefunden wurde: Indonesien liefert landwirtschaftliche Exportprodukte direkt an bestimmte holländische Importeure, die Teilbeträge ihrer Zahlungen an andere holländische Firmen zur Deckung der Anzahlung überweisen. Diese Methode wird jetzt für die Realisierung eines Kredites für die im Entstehen begriffene Carya Putra Werft praktiziert, und zwar durch Direktverkauf von 10.000 Ballen Tabak.

---

358 Sowjetisch Besetzte Zone, später DDR

C Auswirkungen/Rückschläge im deutschen Verbrauchsgüter-Export

die veränderte Lage bei der Abwicklung von Geschäften mit Indonesien hat vor allem dem deutschen Verbrauchsgüter-Export schweren Schaden zugefügt. Das Bild war auf dem Gebiet der Investitionsgüter in den letzten Monaten etwas freundlicher. Für die Zukunft ist zu bedenken, dass die zuständigen indonesischen Minister aufgrund der ihnen bekannt gewordenen HERMES- Restriktionen vertrauliche Anweisungen gegeben haben, vorläufig keine neuen Bindungen einzugehen. Es liegen Anzeichen vor, dass aus diesem Grunde mittlere Investitionsprojekte, die für die deutsche Industrie interessant sind, an die ausländische Konkurrenz vergeben werden. Nach Schätzungen deutscher Firmenvertreter werden zur Zeit Verhandlungen über Projekte zwischen 200 bis 300 Millionen DM geführt. Das Ausmaß der Schäden beim deutschen Verbrauchsgüter-Export wird besonders auf dem Bereich des Farbstoffgeschäftes und des Exportes von Pharmaartikeln deutlich.

Die Deutsche Farbstoffindustrie dominierte vor dem Zweiten Weltkrieg, in dem sie den Markt im damaligen Niederländisch-Indien zu 90 % belieferte. Nach dem Zusammenbruch des Geschäftes konnte der Umsatz ab 1950 wieder beträchtlich gesteigert werden.

Durchschnittlicher Lieferanteil 1965

Bundesrepublik	61,0 %	
Schweiz	20,0 %	
Großbritannien	14,0 %	
Frankreich		0,5 %
Italien		0,5 %
Japan		2,0 %
andere, einschließlich Ostblock und Rotchina		2,0 %

Zwischen 1963 und 1965 fiel der Anteil der Bundesrepublik von ca. 60 % auf ca. 25 %. (Der Anteil der westlichen Hersteller reduzierte sich von ca. 95 % auf ca. 39 %). Dagegen konnte Japan, Rotchina und der Ostblock ihren Anteil im gleichen Zeitraum von 4 % auf ca. 61 % steigern.

Der Grund für diese Entwicklung liegt darin, dass die deutschen und übrigen westlichen Hersteller sich außer Stande sahen, Farbstoffe auf langfristigem Kredit zu liefern, weil diese auf 'consumer goods'-Basis nicht versichert werden konnten. Dagegen gingen die Japaner zum Teil über die von Indonesien geforderte Zahlungsbedingungen für deferred payment (zwölf Monate, 5 %) noch hinaus und boten Kredite von zwei Jahren und mehr an. Den Japanern folgten Rotchina und der Ostblock mit günstigen Kreditangeboten oder durch Warenaustausch (master contracts).

Eine ähnliche Entwicklung ist im pharmazeutischen Geschäft zu verzeichnen. Der deutsche Marktanteil betrug vor dem letzten Krieg ca. 55 % bis 60 %. Er war 1950 praktisch Null, stieg bis zum Jahre 1962 wieder auf 26 % an. Der Anteil Japans, Chinas und der übrigen Ostblockblockländer war dagegen bis 1962 minimal. Da statistische Angaben für sämtliche pharmazeutischen Importe Indonesiens nur bis 1962 vorliegen, beziehen sich die nachstehend aufgeführten Vergleichszahlen nur auf einen großen deutschen Lieferanten von Pharmazeutika.

Die Lieferungen an Pharmazeutika des deutschen Werkes liegen
im Jahre 1963 um 67 %
im Jahre 1964 um 77 %
zurück, verglichen mit dem Jahre 1961. Von diesen Lieferungen mussten
im Jahre 1963 53 %
im Jahre 1964 73 %
mittels deferred payment, 12 Monate Zahlungsfrist, 5 % Zinsen, abgewickelt werden, wobei das Risiko von dem Werk getragen wurde. Demgegenüber ist es Japan, Rotchina und den übrigen Ost Blockländern gelungen, durch großzügige Kreditangebote eine dominierende Stellung im hiesigen Markt zu erlangen. Im Jahre 1965 hat Rotchina Lieferungen von Pharmazeutika gegen Kredit in Höhe von 1 Million US $ angeboten, Laufzeit 5 Jahre, Zinssatz 3 % p.a. Von den übrigen Ostblockländern liegen uns u.a. folgende Kreditangebote vor:

SBZ	650.000 US Dollar
Ungarn	330.000 US Dollar
Jugoslawien	800.000 US Dollar

Darüber hinaus hat Japan Pharmazeutika gegen Kredit angeboten in Höhe von 1 Million US Dollar, desgleichen Italien für 1,1 Millionen US Dollar. Die italienische Regierung hat in der Vergangenheit bei Kreditlieferungen das Risiko zu 80 % übernommen, neuerdings sogar zu 90 %.

D Folgerungen

Eine Änderung in der steifen Haltung Indonesiens in der Kredit/Import-Politik, die hauptsächlich auf die verantwortungsbewusste und zurückhaltende Geschäftspolitik der Bank Indonesia zurückzuführen ist, erscheint sehr unwahrscheinlich. Die deutschen Firmen müssen sich wohl oder übel der Lage anpassen und erhoffen eine verständnisvolle Haltung der Bundesregierung.

In entscheidend wichtig ist es, dass deutsche Firmen weiterhin am Akkreditiv-Geschäft mit deferred payment teilnehmen können, zumal vertraulich verlautet, dass die Bank Indonesia für solche Geschäfte 300 Millionen US Dollar bereitstellen will. Dazu erscheint es notwendig, diese Geschäfte unter Hilfestellung des Bundes versicherungsfähig zu machen, bzw. zu erhalten.

Es wäre zum Beispiel denkbar, dass es die Bundesregierung einigen wenigen mit dem Indonesien Geschäft vertrauten deutschen Banken durch Rückendeckung ermöglicht, von den Lieferanten Wechsel nach Ablauf der sechs Monatsfrist anzukaufen. Dies könnte eventuell auf Exporte solcher Waren begrenzt werden, die sonst überhaupt nicht mehr fähig sind (wie Farbstoffe und Pharmazeutika).

Die an sich wirtschaftlich vernünftigen Bestimmungen der Berner Union werden schon jetzt praktisch von verschiedenen Seiten durchlöchert. Dass eine geschlossene Einheitsfront aller westlichen Länder, einschließlich Japans, erreicht werden kann, ist unwahrscheinlich. Auf jeden Fall wird der Druck des Ostblocks, u.a. bedingt aus politischen Gründen. Ein tatenloses Zusehen von deutscher Seite muss zu weiteren Substanzverlusten im Indonesiengeschäft führen. Dies würde neben einer wirtschaftlichen auch eine politische Aufwertung der Zone (SBZ) im Gefolge haben.

Es sollte auch möglich sein, die bisherige HERMES- Begrenzung von Krediten bis zu einer Höhe von 1,5 Millionen DM auf 5 bis 10 Millionen auszuweiten. Erleichtert werden könnte ein solcher Entschluss u.a. durch die Berücksichtigung der bisher hervorragenden indonesischen Zahlungsmoral. Indonesien hat alle seine Zahlungsverpflichtungen erfüllt, Versicherungsfälle sind nicht bekannt geworden.

Notwendig ist ferner, das Problem der Anzahlung zu überdenken. Denkbar wäre, dass die Bundesregierung bei deutschen Handelsbanken einen Fond schafft (bzw. eine Bürgschaft übernimmt) in einer Größenordnung von 25 Millionen DM, der als eine Art ‚revolving credit' arbeitet. Auf diesem Wege könnte die Bank Indonesia in die Lage gesetzt werden, Letters of Credit für westdeutsche Lieferungen auszustellen, gegebenenfalls unter Beschränkung auf solche Nicht-Investitionsgüter, die besonders der Kreditoffensive des Ostblocks und der Japaner ausgesetzt sind. Künftige deutsche HERMES- Sonderplafonds sollten zweckmäßigerweise mit Finanzhilfe gekoppelt werden, und zwar dergestalt, dass ein bestimmter Teil der Finanzhilfe zur Deckung der Anzahlung verwendet wird.

Obgleich der Umfang der Indonesien-Geschäfte, bezogen auf das gesamte deutsche Außenhandelsvolumen gering ist, zeigen die bisherigen Erfahrungen einen bemerkenswert ruhigen Verlauf mit für die deutschen Firmen sehr zufriedenstellenden Ergebnissen in technischer und preislicher Hinsicht. Ein Markt von über 100 Millionen Menschen, der erste teilerschlossen ist, verdient ein erhöhtes Interesse.

(Diese Arbeit beruht auf zahlreichen Besprechungen mit deutschen Kaufleuten in Djakarta, mit der Bank Indonesia (Referent für ausländische Kredite) und indonesischen Wirtschaftsjournalisten, sowie auf eigenen mehrjährigen Erfahrungen und Beobachtungen am Platze.)O.G.R.

O.G. Roeder – Jakarta:
Umstrittene Kredite für Indonesien
Kritische Frage: Hilfe mit Risiko – oder wirtschaftliches
und politisches Chaos?

Die Wirtschaftskrise Indonesiens nähert sich einem Höhepunkt, die Sünden der Vergangenheit treten jetzt klar zutage:
- systematische Missachtung wirtschaftlicher Notwendigkeiten,
- Überspannung der Leistungsfähigkeit des Landes durch eine utopische, nach den Sternen greifende Außenpolitik,
- dauernde Beunruhigung der Wirtschaft durch politischen Druck. Jahrelang haben sich Kommunisten, Nationalisten und die höchste Staats-Autorität in einem revolutionären Rausch zu überbieten versucht.

Die Ernüchterung konnte nicht ausbleiben. Auch hochgestellte indonesische Persönlichkeiten beginnen einzusehen, dass die im November und Dezember 1965 verkündeten Reformen nicht ausreichen, den Notstand entscheidend zu ändern. Das gilt ganz besonders für den monetären Sektor. Eine gehörige Kredit-Injektion in harter Währung wird immer notwendiger, um weiteren rapiden Rückgang zu verhindern, – von einer erforderlichen umfassenden Sanierung ganz zu schweigen. Wo aber ist der helfende Arzt mit der Spritze?

Am 28. Dezember 1965 entschied die japanische Regierung, die Export-Versicherung für Lieferungen nach Indonesien bis auf weiteres einzustellen. Westliche Wirtschaftskreise sehen schon seit geraumer Zeit die Gefahr einer Zahlungsunfähigkeit Indonesiens ansteigen. Die Bereitwilligkeit, auf Kredit zu liefern, wird geringer. Und der Ostblock, wenn von einem Block noch gesprochen werden darf? Die Russen als Haupt-Gläubiger sind wesentlich zurückhaltender geworden, da sie schon seit geraumer Zeit um Rückzahlungstermine kämpfen müssen. Die Chinesen, die sich vor dem Bruch der Achse Jakarta-Peking mit günstigen Kreditversprechen einschmeichelten, fallen nach den jüngsten antichinesischen Ausschreitungen aus. Kleinere sozialistische Länder sind mit ihrer Leistungsfähigkeit beschränkt, so Jugoslawien, die CSR, Polen, Rumänien und schließlich auch die Zone.

Das von Sukarno bisher so meisterhaft betriebene Schaukelspiel zwischen ‚links' und' rechts', zwischen ‚Ost' und ‚West' funktioniert nicht mehr. Aber es genügt nicht, Indonesiens wirtschaftliche Unvernunft der Vergangenheit anzuprangern, so zum Beispiel den leichtfertigen Entschluss, durch Entfesselung der Anti-Malaysia-Kampagne im Jahre 1963 die umfassenden und Erfolg versprechenden monetären Sanierungspläne unter Führung der USA zu torpedieren.

Klipp und klar gesagt: wenn Indonesien jetzt Hilfe versagt wird, droht ein wirtschaftliches und vielleicht auch politisches Chaos. Das ist nicht im Interesse des indonesischen Volkes, aber auch nicht seiner Freunde im Westen. Alle Beteiligten müssen jetzt die nüchternen Grundtatsachen sehen:

1. *Indonesien ein potenziell reiches, aber heruntergewirtschaftetes Land, bedarf nach Ansicht von Fachleuten einer sofortigen Kredit-Injektion von ca. 150 Millionen US $, um die dringlichsten Einfuhren von Reis, Ersatzteilen und Rohstoffen durchführen zu können.*

2. *Kreditgeber gehen ein beträchtliches Risiko ein, wie u.a. daraus ersichtlich, dass die nicht eingehaltenen Rückzahlungen gegenüber Japan bereits ca. 10 Millionen US $ erreicht haben sollen. Auch deutschen Firmen gegenüber sind in letzter Zeit Verzögerungen eingetreten, die über die früheren Schwierigkeiten hinausgehen und die stets gerühmte indonesische Zahlungsmoral kompromittieren.*

3. *Indonesien führt zur Zeit einen Prozess der Selbstreinigung durch, d.h. es macht sich von dem konstanten Druck der Kommunisten frei. Weitere realistische Säuberungsmaßnahmen personeller und sachlicher Art sind zu erwarten. Dieser Prozess ist deshalb so überzeugend, weil er nicht unter Druck des Auslands erfolgt, sondern als Folge des kommunistischen Putschversuches vom 30. September spontan aus dem indonesischen Volk hervorbricht. Es gibt wenige Völker, die sich in letzter Minute aus dem Würgegriff der Kommunisten freimachen konnten. Wie anders sähe aus Asien aus, wenn es zum Beispiel den Vietnamesen gelungen wäre, sich ohne fremde Intervention der kommunistischen Bedrohung zu erwehren, mit oder ohne dem seinerzeitigen Präsidenten Diem.*

4. *Helfen neue Kredite dem indonesischen Volk oder stärken sie nur die Position jener unfähigen Politiker um Pseudo-Wirtschaftler, die Indonesien heruntergewirtschaftet haben und zum größten Teil noch an verantwortlicher Stelle sitzen? Diese Gefahr besteht in der Tat. Aber die Erfahrung lehrt, dass eine Koppelung von Kreditversprechen mit der Forderung konkreter personeller Änderungen illusionistisch ist. Dieses System arbeitet in Asien nicht mehr. Vielleicht sollte man den echten fortschrittlichen Kräften des Landes, vernehmlich der Armee und den mächtigen religiösen Gruppen, etwas Vertrauen schenken, die Dinge von sich aus ins rechte Lot zu bringen. Diese Kräfte werden freilich auf allen Gebieten noch viel zu reformieren haben. Auf die Dauer wird auch ein indonesischer Magen nicht von Schlagworten satt.*

In der gegenwärtigen Zeit der Prüfung sind die Augen vieler Indonesier vor allem auf die Bundesrepublik gerichtet. Auch Roland, Frankreich und Italien sind im Gespräch. Schließlich liegen Anzeichen für eine Normalisierung des Verhältnisses Indonesiens zu den USA und Großbritannien vor, aber das braucht seine Zeit. Insofern fällt den westeuropäischen Ländern eine große Verantwortung zu, gegebenenfalls selbst unter Risiko zu handeln. Viele Beobachter in Djakarta plädieren dafür, den sich regenden Kräften eine Ermunterung zu geben, die auch den Prozess der Umstellung massenpsychologisch stärkt. Es wäre sonst durchaus möglich, dass durch ein wirtschaftliches Chaos schließlich doch noch ein neuer großer politischer Unruheherd in Südost-Asien entsteht. Diesen Krisenherd dann zu beseitigen, oder wenigstens unter Kontrolle zu bekommen, wie in Vietnam, würde manchen Tropfen Blut erfordern und mehr harte Dollars als jetzt, unter Risiko, zur Debatte stehen.

Anlage 84.6: Bericht über Bücher ‚Hitlers Griff nach Asien' in Junge Freiheit Nr. 35/2021 vom 27. August 2021

Verlust Indonesiens als Mantra

Horst Geerkens umfangreiches Werk über deutschen Einfluß in Südostasien im Zweiten Weltkrieg, geheime Flottenstützpunkte und die rechtswidrige niederländische Internierungspolitik

LUDWIG WITZANI

Deutsche Übersichtskarte von 1942 **„vom Kriegsschauplatz in Südostasien":** Stützpunkte der deutschen Kriegsmarine auf Sumatra und Java

Der Siegeslauf der japanischen Armeen in der ersten Phase des Pazifikkrieges gehört zu den staunenswertesten Leistungen der Militärgeschichte. Nach dem Überraschungsschlag gegen die US-amerikanische Flotte in Pearl Harbour überrannten die Japaner 1942 innerhalb kürzester Zeit ganz Südostasien, von den Philippinen bis an die Grenzen Australiens. Weitgehend unbekannt ist, daß vor und während dieser Expansion auch das Dritte Reich im sogenannten Südraum eine sehr wirkungsvolle Aktivität entfaltete. Diesen „blinden Fleck" der historischen Wahrnehmung erhellt Horst Geerken in seinem vierbändigen Werk mit dem etwas zugespitzten Titel „Hitlers Griff nach Asien".

Horst Geerken, jahrzehntelang leitender Angestellter eines großen deutschen Industrieunternehmens in Indonesien, schrieb sein Werk nicht als Fachhistoriker, sondern als Forscher vor Ort. Auf der Grundlage persönlicher Bekanntschaften, die von Präsident Sukarno bis zu einfachen Javanern reichten, erschloß er zahlreiche Originalquellen nicht nur zur Geschichte des Zweiten Weltkriegs, sondern auch zur Herrschaft der europäischen Kolonialmächte, an deren Ende die Unabhängigkeit der asiatischen Nationen stand.

Drei Themenbereiche stehen im Mittelpunkt des vierbändigen Werkes: zunächst die Aktivitäten des Dritten Reiches im asiatischen Raum, sodann das Schicksal deutscher Zivilisten, die in Asien zwischen die Fronten gerieten, und *last but not least* die Bedeutung der Achsenmächte für die Unabhängigkeitsbewegung asiatischer Völker.

Was die militärische Präsenz des Dritten Reiches in Südostasien betrifft, so arbeitet Geerken heraus, daß sie viel ausgeprägter war als bislang angenommen. Bald nach Beginn des Zweiten Weltkriegs entstanden Stützpunkte der deutschen Kriegsmarine in Sabang (Sumatra), Surabaya, Djakarta (Java) und später sogar in Singapur und Penang. Ihre Aufgabe bestand in der Versorgung deutscher U-Boote mit Proviant und Logistik für die langen An- und Abreisen von und nach Europa. Deutsche Schiffe drangen bis zu den Küsten Australiens vor und verminten die Häfen, deutsche U-Boote operierten zeitweise sogar vor den Küsten Neuseelands. Mit dem Längstwellensender Goliath besaß Deutschland das leistungsstärkste Funksystem der Welt und konnte sogar noch U-Boote erreichen, die in der Straße von Malakka vierzehn Meter unter Wasser operierten. Selbst auf den abgelegenen und unbewohnten Kerguelen-Inseln im Südpolarmeer befand sich ein geheimer deutscher Stützpunkt, der von Hilfskreuzern der deutschen Kriegsmarine angelaufen wurde, um den Nachschub an Proviant sicherzustellen. Bei den Operationen der deutschen U-Boote im Indischen Ozean kamen den Deutschen übrigens Informationen über auslaufende britische Schiffe zugute, die indische Hafenarbeiter über den indischen Unabhängigkeitskämpfer Subhas Chandra Bose an die Deutschen weiterreichten. Fest steht, daß der Nachschub von Getreide und Fleisch von Australien nach Großbritannien durch die deutsche U-Boot-Flotte im Indischen Ozean erheblich

Horst Geerken: Hitlers Griff nach Asien. 4 Bände. Books on Demand, Norderstedt 2015 bis 2020, insgesamt 1.596 Seiten, broschiert, alle Bände 114,84 Euro

beeinträchtigt wurde.

Geerken beschreibt aber nicht nur die militärischen Aktivitäten der Deutschen im „Südraum", sondern am Beispiel des Plantagenverwalters Walter Hewel und anderer auch die personellen Verbindungen auslandsdeutscher Gemeinden mit der Führung des Reiches. Dabei zeigt sich, daß Hitler einem entschlosseneren Eingriff in Asien zögerlich gegenüberstand, weil ihm widerstrebte, die Aufstandsbewegung „unterentwickelter" Völker gegen die „weißen" Briten zu unterstützen.

Briten und Niederländer verspielten ihr Kolonialreich in Südostasien

Der zweite Schwerpunkt des vierbändigen Werkes beschäftigt sich mit dem Schicksal deutscher Zivilisten, vor allem der Auslandsdeutschen in Niederländisch-Indien (dem späteren Indonesien). Nach dem Überfall der deutschen Wehrmacht auf die neutralen Niederlande im Mai 1940 wurden alle Auslandsdeutschen, ganz unabhängig von ihren politischen Präferenzen, verhaftet und in Männer- und Frauenlagern getrennt interniert. Ganz ähnlich wie zur gleichen Zeit die Amerikaner japanischer Herkunft in den USA wurden die Deutschen völkerrechtswidrig enteignet, entrechtet und in miserabel ausgestatteten Lagern malträtiert. Immerhin ließen es die Holländer zu, daß ein Großteil der inhaftierten Frauen und Kinder auf Kosten des Deutschen Reiches schließlich über Japan nach Europa heimreisen konnten. Um zu verhindern, daß die männlichen deutschen Kriegsgefangenen von den vorrückenden Japanern befreit wurden, beschlossen die Holländer, die Deutschen auf dem hochriskanten Seeweg nach Indien zu deportieren. Eines der Gefangenenschiffe, die „Van Imhoff", wurde auf dem Weg von Sumatra nach Indien im Januar 1942 von einem japanischen Flieger bombardiert. Im nachherein wurde den Niederländern mit Recht vorgeworfen, daß sie die „Van Imhoff" entgegen den Vorschriften der Genfer Konvention, nicht als Gefangenentransport deklariert hatten. Über vierhundert Deutsche, unter ihnen der weltbekannte Maler Walter Spies und der Sprachforscher und Biologe Hans Overbeck, ertranken im Indischen Ozean, weil die Niederländer, bevor sie sich selbst in Sicherheit brachten, die restlichen Rettungsboote der „Van Imhoff" zerstörten. Erst im Jahre 2017 wurde dieses dunkle Kapitel niederländischer Kriegsverbrechen von jungen

niederländischen Journalisten in einer dreiteiligen, landesweit ausgestrahlten Dokumentation aufgedeckt. Bezeichnenderweise hatten deutsche Sender an diesem Film kein Interesse.

Daß es auch ganz anders ging, zeigt Geerken am Beispiel des britischen Interniertenlagers im indischen Dehradun. Dort erhielten die Deutschen ausreichende Nahrung und sogar eine begrenzte Selbstverwaltung. Berühmte Insassen von Dehra Dun waren Heinrich Harrer und Peter Aufschnaiter, die nach ihrer Flucht aus Dehradun ihre lange tibetische Reise begannen, ferner der Tanzchoreograph Alexander von Swaine und der Reisebuchautor Wilhelm Filchner. Es existierte ein Krankenhaus mit deutschen Ärzten, ein Symphonieorchester und eine Lagerbücherei mit 15.000 Bänden.

Am Ende unterlagen die Japaner und die Deutschen, und die Holländer und Briten versuchten, die Kontrolle über ihre Kolonien zurückzugewinnen, wobei sie nicht zimperlich zu Werke gingen. Auch hier scheut sich Geerken nicht, Roß und Reiter zu nennen, wenn er den „bengalischen Holocaust" des Jahres 1943 beschreibt, an dem Winston Churchill eine wesentliche Mitschuld trägt. Damals hatten die Briten die Versorgung der britisch-indischen Armee und des Mutterlandes zu Lasten der Bevölkerung durchgesetzt, was bei den Bengalen zu einer Hungersnot mit bis zu vier Millionen Todesopfern führte. Auch die Details zur Schlacht von Surabaya oder zur holländischen Vernichtungsoffensive auf Sulawesi sind schockierend zu lesen.

Am Ende hat aber alles nichts genützt. Indonesien wurde ebenso frei wie die meisten asiatischen Länder, nicht zuletzt weil die Japaner vor ihrer Kapitulation, wo immer es ihnen möglich war, ihre Waffenbestände den einheimischen Unabhängigkeitsbewegungen zuspielten. Selbst deutsche Marinesoldaten und Spezialisten, die nach dem Krieg nicht nach Europa zurückkehrten, unterstützten den Freiheitskampf in Indonesien. Ein eigenes Kapitel widmet Geerken der großen deutschen Schule in Sarangan in Ostjava, in der auf Sukarnos Befehl Kadetten und Offiziersanwärter der neu gegründeten indonesischen Marine ausgebildet wurden.

85. Literatur

Angebert, Jean-Michel, *The Occult and the Third Reich*, 1974

Berger, Peter, *Im Schatten der Diktatur. Die Finanzdiplomatie des Vertreters des Völkerbundes in Österreich, Meinoud Marinus Rost van Tonningen*, 2000

Bose, Subhas Chandra, *The Indian Struggle 1920-1942*, 1964

Crowley, Jeremiah J., *Romanism: A Menace to the Nation*, 1912

Dacanay, Barbara Mae, *Marcos Family still hunted by hunter of Golden Buddha*, 2000

Dodin, Thierry und Räther, Heinz, *Mythos Tibet – Wahrnehmungen, Projektionen Phantasien*, 1997

Dokumente des Bundesarchivs, Koblenz

Dokumente des Instituts für Zeitgeschichte, München

Dokumente des Politischen Archivs des Auswärtigen Amts, Berlin

Doucet, Friedrich W., *Im Banne des Mythos. Die Psychologie des Dritten Reichs*, 1979

Filchner Wilhelm, *Bismillah*, 1936

Filchner, Wilhelm, *Ein Forscherleben*, 1950

Filchner, Wilhelm, *Om mani padme humm*, 1926

Ford, Robert, *Gefangen in Tibet*, 1958

Ford, Robert, *Gefangen in Tibet*, 1963

Forsyth, Frederick, *Die Akte Odessa*

Geerken, Horst H., *Das Gold der Bandas: Die Geschichte der Muskatnuss. Der verhängnisvolle Schatz der vergessenen Inseln, die einst Weltgeschichte schrieben*, 2019

Geerken, Horst H., *Der Karakorum Highway und das Hunzatal, 1998*, 2016

Geerken, Horst H., *Der Ruf des Geckos, 18 erlebnisreiche Jahre in Indonesien*, 2009

Greve, Reinhard, *Das Tibet-Bild der Nationalsozialisten*, in: Thierry Dodin und Heinz Räther, *Mythos Tibet – Wahrnehmungen, Projektionen Phantasien*, 1997

Harrer, Heinrich, *Ich komme aus der Steinzeit*, 1963

Harrer, Heinrich, *Wiedersehen mit Tibet*, 1983

Hauschild, Thomas, *Lebenslust und Fremdenfurcht. Ethnologie im Dritten Reich*, 1995

Helbig, Karl, *Batavia: Eine tropische Stadtlandschaftskunde im Rahmen der Insel Java*, 1930

Hilton, James, *Der verlorene Horizont*, 1973 (Erste deutsche Ausgabe mit dem Titel *Irgendwo in Tibet*, 1937)

Jhaveri, Vithalbhal, *Freedom Battle*, ohne Jahr

Jong, Loe de, *Das Königreich der Niederlande im Zweiten Weltkrieg*, 1985

Jünger, Ernst, *Atlantische Fahrt*, 1949

Kant, Immanuel, *Physische Geographie*, Reprint 1975

Kant, Immanuel, *Von den verschiedenen Rassen der Menschheit*, 1777

Kater, Michael H., *Das Ahnenerbe der SS 1935-1945 - Ein Beitrag zur Kulturpolitik des Dritten Reiches*, 1997

Kater, Michael H., *Das Ahnenerbe. Die Forschungs- und Lehrgemeinschaft in der SS*, 1966, Dissertation der Universität Heidelberg

Kaufmann, Wolfgang, *Das Dritte Reich in Tibet*, 2009

Kreifels, Susan, *Lawyers Debate Value of Stolen Gold*, 2000

Laird, Thomas, *Into Tibet: The CIA's First Atomic Spy and His Secret Expedition to Lhasa*, 2002

Landig, Wilhelm, *Götzen gegen Thule*, 1971

Lebor, Adam, *The Tower of Basel: The Shadowy History of the Secret Bank that Runs the World*, 2013

Lelgemann, Dieter, *Germania und die Insel Thule*, 2011

Levenda, Peter, *The Hitler Legacy, The Nazi Cult in Diaspora*, 2014

Levenda, Peter, *Unholy Alliance: A History of Nazi Involvement with the Occult*, 1994 und 2019

Lingen, Kerstin, *Allen Dulles, the OSS and Nazi War Criminals: The Dynamics of Selective Prosecution*, 2013

Loeber, Irmgard *Das niederländische Kolonialreich*, Reihe: Weltgeschehen, 1939

Loyola, Ignatius von, *The Spiritual Exercises of St. Ignatius*, 1989

Loyola, Ignatius, *The Spiritual Exercises of St. Ignatius*, 1989 (Übersetzung von Anthony Mottola)

Magener, Rolf, *Die Chance war Null*, 1961

Mierau, Peter, *Nationalsozialistische Expeditionspolitik – Deutsche Asien-Expeditionen 1933–1945*, 2006

Netaji Research Bureau, *Verschiedene Publikationen aus dem Archiv in Kalkutta*

O'Brian, D. A., *Review of H. Harrer: I Come from the Stone Age*, 1966

Payne, Robert, *The Life and Death of Adolf Hitler*, 1973

Picker, Henry, *Hitlers Tischgespräche im Führerhauptquartier 1941/1942*, 1963

Prouty, Fletcher, *JFK: The CIA, Vietnam and the Plot to Assassinate John F. Kennedy*, 1992

Prouty, Fletcher, *The Secret Team: The CIA and its Allies in Control of the United States and the World*, 1973

Richardson, H. E., *Tibet and its History*, 1962

Roeder, O. G., *The Smiling General: President Suharto of Indonesia*, 1969

Roeder, O. G., *Who's Who in Indonesia*, 1971

Rühle, Erhard, *Im Herzen des Schweigens: Aus Wilhelm Filchners Leben*, 1962

Rutz, Werner und Sibeth, Achim, *Karl Helbig: Wissenschaftler und Schiffsheizer. Rückblick zum 100. Geburtstag*, 2004

Sayer, Ian und Botting, Douglas, *Nazi Gold: Das Geheimnis um das geraubte Gold der Deutschen Reichsbank*, 2021

Schäfer, Ernst, *Dach der Welt*, 1938

Schäfer, Ernst, *Geheimnis Tibet*, 1943

Schäfer, Ernst, *Tibet ruft*, 1942

Schäfer, Ernst, *Über den Himalaya ins Land der Götter: Auf Forscherfahrt von Indien nach Tibet*, 1950

Schenk, Dieter, *Personelle und organisatorische Verknüpfung des BKA zu Vorgängerinstitutionen*, 2008

Schnabel, Reimund, *Missbrauchte Mikrophone. Deutsche Rundfunkpropaganda im Zweiten Weltkrieg. Eine Dokumentation*, 1967

Schnabel, Reimund, *Tiger und Schakal: Deutsche Indienpolitik 1941-1943*, Ein Dokumentarbericht, 1968

Seagrave, Sterling and Peggy, *Gold Warriors: America's Secret Recovery of Yamashita's Gold*, 2003

Smith, Bradley & Rossi, Aga, *Operation Sunrise: The Secret Surrender*, 1979

Stein, Dr. Helga, *Unveröffentlichte Abschrift des Tonbandinterviews von Frau Dr. Helga Stein mit Dr. Karl Helbig vom 5. bis 7. August 1958. Tonbandaufnahme (Tonband III) und Abschrift (Seiten 14 und 15), Sammlung Karl Helbig, Roemer-und Pelizaeus-Museum, Hildesheim*

Steinacher, Gerald, *Nazis on the Run: How Hitler's Henchmen Fled Justice*, 2011

Stich, Rodney, *Japanese and U.S. World War II Plunder and Intrigue*, 2010

Sünner, Rüdiger, *Schwarze Sonne - Entfesselung und Mißbrauch der Mythen in Nationalsozialismus und rechter Esoterik*, 1999

Vierteljahreshefte für Zeitgeschichte 35 (1987) im ‚Institut für Zeitgeschichte', München

Werth, Alexander, *A Beacon Across Asia: A Biography of Subhas Chandra Bose*, 1996

86. Personenregister

87. Sachregister

Durchgehend genannt und daher ohne Seitenangabe sind Worte wie: Niederländisch-Indien, Indonesien, Indien, Niederlande, Tibet, Nazi-Gold oder Drittes Reich. Die kursiv geschriebenen Wörter sind Namen von Schiffen und Booten.

Weitere Bücher des Autors in Deutsch

Horst H. Geerken
Der Ruf des Geckos. 18 erlebnisreiche Jahre in Indonesien
436 Seiten, Paperback, Norderstedt 2009, ISBN 978-3-8391-1040-9, € 24,90

Horst H. Geerken
Missbrauchte Kindheit. Geboren im Jahr von Hitlers Machtergreifung
240 Seiten, Seiten, Norderstedt 2011, € 16,90

Horst H. Geerken
Hitlers Griff nach Asien. Eine Dokumentation, Band 1
380 Seiten, Paperback, Norderstedt 2015, € 27,95

Horst H. Geerken
Hitlers Griff nach Asien. Eine Dokumentation, Band 2
432 Seiten, Paperback, Norderstedt 2015, € 27,95

Horst H. Geerken
Hitlers Griff nach Asien. Eine Dokumentation, Band 3
436 Seiten, Paperback, Norderstedt 2020, € 27,95

Horst H. Geerken
Hitlers Griff nach Asien. Eine Dokumentation, Band 4
348 Seiten, Paperback, Norderstedt 2020, € 30,99

Horst H. Geerken
Erinnerung an Annette. Der letzte Weg einer außergewöhnlichen und tapferen Frau
148 Seiten, Paperback, Norderstedt 2015, € 14,99

Horst H. Geerken
Annettes letzte Reise. Die ungewöhnliche Reise einer außergewöhnlichen Frau
80 Seiten, Paperback, Norderstedt 2016, € 9,95

Horst H. Geerken
Die Ahnen. Eine Familiengeschichte in Wort und Bild. Geerken/Gerken – Thiel – Mannhardt – Schenk
516 Seiten, Hardcover, Norderstedt 2018, € 98,99

Horst H. Geerken
Eine Balinesin in Deutschland und ein Deutscher auf Bali
183 Seiten, Paperback, Norderstedt 2019, € 17,99

Horst H. Geerken
Das Gold der Bandas: Die Geschichte der Muskatnuss.
336 Seiten, Paperback, Norderstedt 2020, € 29,90

Horst H. Geerken
Bibliographie deutscher Literatur über Niederländisch-Indien/Indonesien von 1930 bis 1945
36 Seiten, Paperback, Norderstedt 2021, € 6,99

Horst H. Geerken
Ein ‚Bule‘ in Indonesien: Kleine Geschichten aus dem Archipel, mit einem Hauch von Erotik
332 Seiten, Paperback, Norderstedt 2021, 19,99 €

Horst H. Geerken
Die Funkstation Malabar. Vor 100 Jahren, 1922, wurde die erste stabile Funkverbindung zwischen Europa und Südost-Asien in Betrieb genommen
136 Seiten, Paperback, Norderstedt 2022, € 11,99

Annette Bräker, Horst H. Geerken
Indonesien Gestern und Heute. Reiseberichte der anderen Art
316 Seiten, Paperback, Norderstedt 2016, € 19,95

Annette Bräker, Horst H. Geerken
Der Karakorum-Highway und das Hunzatal, 1998: Geschichte, Kultur und Erlebnisse
244 Seiten, Paperback, Norderstedt 2016, € 19,95

Piet Jonasson (Hrsg. Horst H. Geerken)
Die Tote am Blutturm. Schatten über dem Schützenfest
192 Seiten, Paperback, Norderstedt 2010, € 11,90

Piet Jonasson (Hrsg. Horst H. Geerken)
Glaube? Sitte? Heimat? Pecunia non olet!
256 Seiten, Paperback, Norderstedt 2013, € 14,95

Weitere Bücher des Autors in Englisch

Horst H. Geerken
A Gecko for Luck. 18 years in Indonesia
392 Seiten, Paperback, Norderstedt 2010, € 24,95

Horst H. Geerken
A Magic Gecko. CIA's Role Behind the Fall of Soekarno
360 Seiten, Paperback, Jakarta 2011, IRP 150.000,00

Horst H. Geerken
Hitler's Asian Adventure
572 Seiten, Paperback, Norderstedt 2015, € 27,95

Horst H. Geerken
My Ancestors. A Family History in Words and Pictures. Geerken/Gerken - Thiel - Mannhardt - Schenk.
508 Seiten, Norderstedt 2020, Hardcover: € 92,99, Paperback: € 80,99 €

Annette Bräker, Horst H Geerken
The Karakoram Highway and the Hunza Valley, 1998: History, Culture, Experiences
232 Seiten, Paperback, Norderstedt 2017, € 19,95

Annette Bräker, Horst H. Geerken
Indonesia Then and Now. A Different Kind of Travel Book
300 Seiten, Paperback, Norderstedt 2018, € 19,95

Weitere Bücher des Autors in Bahasa Indonesia

Horst H. Geerken
A Magic Gecko. Peran CIA di Balik Jatuhnya Soekarno
498 Seiten, Paperback, Jakarta 2011, ISBN 978-979-709-555-0, IRP 85 000,00

Horst H. Geerken
Jejak Hitler di Indonesia
402 Seiten, Paperback, Jakarta 2017, ISBN 978-602-412-175-4, IRP 119 000,00

Horst H. Geerken
Indonesien Gestern und Heute
Eine Übersetzung in Bahasa Indonesia ist in Bearbeitung. Voraussichtlicher Erscheinungstermin: 2022

Alle deutsch- und englischsprachigen Bücher können portofrei beim Verlag unter dem folgenden Link bestellt werden: https://www.bod.de/buchshop/catalogsearch/result/?q=horst+h.+geerken
Alle deutsch- und englischsprachigen Titel sind auch im Buchhandel erhältlich. Auch in über 1000 Online-Shops können meine deutschsprachigen Bücher z.B. bei www.amazon.de oder www.hugendubel.de/Bücher oder www.thalia.de bestellt werden. Sämtliche Bücher sind auch als E-Book/Kindle Edition erhältlich.
Die englischsprachigen Bücher können über www.amazon.com und viele weitere Online-Shops bezogen werden.
In Indonesien verlegte Bücher erhält man nur dort in allen GRAMEDIA Buchhandlungen oder beim Verlag über www.buku.kompas.com oder www.gramedia.com

A BukitCinta Book